中国当代民间史料集刊 2

华东师范大学中国当代史研究中心 编

师院图书馆会议记录

本集刊出版获得东方历史学会资助

中国出版集团 東方出版中心

出版说明

《中国当代民间史料集刊》是一套记录1949年以来中国历史的资料丛书，由本中心组织编辑。这套丛书收录的是流散于社会的各种民间文献，包括日记、笔记、记录、信函、小报、表格、账册、课本等等。与已经出版的许多中国当代史资料不同，这套丛书以反映社会底层的政治、经济、文化状况和日常生活、人际交往、家庭关系、个人境遇等为内容，为读者提供记录底层历史变迁的原始资料。

相对于中国古代和近代各种民间史料，中国当代民间史料数量更大，种类更多，抢救、发掘的难度理当比前者要小得多。但实际的情况却颇不乐观。由于在相当一段时间里政治运动频发，特别是经历过"文化大革命"以后，许多私人记录性史料大量抄没、毁坏或遗失。而各种运动过后，尤其是改革开放初期"拨乱反正"，也曾将大量个人材料交还个人处理，或由组织代为销毁。再加上单位变动频繁，过去曾经保存在单位里的各种油印资料或个人记录材料，也不断地被处理或销毁。所有这些都使得原本应该浩如烟海、取之不尽的当代民间史料，如今竟成急需抢救的"国宝"。

近十几年来，意识到并重视当代史料搜集和抢救工作的民间人士和专业研究者，已不在少数。但十分遗憾的是，这方面的工作迄今为止仍处于一种分散游击、割据自守的状况。由于收藏者多将自己搜集到的史料藏诸深山、秘不示人，从而使得原本就显得十分稀少的民间史料愈显其缺。

历史研究，关键在史料。当代史料通常有几类，一是官方档案文献；二是口述或回忆；三是影像或录音；四就是民间记录的各种文字材料了。在所有这些史料当中,官方档案的形成、留存和开放,都难免会受到时政的极大影响,因而具有很大的片面性;口述回忆史料因时过境迁,加之当事人的主观意向和记忆误差,也极易造成对历史的误读。至于影像录音之类的史料价值,自然局限更为明显。因此,当代史料当中最大量的,也是最能够真切反映社会当时各种情况的,恰恰是这些民间史料。如今,当代中国历史的研究正方兴未艾,已有越来越多的学者和学生开始关心和研究当代历史的问题了,但因为民间史料查找不易,除极少数近水楼台者外,真正能够利用民间史料来做研究的学者和学生,还寥寥无几。

本中心成立不久,但深信应该在这方面有所建树。因而不惜大家动手,不取分文,费时费力并以极为有限的财力资源,编辑出版这样一套丛书,以利推动民间史料的整理与出版,进而逐渐打破现在史料收藏过于分散、难以利用的情况。

必须说明的是,本中心在民间史料搜集上着手较晚,故我们所推出的史料无论从面上,还是从点上,都不成系统。同时,由于整个当代史料的整理和出版工作在全国范围也都还只是处于起步阶段,无论编辑还是出版工作都还有一个摸索适应和逐渐规范的过程,因此,在许多方面都难免存在着缺失甚或不当之处。凡此种种,还有望各方读者包括原文作者及时提醒和指正。

本丛书的编辑,遵循反映历史原貌的原则,各种文献一律按照原文体例、格式、文字录入编辑。文献中的错别字以[ ]符号订正,漏字以( )符号填补,衍字以〈 〉符号注明,辨认不清的字以□符号标明,明显语句不通处用括号说明,当加标点而未标点处仍依原文。出于维护原始资料所有者名誉的考虑,书名隐去了单位或个人所在地名称,请读者谅解。

这套丛书由韩钢、杨奎松主编。《师范学院图书馆会议记录》由余希朝、汲留鹏初校,程曦敏二校并整理。

华东师范大学中国当代史研究中心

2010年7月

目　录

一九五四年图书馆会议记录　001
一九五五年图书馆会议记录　023
一九五六年图书馆会议记录　066
一九五七年图书馆会议记录　078
一九五八年图书馆会议记录　105
一九五九年图书馆会议记录　325

一九五四年图书馆会议记录

第二次馆务会议

日期：(一九五四年)三月十五日，上午九时半

主席：武副馆长

记录：王和兆

缺席：刘宛佳(产假)

报告事项：

1. 领导交下工学院教职员工〈生〉每周工作时间表，即日起执行(表另详)。

2. 去年环节会议时本馆所提意见请领导上答复者如下：

① 设立图书新馆站问题因条件不够暂缓。

② 各种制度订成册以便遵照案采照执行。

③ 食堂、托儿所、幼儿园案，托园等系工会领导着，由工会加强领导，并责成卫生室妥为协助。

④ 馆报问题，该刊改为校刊，何日开始俟条件成熟后即开始。

领导上给我馆意见分列如下：

① 馆订杂志太少。

② 假期开放阅览室及出纳图书。

③ 生物系买得[的]书错提到别系。

3. 北京图书馆对刘国钧分类补充材料，因与原分类大有出入，大家为了补另刘代分类的不足，决定照补充材料执行下去。

4. 还书与续借图书决定不用借书券。

5. 还书日期的执行经过情况比较良好，存在的困难，其中有过期者经黑板通告无效者，催索亦不能知道借者住址。

6. 预约图书执行情形良好。

7. 〈此书〉分书工作给出纳上造成些困难，分书后的袋片因放错地方，致给出纳上造成检索不便的困难。

8. 阅览室管理工作方面，卫生情况做得不够，今后正[要]加强。

9. 杂志陈列继续有拿出馆外的情形，极个别还有剪裁的情节及看完后不

能归放原处。上面新杂志陈列室情形非常混乱,希大家提出改进意见。

10. 新书介绍按目前应该着重配合总路线的书籍介绍,希提出意(见)以后采纳执行。

11. 杂志整理工作目前影响出借手续。

12. 借书期限过期太长仍有发生情节。

13. 杂志出借应订[定]出规则,提示于出纳处以便执行。

14. 馆务计(划)会业经制定着即执行(计划另详),其中关于学习一点,为了加强理论学习,提高干部政治思想,在学习期间保证不缺席,如因故不得不缺席的,必须下次会上提书面学习以做到补弥的精神。

讨论事项:

1. 拟开辟一处较宽广的地方,陈列专供总路线学习的书籍,以加强本校教职工生总路线学习的方便。可否实行及怎样去做,希提出意见以便执行案。

① 陈列什么材料应出广告,并征求广大群众的意见。

② 第三阅览室分出一半作为陈列书刊的地方。

③ 入口另从西门开口,并把门口布置一下,以引起注意。

2. 报纸杂志的整理,按原计划拟在四月中旬完成,按日来进行情况恐成问题。五一年订成的报刊系按卷期而订成,与此次按年度装订不符,应如何统一以便进行整理案。

关于报刊整理总得[的]要求:

① 先按完全的分,次再整理分不完全的。

② 已整理出来的必要上皮,写有铅笔号者必改。

③ 应分开两种,一种为完全的,另一种为缺的与零的。

④ 先为按卷的仍按卷不动,因其仍能看出年度〈的〉。

⑤ 整理的标准仍按年月,以统一管理。

⑥ 做得[的]顺序,先整理杨滋荣整理过(的),其次为保[包]了皮儿未写字的。

以上问题另按时间妥慎办理。

第三次馆务会议

时间:(一九五四年)三月廿九日,上午九时半

主席:武寿铭

记录：李树兰
缺席：刘宛佳(产假)

报告事项：

① 过去报告时间用的比较长，讨论和听取大家的意见比较少，今天的会议内容改为漫谈，下次会议正是月终，可以结合月终检查工作，由各股报告工作。

② 总路线总任务学习，参考资料室由领导同意决定改设旧大楼教员休息室，每天下午三时半开放九点关闭，参考的人不算踊跃，以后添新书时需要在黑板上介绍，使大家周知。

③ 最近馆内同志们的健康：刘□□同志身体转好，工作也比较活跃；白鸿策同志因工作较忙，身体不好，但经检查还没有什么严重现象；马立伯同志近来身体较差，同时思想负担也很大，希望大家互相劝勉。

④ 关于分书，拟再辟一小组，进行分英文、俄文，但目前日常工作限制还不能即时实现。

上次会议未解决的问题：

① 语文系同学所研究的专叶[业]是文艺理论和文艺作品，借阅文艺图书是否可以放宽尺度？决定原则还是每人每次借一本，但可以灵活运用，如何具体实行灵活运用再由出纳同志结合实际工作研究后决定之。(如果研究上需要可以多借一本)

② 借书过期是否应由停止借阅改为批评？决定照规定继续严格执行，借书日期一律放宽一天。(如星期三到期，星期四还不算过期)

③ 馆务会议时不停止出纳，由工作同志一人轮流值日，再加一工友协助。

④ 股务会议的时间暂不固定，由各股自行掌握，有事情随时可以开会研究，出纳股遇开会时可由内部设法抽调，对外不停止阅览。

⑤ 整理报刊办法草案基本通过。

第四次馆务会议

时间：(一九五四)四月十九日
出席：本馆全体同志
缺席：刘宛佳(产假)

主席：许防如

记录：李树兰

(一) 报告：

1. 今日会议是进行期中工作检查，看我们的工作是否符合计划所规定。

2. 检查计划订[定]的[得]是否不切合实际。

3. 检查工作态度，是否主动积极的执行着我们的计划，是否符合总路线的要求。

4. 表扬新气象，批评存在的缺点。

(二) 检查具体工作内容：

1. 重点工作——分配图书：

白：〈①〉中文新号图书分配进度——截至四月十六(日)止，分配工作已经完成。各院分到图书册数也已统计出来(详细分类数字另附)。师院□册，工院□册，共45 116册。但和预计时间有出入(迟后了)。现在估计，六月底书可能分完，统计不能作完。分书过程中，为了进行的[得]快，没有完全按照分书原则，如师院还到馆里的书，没有细分除外，和馆里书混合着分配，但出入不大。另外分语文类书时有些偏差，即把语文系科专叶[业]书计在内分配，问题经提出后已纠正，但发生错误的原因由于对分书原则还不够明确。西文书开始分配。

许：分书进行中虽然有些问题，但影响不大。另外适当的调剂也是得到校领导同意的，唯原计划时间和实际需要时间有出入，原因何在？大家提提意见。

武：主要的是准备工作作的不够，如西文分类片上无上号，事先不知道。

白：目录片不全，临时补片，耽误时间(补片约二百余张)，同时过去工作上的错误也阻碍了分书进度。

许：分书过程发生的偏差，给我们的经验教训：无论任何工作，事前有计划，熟悉计划还不够，工作进行中，随时得注(意)工作计划和原则，特别是执行具体工作的同志们。

王：关于分文艺类书发生错误，不是对计划或分书原则有所模糊，而是一个思想问题，原则性的问题。鸿策平时喜欢文艺类的书，是否由个人主义出发。我们正在学习总路线，结合具体工作检查一下。

许：今天是检查工作，思想问题应留到政治学习小组上谈。

2. 期刊报纸整理进度：到现在(为)止，期刊才整理了一半，小册子还没有开始，和预订时间距离很远。其原因：① 原来计划不精确。② 工作进行中有阻碍，如过去合订本有按卷期合订，有按年度合订，常常要拆开，现在估计期刊整理到五月中旬才能完。报纸约到五月十日完成。小册子和校刊还没有定期(侯□运未到)。

许：期刊报纸整理延迟的原因：心中无数，实际情况不了解。给我们的教训：平时工作的基础不好，不上规[轨]道，就会有这种情形发生。因此，平时工作非常重要，必须上规[轨]道有次序。外文期刊整理需要另配备工作人员。《新建设》期刊缺了一期，没有及早发觉，提出也没有争取另订，这就牵连到我们平时工作态度问题。

3. 线装书进度：张贯三的书有套子的快完了，还有一架一两天就可以完了。现在有单本千余种和部分单庄[装]书，此外就是法院书，估计五月中旬可以完。

许：据过去的进度看，到五月中旬完是有问题的，需要武、柴二位会后研究设法解决。

(三) 日常工作检查：(主要检查有没有积压)

1. 总务股：

① 采购和预订图书工作：采购在旧有的基础上检查没有积压，预订除向资本主义国家订书日有延迟月余才送出外，其余预订完全于限期内完成。一至三月份共预订图书(包括教材)二十三次，代私人订书七次，五百余本。

② 登录：一般是新书到馆最多三四天就可以登录送出，最近月余来差不多是当天的书当天可以登录，教材一般是随到随登，很少隔日。

③ 统计：五三年十二月份统计因等外埠购书，延今无法统计，影响总结五三年全年统计数字，一、二月份分类统计按工、师院两院分别统计出来。

④ 存在问题：(1) 预订书到日期不能掌握，形成书到无款付的困难，特别是预订的课本等，如机械系积压书约三四百万元。(2) 各系选购书，对自己的预算掌握得不够好，因此有时也影响到付款。

(四) 表扬：薛愈同志对整理期刊主动想办法，并拟出具体可行的办法，这对将来分配期刊打下比较好的基础，应予表扬。

(五) 刘副主任：这样进行检查是比较好的，计划就是要实际执行的，有检查才能保证计划完成。由今天检查看出过去工作态度有些是不够好的(这样提出仅供参考)，今后希望每个同志对工作要切实认(真)负责，把工作做好。

王和兆：郑维阁对工作能想办法找窍门，工作效率因此有所提高，应予表扬。

第五次馆务会议

时间：

出席：

主席：

记录：

(一) 报告：

1. 会议的内容是期中工作检查。结合工院通知(检查内容要点)和师院布置进行。

2. 上次馆务会议，已将重点工作和总务股日常工作检查过，编、阅两股曾以书面检查作出报告，总的检查，初稿已初步弄出，请大家提意见。

3. 对外联系：原则上由负责具体工作者直接联系，有关全馆或较大事件应由馆领导联系。

4. 总务股对外给各系订的书，特别是向新华(新华书店——编者注)预订的教材积压，已由院核定费用垫支，俟各系有了预算再归还。

5. 外文期刊整理，已请刘□□同志开始整理。

6. 公文处理：由收发直接送给柴作梓同志，再由馆领导作最后决定。

7. 选购小组：分师院、工院组成。

师院：柴作梓、薛愈、李树兰，组长柴作梓。

工院：白鸿策、刘宛佳、艾润山，组长白鸿策。

8. 刘宛佳同志产假期满，今日正式上班，工作还是继续帮老刘编俄文图书。

9. 师院工作检查布置：目的和要求——① 检查计划，发现新气象优点和缺点。② 日程——五月一日至八日是具体检查，时间由各单位自行掌握，以不影响日常工作为前提。③ 通过这次检查，应由整顿转入巩固贯彻计划的过程。④ 开展批评与自我批评，进行同志间的帮助。提高打游击战、麻雀战，反对阵地战。⑤ 自上而下，自下而上，先由单位领导检查全单位工作，再由各同志检查，综合起来即是整(个)的检查。

（二）决议事项：

1. 期中工作检查初稿：原则上同意，细节问题由馆领导和柴作梓同志酌量修正。

2. 出纳时间：每日中午十二时至下午五时，内部整理时间决定七时半至九时半。

第六次馆务会议记录

时间：(一九五四年)五月卅一日

地点：编目股

出席：本馆全体同志〈，〉

缺席：冯家连(病假)

主席：武寿铭

记录：李树兰

一、报告：

1. 今天会议内容主要是迁院事项，关于迁院筹备事宜。

2. 全市高中毕叶[业]生五百余人来我校参观，我馆为了迎接，组成小组负责筹划各项工作。由柴作梓担任组长，绘图由宛佳负责和绘图室联系完成了五六张表格。

3. 师院迁院组织机构——迁院委员会，共廿人，由各系主任和处以上负责人，分迁运组、福利分配组、检查组三个组，迁运组又分图书、仪器、器具三个小组。

4. 两院财产分配会议，组织为两院分配委员会，由两院教务长、副教务长和秘书等组成。进行分配时要抱着互相支援、团结一致的精神，不要假想困难，采取协商办法进行，不要背后乱说，不要上诉，遇请求时，文字一家(一)份，用人一家一个，总的分配原则下又有图书分配原则、仪器器具分配原则。

5. 分配图书已告一段落，统计数字也初步统计出来，计工院□册、师院□册，中文杂志已整理分配完了，唯统计未作。初步拟按综合、科技、文学等类统计,初步整理按两大类:① 旧杂志但不反动,可作流通。② 反动而还可以参考的。

6. 追认[重申]我馆器具分配小组的组成:总务:李、艾;编目:刘、王、柴;阅览:薛、白。共六个人组成,决议通过。

二、讨论和决议事项:

1. 器具分配草单初步通过,自行车一辆分给师院;钟表三个,师院两个,工院一个;唯书架由小组再考虑决定。

2. 馆务会议时间因配合出纳时间改到八点半到十点半。

3. 晚间开参考室门,同时用原锁锁住通向出纳处的门。

4. 迁院小组的组织:柴、薛、白、康、李五人组成,决议通过。

5. 个人借书归还问题:原则上收回,个别同志结合实际需要处理自六月一日起分别出纳。

迁校小组第一次会议记录

时间:

地点:

出席:柴作梓、薛愈、白鸿策、李树兰

主席:柴作梓

记录:李树兰

报告:

① 迁校委员会共分三个组,迁运、检查、福利分配。迁运组内又分图书、仪器、器具三小组,具体工作各单位负责。

② 准备工作要估计的细密精确(附件),图书原则上先搬楼上的,后搬楼下。

③ 迁校日期估计在七月十五到八月十五日前迁完,争取九月一日开学前作好准备工作,能先移动更好。

讨论事项:

1. 小单位书何时收回?决定原则上于六月底前收回。如有未清手续,以馆际关系借阅手续办理。为了不影响教学,各教研组可在迁移前由单位负责提借。

2. 工师两院各系互借之书尽量收回,因需要而不能收回时,以馆际关系办理。

3. 教员借阅图书自六月一号分〈开〉工师两院办理,同学自七月一日开始分别办理。

4. 七月十五日开始停止借书,如专科同学有因考试需要参考书籍仍可借阅。

5. 七月廿九日一律停止出纳。

6. 运书以打捆装箱。原则每次以两辆汽车〈量〉计算,每隔一天运一次。

7. 木箱除了计算我馆内能腾出的箱子外,向庶务科索要以往交回的箱子(现存工厂)。

8. 捆书绳约需(□)

9. 按类捆书,按类装箱,并分别书明顺序号,搬运时自己押车,两头有收检和交纳负责人,用复写两单(一存)。

10. 由薛愈、康一鹏、白鸿策负责计算汽车容量和需要的箱子数量,限礼拜四以前做好计划。

估计附件,六月十日。

① 调查结果:单马车载重约两千斤,双套马车载重四千斤,车宽一米多,牌子车(负)重两千多斤(城市),郊外一千斤左右,车相[箱]较大,宽一米二,长二米七,小平车不适用,未调查。

汽车,分两顿[吨]半、三顿[吨]、三顿[吨]半三种,长三米七,宽二米,六顿[吨]二五,长五米一,宽二米三。运费:一日送,按里程计算,每里八千余元,从学校到徐丹十六华里(每顿[吨]重价),一顿[吨]重二万五千余元,廿华里二万九千余元。雨天或装东西不好运,加价三成,包车每日七十余万元(工作八小时),三人车,牌子车,每日〈二〉两次约八万元。

防雨汽车上有油布,定一般的计划时应特别注明。牌子车无设备,装卸需要事先提出条件,由他们负责(由车子上御[卸]到院子里谓一般的他们可管,如御[卸]到屋里弄整齐必须先提出来)。

七月份运、六月十五日必须把计划作出送出(早半个月)。

箱子一般长九十公分,高六十公分,宽六十公分,牌子车每辆装十六个到廿个。

大书架重 130 斤,小书架 70 斤。

麻绳,粗大绳十条,小车子一辆(工地用),大油布,杠子六个,箱内铺旧报纸,配箱盖。

第七次馆务会议记录

时间:(一九五四年)六月十四日
出席:全馆同志
主席:武寿铭
记录:李树兰

一、报告:

① 西文著者号原一份,经冯家连同志的努力,在日常工作闲暇之时又完成一份,俄文著者号等也准备两份,为分家以后两院的编目股都有了用。

② 欢迎高中毕叶[业]同学来校参观所制出的各项表格起了一定作用。

③ 图书分配基本完成(除旧号法律书外),有问题的书有记录可查,旧中文杂志经过整理也分开了,新中文杂志已经开始分配,但进行很慢,拟本星期完成,外文(新的)杂志分配,英文快完了,俄文正拟开始,报纸分配还未进行。

④ 院里迁校情况:自上礼拜即开始准备,各单位有关迁校所需要的准备,如箱及其他附件都要作精确的估计,我馆曾派二位同志(白、薛)到搬运公司、运输公司打探运输情况,运输工具的种类、载重量、运费等都作了精细的了解,这不仅(为)估计我们图书有了可靠的统计,还给学校提供了可贵的材料。

迁校时间——原则决定七日十五日开始搬运,我馆拟早搬。新校址准备工作,等总务处通知(雇到小工)我馆再派同志去布置。

搬运时决定用汽车搬运图书。

旧报纸、杂志俄文、英文尽先装箱。

七月十日停止借书,七月十五日以前各系同学一律还清,廿五日以前专科同学所借图书一律还清。

⑤ 自六月十五日开始分别出纳,即工院借工院图书,师院借师院的图书。

⑥ 自七月一日各股分工具体划分,并由各股准备具体人接替。

第七次馆务会议记录

日期：(一九五四年)六月廿八日，上午八时
主席：白鸿策
记录：王和兆
出席人数：十三人
缺席人数：武寿铭、柴作梓、苏润山、李树兰、康一鹏(赴省府听报告)

报告事项：

1. 新杂志分配业已完竣，师院计分到九三六六册，俄文杂志九四五册，西文杂志一〇五七册。工院四八一三册，俄文杂志二六七册，西文杂志四〇四册。旧杂志分配进行情况，师院：① 内容比较正确，可以公开流通者三七册；② 仅能供参考价值者未统计出数字；③ 反动而尚有用处者，一〇二六册。工院：可以供参考者七三〇册。

2. 报纸分配工作业已完竣并装箱，师院：二九种，一八四六册；工院：九种。

3. 中文小册子分配工作，师院：九四四册；工院：四一四册。

4. 尚待进行的工作：① 图书的清理工作；② 样刊(约一百多种)的分配工作；③ 旧西文杂志的分配工作；④ 俄文增送书(约百余种)分配工作；⑤ 新画报杂志的分配工作。

5. 关于迁院准备工作的报告：① 校长办公室、体育部、政教会等单位图书收典工作，因各该单位管理混乱，收典感到困难，不能按期完成任务。② 七月份车辆预计二十四辆，十四辆装书，十辆运器具，预计七月廿八、(廿)九、三十日开始拉运。③ 运书工作尚在争取汽车拉运中。

决议事项：

1. 自七月份起，先将图书采购工作分院办理。

2. 关于旧山大与理学院报纸杂志分配工作，尽量应按两院的性质与需要分配。

3. 七月底为多雨季节，应建议领导上预先防备多雨连绵，影响搬家工作的进行。

4. 关于各股分院分工问题，仍应争取及早分别办理。

5. 编目股进一步深入研究具体分院分工问题。

6. 工院管理器具的人应及早决定，以便进行器具分配及今后管理。

7. 关于七一纪念剪报工作,本报承办有困难,是否可由别的单位举办,由馆领导最后决定。

8. 教学行政科近来每于学生及助教离校后才通知本馆到,对典收图书工作制造困难,应联系决定[妥]当办法。

第八次馆务会议(工师两院负责同志)

报告:

(一) 文件(卷宗)问题:旧山大未了事情,归工院负责。

(二) 总结问题。

(三)

(一) 卷宗处理问题

① 张贯三书的原底簿,理院西文、日文登录簿,旧书整理簿等,因需要,师院可带去,给工院条存案。

② 各项原始记录留工院。

③ 每类中,凡涉及数字而且是主要的,把项目说明,其他一般的,仅记某类有几件即可。

④ 由李树兰、艾润山、康一鹏、陈同志负责整理分开。

⑤ 关于采购对外联系以及手续未了者,凡是有关师院者,均由师院带走。

⑥ 参观时间,各学校索取之表格统计表等,凡是两份者分开,书目有两份时分开,一份时按性质分。

⑦ 最近制之大图书统计图,工师两院分别保存。

(二) 总结问题

1. 主要重点:〈①〉分院工作如何进行,日常工作如何进行,分院工作为主,日常工作也不误,人员之分配调动,有何经验教训。

2. 各同志在工作中的某些小意见,并不影响工作进行。

3. 总结程序:由股里酝酿一下,有意见即可提出,由柴作梓、白鸿策二同志负责执笔,再通过馆务会议。

(三) 分书结果的汇报

① 数字的分别统计。

② 遗留问题——(1) 王承启图书问题;(2) 遗留问题如何处理,必须加注意见。

(四) 师院存书保管问题

〈①〉师院图书馆委托工院图书馆代为照料,门户封起(如果马先生在这边工作时,可由马先生负责)楼下电路和庶务科应该不通。

许坛第一次馆务会议

时间:(一九五四年)八月廿三日

许馆长发言:在过去半年来[里],因种种原因还不能分开,现在分开了。我首先对分馆后迈、董同志来增加了生力军。尤其董同志打先锋,我表示欢迎,迈同志也没有等到工作熟悉就展开了工作。尤其同志(们)在整个搬馆过程中都很努力,使我们的迁移任务得以圆满完成了。这是我们政治觉悟提高的表现。昨天开院会,院长指示三项政治任务:(一) 布置环境;(二) 迎新;(三) 开学。我们馆里也以这三项任务为中心。迎新工作:全院由院长领导,设立迎新办公室,并设有宣传、招待等组,我们参加招待组。这是全国性的政治任务。其中,宣传尤为重要。我们虽然没有参加宣传组,但每人都是宣传员。宣传时应有政策、有根据、有分析。不能盲目扩大,也不能随便乱谈。应以伟大的社会主义来安定同学们的心。我们要热情、耐心、谦逊和谨慎来向同学们宣传。布置环境应使同学们不感到紊乱。

迎接开学,应把教材联系好,查点教材,该订的订,[及]时和各系联系。今后应按制度办事,提高工作效率。东北长春师大,有图书七十万册,有二十多万册教材,由两个人管理。我们将是按劳取酬,我们应以东北师大为榜样。应加强劳动纪律。目前在迁院时有些单位不按时上下班,违犯了劳动纪律,我们应警惕。

柴秘书报告分书情况:共分到十四万二千一百八十册。运到的书只有六万多册,未运来的还占多数。书分完了,要写两份报告。报告分书期间,数目等情况。

本馆马立伯先生病重,医院说应去北京医疗。借一月薪资,五十万元(当指旧币——编者注)补助,学校并派一名护士沿途护理。这表明校领导对先生们照顾无微不至。经马先生自己决定不到北京去了。

许馆长发言：大家对环境布置有什么意见，除清洁外，我们设备有何改进。其次是办事细则，今后的计划，并要如何使图书利用律[率]增大。采购应及时。登录、编目也要及时。我们要考虑我们的全盘计划，要心里有数，有多少钱，应购哪些书籍，我们图书馆的位置与作用。

帅先生提：椅脚钉橡皮，学生解小便跑的很远。

许馆长提：设立阅报处。布置阅览室。图书馆门前应写牌子。

许坛第二次馆务会议

时间：一九五四年九月廿一日

出席人：许防如、柴作梓、薛愈、王和兆、郑维阁、帅左唐、杨滋荣、迈威

主席：许防如

记录：迈威

主席发言：本次馆务会议，主要是制订馆里的办事细则与制度。本学期要从加强政治学习与团结，整顿巩固，建立工作秩序，作到分工明确，有制度、有办法，事事有人管，克服无人管的现象。今后我们要建立一种劳动纪律。根据每个人的工作能力，适当分工。今天主要讨论本学期的工作计划。我们这学期的工作情况我本人估计不足，康的请假，李的生产而使某些工作忙乱，这是我应该检讨的。

我们订计划要根据自己的具体情况，既不能冒进，也不能故意把计划订得很低，而应发挥积极性，实事求是的态度来制订计划。

柴作梓：宣读制订工作计划初稿(从略)。

馆长补充发言：对图书的推荐在计划中，说明在明年大力作，对于旧书迁移，应作出计划。

王和兆提：加强本馆与各系科的联系，教给他们管理图书的常识。同时，应要求各系科以专人负责管理图书。

馆长提：本学期主要应制订本馆计划，整顿巩固，下学期有力量时再对各系图书的管理。

王和兆提：是否改图书分类法，因人民大学比较新。

郑维阁提：现在改分类有困难，而人民大学的分类法为初稿。

馆长提：改图书分类法可列入计划，作为改进工作的一个内容，不见得马上就实行。

1. 制订与修订各种章则制度及办法。

2. 制订各股办事细则。

3. 健全馆务会议制度。

4. 加强图书采购工作，要作到采购不误。整理旧（书）由李树兰负责，十二月底完成。

5. 卡片的清理。中文由王和兆，西文由郑维阁，十二月底完成。

6. 阅览室的管理工作，由阅览股负责。新旧教材整理。

7. 线装书的迁运，由王和兆与薛愈负责，作[做]（会议记录人对“作”、“做”未作区分，由于此问题数量众多，故下文中没有一一订正——编者注）出计划，争取本学期迁过来。

馆务会议

时间：一九五四年十月十二日

地点：许坛

出席人：许防如、柴作梓、薛愈、王和兆、杨滋荣、郑维阁、迈威、康一鹏

主席：许防如

记录：迈威

许馆长：我们这次的馆务会议主要是总结迁馆工作，通过总结来发挥每个同志的积极性。在总结防止拿某一点缺点否定全局，也不能以一点优点来概括全局的偏向。不能过分强调个人在群众中的作用，但也应重视个人在工作中的一定作用。

柴作梓：宣读迁馆工作总结。我们的准备工作，从分财产开始，估计书的重量与调查车的载重。我们总共把图书打了一千五百六十二捆，装一百六十二箱。从七月二十二日开始，搬运，到八月十六日正式开馆，我们比（较）完满的完成了迁馆工作。

我们所以能够完满完成迁馆工作，第一是由于我们学习了总路线之后，政治觉悟提高了，其次是由于我们有周密的计划与方针，再者就是工学院的帮助与同志们的劳动热情。尤其是薛愈、张如栋、董震欧三同志，先到这里来，车来晚了就摸黑连夜把书箱搬到书库去上架。早晨为了图书上架而忘记吃早饭。在那种紊乱与房子缺少玻璃窗的情况下，轮流值班〈值宿〉作好保卫工作。

我们的缺点是图书架放的不适当，少放书，同时架子上很多灰尘，书来时

不能及时上架，首先得打扫清洁，然后上架，故箱子堆满一过道。同时我们的准备工作是前紧后松，使很多书没有按次序装箱。

许馆长补充：我们迁馆工作是在一方面收书，一方面迁运，而且图书又很笨重，每箱三四百斤，又是雨季，而使我们的图书没有受损失，同时也没有误采购与开馆，这就是我们的成绩。取得这些成绩主要是由于总路线的学习而使觉悟提高了。

迈威：我认为我们这次的成绩主要是由[有]两方面，一是有周密的计划，一是由[有]同志们的主观努力。

王和兆：我们的迁院工作有大计划而缺泛[乏]具体按[安]排。

许馆长：只能说具体按[安]排不够周密。

薛愈：关于图书迁运与上架，有时前后卸接不够，妥善说明准备工作是有一定程度的缺点，董震欧同志能在迁运过程中表现了积极带头的作用。

郑维阁：能在迁院后如期开馆这是我们的成绩。

许馆长：除了以上说的计划与同志努力之外，还应加上组织动员工作，因为组织动员也起了一定作用。

康一鹏：过去我运一万多册书，因没有计划而使工作迟缓、效率很低。

许馆长：我提出对薛愈、董震欧、张如栋表扬，看大家意见如何。

大家同意对三位同志的表扬。

图书馆馆务会议记录

时间：一九五四年十一月二日，星期四，上午八时

地点：图书馆

主持会议人：许防如

报告人：柴作梓

出席人姓名：许防如、柴作梓、李树兰、薛愈、帅佐唐、王和兆、郑维阁、迈威、康一鹏、杨滋荣、张学宽、赵桂珍

会议内容及讨论中心问题：主要检查我对计划工作执行的情况

纪[记]录：迈威

许防如：检查我们每个人对计划执行的情况，是否采购、编目及时，有无错误，质量如何？教授与学生对本馆反映如何？劳动纪律如何？工作态度如何等，均应检查。但也不能过于一般化。同时总结我们工作中的经验、教训，作为本馆今后努力的方向。

柴作梓：九月份作了总结迁馆工作，拟定工作程序，建立与健全了各种工作制度，进行了工作分工等一系列的工作。十月份进行了期刊杂志的填卡片保管，图书手续单的使用等。工作优点，在制度上明确了，在工作方法上科学了。同志们的积极性提高了。工作方法上也有所改进，如图书手续单，报纸杂志的用卡片等改进工作。我们的缺点是工作被动，即门诊作风。如采购专靠书亭，编目与阅览也有这种缺(点)。有自由主义，批评与自我批评不开展。领导上也有缺点，尤其对政治领导不够。改进的办法，我们的工作事实上也是针对着我们的缺点在改进。

王和兆：我馆各部门工作不够主动的现象都有，必须找出原因，才能改进，尤其出纳上，和同学、教师接近的机会多，对这方面要多注意。

许防如：我们应集中力量把一项一项的缺点找出来，如被动和自由主义的存在，应集中这两点找出原因，提出解决办法。

王和兆：不主动的原因之一是对工作不热情，第二对同志们工作不放心，第三同志之间还不很溶恰[融洽]。如薛愈与杨滋荣就不很溶恰[融洽]。要搞好工作必须团结无间。

许防如：大家对主动领会还不够透澈[彻]，主要就是要预见，要掌握全院的教学情况，来定出计划，按计划工作，这就是主动。主动要经常改进工作方法。如采购上的主动是要掌握目录，了解全院所有的专业，主要的推荐专书给他们。采购上并不单单到外边跑几次就算主动了。

柴作梓：今天馆里是仅仅把馆里的存在问题排出，让大家分析研究，下次会议作出小结来。下礼拜四再开会。

图书馆馆务会议记录

时间：一九五四年十一月二十二日，星期一，上午八时

主持会议人：许防如

报告人：柴作梓

出席人姓名或出席人数：许防如、柴作梓、薛愈、李树兰、杨滋荣、帅佐唐、王和兆、郑维阁、康一鹏、张学宽、赵桂珍、迈威

列席人姓名：李柏寿

会议内容及讨论中心问题：检查计划工作执行情况，给期终检查作好思想准备，对计划分工进一步考虑〈。〉

记录：迈威

许馆长：图书馆为了配合教学的要求，我们应进一步改进我们的工作，在学习小组内也应当开展批评与自我批评，在检查工作中联系自己的思想。

柴作梓：院领导为了在今后进一步了解各部门工作，应对各部门工作熟悉与了解，所以，我们应把各股工作的分工肯定下来。工友李柏寿与耿志广为了帮助馆里的业务工作，而对清洁工作有些影响，同时工友工作现在过于重，也应研究。检查马立伯的书，确定后购买。图书的统计，残缺不全图书的报销也应研究。

许馆长对分工意义的说明——工作应考虑到负担均衡，劳逸适度。但要避免平均主义。其次再考虑有无露[漏]掉的工作。我们的分工是长期性与经常性，防止有无人负责的工作存在。

柴作梓：馆里还有些同志的工作还不够工作量，有些分工不明确，希各股[精心]研究，修正后交馆长审查送院。

图书馆馆务会议记录

时间：一九五四年十(一)月二十六日，星期二，上午八时

主持会议人：许防如

报告人：许防如

出席人姓名或出席人数：九人，许防如、柴作梓、王和兆、薛愈、杨滋荣、郑维阁、康一鹏、迈威、帅佐唐〈。〉

会议内容及讨论中心问题：主要研究馆里的工作细则〈。〉

记录：迈威

今年下半年主要是大力整顿与巩固，建立正规的工作秩序，给今后的正规工作打下基础。十月份完成劳动纪律办法与惩奖办法(教职员工的)。十一月份完成各项工作制度、条例与章则。我们根据这种要求，考虑各股还[需]要订立[哪]些章则。今天会议主要是通过工作程序。一致通过。

一、总务股工作细则分三项——① 采购工作，分图书与报刊；② 登录；③ 事务。

二、编目股工作程序(略)① 分类；② 编目；③ 制卡片。

三、阅览股工作程序① 典藏；② 出纳；③ 阅览室管理。

总务股与编目股工作程序通过，阅览股工作程序修正通过。

许馆长：我们今后发扬团结友爱与集体主义，作好工作。发挥积极性和

创造性。加强劳动纪律，利用批[评]与自我批[评]的武器，阅览股接近群众态度要好些。

图书馆馆务会议记录

时间：一九五四年十二月九日，星期四，上午八时
地点：图书馆
主持会议人：许预甲
报告人：许预甲
出席人数：11人
缺席人姓名：郑维阁，因公休缺席
记录：迈威

李树兰：我们股也进行了检查，在这三个月中有两个多月是两个人在工作，其中两周是一个人在工作。第一点是限于人力，第二点是工作生疏。采购谈不到预见性，还是依靠书亭。今后我们和各教研组取得密切联系，有必要的也可到城里采购。

关于图书单的事，现在与过去各有优点，但现在采用的图书单还是优点多。比如容易清购，各单位也有了存根，避免购书重复。登记也少写一次书目，省了一种手续。但股里没有存根与通知单来通知系里，使书到后各系不知。现在把系里的单子作配书与通知各系用，馆里的送书条作存根及送书条用，这样一方面整齐，一方面利用旧的。今后，可采用三联单。

迈威：李树兰同志总结这一阶段的工作，完全推到他请产假后的人少，而没有把人数全的时候存在的不主动现象，这样就减少了个人的责任。

许预甲：总的来说，在人少之下能完成，这是全馆同志的努力的结果，但我们还是有被动的情况。但没有找出来，采购应简化手续、效率高等，〈如〉如何掌握书目等，我们没有深入的考虑〈的〉。

柴作梓：应当承认总务股工作不上轨道，凭记忆办事。应当承认老迈同志的工作积极性。他一个人担任采购与登录而没有积压一本新书，在一[以]往是没有过的。

李树兰：老迈同志在这一阶段工作是积极的，应特别提出来而没有提出，这是我应承认错误。

柴作梓：我(之)所以提出李树兰同志，提出工作没有计划、混乱，是以一

个老同志担任总务股长几年而没有搞好而提的。

许预甲：我们检查工作应当深刻检查，只因你担任几年总务股长是有利的条件，若是一个新同志那就另作别论。

王和兆：我认为老康同志的工作应注意到图书馆的业务上，而简化事务工作。

薛愈：九月份出纳图书10 039册，在这一季里被动情况是有的，但也主动的做了些工作，如整理贝利亚的书刊及整理了些杂志，十一月下旬正式分工，目前已有了一定的分工制度。整理五四年杂志报纸，十一月开始已正式有计划的整理，五四年完全用卡片管，但因公休的关系没有按期完成，但也有限于客观的条件，如订单的不够明确。

单位提出要改成卡片，拟先从教育系、中文系做起，因中文系老王同志没时间搞，固[故]推迟到十二月份。

教材工作预计一月后即要上轨道，但是迄今已三月余，仍未按计划实现。按目前来说，教材成了个长时间性的工作，因为系里不能借书，成了我股的工作。

本次大批购书是补充了些我馆紧缺的书，但因事先没有作好准备工作，不能将我馆有片无书的情况充分地补充起来。

参考室的工作在这半年内没有起了他[它]的作用，工具书够不够用，新书推荐三个月来未做过，现在责成张学宽同志今后陆续做出。

许预甲：老薛的检查方法是一般化，而看不出优缺点。阅览股的团结是一个大问题，特别你和杨滋荣，你股是有成绩的，如果你们合作的更好，那对工作就更有好处。

柴作梓：阅览股的同志虽然很辛苦，但效果不大。还存在许多问题，而分工也不明确，如叫史俊山写报皮。上午闲下午忙，这个问题没有解决。图书馆主要是阅览与采购，阅览股应考虑到哪些书同学们很需要，应提向总务股。但作的很少，领导方法也不健全。

杨滋荣：老薛办事有些官僚主义(拖拉)，阅览股往往找不到代片，制度不健全不科学。整顿巩固不能迎头赶上。

许预甲：杨滋荣同志对老薛提的意见，某些方面有些扩大缺点，今后应互相帮助，不应互相扩大缺点，互相扩大缺点是个人主义的表现。

迈威：这次会上正面地提出缺点，帮助了同志们，是这次会议较以往没有做到的地方，今后馆领导应该朝着这个方向去做，比如优点应该巩固下来，缺点应该及时地指出纠正，及时改正。

图书馆馆务会议记录

时间：一九五四年十二月十六日，星期四，上午八时
地点：本馆
主持会议人：许馆长
出席人数：十人
列席人姓名：人事室赵文忠
缺席人姓名及缺席原因：张学宽，病假
记录：王和兆

报告事项

为了配合最近学校的期中考试，我馆应对阅览室的清洁问题与参考室书籍陈列加强注意，给同学们造成较便利的、比较良好的学习环境。

柴作梓个人检讨

我的工作态度存在着某些缺点，如忙忙碌碌的事务主义。因为我除在领导工作外，还需要参加许多琐碎的具体的工作，因而影响了在本位工作上较大的较重要的工作不能很好地去做，如对外业务上的连[联]系，吸取先进经验，对出纳情况，学生的阅览情况，都没有作。但是否是完全因了具体细小的工作而受到影响，还不能这样说，最低本身的主观条件的不够也是有的。

就馆内团结来说，是存在着不团结的现象，显明的如杨、薛间的闹意件[见]，又如我与李树兰同志间的存在隔阂。就我与李树兰同志来说，在一件问题上，我是往往犯了粗糙的简单的方式，容易给人造成误会。这就身为领导身份的我来说，是比较严重的缺点，也说明了我的个人主义思想还是很大的。因为自己有这样的错误，杨、薛之间的关系不能及时纠正，我也应负一定的责任。

关于批评与自我批评问题，就我馆来说，不能较好地开展，我的不能带头，造成我馆团结上存在着问题，我应负一定的责任。为了今后在这方面的开展，我应首先从自己开始，以身作则去实行。

1. 许馆长：批评与自我批评是我们业务的关键问题，也就是政治领导在我馆做得较差，这是馆领导的缺[确]存在的缺点。我院早已对这方面给以足够的重视。

为了较好地配合教学问题,我对于情况的了解与分析不够,这是我存在的缺点。

工作作风也是一个重要问题,同时也是表现了自己的思想问题。我们要思想意识上加强改造,克服非工人阶级的思想,不但在我来说,应该加强努力,就是各个人都应该注意到这点。

2. 迈威:柴同志检查,是有些检查到了。还有一点,以后考虑问题不但要对自己严格,使自己改造好,而且〈要〉还要带动大家一同改造好。因为自己是馆的领导之一,整个检查不够明确,应该肯定地方肯定下来,有问题的地方应摆出来,大家讨论求得结果。

3. 杨滋荣:图书馆业是有机的连[联]系,因为杂志的整理,因为不接头,费了很大的力气,说明我们工作过程中存在脱节的现象。

4. 帅佐唐:老柴用的民主集中制是有缺点的,根源就在于个人主义思想的作祟,他认为好的一切都好,认为坏的一切皆坏,这都不是辩证的,(是)片面的。

5. 郑维阁:一个有了自满情绪就对于别的优点抹煞了,在工作中没有大胆地放手地让人去干,这是与看不见别人的长处所造成的,同时也就形成了自己的事务主义的缺点。

6. 薛愈:业务学习是提高工作效率所不可缺少的,我馆自迁院以来陷于停顿是不对的。

7. 康一鹏:柴作梓同志对于自己的缺点的改进是有了些提高,但仍要继续努力。

8. 王和兆:柴作梓同志的骄傲自大、自满情绪的缺点,是有了一定程度的提高,但还存在着残余,因此形成他所检查到的所犯的缺点。在他来说这是最要紧的,应该今后提高警惕,努力克服干净。

9. 许馆长:我同意老王、薛、帅的意见,但就帅同志说只有集中没有民主,我是不同意的,他的保守思想是不是存在着专家思想,因为他曾在北大学习图书业务的关系有连[联]系,是否有些思想。柴同志应在思想(上)作检查。

一九五五年图书馆会议记录

图书馆馆务会议记录

时间：一九五五年一月三日，上午八时至十时

地点：图书馆

主持会议人：柴作梓

报告人：柴作梓

出席人数：十人

会议内容及讨论中心问题：工作期中检查

记录：迈威

柴作梓：根据领导上的布置，今年主要是整顿巩固。我馆的检查工作包括：〈(一)〉工作方面：① 对计划执行情况；② 工作计划是应切合实际；③ 分工情况；④ 团结方面。进行的方法先由股长提出，大家讨论，主要是把馆里的存在的问题都搬出来，分析批判，找出克服的办法。着重检查领导及领导作风。

李树兰：一般日常工作(平时经常工作)，并未积压与延误，各科系送来购书单都能即时送出。本学期重点工作是加强采购，而作的不够，预订书来时找不到底子，与新华书店联系不够，与各单位联系不够。一方面限于人力，一方面因分院关系，再我重视这项工作也不够。线装书的整理也没有完成。账目会计工作也作的不够，我重视也不够，以致与会计账目不符合。

关于制度办法——报纸与期刊杂志用卡片，改进了送书单，简化了手续，工作程序也订的比较具体。分工方面因我请产假，三人工作二人作了。本股的工作是有成绩的，这些成绩是由大家的帮助的结果，如外文杂志，由老柴订，卡片是帅先生写的。再是由于本股同志的努力，尤其在很短一时期中，三人工作一人作，在较长时期中三人工作二人作，没有使工作积压。

帅佐唐：在采购上不平衡，平时没有注意，十二月份购入了半年的东西。

迈威：李树兰同志的报告基本上是同意的。总务股在本学期的工作，由于限于人力和新迁来的情况下，能支持下来，肯定是成绩，但使工作没有很好的上轨道，也是缺点。今后要特别注意这方面，使用经费避免先松后紧，挑书

免去重复。

康一鹏：预算掌握过去是被动，今后由图书馆掌握。特别注意支出不要浪费，要结合着真正的需要。对文学遗产的购买比重，应占很小比例，要多购买生、化，属于自然科学方面的书。计划要加强，治安重视的不够，采购期刊和图书应分工。

迈威：根据目前工作情况：新书有两千余册，旧书有三千余册。一个人登录需要一个相当长的时间，康先生能挤出些时间登录部分旧书，李树兰同志也可以帮助登录，使新到图书能作到随到随登。

薛愈：应该把新书赶编出来，因在寒假中同学们要看的多一些。采购上对报纸还注意不够，文汇报的副刊订多了。

郑维阁：在寒假中李树兰同志采购不多的情况下，应把旧书统计出来。报刊的重订是检查不够。

康一鹏：制度不健全，今后应与阅览股〈月〉月初联系一次。

杨滋荣：总务股订东西不留底子，也与阅览股联系不够。

王和兆：一九五五年经费由本馆掌握，应订立一个健全的制度。

柴作梓：我本基[基本]上同意李树兰同志的报告。因采购上基础差，而李树兰同志也没有钻进去。如期刊等没有系统，卷宗也乱，有以上缺点，是李树兰对采购与会计不够重视。不重视的原因有二：① 认为这两项工作看得太容易；② 接的时候嫌麻烦，而不如重打锣鼓另开张。再也是工作积极性的问题。现在我认为大踏了一步。总之总务股的同志是勤勤肯肯[恳恳]的。在采购有这个偏向，大家对看报纸少，尤其是采购应多看报，大家同志也应多看些报。

帅佐唐：总务股一个联系不够，一个是工作不科学。

图书馆馆务会议记录

时间：一九五五年一月四日，上午八时至十时

地点：图书馆

主持会议人：柴作梓

报告人：柴作梓

出席人姓名：柴作梓、郑维阁、王和兆、帅佐唐、薛愈、杨滋荣、张学宽、赵桂珍、李树兰(、)迈威、康一鹏

列席人姓名：李柏寿、赵文忠

会议内容及讨论中心问题：期终工作检查

柴作梓：编目股的工作，西文工作是边学边作，如俄文的编目，因对俄文水平有限而对书名等都得查字典。打字技术过去打英文，现打俄文也生疏。在中文方面，编目时为了避免重号，有些书查四遍卡片，这样就麻烦了。五四年以前只有三套片，为了把片补齐，也有些麻烦。编目股虽有四人，但集中精力作的只有三个人，我与帅先生没有作到一个人的工作，我负责馆务，而帅老了。王、郑比较工作烦[繁]重。在这种情况下，任务是完成了，这与大家的努力，与老耿的帮忙分不开的。工作的改进，我们在卡片、盖橡皮章就可以知道馆有多少，系购多少。可供采购参考，对阅览有便利。新书卡片的公布，这也起了新书简介的作用，也起着有书有片。

我们的缺点：编目工作是科学的，编目的基础也有的。为走捷径，少查抽屉，而就重号重编，本学期有十几种。业务学习不够，对人大的分类法，我自己学习一下，并向太原各图书馆作过报告，而未曾向同志们说明，没有加以研究。因没有钻研业务，而使业务水平停留于现有的水平。编目股的领导的缺点：对同志不放心，一切工作亲自动手，有包办代替的现象，如分类就没有让大家去研究等。外边来馆参观者，我总是亲自介绍。这样以[一]来就正如同志上次提的业务保守了。

编目几个人的工作，老王的工作有些单调，编目工作除了发挥积极性，还应发挥力量学习先进经验，如印片与教材，过去烦[繁]杂，而现在采取师大先进经验，就容易多了。小册子的问题到现在没有解决。今年协同三股一定要设法解决。

我对编目股同志的意见：老王工作踏实但有些粗心；郑对工作有责任心，钻研，但主观有本位主义；帅先生工作不苟，但他不愿作的工作他就不做。

王和兆：编目忙于事务，编目分类你马虎一些也易做，而若作到很正确清楚就不易了。现在只有工友帮忙免[勉]强能完成任务，应即[及]早想办法。

帅佐唐：编目工作还保持原来水平，停止[滞]不前。老王可帮老柴分类，也可以帮老郑分类俄文，我的工作老王也可作，这样老王就不单调了。

李树兰：我也感到分工作不合适，不仅使老王单调，同时于老王的能力又有限制。同时工作(应是“工友”——编者注)帮助贴签可以，而印片应(由)干部作，因工友印不好。

康一鹏：师大是股员起草，而股长审核，可以减轻自己的工作。

迈威：根据编目股分工看，工作多、人力少，老王、老郑的工作都吵[超]

多，再叫老王协助分类工作，怕无有时间。有练习生帮助打号贴签，老王可以抽出时间作分类工作。由编目股自己研究比较好些。

薛愈：内部自己培养编目人员很对，老柴工作忙时就容易出错，到阅览股就麻烦了。

杨滋荣：阅览股的目录柜子，有的放片多，有的放片少，有人多时就拥挤。应设法解决。业务学习差。

图书馆馆务会议记录

时间：一九五五年一月五日，上午八时至十时

地点：图书馆

主持会议人：柴作梓

报告人：薛愈

出席人数：十一人

列席人姓名：赵文忠、李柏寿

会议内容及讨论中心问题：期终工作检查

薛愈：自迁院起，一边整理，一边出纳，但只有两个人工作。作了收回同学的教材，由本股出借。出纳书的数目比在工学院合院时增加了40%。九月份出纳最多达一万零一百十九本。整理了杂志，改提书簿为袋片帐[账]。收回系里的非业务书，与教育、中文系作了核对图书工作。

我们制订[定]了工作程序，使工作上正规了，而根据制度办事，便利了工作。

对工作的改进：① 分类插片加快了工作速度。② 设说明片。③ 扩大了借书范围，先前光借文艺小说，而现在扩及政治等。④ 建立了遗失报刊杂志登卡片。这些成绩的获得与全馆同志的努力和馆的领导分不开的。

缺点：① 如借袋片插错，因我们工作粗心，和书号的字不清，如“了”与“8”分不清。② 整理杂志重复，订重了报纸合订本。

分工上有些同志以兴趣出发，不愿作[做]者即不接受任务。同志们钻研业务不够，不主动去工作，如张学宽刚来时还提出些问题，而病后，就没有提出过什么问题，赵桂珍没提出过问题。

对今后工作的建议：今后系里提书非业务书不准提，以免把流通的《红楼梦》借去不看闲放着。

对今后要进行的工作：补缺杂志，对单位管理图书管理要一致。和系里

研究借书数量。整理杂志报纸等。

杨滋荣：杂志换片连带以前的也作了，用废卡片登记遗失的杂志。五五年准备把中文杂志登记，然后有时间再登记五四年以前的杂志。把过去合订得不合式的再重订一遍。

出纳上光借出而过期收不回来（主要教员），教材科合订杂志图书经常不能来，就影响了这里的工作。史俊山文化程度低，不抵事，希望能换一个抵事的。

张学宽：我把书库也整理的差不多了，是有成绩的。领导上很马虎，领导不起来，办法少，各个同志协调不起来。

赵桂珍：初来时对工作摸不到头绪，分工后作出纳，有一次出纳报刊杂志，杨先生说给他弄乱了。

王和兆：一方面是阅览股的领导问题，一方面是同志们的团结问题。老薛在领导方面不能大公无私，老是摆不开自己，尤其老杨与老薛。再就是老同志与新同志不团结。对新同志帮助不够。老杨不仅不帮助，而且是打击，有些地方不尽[近]人情，光看见自己看不见别人。在装订图书主要是装订旧书，而现在旧书没有装订起来，而注重在杂志上了。

迈威：阅览股的成绩是应该肯定的。在前进中还存在着缺点。老薛同志今后应重视领导工作，多督促检查和计划，逐步走向正规化，一切都有计划。对同志间的互相协助，对新老同志间的团结工作，也应该注意。

杨滋荣：刻图章和老薛研究过。

康一鹏：装订工友的劳动纪律不够好，书架应用大小标签，不要用粉笔乱写，报纸也应作目录片。

李柏寿：尤[由]于老同志和新同志的团结不好，形成新同志想多作工作也不能作，老同志说话态度不好，使新同志畏缩不敢接近，甚致[至]想多作事也无法作去。

帅佐唐：阅览股整个的问题是思想问题，喜欢夸大别人的错误，这是小资产阶级的思想意识在作怪。过去人少工作多，比较忙，现在人力已经配备，工作应逐渐走上轨道。对新同志应该多加帮助，对待错误态度应改进，注意团结工作，心胸应放大。

李柏寿：推责任，事情弄错了，谁也不负责任，或者把责任完全推给别人与自己无关。东西乱放。

杨滋荣：这是工作作风问题。

柴作梓：成绩和改进，同意老薛的报告。阅览股的工作起初在人力说是有问题的,现在有五位同志工作,能力和人力都不成问题了,团结互助有问题,分工有问题,叶[业]务熟习[悉]有问题,领导交待[代]不明确。原因：领导发动不起群众,其主要原因：思想方法和工作方法有问题;其次是同志间不及时向领导提出改进意见,只是消极的不理,或被动的工作。

李树兰：老薛的报告能数字提出来这是很好的。

图书馆馆务会议记录

时间：一九五五年元月六日,上午八时至十时

主持会议人：柴作梓

报告人：柴作梓

出席人数：11 人

列席人姓名：赵文忠、李柏寿

会议内容及讨论中心问题：检查团结、工作作风与生活作风

记录：迈威

柴作梓：院长曾说我们大家都愿把工作弄好,但实际上现在的工作还不合乎我们的要求,主要是工作作风与团结问题。总之是思想方法问题,我首先检查。

一、业务方面与领导方面。图书馆的业务伸缩性很大,图书馆是学术团体。我虽懂得一些工作,但都是老一套。而没钻进的原因,是不安心自己的行政工作,不热爱自己的专业,没有把图书馆当作自己的中心事业。其次是眼光短而又有些自满,因此就没有钻进去。我们的业务没有开展,而是在我思想中认为大家也都未必都安心图书馆工作。

二、工作作风：发动不起群众来,有些工作包办代替,正由于包办代替才发动不起群众,这就是主观不虚心所致。作风生硬简单,培养干部没有列入工作日程上,对这项工作没有重视,因此也就防礙[妨碍]了对干部的提高。业务保守。与干部同志间只有工作关系而没有生活关系。而使新来的同志感不到温暖,没有革命大家庭的温暖。我的修养不够,气量狭小,斤斤计较自己。有你瞅不起我,我也瞅不起你。自己也知道这个道理,但就是作不到。为什么作不到,就是思想上有问题,就是小资产和资产思想。再者要求领导帮助与领导上联系不够。但我对许馆长是依赖,我依赖许馆长的原因有二：一、不让许馆长戴官僚主义的帽子;二、通过他,事情就好办些。前者对而后者的想法是有

问题的。

迈威：谈的比较深刻，但还需要进一步能够作到，仅仅认识到还是不够的，今后应如何作？才能扭转过去的错误。

康一鹏：上次检查提到与树兰同志团结问题，今天没有提，不够。就我个人看，自从那次提出后，比较好些。

王和兆：检查的比较深刻，要紧的是今后的实际行动。本人很老实，但对人的看法有毛病，看不起的人，常给他很难看，使群众不敢接近，影响团结。

郑维阁：柴同志有自高自大的毛病，对发不起群众的原因。有时别人不知道和他研究，而他就会说这还值得研究，表示他知道的多。

李树兰：老柴有比较不好的作风，就是拉拢一部分人，打击另一部分人，他若对那个人不高兴时，他也叫别人也不高兴他。

张学宽：柴秘书没有把群众的威力懂得的不透澈[彻]，而就发不起群众。

帅佐唐：老柴能力强有见解，但胸襟不扩大，气量狭小，修养差也由此。由此在工作方面也是一点一滴，而关心全盘工作不够。对事情判断的快，而不考虑今后的结果。

杨滋荣：有才干能解决些具体问题。过去的缺点克服了不少，但还应努力。

柴作梓：大家提了很多的意见，都是本着爱护同志的观点出发。旧问题的新提出，这证明我的进步还不快，我愿本着同志们提的改造思想是艰巨的，应作进一步的坚[艰]苦的努力。

图书馆馆务会议记录

时间：一九五五年元月七日，上午八时至十时

地址：图书馆

主持会议人：柴作梓

报告人：薛愈

出席人数：十一人

缺席人姓名：赵文忠、李柏寿

会议内容及讨论中心问题：检查团结、工作作风与生活作风

记录：迈威

柴作梓：这次检查以检查领导作风为主，因一个单位的领导关乎一个单

位的正气与邪气上升下降的问题,领导上是正直的,那这个单位正气就会上升。

薛愈:我的工作作风,我几年来就没有把优点谈出来。我对工作能吃苦耐劳,工作热情,愿学习业务。工作作风限于事务的圈子,一点小事也自己干。生活作风还正派。但我的工作上有很大的缺点,在过去就有重视我是小单位的领导,总是说我是一个出纳员,和同志们布置工作也不愿多谈。在团结上与大部分同志没有什么,只有与老杨因工作不协调而闹的[得]不够好。这故[固]然对方有一定缺点,但主要还是我负主要的责任。只因过(去)我没有把我当成领导,而在分配工作时老杨不愿干,我就心里不愉快,只有自己去干。我认为彼此之间的不团结是为了工作,也没有别的。只是在工作上主张与看法不一致,我主张这样作,而他主张那样作。存在这个问题,也没有利用股务会议来解决。我的修养更差,气量小,没有魄力。如新来同志对工作有意见,要调换工作,但我没有打通他们的思想,而推到领导上去,拿不定主意,这是不好的。对同志们光要求工作而没有注意与关心他们的生活。因此就不能发动群众而影响了团结。今后,应注意看别人的长处。本股现在有好的条件,人员够,只要扭成一股劲就能搞好工作。

杨滋荣:老薛的优点正如他自己所说的,辛辛苦苦,踏踏实实。缺点:领导差劲,他老说他不会领导,但学也可以学会。这是思想问题。他主要缺点,我认为比一般人严重些,就是计较个人得失。他说是工作关系,而工作与思想分不开的,有些工作支吾推诿。搞不对我就生气,甚至想调动工作。我的修养也差,性子刚,但我确实为了工作。老薛有错不愿承认错误。好夸耀自己。老薛的工作作风多年来就没有改,如阅览股乱七八糟。我希望老薛今后要改正,不要把自己说成美美的,不老实。

李柏寿:老薛心胸不宽阔,往往和杨先生顶口,不能事后好好谈谈。在工作方面不能发动群众,而老是想以自己的实际工作来影响别人,结果捡了芝麻而漏了西瓜。

王和兆:老杨提的话有地方我赞成。老薛看起来很老实,而实际上爱耍一点小聪明。这是旧社会遗留下来的。但总的说老薛还是踏实的好品质。老薛学习是任务观点,而不能钻进去。政治业务都如此。

赵桂珍:作工作是盲干而没有计划,跑跑这里跑跑那里。

迈威:大家提的意见基本上是正确的,我也有此同感。所以发生这些缺点的原因:① 从思想上不重视领导工作。② 怕用脑筋,学习的不好。有些小问题放在内心不说，甚至说一点留一点，没有大公无私的气态，工作没有计划。

李树兰：老薛的缺点：① 说话交代不清楚。② 认识问题有问题，别人认为是大事，而他认为是小事，他认为是大事而别人认为是小事。不能分出轻重缓急。

郑维阁：主要缺点是狭隘，固步自封，不能发动群众。

帅佐唐：老薛有两个问题：（①）在工学院和侯维廉不和，这边和老杨不和，这主要就是考虑自己的得失，要表现出自己，故就看不到别人长处。因从个人利益出发，对工作能力差的人加以压力。不能把自己的利益和大家的利益结合起来。② 工作上是忙忙碌碌的事务主义者。

张学宽：老薛从主观上想把工作作好，但因对工作无计划，忽冷忽热，在领导上没有很好的领导起来，只忙于事务。说话有时不注意而影响同志的团结。而学习也不积极。如作总结工作时，对事情分析不清，位置也按[安]置不好。他对杨先生不能以发展的眼光来看一个同志。造成这些问题是思想不开展。

康一鹏：工作不主动，方法也不要。开会少，而不能吸收同志们的意见。

柴作梓：老薛和杨的不团结，没有把问题的根子挖出来。不团结不是完全为工作，而是个人主义打架。不团结的原因，个人得失还是最主要的。老薛对别人的错误看得过于严重。

图书馆馆务会议记录

时间：一九五五年元月八日，上午八时至十时

地点：图书馆

主持会议人：柴作梓

报告人：李树兰

出席人数：十一人

列席人姓名：李柏寿

会议内容及讨论中心问题：检查团结，工作作风与生活作风

记录：迈威

李树兰：我觉得工作方法有问题。采购本来就较复杂，没有整个计划，而是想到什么做什么。对业务钻研不够，总务股的工作是可以改进的，而没有改进。如向外埠寄款，应拟定一定的格式就可省事，这也未作。我的毅力差，遇

困难就不能坚持。如期刊用卡片很早就动手,而结果因别人不愿意就没有实行。总之是对工作没有一股劲头。学习差,对事务分析不〈不〉清楚,不能说服人。

关于团结问题:主要是与老柴时间很久了,在思想上是有隔核[阂]的。在工学院时我与刘宛佳接近,而老柴与刘宛佳有隔核[阂],而我也就有了距离。同时我对老柴的某些作风不赞同,如爱说讽刺话,同时对杨(滋)荣不是教育而是骂有些看不惯。因此我就想调动工作,现在这个念头才打消。所以不团结是在工作上对人而不是对事。原谅自己,而不考虑到别人,替别人作[着]想。

康一鹏:李先生有能力有魄力,近来计划有些差。

杨滋荣:过去感到不作事而嘴很行。对工作不深入,怕费力。生产以后,我觉得好多了。

王和兆:家庭的分心对树兰的工作有很大影响,其次是爱面子,这对工作也有影响。

薛愈:树兰检查是深刻,能谈出迁院来思想。其次是个人主义,而爱面子。如分院时,他明知道与原则不符而不提出,因此这次分院是有出入的。

柴作梓:李树兰同志今天把我们的不团结摆出来很好。这种不团结我应负主要责任。在分院后,李树兰同志对我有些怕,这就是我的责任。在未分院前李树兰是说的多作的少,他光登录教材与统计,而自己还认为很积极。同时李树兰同志对于别人的改进工作采取压制的办法。如图书片的采用,李认为浪费,而未曾实行。就在来到这里改进送书单,也采取同样的态度。由此就表现狭隘。对工作胡捧一派人打击别一派人他也参加。我承认我和刘宛佳不对,而也爱说二话,也对人爱大骂。而树兰同志是否也在别人打击我时你也参加呢?恐怕树兰同志怕我担任领导而对他不利也许有之。李树兰同志对分院时不愿担任采购工作。在分院时他和老康对工作就作不出,叫老王去帮忙,但若真努一把力也可能干完了。我和王唯理接洽经费,李就不愿意。

王和兆:我认为老柴刚才谈的话,想把问题谈出来,是好的,但用算老账的方法来提问题恐收效不大,但对解决今天的团结也效果不大。两方面的个人主义不解决,而把旧账算一礼拜也算不清。还对今天的解决问题增加困难。

张学宽:同志们都有进取心,李同志与柴秘书都能脱口而出〈把〉问题来,这是对的,把问题提出尖锐一些,就影响团结,这是不对的。

迈威:李树兰是有能力的,但有自满情绪,有爱面子思想,从根来说是小资产阶级个人主义的作祟,耍心眼卖弄聪明,嫉度[妒]别人。

李树兰与老柴同志间的问题，在自己检讨中认识得不够深刻。同时对老王的意见有些地方赞成，有些地方不赞成。对于二人不团结的事实应该完全摆出来，求得解决，才会较好地有助于解决二人间的问题。

李柏寿：要想搞好团结，只有把问题挑出来，王先生说鼓励优点，我赞成，而不批评错误也是不对，只有用批评与自我批评才能搞团结。

帅佐唐：过去大家斗心眼，今后就可把问题摆出来。老柴应今后多帮助树兰，树兰应加强计划性。

郑维阁：大家提出问题，还是在觉悟高的情况下提出的，我们大家一方面把他们作一面镜子来对照，而同时我们对他们的不团结负有责任。

薛愈：算老账我认为很有必要的。我和老杨也是老问题。

李树兰：我今天的检查不深刻，经过大家提出补充了我的检查。总之问题存在还是个人自私方面。

柴作梓：我承认我刚才的有些感情存在，我承认我提意见有些个人成见。我希望我们的新思想战胜旧思想。过去都是个人主义在打架，我表示有决心改正缺点。

图书馆馆务会议记录

时间：一九五五年一月十日，上午八时至十时

地点：图书馆

主持会议人：柴作梓

报告人：杨滋荣

出席人数：十一人

列席人姓名：李柏寿

会议内容及讨论中心问题：检查团结工作作风与生活作风

记录：迈威

杨滋荣：分工作与思想两方面来检查。在工作方面钻研业务方面，不看业务书，而全凭脑子主观想是改进不了业务的。我在图书馆十几年了而工作平常。说起来很泄气，今后应特别努力。其次在工作方法上偏重于科学，而不注重记忆。而同学们问什么书在否，我就回答不出来。作不好工作的另一个因素，就是没有把工作当着家事。这是工作态度的不正确。今后要改正。

思想方面我检查三点：① 我性情急躁，同志们提出过，我也感到，我认为

与学习息息相关的事,正因为不学习而修养也不好。(②)群众关系:同志提出孤僻、生硬而冷酷。但孤僻与生硬有之,而冷酷我有相反的想法。我认为我重情感。但我也有冷酷的表现,如有一次下班回家,小孩子对我狂欢,而我板着面孔,这就是冷酷。这种情况是对五二年评薪不满,又和老薛的隔膜所造成。以上情况与出身、环境等千头万绪所形成。这些缺点就是个人主义思想,群众关系不好与工作有影响。

(③)团结问题:我和老薛也没有什么,不是什么血海深仇,觉得对工作也没有什么影响,但时常争吵,过后又说话了。我认为争吵是团结斗争的事,没有什么。但实际上不是如此,正如老王指出的,双方都在计较个人得失。如果其中有一个不计较得失,就会想出办法来解决,当时不行,过后再说。这样就可解决问题。因思想改造有好有坏,有的能接受五分,有的能接受三分,有的连一分也不能接受。如果领导同志经常把错误承揽起来,就不会不团结了。总之缺点不少,工作也没有成绩,今后努力学习业务,对同志们团结,我也按我说的不计较个(人)得失去作。总之重新作人。

帅佐唐:老杨主要是修养差,工作还努力,也肯想办法。同时他脑子也受过创伤,使思想上有一种痛苦而克服不了。他所说的修养,我也认为应从修养上下功[工]夫。如何修养呢?只有学习马列主义来扩大自己的胸襟。

张学宽:我觉得杨先生这次谈的[得]很好,杨先生这次的动感情正是他内心的觉悟。同时他现在的工作确实也很积极,想尽一切办法想把报纸工作作好。

王和兆:老杨的工作也很踏实,因工作主观固执而把工作的踏实抵消了。

李树兰:把一些问题挑出来了,但未曾进一步分析,这是不够的。他看问题偏[片]面。拿自己的优点比别人的缺(点),因此总觉得自己比别人强。光看出自己的长处,看不见别人的长处。老杨说爱群的,而在一个人未掌握马列主义之前不可能爱群。

赵桂珍:老杨的个人英雄主义很利[厉]害,总觉得自己的工作难,别人的工作就容易,爱表现自己。

薛愈:我觉得老杨今天把问题都挑出来了,这很好。老杨工作有能力,对自己有兴趣的工作肯干。在工作上主观,不承认自己的错误,不虚心,工作不安心,有时要心眼玩弄人,对馆领导一贯的不满意,对田馆长、徐馆与张华都不满意,对我更看不起。

迈威:对老杨同志不了解,对老杨同志的看法可能有些不够全面,提出的意见请批判的接受。同意老帅同志对老杨的处境的同情，环境不好，对人是有关系的。但不能完全推到客观，一半也由于主观自愿堕落。过去认为老杨无能，但经过一个时期的了解和今天检查，老杨不是一个无能的人，但尤[由]于计较个人得失，强调个人优点，强调别人弱点，拿自己的优点和别人的缺点比，永远也不容易搞好群众关系。老薛老杨中间不团结，老杨负的责任比较大，比如一向对馆的领导不好，对股的领导不好，说明老杨的组织性和纪律性不强。今后，把别人的优点作自己学习的方向，把个人的缺点重视起来，逐渐克服。那么只有学习，提高政治理论，主观努力学习，同时虚心的接受别人的意见，这样个人才能提高，团结才能搞好，把个人主义澈[彻]底打垮。领导对个别落后的同志，要加强教育。

郑维阁：对人对人（应为“事”——编者注），缺活泼愉快，由于计较个人得失。这是反马列主义的，以后应该从客观要求自己。社会是进步的，达到社会主义，必须实行集体主义，把个人从个人主义圈内突出。

康一鹏：能力有，若能团结，工作作的[得]更好。但过去在工作上大家不满，在生活上大家也不满，对人态度非常不好，我离开阅览股，与你也有些关系。但你今天能谈出来，证明觉悟有提高。

柴作梓：老杨的检查还是费过一翻[番]思想的，比较好的。和同志搞不好，和老薛搞不好，五二年调正[整]新舍，主观不满，家庭屡遭不幸，而造成今天的孤僻、冷酷，和同志不团结。若真如此，老薛应特别注意。同时，老杨要解决这些问题，应该除开个人，否则愈解决愈苦恼。

李柏寿：对政治学习不重视，接受新事物不强，因而形成主观，不愿意承认错误，甚致[至]常发牢骚，对史俊山的态度生硬，对同志间的态度非常粗暴，对工作不好。应采取积极的态度，要求进步，不要消极下去。对今天表示的态（度），我很表欢迎。

图书馆馆务会议记录

时间：一九五五年一月十一日，星期二，上午八时至十时

地点：图书馆

主持会议人：柴作梓

出席人数：十一人

会议内容及讨论中心问题：检查团结生活作风与工作作风

记录：迈威

迈威同志检查：过去的缺点：主要的是自高自大，自满情绪比较显著，因此不管在工作方面或其他方面，都愿意表现自己，愿意作有名英雄，不愿作无名英雄。其次是说话和对人的方式问题和方法问题，愿意领导别人，不愿意被人领导，对领导的帮助不够。尤[由]于方法方式问题不讲究，影响团结，对同志间的团结不密切，对同志的帮助不够，修养不够。

王和兆：老迈的自高自大，骄傲情绪比(较)显著，提高到原则上来说。

杨滋荣：除了他自己所谈之外，我觉得他有些爱面子，说话行动，是士代(大)夫的表现，不朴素。工作细心、踏实。

薛愈：说话的方式方法问题有缺点，不结合实际情况，得到的效果和主观愿望相反。

张学宽：表现积极，要求进步，都是好的，但表现的自高自大就不好了。

帅佐唐：工作积极也好，帮助同志也好，看出发点如何？是为个人还是为工作？要自己随时反省，工作能力是有得[的]。

郑维阁：工作能力很强，但很狭隘，对人有忽冷忽热的情形。

康一鹏：说话的方式方法不讲求。有话就谈，是直爽的表现，但对说话的正确性不考虑，理论与实际结合的不够，性情急躁。

王和兆：学习的进[劲]头不够，强调时间少，形成口头上进步，实际不是那末[么]回事。

柴作梓：自高自大和修养不够，这都是事实，有次开会工作检查时。(原文如此——编者注)

李树兰：有些资产阶级的作风。

迈威：大家提的意见都同意，有些值得我警惕的。另外有两点意见需要说明：① 表示进步，不在于抓紧时间学俄文。② 对工作的改进和本馆的团结，我是想出一把力，如刚来曾几次提出在馆内展开生活检查会，利用批评与自我批评来改进工作，加强团结，总之出发点是为公。

赵桂珍同志检(查)：对工作不主动，不大胆，对叶[业]务不钻研，有时表现个人主义，对同志们有意见，但不愿意提出就影响到团结。

康一鹏：对工作钻研不够，对工作的负责很够，就因为钻研不够，工作就不大胆。

薛愈：工作很细心，出纳很适宜。对工作看的简单，总是看到别人的工作容易，对同志不提意见，不泼辣。

杨滋荣：他自己提出来的缺点很正确，初到社会工作，表现很有勇气。

李柏寿：工作态度和能力都很好，对工作不大胆，不细心，出纳书有张冠李戴之情形，对别人的缺点袖手旁观。

张学宽：对同志有意见而不愿意正面提出，有时就表现出态度不好。新出来工作，特别注意态度，特别是出纳，接近群众机会多。

王和兆：有好人之感，本是好的特点。另方面尤[由]于阅览股的环境不好，有影响，但自己也要特别注意。

迈威：年纪虽轻，但表现的不活泼，对工作的不钻研，领导也应负一部分责任。

柴作梓：检查的话语虽少，但把自己的缺点已经都(讲)出来了。根据大家的意见，阅览股全体同志应注意协助起同志的各方面提高。

王和兆同志检查：两个缺点一个优点：在工作上粗心，常发生错误，现在有改进。对工作钻研不够，温情思想表现出来的，有右倾情绪，值得提高警惕。个人生活方面，注意不够，如每天早晨起的[得]很早，影响别人的睡眠。学俄文是积极的表现，同志们应提出鼓励，但还批评。有时只从个人方面去想，大家住在一块，个人的习惯、生活小节，影响到集体时，必须注意，但我注意的[得]不够，甚而认为是优点。

迈威：工作踏实是老王的优点。认识问题比较差，原则非原则辨别不清楚，所好的是有话就说，但影响有时是不好的。努力学习是好的，但集体生活也必须注意到别人的利益，往往从个人出发，不顾别人的意见。

帅佐唐：工作踏实，对问题还能深入一步，就是不够全面。除了学俄文，政治学习不够好。为了个人的利益，不顾别人的利益，例如学俄文起早，影响到别人睡眠，这也要注意才行。

薛愈：因睡眠时间早晚习惯不同，我常常想搬出来，学习俄文顾[固]然好，但对政治学习也应该注意。

王和兆：看问题有些不对头。拿起床来说，起的过分早影响到别人就要注意，就是缺点，还认为是优点。学俄文好，学政治更要注意，学习好，才能纠正看问题的片面性。

迈威：考虑问题也有片面性，从个人出发的多，像早起，总是不考虑别人是否能睡好，因为睡眠好坏对身体影响很大，老王对这方面考虑的不够。

杨滋荣：俄文需要学，政治也需要学习，全面发展。工作的数量很多，也很复杂,能力很有,但有时不细心。思想行动都很好,同志间的关系也很好,有时对原则性的问题认识不清,需要学习。

康一鹏：主观主义很强,起早是优点,但有限度的,在不影响集体利益之下,才能这样。

李树兰：老王优点多而缺点少,对工作不讲价钱。但他未弄清楚他的错误时,他一直扭着不承认。

柴作梓：老王工作踏实,缺点不多。用脑少,不钻研。分析认识问题差,掌握原则差。集体生活不注意,也影响团结,今后应按原则办事,是对的。

图书馆馆务会议记录

时间：一九五五年一月十二日,上午八时至十时

地点：图书馆

主持会议人：柴作梓

列席人：李柏寿

出席人数：十一人

会议内容及讨论中心问题：检查团结生活与工作作风

记录：迈威

张学宽：我不钻研业务,工作不主动,有时觉得没工作可作。我的生活有些散漫,说话不注意影响团结。有时爱(和)同志们死扣问题,总以为自己是对的,而不易接受。如我在书库的书多而迈先生提出来时,我当时注意不到,而事后也觉有些不对。和赵桂珍因言语不够懂而就(有)些隔阂。

郑维阁：能力强而表现不踏实。

李树兰：在工作与学习方面够钻研,但不够生龙活虎,有少年老诚[成]之式。除了把书库整理好,还应协助出纳提高图书使用效率。

薛愈：工作能力很强,愿意把工作作好。有勇气。没有少年人的活泼。十二月后因病工作有些松劲,整理书坐在那里是不如站起来效果大。钻研业务不够。

杨滋荣：我告诉他的工作,而学宽只作了一半,〈而〉工作有些不踏实。后来感到能力很好,工作也觉踏实了。但钻研业务差。

赵桂贞：张学宽工作不认真,〈而〉把书号经常弄乱。

康一鹏：张学宽各方面都好,但只有在书库拿书这些事有些不妥,不经出

纳允许任何人不能拿书。对政治活动少。

李柏寿：张先生在书店拿书是违犯制度，对业务学习差。

王和兆：学宽聪明够。正如他说的生活散漫，这对管理书库有碍[碍]，不经出纳拿书造成出纳的困难。

柴作梓：学宽很朴实。在书库拿（书）在制度上是违犯制度，在工作上造成出纳的困难，这是原则性的缺点。

迈威：学习方面，学习心切这是真的，但方法不够好，涉及面非常广，如数学、跳舞、传记等。由于学习的头绪乱，引起我的注意。今后对这方面应该特别注意，特别是有违犯原则的事情。

张学宽：大家提意见我都接受，我生活不活泼，拿书是错误，但我当时认识不到。

郑维阁：我很主观，在一件事情没有正确答复之前，自己总以为自己对。有些自满，有些小小成绩就沾沾自喜。处人是人不犯我我不犯人，没有从政治上团结。

王和兆：老郑同志的主观是历史问题。郑同志是能认识问题，但改进慢，同时爱面子。

薛愈：老郑的爱面子较突出。今后应多注意。有一次送过去书而没有著者号码，但他支支唔唔[吾吾]不承认错误。

康一鹏：郑先生对工作能钻研，但眼光还不够远大。

杨滋荣：工作很好，缺点就是爱面子，送书有了错误，没有人承担。

李树兰：老郑能勇敢的承担新的任务，这是好的，但美中不足，因他欢喜从工作的兴趣出发，或认为这个工作对我有帮助就愿意作。

柴作梓：优点爱钻研。郑维阁同志的爱面子，郑维阁同志今后应极其重视，毛主席所说的“不懂不要装懂，钻进去一年两年，三年五年总会懂。”

康一鹏：工作不钻研，少计划，固步自封，对工作无改进。对学习更差劲。对业务不钻研。对团结对同志忽冷忽热，见到的或了解的爱说，但对主观的人的错误就不再管了。

迈威：工作踏实勇于接受任务。年纪虽大，而表现的和青年人差不多，对叶[业]务不愿钻研，旧意识比较深，克服的不够，是认识问题。对谁顺眼就可以提出意见，不高兴谁就不理，对同志的帮助不够，这是思想方面问题。理论学习的不好,对工作负责,轻重不分。

郑维阁:对工作很热情积极,表现像青年人一样,缺点是孤僻的和对人有来无往。

李柏寿:对工作不辞劳苦,日以继夜的干。对同志们非常关心,自己买水瓶给大家用。主观,自己考虑的问题都是对的。

王和兆:处理工作,具体事情缺乏灵活性。

杨滋荣:对人很好,对工作很辛勤。但有时勤得过分,有时影响工作。

李树兰:康先生的不辞劳苦,这是任何人比不了的。但工作不大胆,在自己范围内的工作,不能自己作主,因此就会影响工作。

帅佐唐:康先生的胸襟不豁达,注意小节,看问题片面,学习差,小脚小手。

柴作梓:康先生工作有热情,但对工作缺少方法,认识问题不深入。联系群众不普遍,对同志们有意见不及时提出来。康先生在迁院后要退休,而我和康先生谈,而康先生所说的原因是否是真的,我是猜的,希望今后有甚说甚好一些。

康一鹏:我当时退休的原因是因老迈的电话我接错了,而老迈追问几次,而我觉得老迈不好处,而才提出退休,而现在我才认清了他很热爽。

帅佐唐:我爱自由、散漫,个人英雄主义,因此就不按时签到,而违犯了劳动纪律。个人英雄主义就是自高自大而个性强。我以往对高高在上的人加以反抗。看不起人,如对武二杨就看不起。但个人并不比别人强。我的本性不愿作事务工作,因而积极性差,但从我的工作也能担任起来,对群众联系少,形成孤僻。

迈威:过去我提的意见比较多,主要是觉得帅先生自由散漫,怕影响到全馆执行制度。自由散漫,自高自大的根源,完全由个人出发,看不起群众,没有群众观点。问题提出是好的,但改是很困难的,因为目前所干的工作,并不如自己的意,形成干一天算一天,求上进心不够,甘愿堕落。但希望帅先生尽力克服,弄好群众关系,对自己改进是有帮助的。

王和兆:骄傲、自高自大,不能遵守劳动纪律,缺点是比较严重的。由过去的检讨和现在的改进,可以说是原封未动,总不从整体看问题,时时由个人的好恶出发,对领导常常说:“不怕,我是要反抗的。”这样思想是不对头的。目前不管馆的领导或是院的领导,对帅先生的态度是迁就,也可以说放弃教育,不要说当职员，就是教书，随便迟到，领导上不说，学生就不愿意了。习惯应该提起注意，特别是要着重改。

迈威：毛病能否改，是在注意不注意的问题。按帅先生的体力，生活和工作都应该是正常的。愿意当教员，不作职员，要知道现在的教员不是和以前一样，我们知道的旧的多，不适合现在的需要。帅先生的学习是为学习而学习，不是求进步，求解决问题而学习的。希望帅先生重视这些问题。

杨滋荣：帅先生的品质很好，新的书籍看的多，旧的知识也知道的很多，不仅是我的老师，而且是全体同志的老师。但缺点是：学习从兴趣出发，理论和实际不结合，为什么如此？不是一个党员，集体生活不惯，希望向这方面努力。

柴作梓：帅先生的检查我是同意的，老王、老迈提出的原封未动，甘愿堕落，不求上进，我不同意，因为帅先生的现在和以前比，大有进步，对政治的要求是有的。为什么又有这些缺点呢？这是个人主义碰了头，集体利益和个人利益发生了矛盾，缺点虽大，但还是向改进这个方向前进的。

张学宽：对同志的看法不能是固定的，他有他的发展。

王和兆：大家都在进步，帅先生当然也有进步。今天我提的意见也许过左些，尖锐点，这是根据他的检查提出的，对帅先生是有好处的。

康一鹏：错误都提到了，在将来的克服上面，应该注意认真作到，如屡次迟到，经别人提出还不能及时改正，需要注意的。

图书馆馆务会议记录

时间：一九五五年一月十三日，星期四，上午八时至十时
地点：图书馆
主持会议人：柴作梓
出席人数：十二人
会议内容及讨论中心问题：检查团结生活与工作作风
记录：迈威

李柏寿：自迁院以来表现有些自满骄傲，说话随便，顺[信]口开河，工作不主动。开玩笑也是一个大缺点。过去对同学占座，我也起到了一定的作用，但后来就松了。

薛愈：工作能力强，留心工作，学习努力。心直口快。缺点是开玩笑不看

场合,说话有些顺[信]口开河。有时说些二话。对管理阅览室有一定成绩,但方式差,往往和同学争吵起来。在出纳上留心,是记忆还好,如什么书放到那里,他还记得,能发现问题。

康一鹏:李柏寿优点,他有错误提到原则上他能改。他的不严肃和他说许多次而未改正。他经常问我群众对他的反映,这是好的。对业务还钻研,但对清洁有些放松了。

杨滋荣:我再重复一遍,柏寿是不严肃,并不一定是骄傲自满。

王和兆:柏寿同志优点不少,而缺点是严重的,今后应向踏实方面做。柏寿与史俊山的关系,而对史俊山是支使的态度,而自己坐在那里,今后应对他帮助才对。

赵桂珍:服从领导差,康先生分配他工作,他总是不能立刻去(做)而说[总]是辩论,〈而〉自高自大。

张学宽:因工作有些能力,就觉比别人强,不觉就骄傲起来。今后应学别人的优点,不能自满。

帅佐唐:过去我认为李柏寿是二流子。工作做不好,后来我觉得他还聪明,就逐渐进步了。进步得很好,上业余学校成绩不错,懂得的也不少。说话随便还是二流子习气,未曾完全克服掉。现在的骄傲自满是严重的,叫他工作他不接受,他有把头的思想,有把头式作风。

迈威:有骄傲情绪。根源:自己认为自己不错,知道的比别人多,表现的不够严肃,因此有对同志不够遵[尊]敬,接受批评的态度也不够好,接受任务表现的不愉快。

王和兆:能力不错,表现出来的也如此,在工作上应争取作好,钻研业务。师院的前途是发展的,今天是工友,不久的将来,可能被提升为干部。但对工作不好好作,学习也不好,有机会也升不上。

张学宽:态度不好要克服,特别是对同学的争吵。清洁工作作的[得]不好,在学习方面要多加努力。

郑维阁:只看到别人的缺点和自己的优点。

康一鹏:有压倒别人的作风。

柴作梓:自己的检讨和大家的意见都是很对的。李柏寿同志工作是有能力的,但缺点也是很多的,群众关系不好,有骄傲情绪。

张学宽:我感到这次检查,不仅达到我预想的要求,而且超过了。我们这确实是洗了一次脸,尤其对领导同志提的意见比较尖锐,而领导上也很愉快的

[地]接受了。同时同志们对自己也要求的比较严格了,要求别人对自己提出尖锐的意见,今后应把优点发扬下去,克服自己的缺点。经过这次会议,大家的政治情绪就饱满起来了。我同意大家所提的缺点,有的同志返[反]复解释,也有些严肃,如王先生把睡觉作为检查的重点,这是不好的。有人提出算老算[账],这是不对。

柴作梓:这次会大家的情绪是饱满的,在会议上互捧互挖的现象没有。重点都检查到了,缺点浪费些时间,不够严肃,有的同志准备不够。证明我们的政治空气并不稀薄,对馆的领导同志也有启发,同志们的潜在力量有的,证明通过批评与自我批评才能达到真正的团结。

李柏寿:王先生说支使史俊山,我有时还帮助史俊山打扫清洁。

许馆长:职工正如大家说的在政治上一律平等,而在职务上该如何作,还应如何作。工作岗位的变动只有自己的努力,领导上不会埋没的。再不要与其他职员比,认为我比某职员也不差,这就不对了。

这次检查是搬到这里来第一次比较深入的检查。因我工作忙而未能参加,了解会议过程不够。我也应该参加检查而未检查。我们在这次检查中别人虽然提的过分一些,接受意见的人应当很好考虑别人的意见,不应仅仅[斤斤]计较。如斯大林说,提意见的有百分之十五对,我们也应当欢迎。另外在事后,不能作笑谈或议论。这是纪律性问题。我们抱着有则改之无则〈强〉加勉,主要靠自己主动,而别人从外边强加的那是不行的。

院里的总方针下半年还是整顿巩固,搞好政治学习,改造思想,提高教学质量,开展学术研究,我们图书馆应逐渐掌握资料。

柴作梓:我们开了几天会,是有成绩的,但缺点还有,我们作一番检查是必要的。评定一个单位好坏,有三个标准:一、政治情绪是否饱满。二、批评与自我批评是否展开。三、团结问题如何。成绩是主要的,但我们的会议还是有缺点的,希望大家提一下。

迈威:这几天的会议收获是比较大的。自从我来后,类似这样的会议是第一次开,批评与自我批评展开了,谈话的人抱的[着]知无不言的态度,听的人亦抱着有则改之无则嘉[加]勉,都是实事求是的态度,不是彼此打击的,这为今后开展工作加强团结打下了很好的基础,收效是很大的。如老杨同志自检查后改变很多,帅先生自检查后不但不迟到,反而提前五分钟到。会议的缺点:掌握会场抓的[得]不够紧,有浪费时间的地方,会议进行时有时不够严肃,因为检查是要作思想斗争的。

康一鹏：老迈的意见我都同意。要想团结好，必须通过批评与自我批评，希望以后坚持下来，会场的掌握也还比较好，要解决的问题，不耐其烦，尽可能的说出。

杨滋荣：这次会议是有收获的，为今后开展批评加强团结打下很好基础。会议中虽然发现提意见不够正确，但证明我们学习不好。

李柏寿：这次会像是一面镜子，把我们每个人的优缺点都照了一下，使是非辨别清楚，是的巩固，缺的要克服。

王和兆：这次的提意见，等于送礼，有的接受了，有的退回来了，没有加以互相批评，是非更易明确，对接受意见的人和提意见的人都有好处。我们这次有些赶时间，以后希望分组进行。

迈威：分组进行不全面，不同意分组。接受意见的人，当时虽不一定都能接受，但过一个时间也许会接受的。

李树兰：这次会议是有成绩的，如康先生，过去不愿意谈内心话，而这次也把内心话说出了。会议还能掌握重点，对几个负责同志作了重点检查。通过这次会议都认识，搞不好工作和业务，是由于学习政治与业务差，因此就要求学习进步。

帅佐唐：批评所以能展开，就是同志没有存在其他私人念头，不是为打击别人，而是为了治病救人，因此接受的人也易于接受。缺点是时间拖长了，有些浪费时间，而没有着重在工作方面，有些不必解释的也解释，这是浪费时间。

郑维阁：经过这次会议，证明大家能掌握批评与自我批评的武器。缺点是对执行计划检查的少。

薛愈：经过这次会议后，大家的集体观念增强了。能扭成一股劲，干工作就会作好。

许馆长：主要肯定我们的成绩，发扬成绩，缺点今后注意。今后可以利用学习会和馆务会来进行批评与自我批评。批评与自我批评应结合业务这是对的，但生活方面也应当注意，生活小结[节]，这是培养社会主义的道德品质问题，这是很重要的。

图书馆馆务会议记录

时间：一九五五年一月十四日，星期五，上午八时至十时

地点：图书馆

主持会议人：柴作梓

报告人：李柏寿
出席人数：十一人
记录：迈威

柴作梓：下学期仍然是大力整顿巩固，在教学上是提高教学质量，我们图书馆就应当重视资料工作，因资料工作是对开展学术研究上〈是〉起一定重大作用的。我们目前虽然做不到，而也得准备从这方面着手。

经过这次的检查，正如李树兰同志说的，大家对政治和业务学习有了进一步要求。我们下学期要学习业务，以苏联的图书馆技术为蓝本。

迁运城里的图书工作，预定在春假搬运。一九五五年建立馆务日志簿。

编目股的工作，补片与整理倒片。准备把过去的革命文库的书改编。这项工作与阅览股共同做。

馆里的基本建设现决定为四千四百平方米，按上级规定为三千六百平方米，多了的八百平方米，由校方解决。阅览室坐[座]位占在校学生的15(%)—20%，占在校教员的15%。

李树兰：总务股也根据校方要继续整顿巩固。

一、继续加强采购图书报刊。

二、加强预订图书工作。具体办法加强宣传与联系，多写两块板板。书面通知各系负责同志、教研室，如(属)专业可通知教员本人。

三、加强和书店联系，本市购不到的向外埠信购。

四、各系购单按类、系、时间等排列。

五、书目的整理、保管与推荐。馆必须存有书目到一定时期，分类装订。

六、建立总账与分户账，月终和会计对查，汇报领导。

七、通过业务展开批评。

薛愈：阅览股继续整理工作。一、整理五四年以前的中文杂志。统计出总数与册数，作出报刊明简片，以颜色标明停刊者。二、继续改各系提书簿与袋片。按单位排列，这项工作也是很烦的。

日常工作：教材领取帐[账]改为卡片，卡片由本股保存。制发借书证。教工在一九五五年统统收回。严格执行还书期限。因此需查检工作。在同学方面预增发一张借书证。新书简介，而不限于文艺而扩大到各种书籍。和各系管书同志建立密切联系。

重点工作：成立文史参考室，把书库第一层作阅览与阅报室，第二层放文史与政治书籍作为文史阅览室。开放时间同办公时间同。

新书库的布置。把解放前的书籍分别陈列。把书库楼上第一层放新书,开架式,作宣传工作。第二层放解放前的书供教员参考,不供同学参考。第三层放线装书,借参考不供阅览。

柴作梓:开架式之前应和政治辅导室等联系。宣传。基建科建议最好不利用书库。

书库第一层作期刊室,第三层作参考室,第二层空下。

王和兆:重点工作要紧,是否提出来能完成呢?这次没有很好完成重点工作。因领导上没有计划好呢?还是执行的人没有努力呢?这就是脱离实际。

柴作梓:老王说的[得]很对,我们过去计划不足,今后应注意加重同志们的劳动强度。我们应注意简化工作。

图书馆馆务会议记录

时间:一九五五年二月八日,上午八时至九时三十分

地点:图书馆

主持会议人:许预甲

报告人:柴作梓

出席人数:到会九人

列席人姓名:李柏寿

缺席人姓名及缺席原因:李树兰因病请假,张学宽因病请假

会议内容及讨论中心问题:讨论本学期的工作计划

记录:迈威

许预甲:本学期的任务仍是整顿巩固提高教学质量。我们图书馆是服务教学的,应开展科学研究,对学生是有计划帮助他们学习,供给全校师生对参考书的需要。由于我们学习不够,故准备开架,而开架是资产阶级自由主义市场的反映。在阅览与采购都应与各系密切联系与配合。我们今后应加强业务学习。考虑工作计划时看是否适合于我们院的政策与原则。

柴作梓:一月份的工作:一号至十三号开会检查,廿一日把书面总结送院,制订[定]了小册子处理办法。二月份院里对我提出的重点工作,是把主要的教材与参考书购到,登编出来。① 本学期继续整顿上学期未完成的工作。把马先生的旧(书)登编,三月份由帅先生来作。② 成立文史参考室,于三月

初开放。③ 制专题目录。④ 准备教员参考资料，对教员开架。馆藏特种目录由帅先生作。⑤ 迁运城内旧书。三月上半月准备家具，下半月打包。四月初迁运。四月下半月迁移书库。⑥ 向同学宣传爱护图书与公共财产。二月份下半月作。⑦ 制订[定]陈列检查与统计的办法。业务学习：学习苏联图书馆技术。占馆务会议时间。

图书馆馆务会议记录

时间：一九五五年二月二十二日，星期二，上午八时

主持会议人：许预甲

报告人：柴作梓

出席人数：十二人

会议内容及讨论中心问题：检查二月份，对重点工作执行情况与二月份的重点工作计划〈。〉

记录：迈威

柴作梓：我们二月份的重点工作是：迎接开学，购到并登编完系里的课本及参考书。这项工作除俄语系的俄语第二册第二分册的课本，因与系里联系不够而发生了问题之外，所有的参考（书）及课本都及时登编完毕。阅览股全体动手给教职员与学生发借书证，准备布置了文史参考室。制订[定]室的规则、分工。采购办法的修改。

李树兰：除了俄语系之俄语课本外还有数学系的课本因当时未订[定]而以后争取订[定]的，而昨天才到。还有的课本早就购到而系里不知道，很长时期未提去，通知工作也很重要。

柴作梓：工友的工作问题——在目前的工作之下三个工友的工作，就压的够受了，而现在又开放了文史参考工作，更加忙，而史俊山年纪又小，难以担负这样繁重的工作，故请庶务科把史俊山调动一下。

许预甲：早晨开一个阅览室，而其它[他]阅览室第二天早晨打扫。这样就可解决工友的睡眠问题。

图书馆的报导工作，张学宽为图书馆的通讯员。

图书馆馆务会议记录

时间：一九五五年三月八日，上午八时至九时四十五分

地点：图书馆

主持会议人：许防如

报告人：柴作梓

出席人数：十一人

缺席人姓名及缺席原因：李树兰因开妇女会缺席

会议内容及讨论中心问题：上次馆务会议后工作情(况)及三月份的重点工作

记录：迈威

柴作梓：进行了爱护图书的宣传运动，曾展览了杂志损坏情况，但在写的标语口号上不够慎重，有些不适合。进行了文史参考室的准备工作，现已开放。经费开支情况，图书费截至到二月底为止，余七十多元，资料费余七百七十多元。近来要实行奖惩制度，成立了基建委员会，爱国卫生运动等。

三月份的工作：整理马立伯卖给馆里的旧书，制专题图书目录。

自本周起准备到城里去装箱旧图书，准备迁运。

另外大家应考虑人少，要完成日常工作外，还应作些额外的任务，因此就得大家想办法，作出计划来。达到分工负责制的要求。我参考时[室]的管理问题，下午由阅览股负责，晚上由值班负责。

许防如：我们应该检查一下我们过去的工作，如爱护图书的运动等。

杨滋荣：在发动爱护图书运动后，有些同学拿去报也[包好]还来了，不扯坏了。

王和兆：包书皮展览有些琐碎，在出纳上叫他包上书皮就可以了。

薛愈：包书皮利于装订，爱书运动收效非常大。

许防如：我觉爱护图书运动完全应该做，但还存在着缺点，第一不深入，第二计划不足。应当使学生看了之后提意见，再根据学生意见如何再深入的[地]去作。这我首先应检讨，因我没有顾得到这椿[桩]事。

张学宽：在开始时我就不知道这是一个大运动，因此就有些草率。

王和兆：爱护图书运动在图书馆本身就没有重视起来，应先由馆里同志酝酿。没有这样作，就不够深入了。

迈威：□□□□□运动，正如馆长所说，事先没有计划好，没有布置好，但有一定作用。有几系写了感想，在广播上广播。应事先很好地研究。未经大家讨论，一个人的智慧到底多少，假如经大家讨论，可能收效很大，今后应周密地考虑才是。

王和兆：馆长谈的意思似乎准备得周密了，是在进行过程中发生了缺点，我不同意。我认为没有经过图(书馆)的全体研究就有些不周密。我的看法是否对。

薛愈：这项工作在我们二月份的计划中就有。进行中缺点不少，我应负主要责任。

杨滋荣：效果是有，但是有缺点的，主要就是我们思想没有重视，没有准备好。

柴作梓：原来就是指定这项工作由阅览股去作，就没有说叫大家做事，后提出没有在进行中，有积(极)作用。

柴作梓：线装书的整理问题，专题目录的制定，图书的迁运。

薛愈：城内旧书，四人分两组得三天至四天整理，打捆只须[需]一个人，雇两个小工，八天至十天。

柴作梓：文史参考室由值班员每天晚上兼顾照管。

精简节约开会

日期：(一九五五年)三月十二日

出席：十一人

列席：李柏寿

主席：柴作梓

报告：

1. 有何浪费。
2. 以前浪费，现在有何措施。
3. 以后有何办法。

提案和讨论：

王和兆提：应在教材方面检查，儿童文学如太多是浪费。

迈威：应由小组先研究，此次为教育以后的方针，德文的插在俄文的有之。

薛愈：去年购书甚有浪费，老鼠咬，装订不及时，教材、钱的任务，若干人选，无一连[联]系若干地方放。

李树兰：应先认识何者应购何者不应购，趁此机会应检查浪费的如何程度，教材前[我]以为(只)买一套。

柴作梓：我馆为学校图书馆，应辅佐教学，非一般图(书馆)，如儿童文学、速成识字本、乡村——秘电码，连[联]系到各方面的浪费，又应买的买多了，不应买的买了，均是浪费。

张学宽：一书有一种读者对象，只看薄厚不管内容是不对，找书有时间的浪费，编目上有错。

杨滋荣：放置不守秩序，往往有时间的浪费。

李：鸡毛掸是否浪费，电灯是否浪费，销[消]耗品应在思想上注意。

李柏寿：清洁时未能及时关闭。

节约：书套的节约。

决定：儿童书由薛、迈主持检查，未编的由老王检查，再为汇报。

图书馆馆务会议记录

时间：一九五五年三月廿九日，星期二，上午八时

地点：图书馆

出席人姓名：许防如、柴作梓、康一鹏、帅佐唐、杨滋荣、李树兰、王和兆、郑维阁、薛愈、赵桂珍、迈威

列席人姓名：赵振忠

缺席人姓名：张学宽

会议内容及讨论中心问题：传达院会决定及准备欢迎高中毕叶[业]同学等事宜

记录：李树兰

(一) 三月廿六日第二次院务会议的决议：

1. 学习唯物主义，反对和批判资产阶级的唯心主义，八年之内要改造五万知识分子，建立唯物主义观点，肃清资产阶级的唯心主义观点。教员的学习另有布置，职员结合工作进行学习和批判。学习时事政策，掌握政策，才能正确的办事，行动才有目标。我们要学习文教政策，任何工作都要通过调查研究，了解客观情况，不能做尾巴主义，因为我们的工作，不但要满足群众的要求，还要指导群众的需要(正确的)。院方的号召及一切指示都要注意。

2. 连[联]系中学实际(。)

(二)重点工作:

(1)买党史图片两套,共壹千陆佰元(联共党史,中国革命史各二)(。)

(2)搬运图书:自本月十七日开始到廿六日止,全部由城内运来。

(3)欢迎本届高中毕叶[业]同学来校参观:使高中毕叶[业]同学对师院全部有所了解,给他们选择专叶[业]有所参考。全院设有工作组,本馆参加布置组。

(4)连[联]系中学实际,增购有关中学各项教科书。

(5)学习宣传马克思的唯物主义及批判反对资产阶级的唯心主义。决定我馆搜集有关资料。

(6)老贾的工作时间决定二、四、五、六,四天,对他的工作分配应特别注意轻重缓急。

(三)讨论事项:

1. 决定迁移书库自29日开始(约计两天),30日完成。

2. 欢迎高中毕叶[业]同学准备工作,馆址平面图,藏书分类图,全馆简单说明,领导参观决定,柴作梓、薛愈、李树兰。

3. 学习有关马克思唯物主义的参考资料供给:决定做索引公告、介绍(利用黑板)。

4. 杂志按分类排架,阅览室重新布置。

最近的工作还是比较紧张,因为人力少,任务多,临时的任务不断出现,像搬书库,中学生来参观,任务多,需要大家共同努力,发挥潜力,找窍门。院里对我们的工作也很关心。(许防如)

图书馆馆务会议记录

时间:一九五五年四月十二日,星期二,上午八时五分

地点:图书馆

柴作梓:自三月□日迁运图书超计划完成。招待中学生参观,工友同志也辛苦了,室内打扫的还清洁,缺点是没有设意见簿。买革命史图片与苏联共

产党历史图片已决定要买。山东大学图书馆的先进工作经验,我们已写信去问了。

四月份的重点工作:① 于四月底清十二月份图书的底。编目股于本月廿日将送书单整理好送总务股统计。② 把文史参考室改为文史政治参考室。③ 结合四月的理论政治学习,图书馆做图书索引。

李树兰:第一季度图书费六千多块,现已用完,还超支了一些。别的系还有结余,而化学系超支了。图书馆在第一季度用去六千四百块,有一千二百块是订杂志用的。资料费一千八百块,余下了二百多块,请院方保留购图片用。

薛愈:阅览股因有些同志请假而工作比较紧张,因四、五月份工作较淡的情况下来把积压的工作赶一下。

关于迁运图书的小结:为了下次迁运图书找些经验,我谈一下:

优点:准备工作做的[得]好,估计的书箱一百八十个,结果用一百八十九个。车辆估计十四次,用了十六次。大家同志的努力,预计七至十天完成任务,结果八天完成了。

缺点:在装箱工作没有预先统一步骤,有的做的粗,有的作的细,工作效率不够高。分工不周密,致使一些同志有些忙乱。休息时间不统一,有的同志休息了,有的同志还在工作。尤其是在装车时表现得最突出。因计划〈性〉不周,有些事亲自动手而效率不高。

迈威:优点:大家都认真负责,虽然空气不好,但还能坚持工作。缺点:a. 计划不够,装汽车时有些同志就闲下了,工友的工作也未分配好。b. 工作方法上不统一,有的同志很细致,有的同志很粗糙,有的工作效率高,有的则低,造成混乱现象。

杨滋荣:计划与实际距离远,原计划四组工作,而老薛忙于锁[琐]事,就占去一个人。

王和兆:我感到大致不错,老薛忙于锁[琐]事是有些不必要,有些事务主义。如果不这样还会提前完成。

郑维阁:由于方法不一致给这里上架造成困难,这就是不从效果出发。

柴作梓:这次搬运成绩是肯定的,但缺点我应着重指出一下。我觉得康先生的大号底下有小号较好。不统一老薛应负主要责任。另外,老薛对交待[代]工作不明确,而使布置书库有困难。

研究以下几个问题:

1. 重视劳动纪律——

老迈：劳动条例主要是为了发挥革命英雄主义，但有些同志怠工，有了此条例，可督促其积极工作，磨洋工、怠工等不良现象均可避免。同志们应从思想上解决问题，大家应在今后工作中互相督促。

王和兆：我迟到时就应当签到迟到，应老实些。汇报人事室的应考虑具体情况，如因特殊情况而迟到还是经常不注意迟到，应分别汇报，或不报人事室。

杨滋荣：汇报人事室时应把迟到原因注明。

郑维阁：迟到不应分什么原因，均为迟到。

薛愈：应工作时迟到一分算一分，不应迟到十分才算迟到。

柴作梓：图书馆基本上没有什么问题，但也难免有个别人自觉不自觉的不写，今后，康先生〈今后〉应很好注意掌握。今后仍按人事室规定，迟到十分算迟到。今后，谁出去半小时以上应和同志们打个打呼。今后请假应写工作代理人。

2. 爱护公共财物——

柴作梓：除大家爱护之外，主管人应注意，别人因公骑车，应通过康先生。注意玻璃等。

迈威：车子〈子〉叫私人骑是对的，康先生得到好评。但有私人骑，制度是个形式，制度好，应在全校推行，否则应按具体情况执行，(骑少带车，)思想上爱护。

王和兆：应按具体情况执行。

整理结果：按轻、重、缓、急、先、后叫私人骑。

3. 大家注意绿化。

4. 值日每次二[两]人一天。

图书馆馆务会议记录

时间：一九五五年四月十九日，星期二，上午八时十时至八时五十分

地点：图书馆

主持会议人：柴作梓

报告人：许预甲

出席人数：十二人

会议内容及讨论中心问题：期终工作检查

记录：迈威

许预甲：今天会议主要是布置期终检查，重点在检查系科。院里指示我们着重检查，发现积极因素，我们对提高教学质量采取那[哪]些措施。

另外我把高教会议的精神简单说一下。在六天的会议中讨论了加强政治思想教育，从事科学改革两个问题。政治思想教育不是单纯是政治辅导室的事，而是大家的事。要学习唯物主义观点，批判资产阶级的唯心观点。唯物主义谁也知道一点，但接触到实际不易作好。如教员们对学生布置作业不调查研究就是唯心主义。学校的好坏应依靠教师。其他的工作人员也不是说不重要，但教师是直接影响学生的，其他人员也应注意对学生的态度。在检查中发现积极因素，检查缺点。过去我们学校有些同志看不见积极因素，对工作没有信心，悲观失望。

柴作梓：我谈谈检查方式与日程安排。不是一般的作检查，也不是每人都检查。如果个别人需做重点检查时也可以。先由各股讨论，然后开馆务会议，这个礼拜五以前各股自找时间讨论完，下礼拜二开馆务会议。在讨论时进一步明确馆的任务和性质。对馆的领导也作检查，以便改进领导。

许预甲：我们宁愿少些，但要好些，抓住关键问题。今后，会议要经[精]减。

图书馆馆务会议记录

时间：一九五五年四月二十六日，星期二，上午八时至十时十五分

地点：图书馆

主持会议人：柴作梓

报告人：许预甲

出席人数：十二人

会议内容及讨论中心问题：期终检查

记录：迈威

许预甲：今天的会议是期终检查，检查就是根据我们工作的布置。我们检查主要结合提高教学质量，开展科学研究，但其他的地方如馆里的领导有严重者也可提出来。我们在提高教学质量和开展科学研究方面有哪些积极因素，有哪些收效。

柴作梓：根据各股的检查综合了一下，根据宁愿好些，但要少些的原则，有些不必要的就删去了。

① 我们这学期的工作由被动走到主动。这(学)期加强了向外埠联系，光向外埠购买了图书经费的二分之一。

② 机动的掌握了经费，使经费用于急需的地方。如生物系需要生物杂志，我们就从馆里的经费中支援他们。

③ 我们做的[得]不够的，有专题目录，报纸的标示不够。

④ 我们做了图书目录的分布，提供了学生们参考，也是对的。

⑤ 进行爱护图书运动，方向也是对的，但做的[得]不够好。

⑥ 成立文史参考室，后又添设了政治书籍，供同学参考以方便。

⑦ 提前完成了搬运城内的图书。全体同志都做了努力。尤其是薛愈、杨滋荣、王和兆、康一鹏和迈威同志。

⑧ 我们四月二日招待中学生参观本馆的任务。

以上的成绩是在上学期检查的基础上大家努力的结果。大家的团结也较好。

但我们还存在着一些缺点，那就是有些同志对本馆任务不够明确，没有主动供给学生学习，以制度卡人。采购上对本埠购书不够及时，编目股没有及时把卡片公布出去，结果形成有书无片而影响学生的借阅。

今后改进的办法大家发表意见。

许预甲：以上做的许多工作有些还存在着许多缺点，但这些工作都是我馆里工作积极因素的萌芽。我们检查工作的目的是提高自己，对工作有明确的方向，这才在工作上有积极主动，否则即是忙忙碌碌事务主义。资本主义的图书馆是自由市场，不主动。而我们是主动的，着重咨询。

迈威：这一学期成绩要比上一学期踏进了一大步，根据现有的基础，比上一学期是进了一步的，工作上不是为吃饭就为工作，工作态度是很重要的，现在已能主动地工作，这是进步的因素。拘抑[泥]于制度是不对的，给馆领导提出意见，与馆工作摸不清楚，我感觉也是这样，这对我们的工作前进受到了一定的影响。工作上检查，生活思想学习工作都应当检查了解，例如：老王的爱人想在学校找工作，领导上却丝毫不了解。为了我们的工作，不兼职是最好一些。

帅佐唐：我们的成绩是主要的，尤其是迁书。缺点主要是人不够，尤其是阅览股。在工作上的缺点是没有目的性，有头无尾没有交待[代]。在家都想在那里做,想改进,但要想出办法来。

张学宽:总结工作时也应把日常工作总结出来。如哪位同志的工作好等。互相学习。另外执行制度,大家也应研究。如出纳制度有的要借书证,有的就不要。如果对制度执行的好,对工作是有帮助的。在搬运图书大家尽了努力,但今后再搬运时应有组(织)的,不要把书损坏了。

薛愈:本学期的工作计划工作很多。因快给以后的整理带来了许多困难。因人力有限。因编目股不能及时挑片,对大家借阅有防[妨]碍,今后要设法能把新书及时借出。

李树兰:对我们的工作计划,我补充一些。旧书未能及时登录,张贯(三)的图书也未能及时作出。对本埠购书到城里去购,如教员在城里看到时,可随时购到后来报账。新华开书亭时间迟一些,对本馆及时开书。或和新华谈另派一个人来。

许防如:应加强对本埠联系。(在)执行制度应严格,但对[在]特殊情况下也应当灵活些。遇到事情应考虑问题。

薛愈:这件事情在我们股里讨论时,老杨同志说他本人有问题,领导同志也应负责任。

迈威:执行制度是应当严格的,但是领导上告诉过之后就应当借,第一次未借,第二次就不好意思去借,爱面子是不对的。

杨滋荣:我没有意识到当时的情况,没有借出直接为教学服务。

许防如:只要领导上叫这样作就去作去,也不是对的。同志们也应当坚持正确的理由,制度是照顾多数人的,个别问题也可灵活运用。

馆的领导我们强调集体领导,馆长负责重大的事件。一般由党团负责领导,现在就是馆的各股股长、秘书。关于王和兆同志的爱人,也是一个老问题。我也照顾到了。但我承认还作的[得]不够,这是我主观作的[得]不够。同时在馆里也要求作梓今后也注意,今后应更注意方式是发动大家。

图书馆馆务会议记录

时间:一九五五年五月十日,星期二,上午八时至九时五十五分

地点:图书馆

主持会议人:柴作梓

报告人:柴作梓

出席人数:十人

缺席人姓名及缺席原因：赵桂贞产假

会议内容及讨论中心问题：执行计划与工作方法

记录：迈威

柴作梓：今天讨论的中心是执行计划，我们在这方面是有缺点。整个计划每月都有，体现在每个干部方面也都有，但具体安排不够，每次对工作的检查出未作的工作也仅仅提一下就过去了。就开馆务会议来说，也解决问题不大。只是我个人记下几条，未曾通过大家。我们对每个同志工作了解也不够。因此开会就不能提出问题解决问题。我仅提以上情况供大家参考来讨论。我认为会议，每个同志到月终把自己的工作总结一下，如果多则由股长总结，在馆务会议上报告，综合起来作为全馆的总结。这样以[一]来，每周起码要一次股务会议或馆务会议。组织图书馆委员会列入五月份计划，叶[业]务下周起照常。

迈威：我赞称[成]工作的计划性与改进工作方法。过去每个人的具体工作如何不知道，完成了没有也不知道，今后每周开一次馆务会议，没有必要，开的量多了就要浪费时间，每股开一次就好了，主要是各股核查各股，馆里有重大事情可开馆务会议。

王和兆：我认为编目股工作有所积压，如书不能按时编出来，片不能按时排出。究竟是人力不够呢，还是同志们工作有问题呢？我认为有人看不起小事情，愿干大事情，如帅先生平时就是这样。有一次叫他贴书签，他就不愿意。郑维阁同志的工作以兴趣出发，不能抓紧时间抽片等。使工作有所积压。郑维阁同志的西文、俄文程度不好就会影响工作，如果给一个程度好的同志作就会好一点，郑维阁同志有些好高骛远。

柴作梓：同志们提出意见，不必解释。今天，首先解决我们主要的问题，然后再(原文如此——编者注)。

杨滋荣：两礼拜开一次馆务会议正好，一礼拜开一次不合适，股务开一次可以，又可以临时开。

郑维阁：根据我们今天的馆务会议的精神，过去我们没有把工作作好，股里的工作应加强，忙忙碌碌工作是不会加强工作效率的，如果不热爱工作，总不能作好工作的，我愿意叫一个能力强的同志来担负这项西文工作。

帅佐唐：应把工作计划贴在墙上，每个人写报告不必要，会议应有计划地、有准备地开。

薛愈：我觉得执行计划之后，工作好做了。但我们图书馆尤其是阅览股是没有很好的执行。工作有所积压。原因是人力不够，领导上对阅览股重视是很对的，但赵桂珍请产假后调来了任建成，不久又调走了。我们是否建立起生活检讨会议制度来。

康一鹏：我主张每周开股务会议，可不必每周开馆务会议。

李树兰：我认为每个人需要有计划。照正常情况下我们的工作是不会积压的。在上次股务会议上给领导上提意见，我认为编目股的工作分工不适当，如老郑编西文有些吃力，后经领导谈时领导指出我的意见不正确，所以我在上次会议上没有谈。

张学宽：应把我们每月的工作计划贴出来，使大家都能看见。工作方法应互相吸取经验，日积月累就会丰富起来。

图书馆馆务会议记录

时间：一九五五年五月廿四日，上午八时

地点：图书馆

主持会议人：柴作梓

报告人：柴作梓

出席人数：十一人

会议内容及讨论中心问题：加强计划工作，上周计划执行情况及本周的计划

记录：迈威

柴作梓：编目股上周工作计划执行情况，四月份中文书已编完，十月份积压的三套片，我们把书名片排完了。只有著者片尚未排完。我们对部首与四角号码两种排片方法总结出哪一个对同学方便或更快一些。部首排列法为较宜。对同学方便，快慢差不多。帅先生除了刻制之外，另把丛书地方目录及善本目录制完了。我们编目股工作应与总务股联系，本周把西文与俄文书作完，把小册子作出去。帅先生把四种丛书编完后，再编个人丛书。

王和兆：部首排列法不准确不离洒（利索）。四角号就好一些。浙江图书馆用五角更方便。四角号最合乎群众要求的。我希望把这一问题今后再研究一下。

郑维阁：我的部首排列法与过去不一样，我承认在前进中有缺点。

李树兰：统计，一、二、三月份统计出了，张贯三的书也统计出了。张贯三

与法学院书统计出来与过去有些出入，张贯三书多七百一十册，法学院书少四百四十二册。上周登录新书与旧教材九百多册，登记了销[消]耗品。本周统计四月份书籍，补期刊卡片，统计秋季课本，继续清书架。

薛愈：一、老杨作批判胡适哲学思想资料索引。二、把五四年杂志合订工作也做了一部分。因上周老贾未来。三、张学宽三四两周把书库的书检查一下，语文检查完了，自然科学检查到化学。今后继续检查。四、把外面不用的书拿回去，把新书拿出来，另外，学宽把各单位提书袋片整理出来排好。对史地科的片子未作。五、教材整理，上周书按教材借出者我核对了一下。我们按各系年级排列，有些片找不着账。教材的第二项，书库存教材过去不是按类排列，上周是按类排列了。六、整理二楼旧书，计划本周做这项工作。再者老杨同志订出期刊出纳办法。我除请各系来核对教材之外，对二楼图书分类整理。整理旧帐[账]。

杨滋荣：书袋片应统一排列。

李树兰：阅览股的家(具)应由阅览股负责保存，购买家具也由阅览股作好。

许预甲：计划购置家具，由阅览股负责，家具保管，由总务股，两股应加强联系。

图书馆馆务会议记录

时间：一九五五年六月七日，星期二，上午八时至九时四十分

地点：图书馆

主持会议人：柴作梓

报告人：柴作梓

出席人数：十人

会议内容及讨论中心问题：检查工作计划执行情况与改进意见

记录：迈威

柴作梓：本月主要是改进工作方法，加强工作计划化。本月把工作计划化正规起来。有什么意见请大家提出来。

许防如：执行工作计划化不应流于形式，在馆使工作计划化成为一种制度，如何作法希望大家多发表意见。

迈威：工作有计划性是比较好的，如是时间的支配是好支配的，自己了解

了整个工作情况就能很好地安排，否则，有时忙、有时闲，工作不均匀，有计划的工作可不浪费时间，提高工作效率，计划只是估计，如在工作作完之后还有时间，可主动地再找出工作来作，我这几项还比较贴近实际，都按时作完。

许防如：我们的工作是要加强计划化，是要从客观情况出发，估计是在不得已的时候只得这样行，更主要的是要有预见、主动，加强计划化是要骤[逐]步地来进行，主要的是要发挥主动性。

王和兆：我感觉到工作计划化是好的，可以分出工作的轻重缓急，也使馆里和股里着重注意在他自己未见全面可加以修改。

许防如：王和兆同志的意(见)不够明确，因工作计划不是凭空而订的，而是根据客观情况。

薛愈：在阅览股自实行三周计划之后，我觉得很好，能分出工作的轻重缓急。执行工作计划可以看出每个人的工作情况，检查工作的细致与否。

李树兰：我同意大家所讲的优点。我与康先生的工作虽零散，但也可以计划。每人的计划应根据个人具体条件，发掘每人潜力。奖励工作积极者。

郑维阁：我同意馆长所说的加强工作计划化，使每人有主动性与积极性。我希望制以工作计划表，可以看出每个人的工作情况。

张学宽：股长应检查每人工作计划，是否切合实际，也可以了解全面。

王和兆：我的工作不好办，因有一部分是耿子光做的。

李树兰：老王的工作是分工问题，而这个工作应明确。

柴作梓：过去工友工作以叶[业]务为主，清洁作的[得]差，今后应纠正过来。

图书馆馆务会议记录

时间：一九五五年六月二十一日，星期二，上午八时至九时四十分

地点：图书馆

主持会议人：许防如

报告人：柴作梓

出席人姓名：许防如、柴作梓、郑维阁、帅佐唐、王和兆、李树兰、康一鹏、迈威、薛愈、杨滋荣

会议内容及讨论中心问题：研究旧书整理的计划与办法

记录：迈威

柴作梓：想在今年暑假把这项工作整理一下，旧书的情况：理学院中文书有五千一百九十五册，日文三千一百多(册)，西文二[两]千多册，共一万多册。旧账书 12 295 册，分类登录，线装书五万多册。整理的办法分类。理学院书先上架，然后再把破的与政治上反动的剃[剔]除，旧法律书一律装箱。第二步把同类同种排列一起。所有线装书完成像张贯三那样，每种补一书名片与排架片。第三步架[加]上编号。

进行步骤：把二楼报架腾出，暑假阅览股上午不出纳就整理线装书在暑假发动同学来写。

薛愈：二楼书分类不一样，管理困难，很需要整理。

许防如：我们的图书来源很复杂，当时我们的条件不够，后来搬到大楼底下才有架子。

许防如：理学院书必须完成，张贯三争取完成。

柴作梓：张贯三著只能发动同学把片写出来。

图书馆馆务会议记录

时间：一九五五年十一月三日，下午十五时

主持会议人：许防如

出席人姓名：郑维阁、柴作梓、康一鹏、薛愈、帅佐唐、王和兆、赵桂珍、李树兰

会议内容及讨论中心问题：座谈苏院长报告(工作计划要点)

记录：李树兰

主席报告：肃反以后第一次馆务会议，今天是结合昨天苏院长传达报告及工作计划要点报告坐[座]谈。行政工作必须为全面发展提高质量服务，我馆又如何来为全面发展提高质量服务。首先我们要提高政治觉悟和阶级觉悟，革命警惕性不但在运动中要注意，在我们经常的工作中也要注意，发挥积极性，想办法，全心全意为人民服务和反革命分子割断联系，加强政治学习，克服个人主义，树立共产主义道德品质。馆领导有官僚主义、事务主义、麻痹大意，像历史系学生李汝珍馆打东西，报刊遗失不知道，遗书赔款问题都可以说明，在肃反运动的基础上，大家提高警惕性，互相团结，把工作搞好。

如何配合教学，提高教学质量，提高具体切实可行的意见，贯澈[彻]精简节约，坚决反对浪费，用什么制度保证实行，财产的保管，阅览股要注意，东西遗失要知道，其次是对领导的工作，今后如何领导，才能把我们的工作作的

更好。

柴作梓：一个单位的好坏看批评，政治是否保[饱]满、团结，在这个运动以后，我们每个同志都有质的变化，都提高不少，但如何提高，巩固都是个问题。一个月来我们大家的工作都很辛苦，工作多，人手少，但是旧的思想不经过长期改造，是不会根除的。过去一年来工作都很忙碌，但对图书馆的任务是不够明确的，积极配合教学工作是差的[得]很远，各系的专叶[业]、各系培养目标都不明确，这是今后大家必须注意的，各项制度都需要建立，修正和新建，其次是团结，要在政治上团结展开批评，互相帮助，随时批评，不要算老帐[账]，对自己对馆务都有利益。

薛愈：事务主义和官僚主义都不容易克服，正中我的毛病，过去阅览股的工作很乱，负责保管责任，书丢了不知道，在馆里说：阅览股工作缺点很差，对同志帮助不够，像张学宽借书刊，仍存在不登记的情形。禁止流通的书还放在架上，有时还继续流通。虽说明在工作上及思想注意不够，订[定]的制度未执行，有的书而找不到，各系科要还书，有的系科要对账片未经核对，也不敢相信。

王和兆：李汝珍来馆打东西，我犯了错误，他用中文直接打成法文，犯有爱才思想，不从政治出发，完全是旧思想作祟。经过这次运动，认识到，思想对党对政府有抵触，应该处理，一个国家干部，思想上有错误是不能容忍的，应该给予处理。过去我的看法是思想问题，不要另加一把力，让其自然发展，今天的认识不如此，思想问题不解决，是很危险的。

郑维阁：图书馆从过去事实看，政治思想领[指]导不强，如对张学宽、赵桂贞二同志，政治领导不强，使同志犯了错误，不能及时购进图书，对工作有影响，对教学也受损害，经费要加强计划，对工作分配也要注意，全馆同志都要发挥积极性，提高警惕性，书库房门钥匙，除了上班以外，任何人都不准有钥匙。

赵桂珍：到图书馆工作一年，起初对工作不安心，缺乏主动性，把自己的一点工作作了就算完事，不积极，掌握不好，学习也不努力，责任心不强，以后要向别人学习，吸取经验。

帅佐唐：经过这次运动，我们的收获很大，像过去发现反动标语，不知道是谁写的，今天查出了。过去认为发言勇敢，理论水平高，就认为这个人不错，实际在这个运动里说明，空理论不解决问题，要有事实表现。

供应问题，进——采购，出——阅览，对教学真正起帮助作用，必须和各系联系，加强各系的联系。

我一向不作事务工作，跑到山西来以后，才作这个录事工作。在思想上有抵触，除了自己的工作以外，能帮助别人就可以帮，能力不及时也帮不了。工人阶级的思想是什么事都可以作，但我的旧思想，时时起抵触作用，对图书馆的叶[业]务不感兴趣，所以就发生不出积极性。

康一鹏：对苏院长的报告，有所体会，提高质量，我个人的素质很低，量也提不到，但在这个运动以后，大家帮助之下尽可能提高自己。

李树兰：此次运动我有三点体会：① 政治麻痹敌我不分；② 个人主义的危害性；③ 对保密的不正确态度。这是我过去所犯的三点，此次深刻做了认识。

此次定年度计划，我馆各股的职责应该尽量划分清楚，此外具体布置，具体检查，对财产的保管也应该划分清楚。

关于提高质量，图书馆负有直接的责任，要做好非易事，但必须努力朝着这个方面努力，在采购图书连[联]系方面，怎样帮助他们买到应买的书。

薛愈：提高教学质量，图书馆负有直接责任，今后对供应各参考书要特别注意，大家要互相帮助，及时提出批评，自己要虚心接受。

柴作梓：提高教学质量的前提下：(1) 主动供应政治理论书籍及科学研究参考书籍。(2) 财产保管。〈一、〉每月每季都做出单存开除，实存的统计。其次具体工作每个人，每股都订[定]出具体工作计划。我们目前情况：人少、事多。大工作不能耽误，抓重点，同志要从工作出发，在大家思想起了质的变化以后，我们要大胆的勇敢的积极的干工作，把工作作好，我们有思想问题，可以互相谈谈，可以和领导谈，和人事室谈，使图书馆成为一个大集体大家庭，大家融洽愉快的[地]把工作作好。

大家的意见：阅览股的钥匙要交到锁柜内，进到阅览股内，必须通过值日同志，书库下班后要锁住。

图书馆馆务会议记录

时间：一九五五年十一月二十一日，星期一，上午八时

主持会议人：柴作梓

出席人姓名：郑维阁、赵桂贞、李耀庭、柴作梓、薛愈、朱洪康、王和兆、李树兰、康一鹏

会议内容及讨论中心问题：讨论 1955—1956 年院计划草稿

记录：李树兰

帅佐唐：教学计划很好，总务工作内未提到图书馆。

王和兆：整理计划订的都不错，唯对俄语系协助办理，教课，俄文应校工作，俄文系教授，对翻译苏联教材，帮助其他系科教授学习俄(文)或者翻译列入重点计划内。

薛愈：翻译室有名无实，建议俄语系负起翻译室的任务。

王和兆：科学研究工作展开的不够，没有著作，连翻译的东西也没有，学校过去重视不够，今后由俄语系教授协助展开这个工作，发挥翻译潜力。

帅佐唐：一般教师政治理论水平很低，学术研究工作的风气很稀薄，这一次的计划规定都好，唯今后做是一个问题，各教研室必须和图书馆密切连[联]系，否则无法供给教学和科学研究工作上的参考资料，图书馆应采购那些书籍，应该推荐那些资料。

薛愈：半年内要清理财产，图书馆的图书财产很重要，应该注意清理。

朱洪康：增产节约在五年计划内提的很重要，但在食堂内每个人吃饭的浪费现象很重要，我校食堂及同学饭广，应订立检查制度(组织有关人员负责检查)。

柴作梓：保证实行：(1) 提高政治水平；(2) 订[定]出制度，由制度保证实行。总的来说，今年的计划很切合实际。

图书馆馆务会议记录

时间：一九五五年十二月六日，星期二，上午八时至九时四十分

地点：图书馆

主持会议人：许防如

报告人：许防如

出席人姓名：王和兆、许防如、柴作梓、康一鹏、薛愈、朱洪康、李耀庭、赵桂珍、郑维阁、李树兰

会议内容及讨论中心问题：报告及讨论工作重点

记录：李树兰

报告：

1. 俄语奖金考试不日举行，领导上希望大家积极报告参加。

2. 全院建设规划，图书馆占 6 600 平方米，新馆可能 1958 年修建，旧馆将作文史馆。

3. 全院的工作计划是贯彻全国文教会议要求的精神，提高教学质(量)。图书馆为了配合提高教学质量和科学研究，保证供应有关参考资料。提高教育质量，包括三方面，特别是培养共产主义教育为最重要，处处要作学生的示范，图书馆是接近学生的地方，特别要注意。其次是美育，图书馆本身就〈有〉是体现美育的地方，如陈列布置，工作者就是教育者，教育同学是全院工作人员都负有责任。

4. 贯彻精简节约，从各方面进行、贯澈[彻]，行政机构必须精简，各单位紧缩，每个人都要发挥积极性，改进工作，提高效率，不要浪费工作时间，要严守公余时间，要很好利用，学习、文娱都要注意，每个人都要具有主人翁的态度。

讨论：

1. 工作中心有两个：配合提高教学质量和科学研究，严密保管财产制度。

2. 工作布置：制订[定]56年图书购买预算，由总务股负责合同各系，清理胡风分子的图书和有关期刊，清理高等图书，清理积压：所有旧的积压，必须完全清理出来。寒假组织清理小组。

3. 检查工作：12月26日—30日，检查清理反动旧书工作；
1月25日—28日，检查清理积压工作；
1月28日—31日，检查55年统计工作。

4. 会议：每两个星期开一次馆务会议，12月22日会议由阅览股报告清查反动图书情形，1月30日作期中检查。1月3日总务股报告55年度预算执行情况，1月17日各股报告清理积压工作情况。

5. 科学研究的时间，各系拟订[定]56年开始，1—3月份是搜集材料的时候，我们应把三楼二楼的材料整理好。

朱洪康：来院后，大家对我们的帮助很大，从生活到工作都如此。工作要有计划，任务大才能完成任务。

馆长：阅览股要明确分工，事有专责，互相帮助，有布置有检查。

李耀庭：阅览股工作每周有一定时间，在一块研究，决定本周工作，检查上周工作。

郑维阁：股长开会多，和群众连[联]系少，积压工作是什么？发动大家想办法，发挥积极性。

一九五六年图书馆会议记录

图书馆馆务会议记录

时间：一九五六年一月十七日，星期二，上午八时
主持会议人：许防如
出席人姓名：赵桂贞、朱洪康、李耀庭、康一鹏、许防如、柴作梓、王和兆、李树兰、薛愈
缺席人姓名及缺席原因：郑维阁，因公
会议内容及讨论中心问题：如何整理二、三楼旧书，为教学服务〈。〉
记录：李树兰

（1）因年终忙于工作推迟两次会议。

（2）藏书的整理与使用。

（3）院务会议：教育部今年四月召开高等教育会议，要总结三年来的工作。

（4）中共第二书记报告关于改造旧知识分子传达：

a. 知识分子问题提出是有一定的意义的，知识分子很少，专家更少，需要大家努力，克服保守思想，为建设服务。b. 几年来知识分子的转变有了根本的转变，看不到这些成绩就会犯错误，绝大多数的人如此，但有少部分由于旧社会的影响，个人主义，唯心观点，还比较严重，需要改造克服。c. 科学研究、会议、工作都要有合理的分配，党对知识分子关心不过[够]，以后党的同志和知识分子常谈心。

三年到五年，科学水平（自然）要达到世界水平，社会科学也要接近苏联科学水平，要大力扩充图书馆事叶[业]。

知识分子的思想与政治问题要严格区别开，有反动思想，有反动言论，都不能算反革命分子，旧知识分子有朋友是反革命分子，但没有特殊往来，一般往来都不能把他当成反革命分子。加强党对知识分子的领导。

我们明白了党的政策，我们应该加强自己的学习，努力改造自己，很好为建设服务。

院务会议：费拉托夫要来我院作深入检查，我们有什么问题，可以提出研究。由秘书拟出分院以后到现在图书馆工作总结，各股提供材料。科学研究工作要展开，我们有材料，必须提供出来，特别是阅览股要注意这个问题。图书馆委员会已组织起来，主任委员由田润霖先生担任。

整理旧书刊问题：

1. 旧书必须整理起来，供教学利用；

2. 旧期刊也必须整理起来供教学利用；

3. 整理旧书办法：

① 政治上反动，参考不大者，每种留两本，其余装箱。

② 复本较多者。

残破不堪者注销。

二楼线装书都移到三楼。

中文书适合利通者提编，教学参考书，合到理院书内改编，做一片。

线装书——按经史子集再进一步评细分开，按年代分，按小类整理以后还要按类登薄作为财产。

整理旧书必须注意实际需要和可能相结合。

图书馆馆务会议记录

时间：一九五六年二月四日，星期六，上午九时

主持会议人：许防如

出席人姓名：赵桂贞、朱洪康、康一鹏、李耀庭、王和兆、薛愈、郑维阁、李树兰、柴作梓

会议内容及讨论中心问题：图书馆三年来工作总结

记录：李树兰

一、图书馆三年来工作总结。

二、布置工作。

工作总结：(1) 图书馆管理人员应熟悉自然科学和社会科学的基本知识，不是要熟悉有关专叶[业]的知识。[；](2) 资料工作比较差，应着重提出，如何做，请大家讨论；(3) 新文字实行以来，在编目上存在着问题；[。]

三、报告事项：1. 目录学——下学期开始；2. 明日照常上班；3. 战犯参

观团，于六日来院参观，注意事项：到每单位时，负责人负责报告，不准访问，不准和其他人交接；严肃和蔼。

馆务会议

时间：(一九五六年)三月廿日
出席：全馆同志
主席：许防如
讨论事项：如何配合向科学进军问题

报告：

根据我馆现有条件，如何配合教师进行研究工作，利用现有材料和争取搜集新资料，主观努力，大力支持配合研究工作。政府、党团都在围绕这个工作布置，加强领导配备人(员)等，我馆为了更好配合我院教师研究工作，希望大家提供意见，使我们现有的资料能发挥它的最大效用。

院务会议：

十二年规划，根据“又省又快又好”，打破常规，改造、提高教学质量。内容：十二年间以我院为基础，一九六七年需要师资一七〇〇人，山西将有三至五个师范学院，我院有陆千人，文史与理科各半，教师增加一千二百人。各行政单位的分设及培养干部，都以我院为基础，基本建设，教学改革，四年基本完成，完成教师队伍正[整]理工作，初中以上教师七年内必须完成，政治思想改造，创造生活条件，党风校风的培养。

个人规划，文化——大学毕叶[业]学两国以上外国语，叶[业]务、科学研究的成就，自我改造，下半年我院可能有研究生。

讨论：

一、采购：

(1) 本市采购时间——重要著作随到随购(催新华书店送或派人去取)。

(2) 购书册数——自然科学专叶[业]参考书，每种增加二种到三种，按性质规定如下：

数学方面的数，每种三本到五本，化学每种二本到三本，物理每种三本到四本。

中学课本每种订一套(如果系里订应再订)大家课本每种订二[两]套。

(3) 国外期刊酌量增加。

(4) 各种辞典酌量增购。

(5) 注意搜购各大学学报。

二、阅览:

1. 扩大期刊系交换。

2. 参考室遗失图书。

3. 教员借书册数:一般规定十册,有关科学研究资料借书不受此限。

4. 职员借书一般规定二本,遇特殊情况可以放宽尺度,照顾。

5. 争取设立教员参考室。

6. 整理旧期刊。

三、编目:

1. 旧书速编。

2. 整理二楼旧书。

3. 速排新书分类片。

四、联系:

1. 和新华书店连[联]系。

2. 和各科系连[联]系。

3. 和教师连[联]系。

4. 扩大馆际借书。

馆 务 会 议

时间:(一九五六年)四月三日

出席:本馆全体同志

主席:柴作梓

记录:李树兰

一、报告事项:

① 教师阅览室三月廿六日开始开放。

② 院行政扩大会议,专门讨论有关教师生活及工作条件。生活方面:讲师以上另开小伙,质量提高,理发不排队,购粮派人送,进城看戏负责接,送水

打扫等都加强。工作条件：新办(公)楼建成，各教研室及各系增设资料员，教务员(暂不决定)。图书馆七项措施：教员阅览室，教员借〈借〉不受正[整]理内部限止[制]，可以入库找材料，科学研究借书不受限止[制]，有关旧资料尽量供给或搜购，期刊有重份者可外借，设教员借书处等七项。除此尚有三项未列入：已经列入工作计划者，条件不够者，不〈年〉是主观条件能解决者。

现在要做的：读者开出书名代找，正[整]编旧书时请文史教师指导，重作十二年规划，新到书目请各系学生看或送系主任看，必须盖章，图书馆委员会多开，对外多联系，不限于图书馆，扩大到文化机关及科学研究机关。

与新华书店联系结果：(1) 按基数供应。(2) 订货目录，每期供一份参考。(3) 五一门市部指定一人给我们配书。(4) 每周送书一次，我们去一次。(5) 旧书刊可以开出目录，托代购。(6) 预订书□□内部发行，都通知我们预订。(7) 可以在书亭购少量书。

教务处通知：(1) 各系科，各教研组所需要科学研究资料，尽力供给。(2) 逐年增加预算充实有关书刊。(3) 协助各系建立资料室。(4) 与太原新华书店进一步加强联系。四月份选派一百多位初中优秀教员来院进修，暑假后作高中教员。

阅览股分工：老薛负责单位借书，耀庭负责期刊阅览室等工作，桂珍负责学生出纳，洪康负责教师借书。

工友工作分配，每周大扫除(星期三)两次，擦玻璃，书库清洁等另有具体规定。

二、四月份中心工作(：)

1. 整理旧期刊

2. 办理新华书店图书基数表

馆务会议

时间：(一九五六年)四月十七日

出席：郑维阁、李柏寿、王和兆、薛愈、康一鹏、朱洪康、柴作梓、李耀庭、耿志宪、赵桂贞、白天锁、李树兰

列席：人事室主任刘明

主席：柴作梓

记录：李树兰

报告：今天会议主要内容：关于阅览股工作上存在的问题。（分工问题，领导问题，彼此间的矛盾等）存在问题提出，得到解决，改进工作，为今后更好的工作打下基础。

讨论：

薛愈：阅览股工作上存缺点很多，我作领导应当负全责，现检查如下：（1）计划性不强，碰到什么工作作什么工作。（2）缺乏主见，不能坚持原则。（3）事务主义忙忙碌碌工作，效力[率]低。（4）工作领导方法差，不能发挥同志们的潜在力，命令主义，因而形成同志们的不满，影响工作。（5）说话不清楚，交待[代]问题不明确，容易引起误会。（6）自从李柏寿到阅览股工作以后，对我的工作协助较多，如单位提书等，认为能力强，特别看待，因而忽视他的缺点，从而助长他的缺点。（7）本股同志不协调与我领导方法有关系。

以上的缺点，是由于政治觉悟低，接受新鲜事物差，理论学习和叶[业]务学习都抓的[得]不紧而造成。

李柏寿：我不愿作清洁问题，具体实事表现在什么地方？其次看问题，固定的不是发展的，如像对某一同志抓一点看全面。

赵桂贞：半年来对工作虽有一定提高，但缺点也很多，特别是主人翁思想不强，如有一次教员还书片本，没有插片，虽然是洪康管，但李柏寿几次催，有时因工作忙，有时因学生借书，有时因统计未抽出片，李把书归了，造成工作上的损失，这充分说明了缺乏主人翁的思想。

李耀庭：初到阅览股工作，感到忙乱，馆务会议也曾提出过，但没有积极的动脑筋想出克服的方法。个人本位工作也没有很好的计划，清洁工作负责检查，但作的不好，也不好意思去找别人作，自己作，其他有关清洁的工作也如此，工友同志对清洁工作不重视也不愿意提出意见。以后工作要有计划，和股长多商量，今后清洁要尽到检查责任。

关于归书问题的发生，平时对清洁的问题，都未从思想上深刻认识，对同志们的态度很不好，常说别人吃才……〈等〉，个人有能力这也是实事。

朱洪康：对工作生疏，工作中常处于被动地位，以后熟习[悉]了才敢大胆的[地]去作。最近分配在出纳处工作，赵桂贞交待问题不完全，有头无尾。去年李柏寿和赵桂贞在出纳处工作时，有时间拉闲话，不协助我工作，但自己是青年团员，不能帮助别人和影响别人，修养不够，常吵架。关于李赵归书问题，我不知道。主人翁思想很差，思想脾气很暴躁，有一次和同学吵起架来，影响不好。

白天锁：十月九日拿报用一个钟头，老薛即问为什么用一个钟头？我当时马上回答：以后找别人拿报好了，这句话以后自己也认为不对。

赵桂贞：对李柏寿看的[得]很重，对其他同志看得轻。需要重视这个问题是影响工作，白天锁对这工作很乐意，这里面就有问题。

王和兆：能力强，叶[业]务熟习[悉]，必然会引起骄傲自满，是规律，李柏寿应该团结新来同志，把工作搞好，实际李柏寿就是强调了自己的缺点。

李耀庭：李柏寿优点很多，缺点也该认识。发生错误与别人有关，但别人可以检查，自己不能因别人而减轻自己的错误，李柏寿对这个问题认识不够。

李柏寿：平时同志们对我一天比一天冷淡了，但自己找不到原因，今天大家给我提出来的意见很多也很宝贵，使我认识到自己的错误，以便今后改进。阅览股工作比较混乱，工作人员拖拉，常存在书错误，像孙景，把书还了，而书也归了库，但借书证上还未注销，平时说话不注意，对同志们很随便，像常对同志说：吃才！没有用……。由于在解放战争时担任民兵，生活谈话都很随便，看见问题不择方式随便乱说，结果影响同志间的团结。过去对态度问题不重视，实际态度和生活分不开，很影响工作。叫我检讨受到批评，我当时思想上搞不通，曾经谈图书馆反正呆[待]不长了，经过今天大家提意见，我进一步认识到自己。

柴作梓：同志们工作不安心，对群众的态度不够好，对工作不认真，不负责，影响到群众对我们工作上的怀疑。分工不明确，借书刊制度不明确，彼此间不协调，对老薛的工作不是积极的帮助，而是开玩笑，看笑话。

老薛：工作没有计划，忙忙碌碌，领导方法有问题，片面看问题。

李柏寿：看不起别人，骄傲自满，不注意清洁，不提开水，生活作风不正派，不检点，不服从领导，不接受意见，意气用事，故意造成事故。

工友问题：图书馆工作比较繁重，但大家的休息时间一定要保证。同志间的工作，主动性不强，特别是对清洁工作，三个人不协调，劳动纪律遵守的不好，到上班时不来上班。

刘明：图书馆生活工作检讨会我是第一次参加，开的还不坏，发言不够普遍，李柏寿骄傲自满情绪很严重，要特别注意，今天检查的比较好，这是对的，对今后的工作是有好处的，领导上能及时采取措施也是对的。

学校是发展的，自己的前途是很光明的，不要因为目前工作时间长，得不到提拔不满意，只要自己好好工作，努力学习，个人的前途和国家的前途是一样的光明。

新来的同志对工作不熟习[悉]，要随时提出问题和大家研究了解。

工友同志要认清自己的任务

康一鹏：李柏寿对原则性的问题，过去是不违背的，目前工作态度变了，这是非常不好的。经过今天的检查，希望他今后下定决心，克服这个缺点。

馆务会议

时间：（一九五六年）五月十五日

出席：

主席：

记录：

〈一、〉报告：向科学进军，这对我们的要求也更多，下学期要加强教学，我们的任务也更重要。目前我馆的人力比较薄弱，质量也不高，如工作还不够熟练，对教学上的帮助不能适合客观上的需要。因此在工作中容易发生问题，问题的性质如何？要很好考虑求得解决，不怕错误，要改正错误，正视错误。任何事情都不是绝对的，都是有矛盾的，随时发现问题，解决问题。各股都要注意，一个人犯了错误后，要加以帮助，对他的批评如果有帮助才算，否则就是宗派主义。

讨论事项：

一、旧书刊利用：整理旧书刊，新书刊补充（建立基数）。

二、订购报纸期刊。

（1）过去订立的不停，保持资料连续性。

（2）各系专叶[业]性报刊，进一步需要明确，将各系旧刊物收回装订再借出。

（3）补充过期报刊。

三、本年度教材预订问题：同学个人预订由各系负责登记并负责分发，对新华书店办理手续由图书馆办理。

四、教工借书问题：现正在研究办法。

馆务会议

时间：一九五六年十一月十六日

出席人数：十三人〈人〉

缺席人姓名及缺席原因：李树兰因病请假，王和兆、康国让因文体活动请假〈。〉

主席：柴作梓

记录：迈威

报告人许防如：① 因我院的发展，而人员少，发生了主客观之间有矛盾。今天就是研究如何解决这些矛盾和如何改进工作。② 关于文体活动大家可以提出问题来研究。③ 关于柴副馆长到北京开会把我们的经验今天提出来让大家研究。今天着重研究各股存在的问题及解决的办法。

李琳：到十二月底为止，图书费尚存六千多元，资料费尚存三千多元。总务股把十本以上的大宗书籍检查一下，看那[哪]些购到了，那[哪]些没有购到。编目股在老柴到北京开会之前把这些新购书分出来。阅览股：应利用空隙时间来整理内部，改进工作与总务股联系那些副本，需要添制[置]的就及时添制[置]。总务股与编目股有一部分工作可以利用练习生或工友可以做，故建议领导培养练习生来解决问题。馆务会二周开一次，每礼拜二上午八时至九时半。

馆 务 会 议

时间：(一九五六年)十一月廿七日，上午八时至九时

主席：许防如

记录：迈威

出席人：十六人

报告人柴作梓：图书馆的职掌范围，大家应该看一下。交流讲义由谁办理的问题。我们的职掌范围内没有订，而教材科职掌范围有。铝[铅]印成熟，公开发行的归馆办，而油印不成熟的由教材科办。关于资料员的问题。我们的意见与馆不是领导关系。工作的改进有三项，优点多于缺点，如期刊由老杨办而归总务报账。袋片号码由登录打，但登录在送书条上不写书名。这样都节省了时间。关于一种书占一行的问题，线书先实行，平装书等以后再说。

郑维阁：编目的地方没有地方。

薛愈：老杨办书刊有些吃力，我们内部来解决。

徐馆长：现在就以期刊采购和解决编目股的积压来解决。

决议：由阅览股抽人援助编目股。房子设法解(决)，人力缺少由内部和外部双方设法解决。暖气由馆长向有关部门交涉。

馆务会议

时间：(一九五六年)十二月十一日，上午八时至九时半

主席：许防如

出席人数：十四人

缺席人姓名及缺席原因：柴作梓因到北京开会缺席，赵桂贞缺席

馆长报告：快到年底了，总务股的结账与统计工作。阅览股注意学生的考试，配合考试工作予学生以方便。采购应注意各系科关于报纸上登载的各种新书而予以方便与满足。如购不到，就应向各系科说明。

阅览上应以辅助科学研究为目的，工具书不外借，应研究。应灵活应用。关于业务工具书也可以借出。阅览股与馆里具体研究来解决。

迈威：学生对阅览股同志的意见是态度生硬，希注意向大家耐心解释。

馆务会议

时间：(一九五六年)十二月廿五日，八时至九时

主席：许防如

记录：迈威

出席人数：十六人

主席报告：如何改进工作方法，修订章则，期中总结等，大家应提出改进的意见，共同研究改进之。同时寒假应清理积压的书籍，时间最多一周。

公休问题：我校根据工作的具体情况，在不务[误]工作的情况下，在假期轮流休息。和人事处长研究根据工作情况具体公休。李琳、王文进、张学宽、李柏寿、康国让，因有的是教师，有的是新参加工作。公休原则上是十天。最多不超过十四天。

李琳：过去是教员，今天是职员，既是职员就应享受这种权利，这种权利

是神圣不可侵犯,但我暑假没有休息。假期既清理积压,在外边找人,而自己的人又要公休是矛盾。

郑维阁:休息更是为作好工作。

朱洪康:不见得休息十天就是觉悟高,十四天就觉悟低,国家既定出这种制度,就应当照办。对公休应有明文规定。

李柏寿:公休不应当集中在寒假,现在就可休息,工作越忙越应该休息。

王和兆:公休也是为工作着想。领导上应重视,但领导上重视不够。把公休放在寒暑假不合适,因寒暑假最忙。

赵桂珍:还是寒暑较闲。

康一鹏:公休既是国家对干部的照顾而就应重视,公休学校早就布置了,而图书馆就没有注意到。应发扬民主,领导上应关心大家福利。

薛愈:公休应放在平时,不应集中在寒暑假。

张学宽:我虽然在家,但我在家并没有休息,过去既然领导上把问题处理错了,现在就应当和大家一样。

李树兰:七月份就公休,但领导上没有及时布置下来,这对干部是不够重视的。但我觉得少休息几天是可以的。

许馆长:在暑假前方提出,但我们的工作已经作好了计划,馆里只有九个人,才抽出两个人公休。大家有意见可以提出研究。

柴作梓:同志们好像馆里剥夺了同志们的福利似的。但事实不是的,这是人事处的规定。在少耽误工作的情况下要排我们的公休。

柴作梓:关于图书馆会议的传达。

采购:主要参考书每一门课一种,五至十人一本,最多不超过三十本。经典著作可购三十本。一般书两本,有关本院业务的可购五本。通俗读物不买,百种全书选译作资料处理,即挂图作资料处理不编,一般小说五本至十本。古典每种五至十本,中学(用卡片登)课本与小册子不作书登,发票登账报销,记清报账日期,开单日期,开单机关。以便查账。

线装书另起号,新购者均按十大类处理,楼上的线装书,应把不能出借善本等标号,把一般可以流通。

检查浪费

时间:(一九五六年)十二月卅日

检查了采购,发现是有浪费,原因不了解,本库所藏与各系专业,同时也不和各方面联系。执行制度不严,同时制度本身也有问题。克服的办法应订出切实可行的采购办法。恢复采购小组。订出学习专业的计划。

在保管方面也有问题,有些图书应注意保管,保管是更好的[地]为流通。在宣传爱护图书方面差,今后应该加强。图书介绍应加强。

一九五七年图书馆会议记录

馆务会议

时间：一九五七年元月七日

主席：许防如

出席：十六人

列席：王志英

许：院务会议通过一九五七年工作要点，其中取消“做好分院工作准备”一项，新增加“精简节约”一项，编译室工作项内有：供给有关工具书及参考资料。

王志英：了解干部，深入各单位，了解各单位工作，今后对各同志经常工作内容优缺点作成材料。公休问题：根据学校规定，一年内有个休息时间，最多不超过十四天。院行政会决定各行政人员有一次公休（勤杂人员没有），暑假至寒假轮休完，调干、干部：已休息了不再休息，有教员暑假后来院工作不公休，原工友升干部根据身体情况决定。大家对公休意见，馆长决定，命令一样，实际不是，如果不是争[征]求大家意见，就不会开会。上次馆务会议开的情况不好，领导平时对同志福利注意不够，除了按规定能休息以外，有需要休息的，提出申请，经过批准可以休息。

许：公休各股自已按[安]排，暑假后来的同志，提出经批准后可以公休。

康国让：按规定，公职人员提升后不公休，已有单位提升的工友公休了。

许：在馆内吸烟问题：为了减少事故，在各图书馆规定不吸烟，特别是在我们图书馆设备不完善情况下，最好还是不吸烟。值日自三反后建立迄未间断，晚上有是有人阅览，期刊等都开架，没有人值日不大合适，白天值日可以考虑，晚上值日应照常。

李琳：值日不需要，给个人的精神负担太大了，在外吸烟影响工作。

张学宽：同意晚上值日，不在屋内吸烟。

薛愈：值日是需要的，应加强。

赵桂贞：晚上值日需要。

柴作梓：怕麻烦，怕负责不值日不对。

郑：中午给柏寿负责不合适。

康：晚上值(日)需要。

杨：不同意在办公室吸烟，晚上星期日值日需要。

许：看钥匙也是要紧的。

王：中午、星期日，白天不值日，晚上假需要值日。

检查浪费会议

时间：一九五七年二月十六日

主席：柴作梓

记录：迈威

出席人：十四人

缺席人姓名：朱洪康、赵桂贞、许馆长

主席报告：一九五六年由于各单位对建设等投资过大，而使国家财政出现了赤字，故号召大家勤俭建国，农业社应勤俭办社，我们应勤俭办校。高级干部薪金已减低了。一级到五级干部减10%，其他5%至3%。高级干部不应超过普通干部四倍，一般干部平均五十元。去年工资改革有些冒。教育部减50%经费，主要经[精]减干部，减上层充实下层。在工作上应改进工作方法，三人的活要两个人干才行，不要学北京所说的三等干部，一等发薪，二等看报，三等下班。浪费与节约的界限很难分，但应根据具体情况分析。检查时对浪费与节约两方面作检查。如本校膳食科节约粮食两万斤，曾通报全省表扬。检查时要防止偏左与偏右。排情况，查情况，找原因，追责任，写成书面情况。检查范围：组织情况，人员编制，基本建设。我校也以基本建设为主。财物开支情况，低资易耗品，房屋等的利用率，集体灶、水电都是检查的范围。检查送疗器材。检查日期：十四日至十八日在各单位检查，十八日要材料，十九日省来人检查，二十日各单位作检查总结。能否深入全依靠群众。

检查方式：

迈威：应先提出检查的方向，然后责成具体人检查，我认为先检查采购与阅览，如买的不当买的书，报纸，外文报纸有显著浪费。

白鸿策：我认为有些书不仅我们学校不需要，而且在工学院也不需要。

张学宽：我们买多的书，多时应不登录卖给同学。编目股如果用的[得]

好可节省原纸三分之一。

郑维阁：买资本主义国家杂志，花钱多。有些系外文不好而对外文书的填[添]购也会有浪费，用胶贴签可节省面粉。

李树兰：由每个同志自己检查，每个人检查出来了，也把全馆查出来了，我希望成立检查小组。

李琳：报纸订的过多有浪费。通俗读物不买，而通俗报纸、期刊就订的有，也有浪费。把线装书有损坏的应及时设法装好。订高等教育有问题。高级干部人手一册。

王和兆：一、查采购图书与期刊。二、保管的图书的好坏。废纸利用问题，今后也应注意。

张学宽：应注意改进工作方法，编的 K 号 T 号没有必要。书库窗子有阳光，应用布遮着，书号打后面，口袋片上与书前面不打号。

康一鹏：自从建院以来对于图书报刊的遗失尚未彻底检查过一次，此外自行车的利用方面修理方面等。

本馆检查组组成：有两位股长和柴副馆长，总务股由李琳，阅览由杨滋荣共五人。

馆务会议

时间：一九五七年二月十八日

出席人数：16 人

主席：柴作梓

缺席人姓名：许馆长

记录：迈威

主席报告：我们根据大家所提的材料分别整理了一下，编目股由我整理，采购由李树兰整理，阅览由薛愈整理。

李树兰：采购浪费很大，一、课本买的多。二、一般书副本多。三、中国书译成外文的书购的本数多。四、各系到各地购书而与馆联系不够。馆中有的，他又选购了，如司徒达到北京与上海购的书。五、各系预订的课本，学生买不完而由馆购买。浪费的原因：采购对各系要求不加考虑就任意购买，本数很多形成浪费。采购不了解情况，业务不熟而盲目购买而造成浪费。另外由于制度不完善而形成的浪费与采购人员分配不当而形成的浪费。改进办法：一、采购二人(加强采购)。二、完善制度。三、熟悉业务。

另外我们对废物利用没有注意到。对自行车不爱护而经常修造成浪费。对工友使用抓的[得]不紧而形成人力浪费。

李柏寿：有些与业务无关的书不应买，如如何修钟表，打毛衣、裁衣服等书不应买，高等几何学旧版无人看了，而又买了很多旧的。

薛愈：如以上的衣[书]也应购一本，主要注意大宗书籍。

李琳：认为外文期刊多而说是浪费是不应该的，还应当多一些。

杨滋荣：外文杂志看的人很少，而一本又不能借，一买就得两份。这是制度问题。

王和兆：我们在这次不要过左了，盲目购书是很不应该的，如旧版书又买了一些，可买不可买，就可以买。

柴作梓：我们应明白我们校的性质，我们是科学的图书馆，应是为工农兵服务，我们是高等学校，故对一般参考的书就大有问题了。浪费我们要抓大头，把主要参考多买多少，一般参考多买了多少。画册可少买。中文翻外文的书五本不算多。外文期刊系有图书馆也需有。因系不对图书馆。

李树兰：我们的外文杂志期刊种类并不少，报纸中文 155 份，俄文 8 种 16 份，英文 9 种 18 份，法文 3 种 5 份，日文 1 种 2 份。杂志：中文版 713 份，俄文 54 种 100 份，英文 27 种 63 份，法文 1 种 2 份，日文 2 种 3 份。

柴作梓：编目上的浪费是错编重编，每错编一种书浪费卡片五套，而浪费的人力更大，比编新书要扩大一倍以上。错编原因由于工务目录不能及时排出。人员少，有重量不重质的现象。今后改进办法：按操作规程注意质量第一。人员配备再与领导上联系。假期动员同学帮助，工作中也造成浪费，如草写卡片等错误，我们检查不够。三、用品的浪费，原纸的浪费，取消部次号，登录号打在后面，口袋片上不打号，卡片上的号打在上端。

薛愈：阅览分五方面来谈。一、书刊保管方面：爱护不够。如插架不注意，损坏书，编错的书同学们借阅时找不到，装订上有问题，不能及时装订损坏的图书。文史参考室无人管理，遗失了有十一本书。另外对历年来的破书也没有报销过。二、出纳上对图书的流通率有影响，由[于]有些同志业务不熟不能及时归架，而影响出纳。订期刊杂志浪费一百一十多元。三、清洁卫生方面：工友同志过去作的不够，今后应发挥他们的积极性、建设性意见。杂志应再合订一份新的。做布窗帘，保存善本与珍本，书应做木匣盛装。章则制度不适当，今后应修订。

馆务会议

时间:(一九五七年)三月十四日,上午八时

出席人数:十八人

主席:柴作梓

记录:迈威

许馆长报告:本馆存在问题很多,要抓主要的,要根据全院的要求结合我馆现有的条件,看抓那[哪]些问题。院的要求是提高教学质量,院要求学生提高政治思想,但这与我们也不无关系。与我们有关者是工作秩序。要加强领导健全工作制度。我们认为我们的条件不好,尤其是人力不够。但我们未有把工作量算出而和人事部门,就不好要人。人事处对于增加人的问题本学期不考虑。暑假后再谈。在这种情况下我们的工作就得分出先后缓急。目的是考虑这学期的工作。这个会是发扬民主大家提意见想办法。

柴作梓:上学期由于学生增加的多,任务繁重而我们的工作是繁重的。每月购四至六千册书。在采购上存在一些问题,如采购的本数为版本旧,不察[查]馆藏,系购书时馆一律增购十本,是不合适的。编目上重量不重质。阅览上因工作繁忙,门庭如市,阅览室座位少,书少等困难。这些困难我也解决了一些,如礼拜六晚不闭馆,学生增加了借书证。二、五文体活动不停止出纳等,也解决了一些问题,但我们同志们的态度生硬,厌烦等也是缺点。这学期开辟了阅览室,分库出纳图书,请学生帮忙基本上清理了积压。

本学期是建立健全制度,贯澈[彻]执行。贯澈[彻]经[精]俭办校注意节约。注意统计工作。并不意味着加强工作强度。定期开馆务会议,发扬民主,加强团结,本学期暑假仍要突击工作。开展业务学习。

许馆长:编目上要保证教学与科学研究的书先编出去。统计不是机械的,而是做到大家心中有数。

张学宽:阅览股借出的书不能保证按时还回。我提意[议]过期罚钱。有些小说因不装订不能借阅而使好小说越来越少。

薛愈:在阅览股健全制度是很必要的。

李树兰:小册子如何处理。

许馆长:恢复采购小组,采购人员不熟悉业务。

李柏寿:借书证问题,有人不看借书证,应凭证借书。

馆务会议

时间：一九五七年九月十日

出席人数：十九人

缺席人姓名及缺席原因：赵桂贞请假，康一鹏去检查卫生。

主席：柴作梓

记录：迈威

许馆长报告：关于本馆的人事编制问题，经过人事部门再三研究，以学生人数三千人本馆编制二十个人，现还未来齐，与宋教务长商议，可以把留校勘察的五个同学来帮忙，但现尚未定。第二个问题是采购问题。因限于经费，购书时应精打细算，分清缓急。第三个问题是房子不够用，现在坐[座]位是五比一，即五个学生一个坐[座]位。

柴作梓报告：今天研究的问题一个是迎新一个是开学。新生来校后本馆出一个大字报介绍本馆一切情况。十三日学生报到，廿三日开学。那些书已购到，那些未购到和各系打个招呼。布置参考室。写借书证与借书卡片。

许馆长报告迎新工作：由周书记与人事处长等负责领导，着重政治思想教育，使其爱护公物遵守纪律。全院性的有宣传组，由宋教务长与张保德等负责。结合迎新在校学生进行戴帽工作。

从十一日起薛愈负责准备写借书证的准备工作。

白鸿策：负责王和兆与张学宽参加写对学生的宣传工作。参考室由老薛负责。

关于教员借书问题薛愈讲：文理科借书不应一样，文科应多借一些，理科应少借一些。借书卷[券]为了怕先生丢失，由馆里保存，先生发借书本或以前之借书证，旧人一系一系的清理。

柴作梓决议：今年给先生们有借书底账，杜绝过去还书漏记账的错误。职员工友办法与教员一样，如何澈[彻]底由阅览股具体研究后提出。

馆务会议

时间：一九五七年十一月五日

许馆长：我们要成立整改小组，在群众大字报监督之下，我们要大力地改,狠狠地改,这指两方面:作风,工作,把群众鸣放的都要收集来,这是大家所关心的,不是对某一个人,而是大家的事情。组成原则由柴馆长报告,各负各责,不是为的单独答复,而是要实际数。再一方面是关于工作计划问题,这一学期已过了三分之一,根据当前的情况,要建筑于实际,既不要过左,也不要过右,必须老要客观条件和自主条件,有些不作就不行。总的就是思想提高,就是社会主义的政治觉悟,中央特别强调先从思想方面来着手,全民大辩论就是要提高思想觉悟,每个同志都应从这一方面注意。否则,热情不起,积极性不够,主人翁态度不强,开架式有损失不干了,是不行的,因有碍于教学,社会主义改造这是一关键问题。

柴馆长:我们过去馆务会议缺点,领导布置多,群众意见少,我们接受大家的意见,这次比较准备的成熟些。

整改组由各部门领导和党团员,各股股长和张学宽组成,馆长监督。

本学期计划:这学期重点就是清理积压,估计数量分批分期完成,计划和整改是分不开的,设法提高工作效率。

李树兰:根据群众意见和我们的情况,过去缺点很多,十四人计划,分工重新明确,与过去有些不同,加强劳动效率。

一、分工:采购二人,登录二人,总务统计,采购并统计,登录兼总务,采购过去忙乱,建立中文采购室购片,现在剪粘,以后要写,外文建立采购片有困难,所有在外文部书背后的目录,多期的目的顺序号排,以系单位排,便于寻找。国际书店将来必须建立订购片,因过去很杂,按着□顺序排,那□□,都得放过去,可能有困难。代购数所有的书目都送到各系,让他们随意选,条件不够,可缓排或另排,制代购片,建立起来,可随意就再不被动了。今后作到定期的有交代,只要是各系需要买的书,就设法买、供应,但还有困难。登录没有统计,究竟每月能登录多少,从十一月份建立,采购也没统计出来,工作量仍可检查出来,采购有时可去提送过去,补充过去旧书,主要依靠系和阅览股,再根据法处理,有计划熟悉业务,请各系〈讲、〉教师讲授本系课程,工作了解,一星期两次或一次。

二、馆际借书我们建议由阅览股负责,报刊统筹安排,独立成立报刊组,希望在五八年,每种多印出一套卡片,这样就比较方便,希总务股同志补充。

许馆长:大家应考虑计划重点是什么,主要在于编目股。

李树兰:清理经费、统计、五七年没有统计,于十二月后必须统计出来,采购也得进行清理。

王和兆：五六年的书还没有编出去，影响总务股统计和阅览股的排架，早已想清理，就是作不到。目的新书少，开学后忙于新书，旧书没有作，小册和专科书大约有五六百册，现在清理还有条件。英文、俄文我未插手，三千五百册到十二月底必须要清理，新书也得出去，必要时叫同学帮助，先整理五六年旧底，争取完成五七年的。我感觉我们编目股因为这些影响工作质量，影响阅览股排架，连任务也完成不了，今后减少人浮于事的现象，先排片，现有专人排，发现错误片，改了再送。

许馆长：五七年非清理完不可，必须有信心和决心。

白鸿策：先清理五六年的底，积压的是文艺书和政治书，估计有一千一百二，人力有一个半人，一月多一点就可清理完，五七年争取可以完成。

郑维阁：大约积压有三千多册，五六年少的多，图书馆少，供[共]有四千多册，一日可编四百册左右，因而到寒假是不行的，需要调配人力。

许馆长：你们这是事先就没有很好研究，现在条件比任何时候都好，按现在条件我们的要求是否超现实，要实现必须争取什么条件。

李树兰：我看现有的俄文还是五六年多，五七年少。

杨滋荣：外文编目人才缺，因而效率低，这应调动人才，外文翻译出来就可作了，非想这个办法不可。

郑维阁：四千三书就一千种，一些需要别人指导。

许馆长：现在的关键问题是俄文。

白鸿策：与老柴研究结果是先清理五六年的。

薛愈：现在是分类不行，还是其他不行。

康一鹏：一个人编俄文编不来，越积越多，没有人帮助是不行的。

李树兰：柴作梓说先清理五六年的，然后再清理五七年的，我感觉这样比较合适。

许馆长：可能你们就没有很好研究，中、西、俄杂志不管谁，这是不行的。

王和兆：就没有研究。

张学宽：首先编目股作出通盘计划，然后再和大家研究。

朱洪康：中文每人一天可编多少。

薛愈：清理先生们的外借书，毕业生未还的，馆际借书，单位借书片不能按时放，借来无办法，账目搞清楚。

杨滋荣：旧杂志，秘书室送来的都没有登，可调配人登。

许馆长：书来后曾先与读者见面，要增加人还是很困难的。

馆务会议

时间：一九五七年一一月(应为十一月——编者注)廿九日

柴副馆长：人事处初次初步决定缩[减]五十二人，这是比较可靠的消息，学生科仍属于人事处，教材科合并于印刷厂，图书馆尚未决定，我们表明正在研究，能[减]就[减]，不能减应如何调动。算来的数字 70(%)—80% 就算正确。

李树兰：总务股开了三次会，大体开出了个结果。

采购原无一定的数字。

登录从五四—五七，一〇，二五(指 10 月 25 日——编者注)止，登录的人很多，各股都有，共登十四万多本，总务股登十二万多册，其他股和学生登两万九千册，学生二万六千册，郭和李耀庭的笔迹看不清，迈登五万五千四百多册，康二万八千多册，我登一万九千多册，迈登二十三个日计，平均每日二千四百多册。五五，一—五(指 55 年 1 月至 5 月——编者注)，总务股三个人，进书八千册，平均每月一千六百册。五六，一—五，两个人，一万二千册，平均每月二千五百册。五七，一—五，四人登录二万一千一百六十册，每月平均四千册，中文三个人的平均数，迈六天内最高一天五十种，四九〇册，十七种一三七册。李，最高一天六十八种，六二〇册，廿六种。迈平均廿八种。张六天，最高八十四种，三二九，平均七十一种，二八六册。三人四十一种，二七六册，56 种，343 册。今后五十种三五〇册至四〇〇册。

西文：迈，薛记录，都按七天计算。最近情况，迈平均四十二种 75 册，最高 54 种 86 册，最低廿九种 75 册。薛平均 51 种 91 册，最高 78 种，最低 46 种 57 册，一天 68 种。二人平均 46 种 83 册，66—82，32—66，56—90，今后 71—105。

俄文：与西文差不多，今后月西文。

一月有廿一天工作时间，今后一月总得开两次馆务会议，股务会议两次，工会生活会一天，登录中文七千多册，外文三千多册，1—10 册，每日三千多册，十日五千多册，前者一个人就行了，后者不行，需有补充人力，过去为外文得一个，中文一个，现在计算只一个多人。

采购：预订—目录来了分发，验收，分别通告各系科，与各系科联系，主科与教师联系。搜集和保管新书目录和书评，采购片按四角号码来排。会计，预订大学中学课本。代个人购内部看的书籍。

迈威：登录是一件很机械的工作，手快就登的多，否则慢，登录细致与不细致也得志愿，西文出版处可取消登记。

李琳：打袋片没有估计进去。

白鸿策：袋片也应包括进去，采购手续所用的时间可计划一下。

迈威：登录与采购人员可参考别的学校。

王和兆：比的问题不必要，好的办法可吸收。

柴副馆长：检查过去不够、不透，应违肃反等时间，根据过去采购方法把它计算出来，且后确定会议，今后根据现在情况来估计。

薛愈：总务股应管理期刊，老杨办很耽误时间，星期五打扫除应少算进去，俄文也可以计划一下。

迈威：小册子也应算进去。

柴：总务上再应深入一步，除过肃反，[、]整风，[、]请假等，工作日就按廿一天。

馆务会议

时间：（一九五七年）十一月卅日

柴：根据上边的布置，咱们是整改，五八一条意思，答复二九四条，先是零星问题，然后根本问（题）要解决不可。前些时期同学们要搬文史参考室，需一个人管理半天，有些调配不来，才将老迈调管期刊。我们馆里最近有些新气象，过去认为是问题，现在不成为问题了，每个办公室都干净了，工友能干到一起，阅览室打扫的很干净，每个办公室都有多够了，主要思想一致团结，就可搞好工作的。

白：编目股人力，五四年到现在一直在，有的是来去的，三人一直在，十人来去的，四十七个日未作编目工作。肃反、反右、五六年编线装书，病假，这些都除之而外，肃反三个月，反右七十天，每月工作四十个日，估康二十三个日，康古让，反右，在整改办公室十一个日，我十个日，薛三个日，李治国同薛、王成三个日，经两个日，石半个日，共五十七个日，三个共一二〇个日，请病假也应除过，共五个日，共一百七十二个日。

作出书数，按登录号十四万八千七百八十九册，学生突击不算，7 500 册未编出，西文最多，俄文次是，完成 120 000 多册，一日 734.2 册。

今后需要人力：按 48 000 册，一年计，二六〇日计，二二〇日计，216 册书一人完成,共 40 000 册,需六个多人,4 300 需七个人。

柴作梓:五六年上学期一五一五,今年三千人,顶多三千五,理学院要进城,三千人八万元经费,2/10 外文书,8/11 中文本,外文二元,中文五元,今年八万五千元。

定额:中文分类每天 30—40,刻板 100—120,印片 80—100,贴袋 200—240,排片 350—400,写号 500—600,打号 400—480,送库每月 3 000,最低 4.3人,最高 5.21 人。俄文分类,每天 30—50,刻板 60,印片 60,贴 200,排 400,古本上了打导片 60,中文送库三天,外文一天贴 160,送库半天。其他问题,不到二人,共 6—7 人,六少七多。

有些定额是先进的,张刻最多 240,康的低 60,定 100—120,排片平均350—400,张 600—660,耿贴 50 多,我贴三五,以是计。

郑:56.6 月—57.10 月共 3 084 册,□科 1 301 种,2 469 册,专科 324 种,615 册。

白:俄文:新买来的书,价比重大、一比二种与册。西文:新种一比五,旧种一比一。

54 年到现在,一个人,40 个日,七除之四人多一点。

康一鹏:各方面都有,但没有核查,应有人负责核查,错误同学有反映,是否应有专人负责检查。

李树兰:五四、五五年的月统计来计划,郑统计每日 400 册,应根据最低最高来计划,人民大学按照科计算、铜铁学(院)给每天每人十五种,山东大学最多 70—80 种,大家都认为人大,调院计算比较合适,我感觉堆在一块儿算不适合。

李琳:院里对图书馆既无表扬也点批评,领导对工作人员思想不大了解,算了一个就统账,数字得的有些早。

薛愈:算的有些笼统,一人平均二十八册,五五年一比七,五四年一比五多,种数比较实际,整理差错的时间也应加进去,教材跑过再来算。

白:应按照过去和现在来计算,然后作一对比。

李琳:应一种为标准,否则不好算。

白:所有的送书条都要数一下。

缗:刚才的定额是可以完成的,一次上午,王先生编 33 本,紧张,前天下午53 本,我快康好,一个钟头 30 条,最多 37 条,排片,掌握了规律就好排了,要完成定额,分工得明确,也不一定担任非常固定的工作,建立正常工序。

柴：总帐[账]还得要，一种算是可以的，一比七，采购、编目都可以，按照缙的意见，可以分工计划，今后订还一种算。

李琳：教材可划出去。

白：按种算是应该的，但不分新旧是不好的。

李树兰：可以某一个时期来算，或五四年，或五五年，若都要一种是不行的。

柴：送书核对，保证质量。

白鸿策：杂志少不少，应不应编目了，分工出纳行不行。

下午

李琳：晚上出纳(。)

白：晚上借书，数字未增加，整理，灯光都很困难。

赵：不是没有时间，而是没有书借，[。]

白：必要不必要，困难如何克服，主要是借不到，逾期不还，先生积压，晚上出纳股长得加班。

张：我们愿意下午借书，晚上集中力量看书。

杨：送李书条，星期日移至星期二。

李琳：地理科自四月份到现在能□□102 本。

迈威：应从制度上及组织上来处理过期罚款。

缙：□□威的意见很好，反映到班上解决问题，馆是通知不解决问题，应有严格的制度，罚款也可？

迈威：可反映完整的意见。

李树兰：对此教育同学。

白：制度、组织、处罚应相结合。

薛愈：文史参考室大多数同志同意，同小说出纳一样，我和赵桂贞不同意。

迈威：你的思想畅通，开放出纳方便，节省人力，有人问什么书在不在，只有 100 多片检查。

李树兰：对号入座，可让他交回让别人借，现在可改，改了不好，也还可以再改，给同学们交代明确。

馆务会议

时间：(一九五七年)十二月九日

柴：整理工作在上周就要完成清理，但处理的还有些问题，今天还得搞一天，这才能完。

参加义务劳动大家都踊跃报名，这是很好的，田德云认识了自己的错误，也报了名，也是很好的。星期三一部分人去，留必要的值日人员，到星期五去，星期日全体去，共两次。同学们的劲头大的[得]很，星期三、日都去，三位年老的照料摊子，这样就不提□了，咱们二十个人刚好一小队，选个小队长，一定会和超额完成任务。

这一礼拜主要是精简采购。

李树兰：总平均数，五四年七月份到五七年十一月份共 138 个月，除运动等实际是 55 个月，采购图书 137 689 本，月平均 1 620 册，日 62 册，登录 102 622册，月平 1 218 册，日平 46 册，加月平 1 419 册，日 54 册，中、俄两都包括。除开中 1 405 册，日 54 册，俄月 109，日 4，西月 82，日 3，共 61 册。分类平 54.7—55.12 一年半，工作月 40 个月，按 26 天计，中文 5 000 种，353 376 册，月平均 125 种，883 册，日 4 种，34 册，俄月平 29 种 64 册，西月平 9 种 30 册，日 1 种，共月平 163 种，977 册，日平 6 种，37 册，一种书 6 种的样子，根据人力和册数。

每个人的工作情形，以主要工作为原则，能计算出来的为基础，不能计划估计，康一鹏工作里面是这样来算的，没有数字可计算，一个时期登录登的多，41 本日除请假 1 个月零十天，后又 70 本，总务半个工作日，总务 18 个日，预订花费每月 6 天 ，七个月，31 个又 15 天，还有 9 个月又 15 天，登录 28 132 册，月 2 962 册，日 114 册，不打袋片，要等书名。

迈威工作 41 个月，肃反 15 个月，反右 2 个月又十天，产假 1 个月，请假十天，分类统计五个月，西文书强收，20 个月又五天，还有 21 个月，中文 53 112 册，21 月除月平 2 529 册，日 700 册，外文 7 744 册，月平 369(，)日 14，中 12 种，外 9 种，一本外文折合中文三册，月 3 736 册，日 139 种，外文一少半，不打书袋片。写书名，或打书袋片。

李琳 15 个月，主要采购，登录订报刊 1 个月，估计半天，按 7 日估计，登 8 308，折合 1 个月又 14 天，反右工作，估计十天，线装 3 462 册，143 种，2 个月又 10 天，13 个月作采购工作，55 322 册，月 4 255 册，日 163 册，23 种，56 年，3 个月 26 300 多册，57 年，1 个月，29 000 多册，56 年，8 000，57 年，3 000。

我的工作 54.7—56.9，57.1—57.11，54.7—56.9，这一时间内工作上 27 个月，除肃反五个月，假期 2 个月，统计 20 天，订报刊 1 个月又 14 天，一季度有 3 天就可以了，平时写信一月一天，一月平 2 天，期刊 250 种，56 年 290 种，不算外文，共 20 个月。20 个月主要作采购工作，登 10 306 册，需 3 个月，20 个月(，)俄 3 个月还有 17 个月，中外文 73 730 册，月平 4 330 册，日 164，24 种。月3 000，日 148，21 种，俄月 316 册，日 12 册，8 种，西 6 册，4 种，共 133 种。57.1—57.11，11 个月，包括外文的采购和预订，统计 56 年的册数分[份]数，反右 2 个月，登西文 2 980，折 2 个月 14 天，共 4 个月，709 本，6 381 本，日平 35 本，23 种，包括预订。

今后工作，全年 80 000 多册，月平 6 700 册，中 3 900 册 3 900 元，外 700 册，每种 4 元，2 800 元，中文采购估计采购片 556 种 6 000 种，一两天估计，剪贴按 4 天估计，订登 5 天，查书 3 天，抽片 1 天，强收 2 天，外埠购 4.5 天，自各系联系 2 天，会计 4 天，中外文应统计，进城 2 天，资料包括收发，共 30 天半，外文预订 3 天，选购 1 天，强收 4 天，查书，与系联 1 天，预订 2 天，共 43 天半，登录月 1 300 册，需八[8]天，外 700，467 种，7 天，打袋片 5 天，共 23 天。总务统计考勤 3 天，修贴一天，联系 2 天，收发 3.5 天，清洁 1 天，杂项半天，共 11.5 天，统计 3 天，共 81.5 天，完全按八小时计划。

迈威：54.7—56.9，请假中进书数没有证就不确实，西文不是每月都订，订计划前好按最近的实验，按八小时计算，总不合适的。

馆务会议

时间：(一九五七年)十二月十二日

柴：今天就谈苏副院长的报告，上山下乡，体会党的政策的伟大意义，结合自己条件，写出书面材料，学校采购应如何编制，馆是需要十二个人。

朱洪康：自己还是个年轻的小伙子，过去随[虽]然劳动过，但还劳动的不多，现在还需要劳动改造，回家劳动生产比较合适。中文系等没有什么精简，秘书和教务员的工作分不清，只有一个教务员就够了，他们应当是裁减的对象。化学系就两个仪器出纳员，图书全校才两个，学校应很好地估计工作的多少。

迈威：自己出身于劳动，现在近四十岁，还可以劳动，我爱人愿意下乡的话，就一同去，我没有家，到任何地方都可以。

李柏寿：觉得自己是农业出身，就不须[需]要取得农民志[资]格，我们愿意几个人去。

白鸿策：去农业上没有参加过，知识很贫乏，需要到农村参加劳动生产，需要到生活最朴实的地方劳动生活，问题不大，也没有人拉我的后腿，我坚决要求下乡生活，安家落户，愿回我们家里去，人熟地理也熟，文化落后，需要回家。

康古让：自己够不上干部志[资]格，在整风中，同志们也提了很多意见，回去没有家，到任何地方都可以，我们三几人到一块劳动，能发挥劳动积极性，我是长期的，决定自己一生的事业。

康一鹏：下乡批不准，我就决定退休，再不合乎条件退职。

李琳：从教授到助教工作不够，教学行政人员都应该提一下底。助教多的[得]很，尤其中文系，教授应发挥应有的力量，助教的培养应改变方法，从中学里边抽调，中学就是培养的场所，对中学教师有莫大的鼓舞。行政方面，在我们图书馆首先是提底，这是很对的，以前认为人少，现在认为不少了，这个方法可推广到全校的精简。大字报保守的很，总务处和庶务科应合并，其他处科应合并的合并。

崔凤奇：家属宿舍打扫厕所的应取消。

王文进：我的家庭出身是中学，读了十年私孰[塾]，廿二年书，受了人民的供养，我现在愿意作人民文化教育事业，补习学校，图书馆都可以，或劳动生产。

王和兆：我十四岁时，我叔父就在太原作事，留恋城市很深，回农村生产锻炼是很需要的，我原来不打算回去了，在现在的情况下，我愿意回乡去，上山下乡我也写申请。

薛愈：我要回我们村去，我的侄儿〈子〉还在家中。图书馆和教学关系很大，各个都可以去[取]消了，这也是个重复，只是指定某一些人员某一部分工作，好像阅览股撤消[销]现象很大，对工作很不利，可颜副馆长，像华东师范学院院里也可去[取]消处一级，设副院长。

白天锁：我出身于农民，我要求回家，因为家里条件比较好，也不需要我装订，我认为没有问题，分配到什么地(方)都可以。

王和兆：过去是膳食科、保卫科在一块，现在还可以放在一块儿，合并到一块是可以节省些人的。

杨滋荣：虽然没有太多的干过农业，但还不太休息，虽然年岁太迟，可以干几年的，家乡是有房子、院子，回家也可以，到大西北也可以，安家为民，当小学教师，图书馆也可以，老迈提出(取)消股长，我也很同意，李琳提的意见，我也很同意，青年不可打扫教室、办公室，年老的就可干。

郑维阁：去[取]消股长增加副馆长，我也同意，我从小生活在城市，农业生产知识没有，愿意当农民，如分到什么地方我都愿意去。

李树兰：我首先以愉快的心里[理]接受处理，过去没有主要的干农活，现在愿意长期到农村去，改造自己，同意老薛的意见，处科合并，应多设一个副馆长，去[取]消股长，发挥能力，总务股三个人，编目股五个人，出纳上四个人，期刊两个人，参考两个人，今后应作参考工作，小说一个半人，调配好些，有十六个人就行了，和馆长共十九个人，大系的系务员一个人作，小系可兼工作，秘书和政治干事应是一个人。

赵桂贞：自小就没有参加过劳动生产，到那[哪]里我现在还没有决定，自己有许多缺点，〈极〉需要到农村去，听从领导的分配。

康古让：我认为只需要一个馆长，去[取]消许馆长，不需要兼职，让他很好教学去，系秘书和政治干事合并，教务员应减少，史淑贞管资料又管教务，工作又不忙，只每天看看报，学习学习文艺。

李树兰：不需要一般教授兼，最好是院长兼职教务长。

王文进：咱们师院留助教太多，同意李琳和杨滋荣的意见，最好下放助教到中学去，文史都不能看原始文，在教学中才可体会到困难所在。

李琳：应结合中学情况来确定大学的设制[置]，可去[取]消系办公室，成立教学研究室，可省很多人员，教授就应集中搞教学，去[取]消各阶层的汇报工作，由教务处统一按[安]排。

迈威：我觉得是可以这样作的，学生请假到系里，还得送交教务处，一方面可精简人员，另一方面便于工作。资料员可由图书馆成立一个系统，即图书馆成立一个资料室，行政上扩大教务处。

杨滋荣：资料员太浪费了，应专门成立资料室。

迈威：现在事实上，资料员没有做资料工作。

崔凤奇：我也响应党的号召，没有家了，到什么地方去都可以，无条件服从。

迈威：助教放在中学很有必要，现在见习是浪费，各科各系不好，是后[很]不好的，在中学里教课才可巩固了。

白鸿策：处这级确定应当去[取]消，教务员应与教学行政科合并，分散手续多费的人力多。资料员在系里没有发挥作用，管两本图书也管不了，由图书馆成立一教师图书资料参考室，甚至自己为自己打算去听话，教师应来源于中学,教师不了解中学情况,从中学来的了解中学情况,才可培养出好的中学教师。

薛愈:资料员是双层领导,行政上和〈和〉图书馆领导,其他学校也有这样[种]情况,资料分成文科和理科,集中一块来办公可互助研究,互相帮助,图书的册数可减少,科数可增多。

迈威:文理倒不必分开,一个人可负担两个系,这个工作保证会做的[得]好,还可解决先生借书,还可整理一套完整的资料。

赵桂贞:系里人员太多,物理系三个班就两个教务员,教务员集中起来由教学行政单位管理,资料是系中起来(应为资料员是系里的——编者注),由图书馆领导。

朱洪康:我完全支持李琳的意见,起码可省 1/2 的人力,可出大字报。

迈威:系里订杂志重复很多,如果统一使用,可省很多杂志。

柴作梓:在苏副院长没有作报告之前,大家都写了大字报,觉得办的很慢,现在很快,自己申请领导批准,我也表示和大家一样,首先我是个旧知识分子,家庭是个富农,应该改造,下乡和农民在一起,可安定中小学毕业生,文化科学知识可带到农村去。一般劳动还是可以的,我计划去晋南,因我是晋南人,思想不要被动,职员想当教师就不要好了。

馆务会议

时间:(一九五七年)十二月十三日

柴:重点为机构调整,那[哪]些应减,那[哪]些应增,究竟二级好,还是三级好,应集中些。

迈威:我说不要科,直接由处长管理,直接管理人处理不了,就可直接交给处长。

李柏寿:我的意见与老迈的相反,否则顾头就顾不了尾了。

迈威:有些科长就负不了比较大的责任。

赵桂贞:我同意去[取]消处,不同意去[取]消科。

李树兰:同意去[取]消处,有些处长对一些问题还是解决不了的,各个科在一块办事不合适,因性质有些不同。

白鸿策:我觉得去[取]消了处比科合适,主办科员权限不如科长大,请示就更多了,增大了处长的事务,应设教务副院长,总务设一个助理,人事亦同,设院长办公室，有一秘书主任批公文，大的事情再交院长处理。

薛愈：同意去[取]消处，分院后来了个总务处，后来也增加了一个人事处，去[取]消处可克服官僚主义。

康一鹏：同意去[取]消处，一次庶务科长批给处长，处长又批给业务科长，来回是办不了，有处科长就不敢负责任，一处办公受影响。

崔凤奇：我也同意去[取]消处。

王和兆：二级制可避免主观主义和官僚主义，合处办公可节省人，这是必定的，行政上的具体问题不应负责，只是原则问题，应主要负教学问题，处处理问题迅速，去[取]消了处，院长也非常忙。

王文进：我也同意二级制，去[取]消了处，科长可能主负责，可增设一副院长，重大问题，院长在一块商量，很快就可解决。

杨滋荣：我也同意二级制，有处觉得头重脚轻，取消了处，科长责任加大，联合办公很好，但咱们学院地是环境不行，多加副科长或是多加副院长。

白天锁：我同意老王先生的意见。

迈威：权利[力]不下放是个重大问题，留处比留科好处多：一、处长每天可掌握每天的事情，接近院长不需要开会，院长就会了解的，院长不能够(了解)全院的情况，科长权限不大，都找院长是不行的，处长当家究竟比科长当家好，重大问题找院长，合处办公吵嚷不可能，因在几个屋里办公，应单独成立人事室。

郑维阁：去[取]消科，处长可与办公人员在一块办公，了解下边情况。

赵桂贞：科员比科长的权限更小，解决不了的事情更多，处长更忙，在一块办公干扰的大[太]利害。

迈威：处里作事情是有计划的，还应问问这，问问那，两个处长就行了。

李柏寿：科长的权限有限，可是处长的精力有限，科长权利[力]可适当的扩大一些。

李琳：应贯彻勤俭办校的精神，三级制有它的好处，但不合乎现在的情形，去[取]消处或取消科不成问题，只要是两级制就可以了，关键问题是三级制还是两级制。

迈威：现在体现图二级制没有优越性，造成了官僚主义，处、科有关系，应值得研究，研究一下是有好处的。供给领导上参考。

朱洪康：主要是应当合并的就合并，精简人员是重要的问题。

李琳：认为三级制度没有优越性，这是极端错误的。

符钜珊：两级制比三级制好，学校人不多，而县里三四十万人只两级制。去[取]消了处就等于取消了机构，总务、人事，各设个院长助理，教务员合并到教学行政科非常好，系资料员合并到图书馆，系是人太少，设资料员太浪费了，可节省复本书，合并到一块各系都可以看。对教师只有好处，可能有些教师愿在一个小天地里看，这是一个习惯问题，只要很好改变，是可以改变过来的。

柴作梓：现在总的精神是精简机构，精简人员，该合并的合并。体制的优越与否根据具体情况，咱们学校可去[取]消处，院长直接领导科，院长一个，教学分科学研究副院长一个，其他设助理，同意设个院长办公室，设一主任，不需要秘书室，有个人事科，院刊室，基建应包括在总务上，系科人员应精简。

馆务会议

时间：(一九五七年)十二月十四日

柴：个人写书面申请，领导批准，今后学校要抓教学，加强系里工作。

赵桂贞：系应加强，人多就是加强，这种看法是不正确的，要加强必须要开展工作。

晋如祥：系里教务员不能去[取]消，过去没有不好办，有了好办了。学生与系里过系多，教学行政科管理全校，不了解各个系里的具体情况，系里过去只看教学，学生的政治思想不重视，后来增加了系秘书，就比较好了。今后应又红又专，有思想问题学生就直接找秘书可以。系务是和系秘书不能去[取]消，过去资料员的工作不够显著，应展开工作，应有个领导，最好由图书馆领导，这样可为同学很好服务。

李琳：赵桂贞的提意[议]是非常有道理的，提高教学是需要加强教研组，教学活跃起来，行政是一定会跟上的，不称职的系领导应当更换。

迈威：资料员现在不能发挥他应有的作用，只有统一起来，设立资料室，由一个文科好的，一个理科好的领导，秘书和行政干事应该一起来。

李琳：现在系里的资料室应撤消[销]，系务员还应集中起来。

柴：资料、图书、报刊、文献、档案文件，系里的资料室不能提出的，订成个制度，平时就是作资料，关键在于领导，每个教师都在做资料，今后是发展，不是去[取]消，利用导报的方式，图书馆是一般的，资料室不应设在图书馆，图书的资料室与系里资料室不一样，不办□□，取消了就不能加强了。

李琳：馆长的意见是脱离实际的想法，不合乎现[实]条件。

朱洪康：现在资料员的程度还是不行的，不知把什么地方□里，教研室由助教干，俄语系助教也提出了干资料工作。

赵桂贞：资料是供现在还是供将来，别的学校由助教供给，应成立教师参考室。

王和兆：系里□要的干部还应少，问题是设备很多，几年来没工作干，并不是没有工作干，而是开展工作，领导上只注意了增加人，而不注意培养，应派出去学习一个阶段，资料员想作工作没有办法作，一般企业厂矿精简最低限度2.5％，最高6％。

薛愈：文理资料室不一定就设到图书馆，各干各的系科，图书也可流通，现有基础应合并，这样干有好处。

王文进：系里资料员还必须有，是科学研究的性质，资料员就直接帮助教学。

白鸿策：系里的资料员还是应该去[取]消的，教师可无限制的借书，经济上也造成了困难，导报也很好，但也有缺点，不能很积极地走在前边。应集中使用图书，既节省人力和图书，一方面可编辑过去的，一方面为科系研究服务，文科一个资料员是不行的，理科少一些就行了，可调动，所以集中起来好，但不是永久集中。

康一鹏：教研室资料员由助教兼比较好，图书出纳由管理员出纳，文理两个资料室我很同意，集中好处非常多。

王文进：文史地成立一个，其他系科一个，资料员专管资料。

田德云：改成系务员是好的，实验员化学系四个是个浪费，两个就行了，管理一个就可以了，两个人不如一个人，系秘书与政治干事合并，系主任的工作应明确，系资料室只许先生进去，不许同学进去，今后资料员应负责任，应放到图书馆，图书浪费的很利[厉]害。

迈威：根据目前情况资料员没有事情做，教研室资料工作应由助教担任，不要资料员也行，先生们互助研究，集中起来比较好，首先应明确如何收集资料，配合度高。

柴：总务股只登录采购三个人不作总务。

李树兰：采月1 620，日62，登月1 218，日46，共折合四个半人，55个月，54.1—57.11。

迈威：先从现在算起，再算过去。

符钜珊：算错了，两本大账，84个月，12除，折2.5个人。

馆务会议

时间:(一九五七年)十二月十六日

柴作梓:宋清华判了五年屠[徒]刑。

同农村参加生活,长期为民,对象:凡没有参加过劳动生产,精简人员有劳动能力的,都可回家生产。经济待遇:一、正式干部,第一年除劳动而外,补发工资,第二年补发一半,第三年在[再]说,临走先发半年工资,以后从民分发。二、非正式人员发二至九个月的工资。三、服从农民社的规定,交纳一定的股金,福利公费医疗不得享受。四、服从社里领导,党团领导,工会会员保两会薪。五、本省档案交县市人民委员会,外省暂保留本单位,本年度一份完整以签册。六、回来不回来,决定在于自己。

下放级[基]层工作:一、当乡干,条件:1. 熟悉技术。2. 有一定的政治水平,初中文化程度,区委一级的干部,一五至二〇级,折学校级一五至二〇级。3. 虽不熟悉农村工作,锻炼一个时期也可当乡干。二、当中学老师,大专毕业,原薪照发,家属都得带上,保持一定的老干部。

上山:中条山在晋南,有铁,有森林,□,云母、石膏,管涔山,在宁武等地,太岳山在太行山的西面,关帝山,在交城一带。任务:砍伐、造林、采药材,畜牧、需二万人。条件:身体健康,年岁在早□□,正式工作人员,住址,深山野处,集体宿舍,轻装,生产工具:公家提供,每组两支猎枪,不得带家属,明年四五月去一部分,秋后都可常去上,宽身诊力装可带上。工资待遇:第一年照发,第二年发一半,第三年再说。

因为任务很紧急,明天下午开会,二十日必须完成,今日讨论申请,明天决定公布,十八、十九日省里公开欢送会,三种情况:真有决心,不表示态度,后报告。

杨书记说现在300多人报名,这是很好的,这是干部路线问题,干部应当先取得劳动人民的资格,没有决心当劳动人民,就不能领导劳动人民,这也是一个革命,几个问题:一、有人说党对知识分子的政策变了。二、不称职的下乡。三、专业丢了。四、愿作中学教师不愿劳动。干部思想情况:最初不愿去,愿到中学去,愿短期劳动,挑好地方,最后听党的话,这次是决定回家的命运,要养成吃苦的决心,这次要以战斗的思想出现,很紧急。

王和兆:一个下放,一个还在原地工作,如何办?好比我的情况。

柴：结合到个人，要说心里话，谈的应透些，是困难，有问题都应提出来，不应太被动了。

王和兆：我并不是迁就我的家庭问题，我是先下乡，找到房子我再搬家，找不到他们就住在城市。我十几岁就离开了家，进了太原城，我当初愿回家，后来安家落户，思想有波动，我母亲也不愿意，寡居多年，守着一个儿子，痛苦，回去不敢给我母亲说，在这些方面说明你不坚决，决[在]批准后说服母亲，我也没有条件，不管到什么地方都可以，不是嘴里一套，心里一套。

白鸿策：听了杨书记的报告，使用着的更清楚了，最初我看到政治许教师们下乡很好，这样作还有好处，以前以为身体不好，现在觉得还是很好，我愿上山务林业，对山林很感兴趣，有很多好处，第一参加林业生产，去南边，上北边也可以，二、挑选不上下乡□□，安家落户，家庭也没有什么问题。

任忠：虽然在部队干了十多年，经过一些坚[艰]苦，但还锻炼的不好，在这次运动中，犯了错误，回农林也有条件，上山也可以，如果允许的话。

迈威：无论是上山过集体生活，小孩没有满月，二人都想下乡，她想回她的老家去，我也愿去，她也写了申请，如果能批准下去，我俩个都下去，困难不大。

康一鹏：在党的培养下八年了，没有家庭观念，一旦批准马上就走，永久为民，我是被精简的对象，不给我落实我也愿意，个人利益，毫无没有。

李琳：身体好，这是个基本条件，自己出身于资产阶级家庭，最后决定上山，爱人说你先去，我后去。

李柏寿：最初是雷风[声]大，雨点小，愿在外地，不愿回原藉[籍]，从个人方面想，合乎去山里，去那里都可以，参加林业生产，粮食如何搞？

康古让：家庭问题都不考虑，下去肯定要下去，回家没有人。

朱洪康：现在是实际行动的时候了，只有回家好，条件都具备，说到做到。

李树兰：在鸣放中犯了错误，最初还不承认，没有经过实际锻炼，现在需要实际锻炼，决心改造自己，不甘心落后，不动摇，也不假，下乡行，上山身体不行，安排好了，再接小孩，家庭问题没有，那[哪]里需要就到那[哪]里。

薛愈：我女人没有参加过劳动，需要劳动改造，我们决定下乡，我坚决回村去，到乡里比较有利，家庭问题没有研究过，小孩可以带上，爱人申请了。

王文进：说实话，不报虚名，最初我决定下乡，有农业知识，又决定作他教工作，长期做教学工作，结合我的具体情况，我愿作中学小学，□□学校的教师，爱人作卫生工作，因小孩经常争吵，我要先走的需带两个小孩，我愿在我们县上附近铁路队上。

杨滋荣：上山我自己觉得更有意思，下乡，对农业有常识，家里房子破了，有些困难，还是可以克服的，除房子困难之外再无困难，申请书我下午交。

晋如祥：我对上山下乡很重视的，反党反社会主义的分子更应当劳动改造，我应其中之一，很需要到劳动中改造的，在图书馆是太舒服了，只有通过劳动才可根本改变，到任何地方都可以，到最艰苦的地方去改造。

赵桂贞：本人从小就没有参加过劳动，愿意参加劳动生产，上山很好，决不说假话，集体生活，我愿意上山，批不准，下乡也行，到我们那里去方便，太原郊区也行，否则，其他地方也行，小孩没有安排，一个人批准上山，两个人下乡。

郑维阁：我出身于城市，没有参加过劳动生活，需要到农村劳动生活，从实际出发，年龄、身体很弱上条件，家庭一个批准，马上批准下乡，上山够不上，不需要上山。

柴作梓：知识分子毛病就是说的多作的少，我要报名，听党的话，响应党的号召，在任何时候，任何运动中，我是一个级[基]层领导干部，不应落后于大家，一个人去没有问题，两个人都去，一叫老人管，二叫小孩到北京上学去，两个人都批准，她不能上山，我没有问题，一起就下乡，最后还没有个结果，我还是上山，更重要的是听党的话，具体去晋南，最后还是服从组织分配，批准上那[哪]个山，就上那[哪]个山。

崔凤奇：年龄限制，愿回到本地方去，下乡，无条件服从。

田德云：我自己出身于官僚资产阶级家庭里，就没有劳动过，在上次劳动没有报名，错误中犯错误，领导叫我什么地方走我就到什么地方去，要改正自己的错误。

符钜珊：自己主观上不努力，埋头学习，不经意政治问题，立场、思想阶级本位没有得到改造。因此，在大多数中，犯了错误，当初还不服气，后来才渐渐认识到，愉快接受留校查[察]看处分，我的主要是阶级立场，思想意识问题，能够通过劳动才能更好的[地]改造，我也是来自南方城市，去亲身体验劳动人民的感情，必须在艰苦的环境中改造自己，到什么地方都可以。

石绍斌：我犯了反党反社会主义的严重错误，我要以实际行动到艰苦的环境中去，没有什么牵连，三好，改造思想，加强专业知识，练好身体。

馆务会议

时间：(一九五七年)十二日廿一日

柴：从腊月初五全体下乡，离现在有五周，目前有五大事情：

一、整改，抗耕编制，另外整顿作风。

二、梁圆[园]东问题，反党反社会主义，本周先搞梁园东问题，这是最大事情，下星期六作检查，发印材料还不够，应继续揭露，尤其是背后的，进行分析批判，心里的问题，应吸取那[哪]些经验教训，还有什么意见，要分析批判必须熟习[悉]材料，今天又发了一份材料。

康一鹏：报告粮食问题对同学影响很坏，不知他居心何在。

李琳：梁园东也经常去看大字报，第一次鸣放非常积极，反右非常消极，认为现在的党和过去的党不一样了，去党组织闹对立，不是偶然的，而是计划的，一贯的，有策略的，是个澈[彻]头澈[彻]尾的右派分子。

李柏寿：他不承认是一贯的，我认为他还是一贯的，平时拉拢一些别有用心的人，问他大字报怎么样，他笑而不答，影响很坏。

我吃的[得]很多，可是都够吃了，我回去好几次，农民感觉都够吃了，我建议撤销他的人民代表、院长职务。

柴作梓：梁院长不是思想问题，而是政治问题，罪恶问题，政协会议发言，非常恶毒，反右包庇右派分子。九三路线相当错误，反右说整了他的人，党要发现后，对他的问题是极其慎重的，尤其严重的不承认，群众干部提出来了，党为了维护他，还是等待他觉悟，但他一直只纠缠人事问题，对自己所犯的政治问题一直不认，认为自己有职无权，说党认为他是阶级异己分子。

崔风奇：不是偶然的，而是一贯的，本党不参加国民党，是极不老实的。给谁要是写信都问别人，他同情的是右派分子。

迈威：未揭发前，我对他是不了解的，只觉得他官僚架子十足，专权独断，不愿理他，上次开大会后对他才有了正确认识，他是两面手法，过去也不是进步的。

李树兰：党对他是无报复心，而他认为党打击他，现在我思想过专，他自己要闹独立，提一部分人来打击一部分人，党叫姚负责办学报，他说搞学报干什么？要搞搞个学术性刊物，这是我听见的，南操场要给专科董□子，他在专科先生开会说，中间挑拨，苏副院长来了，他说很好，后来就不妙了，□书记来，他说党性很高。

开始不愿入九三，后来入了，发展很快，担心是否与九三头子有联系，是否有指示，这是应该澈[彻]底交代。

有职无权，人事室通知送他就批准了，靳布的爱人如何来的？学生一找他就批准了。

参加过国民党还不承认,隐瞒不谈,应停职反省。

白鸿策:(1)关于有职无权问题:我认为梁并不是有职无权,反而是专权独断。如聘教师不通过人事部门,批准右派分子马雪鹤去修养不通过人事部门。党所决定的事不通过梁院长就行不通。(2)关于宗派问题。不是党闹宗派而是自己闹宗派。为聘教师和自己拟定的办学校的名单等。(3)反党问题,从历史与近来的材料都证明他是一贯反党的。他不仅是脱党而且是叛党,如说[为]国民党盛迹博览会写说明,参加中统的经济调查团等。近来在反右斗争中包庇右派分子,九三的政治路线问题,都证明是反党的。他不但是效果而且动机上是反党的。在鸣放中,有人说他有职无权,他笑而不答,在动机上也是反党的。他利用人民代表歪曲粮食政策。应撤销他的一切职务。

馆务会议

时间:一九五七年十二月二十一日下午

康一鹏:解放前反党,解放后还叛党,一贯的,应撤消[销]院长及人民代表职务,既然是这样就是右派。

迈威:我建议撤消[销]一切职务,令其检讨。

薛愈:肃反时包庇许约斋,不知听谁说的,反正有这么个说法,新生命派,有一本书上说他是新生产派,我叫许馆长看过,叫他停职,作检讨。

王和兆:从他的历史来说是个叛党分子,又参加特务组织,解放后人民又给他院长,[、]人民代表等职务,按道理应当是老老实实为人民服务,但他却与党闹对立,肃反中庇护反革命分子,为了教育他自己,为了教育大家,叫他应该交代与储安平的关系,与党闹对立,脱党以后的情况。

李柏寿:人民日报发表了一篇《这是为什么?》,他说这是上下围剿。

石绍斌:我同意以上同志的意见,梁的手法是十分园[圆]滑的,我们认为民主党派里很少像梁的坚定,揭发后才认识了他是个大号的右派分子,应在《山西日报》公开发表。

去年实习,一位学生与系里一位先生很坏。

一位女同志王爱珠与一位先生关系搞的很坏,回来后班委与团干每天帮助她,她还不改,汇报给院方,去了六个同学见梁院长,梁批评了这六位同学,很失望,王要考东北师大,回去后给梁来了一封信,就转到东北师大,后来班里苏副院长与学生科都不知道，这说明他乱用权。

学校开始后，一次吃饭时，他来到饭厅，来到我的桌子边，他问：你们吃的[得]饱吗？大家说吃的[得]饱，他又说菜很不好。

苏副院长经常到他家里去。

□来问他有无权，他说有，揭发材料里说他现有职无权，这就是他的两面派手法。

王文进：梁是反党反社会主义的政治问题，一方面批判他的思想，一方面叫党解除他的职务，带头检讨，他是高级知识分子，对群众影响很大。

李树兰：在山大他写了个入党申请书，有人说他要重新入队了，因而□□他，但他一直与党闹对立。

九三学社要布置作两个学术报告，在我家里讨论，他说别人不作我们要作，我考虑这话有政治意思，好像他要在九三学社发展他的独霸势力。

迈威：我听李树兰说，许约斋以前保护了他。

李树兰：我听的是许约斋说的，我们以前在贵阳认识，他来后说梁的父亲开了个□□，一天特务要逮捕他，他不在家，把他父亲逮捕走了，许告（诉）他，才去了上海，后来梁说是他的救命恩人，是梁叫他来的，梁说给省委谈过。

朱洪康：过去有人批判他是托派，好像拉尿的时候苍蝇就来了，诸君见他是个好对象，就给他来信，有政治阴谋，说某一人民代表到□□吃死了，有意煽动群众，故意装洋蒜。

赵桂贞：梁去政协的发言与葛佩奇的反动言论有些相同，报告粮食就是为了煽动学生，应当叫他停职反省检讨。

符钜珊：已被揭发觉得非常惊奇，我过去非常崇拜他，认为他是个学者，看了他的政协发言后确实使人气忿[愤]，污蔑党组织，党员。

我犯的错误之一就是有职务[无]权，我很同情他，可怜他，他装可怜，装积极，记者问他，他只是苦笑，装可怜，搏[博]得一些人的同情，我举办两次会，请他去，他第一次承认有职务[无]权，第二次说有职有权。

他显示本质，从有职务[无]权就可看出，有职无权是他一种进行政治活动的叫喊。

应当让他停职，令其检讨。

晋如祥：我以前认为他是个学者，有学问的人，我以前认为自己是偶然的，经过梁的问题，才知道自己是一贯的。

我同意以上同志的意见，让他停职反省。

田德云：我们以前对他是很崇拜的，认为他有著作，他在光明日报发表了文章，郭沫若不同意，他又在报上反驳，并在下边说郭沫若和他的看法不一样。

第一次说时他只看一看当时的情况，不表示态度，以后反右时，他又承认自己有职有权。

他说过一切事情不由他，都由人家，并说肃反前开除学生都不由他，他只签个名而已，他拉拢教师又拉拢同学。他以前说他自己连一点历史问题都没有，梁院长在同学中间的威信是很高的，因此全院应批判他。

任中：来到学院后，盲目的崇拜他，同意大家的批判。

我犯错误的原因之一就是左□□(人名——编者注)问题，我组织转业军人座谈会，请梁，梁就说说活[话]么，还能没有错，支持开这个会，他也同意我们替左辩护，说错了改掉还能行。

柴作梓：他与右派没有什么区别，是严重的政治问题，是反党反社会主义的，是反人民的。

他认为他在政协上的发言是情不自禁，一贯与党闹对立，每个运动都没有受到教育，对抗三反，思想改造没有检查，肃反没有参加领导小组很不满意。

最严重的是在检查中还是连续犯错误。

不但对级[基]层领导不满，对上级也不满意，个人主义变了质，独断专行。

我过去对梁院长是非常尊重的，认为是学者，有啥说啥。

我也同意让他停职反省。

迈威：今后不但不行，而且当教师也不行。

一九五八年图书馆会议记录

馆务会议

时间：一九五八年一月四日，下午

柴作梓：我们的意见有550多条，除此解决和答应的剩余有3条，不过和领导们还未碰头，归纳为五大项，整改小组没有很好的研究，具体方案由我拟，还未拟订好，基本上过了一下，但还很不细致。

迈威：整改一方面是馆内同志看到的，一方面是群众看到的，杂志没有架子陈列，报纸也陈列不到几种，教师阅览室寥寥无几。

柴作梓：这个问题我也注意到了，那儿不安静，丢了几十把椅子，教师要求安静的地方，按照规定现在的也不大，根据实际情况没有人，同学们、先生们都有意见，重要报纸都放出去了，北京大学一份报纸不给出放，可通过借阅手续。

薛愈：与馆长室对调一下也考虑过，以后人多了恐怕容不下。

柴作梓：松懈和形式主义是有的，以后是答复问题，处理问题没有找原因，个人的工作态度作风都没有很好的处理，一谈到个人都有是抵触情形，卫生工作作的不好，我对工友责备多，帮助少。

李琳：应该作到的还有的没有作，都应当开动脑筋想办法，前一个阶段想的办法确没有执行，图书馆整改工作小组是消极的，阅览股、总务股应吸收一些人。

迈威：同意老柴的检查，同意李琳同志提出的只注重同学们的意见，不注重馆内人员的意见，有些事情拖拖拉拉不干脆的解决，服务观点不明确。

王和兆：总务股和编目股合并起来可节约一些人。

赵桂贞：各种意见应经过整改小组通过。

馆务会议

时间：一九五八年一月十八日，下午

柴作梓：领导决定叫我到北京去参观图书馆，今天下午就得去，下乡决定郑维阁,薛愈不去。馆务完全由老薛主持。

迈威:农民一定存有介[戒]心,一[以]为是大学生,因此必须与农民打成一片,看成亲人一般,称呼应当注意,必须争取主动,虚心向农民学习。

李柏寿:我们到寿阳这首先是党对我们的信任,我虽然出身于农民家庭,但也脱离了农民风味,我说要作到三勤:脚、手、嘴勤,称呼是个问题,不要恨铁不成钢。

薛愈:林书记说:"回家认亲",我觉得很对。

白鸿策:听了林书记的报告后,对我启发很大,首先得放下架子与农民共甘苦。

晋如祥:生活习惯不成问题,但思想很成问题,向农民学习,学习农业生产知识,不怕脏,不怕苦,看到啥就作啥,爱护农业用具,作到清洁。

馆务会议

时间:一九五八年二月十日,上午

柴作梓:□书记说我们就是革命论,一个运动接着一个运动,本来可谈谈下乡劳动收获,但处理右派是重要的,下一学期深入整改,放学前宣布一批,有的学校批,有的省委批,讨论时必须展开争论、辩论,充分发挥对政策的体会,处理意见,过去的文件还不是正式的,这次中共(中)央宣布的是正式的,与上次的原则是一致的,只是改变了一下,对学生过去是一般的开除学籍,现在是一般的留校,这次以这个为准,充分考虑为什么要这样作,对谁有利,算盘需要好好打一下,首先政策思想要分清,要提高,极其深[慎]重严肃的工作。这是应当注意的,时间下午了,首先看得清的传达有什么问题。

馆务会议

时间:一九五八年二月十日,下午

迈威:精神能领会了,就是不好掌握。

康一鹏:免于[予]处分是否还戴帽子。

柴作梓:免于[予]处分就取掉帽子了。

迈威:教授就算有专长,一般工作人员专到什么程度。

赵桂贞:降职就不能干这个工作了。

白鸿策：历史上有贡献的六条中都没有。

迈威：政策的精神是正确的，可变消极因素为积极因素，政策是积极的，不是为惩判而惩判，正在学校中可更进一步地给他们好的改造的机会，使他们回心转意。

康一鹏：不要怕费事，可给我们很好的教育，不要三心二意的，意志要坚定，使他们彻底改悔对社会主义是有利的。

薛愈：原则上没有变，方法上是比较宽大了些，对人民是有利的。历次运动都是宽大与严肃相结合，我们图书馆留下了右派，对我们推动作用很大。处理方法不一样也应该，学校中留一个典型是相当好的，采取多种方法是非常好的。

迈威：老薛说留下右派可推动我们工作，这样说法对不对，推动不见得是事实，例如田德云就不好好工作。

白鸿策：在1956年时，毛主席就说在人民内部可变消极因素为积极因素，宽大了可使他们很快地转变过来。留下右派可提高我们的革命警惕性、斗争性，例如这次下乡都很注意右派。

迈威：我还是提的老薛刚才提的问题，推动原是李树兰说的，是别有用心的，是不是我们每个人都没有尽到自己的责任。

李柏寿：我们是要改变他们的反动立场，留下右派使我们不放弃革命的警惕性。老薛刚才说的有些不对，也不能像老迈所说的是别有用心的人说的，郭处长也说过在讨论当中，一定有不同的意见，不见[同]的认识，所以我认为应以理服人，不应乱戴帽子。

王和兆：政策利益是从大的方面出发，变消极因素为积极因素，不是宽大无边，也不是迁就，必须宽大与严肃相结合。

郑维阁：严肃与宽大相结合，必须结合具体人具体事。

赵桂贞：处理方法与过去有些不同，国家是从人民利益出发，可看出党的伟大，刚才老薛提的不恰当，叫他们工作，并不是来带动□□。

薛愈：我刚才的说法是不对的，我说的主要是要对照一下，我也不能否认我们的程[成]绩。

柴作梓：你刚才的说法还是不对的，首先应肯定右派是我们的敌人，工作成绩先定如何，正当不正当，政治上是敌人，不能向他们看齐的，他们没有职，不能让他们代替工作，不能让他们值班，不能让他们代替图书馆，千万不能一视同仁，政策是多数从宽，少数同[从]严。

白鸿策：有些右派工作积极出发是不对。

赵桂贞：26 日下午李树兰说城市吃的好为的照顾儿童。

康一鹏："劳动不好，病了两天，农民对共产党好了。"

馆务会议

时间：一九五八年二月十一日，上午

柴作梓：今日按政策结合具体人，材料要点：1. 主要右派言行。2. 劳动态度。3. 过去表现。4. 处理意见。

迈威：根据我的意见，李树兰应按第 4 条处理。

王和兆：应按 4 条。

李柏寿：应按 2 条，态度恶烈[劣]。

迈威：自戴帽子后，暗地里没有放出什么，态度恶烈[劣]不合适。

白鸿策：彻底投降交[缴]械的态度就好，否则不好，她是不揭发不交代，揭发出来不承认，这样的态度就不好。

薛愈：自从戴帽子后说话很少，这是一个不正当现象，斗争时的态度应回想回想，然后再谈第几条，这样比较合适。

李琳：自反右开始，态度极不老实，还有了是不承认，工作比过去稍有好转，说话少，她是幕后活动，对教授影响很大，特别是对靳极苍，下乡劳动表现不积极，挑轻的干，同意 4 条。

李柏寿：她的情节不算那么重，不是真心愿意悔改，不揭发梁院长。

迈威：不揭发梁只是估计，我们是要确实的事实。

白鸿策：第 3 类右派情节比较严重，主要是态度问题，悔改不算太好。

赵桂贞：反右斗争中一直不承认，所以我认为她态度恶烈[劣]。

李琳：应看她主观上是不是愿意悔改。

陈杰：不能是从她工作上来看出问题，应从思想上、行动上来看，和群众拉话，但不与干部接近，这样看就没有什么悔改。

郑维阁：她不愿和□□接近，只和右派接近，下乡劳动认为前后应紧张一些，给群众留个好的印象，那么当中就应松一点，第二条比较合适。

康一鹏：不交[缴]械投降，如何能算悔改。

崔凤奇：她说话很小事[心]，愿下乡劳动这是好的，但和旧军人能接近，而不和干部接近，应从本质上来看。

白鸿策：魏树勋在反右斗争中态度好，但以后都很坏，李树兰会上承认，书写检查又否认了，他很接近符馆长，愿下乡去，但在下乡劳动中接近旧军人，不接近干部。

郑维阁：与她爱人订攻守同盟，她看大字报，回去给她爱人汇报，也不揭发爱人反党言行，戴上帽子后就没有悔改的表现。

薛愈：揭发出来的不承认，这的确是个问题。

迈威：按 4 条比较合适。

王和兆：少数从严，多数从宽，讨论应比较，戴帽子后，再没有放什么毒，从表面上看，有些悔改的样子，应比较，应从宽的方面考虑，2 条行，4 条也可说得下去，为了争取她，改造她，使她感到人民对她的宽大。

初步结论：2 条 6 人，3 条 1 人，4 条 3 人。

未决定的 4 人，应再问一问未承认的问题。

馆务会议

时间：一九五八年二月十一日，下午

大家意见：魏树勋情节严重，态度恶烈[劣]，排斥团员，拉挑落后，应按第一条第一个情况处理。

馆务会议

时间：一九五八年三月一日，上午

柴作梓：今天开始正式揭发，通过讨论，最好出大字报，底稿交给整改办公室，文件自己再抽个时间学习。

薛愈：谁有借的公家的东西赶快交回，最好工会小组交，除害保证要完成，认购公债咱馆达 81.2%，16 人，864 元。

这次反浪费已在全国各地展开，咱们图书馆各股都有浪费，阅览股不能充分流通，保管不当，尤其线装书上土很多，借书破的很利[厉]害，尤其小说、杂志、画报也损失的很利[厉]害，采购上不应买的都买了，需经登录、编目、排架，苏加诺讲话集最近又买了五本，这不知是根据什么买的，重版书应该查目录、听号，宁府县志，应介绍给省，宁府志 8 元，我给李树兰说过几次，结果用了 24 元，这应很好检查。

迈威：我首先谈采购，我曾经和李琳吵了好几次，经济研究买了十部，我说不应该，他说这还是调补来的，我还闲少，法医买了三本，志愿军一日平装买了15部，精装5部，鸦片战争买了10部，沫若文集10部以上。一次到街上买残缺不全的书—瞿秋白文集，不只这一种，还有很多种，我们说不应买，退了，他还不退，最后老薛手上退了，一次线装书，馆长说不应买，他还要坚持买，高等几何，明知有新的，结果就买了旧的，古田大字典，人家闲贵，他不闲贵，就买了，新华书店、旧书摊，对他都很感兴趣，一次老薛要借书，他说不应该，类似这些事说也说不完。

李柏寿：外文书：美国皇家学会、美国化学杂志买了好几套，流通很少，王贵与李春[香]香、孔雀东南飞，美、德、法各15本，法文小说买的非常多，象[像]高老头等，中文也随便买，日文孔孟应该看也买下了，世界文化地理本来书库存为几套，现在又买，打毛衣、修表等也是，互不调用，地理科买下，物理科也要买，能调配的就不需要买了。

白鸿策：过去西文经费占50%以上，盲目购西文，56年前共买3 655本，57年买9 000多本，3倍于以前，法文太多，文学52种，过去只有7种书，购书时是否考虑到现有的法文程度，巴尔扎克有9种，买了两部全集，432元，浪费了两部，英文买了32种，物理、化学，订书本上是化学系，后边打的是图书馆，技术字典三种文字对照，化学系两部、物理系一部，图书馆六部，一部18.7元，四部就行，浪费了五部，政治经济学与资本主义买了五部，一部8.75元，德文资本论又买了一部12.76元，约翰·克里[利]斯朵夫买了两部西文版的，一部就行了，两部就60多元，红与黑有德文版，法文版。

文学方面有捷克文、匈牙利文、罗马尼亚等，匈牙利文海涅诗，价格昂贵，浪费的是很不少，毛主席的图书是否各国的版本都应当有，李有才版[板]话5本，中国的国画5本，中国儿童话选法文版买了10本，中国民间艺术德文3本，法文5本。

李柏寿：图章盖不好也是浪费，总务股随便盖。

柴作梓：主要是摆事实，摆出来再追。今年最多4万元，去年8万元，高等学校图书馆的任务也讨论一下，这样才可以搞透，根据什么来买书，过去也提过，就是领导上没有坚持，是否有讲排场讲阔气的现象，不要只抓大的，放弃小的，要打破思想障碍，有啥说啥，责任再追查，领导上也确实没有管好，只着急没有给那一系里买到书，而不着急浪费。

不要单从经济方面算账，还要从思想上，政治上算账，买明信片这才是怪事，捷克文、匈牙利文也有我的关系，新华书店老是为完成任务而推销书籍，争夺经费，与别的学校对比，杂志每科买两本，只害怕遗失。

迈威：老柴只依靠采购，个人不精打细算，别人提出反对，也不支持，置若罔闻，法医他知道不对，但不坚持原则，不向主管人说。

李柏寿：阅览架旧的刚翻成新的，又换成新的，老薛楼上放了个月份牌，书里多放书袋片。

李树兰：国内版、外文版、存书目录，装订好，俄文，外文系挑选外，主要是图书馆，种类多，150 多种，英文全部挑，每种 5 本，1 部是毛著单行本，刘少奇，周总理的报告，更大一部分是国内情况，一部分是文学小说，英文 157 种，法 35，德 24，俄 22 种，共 250 种，□最高是俄文，25 元，气象学，每科 5 种，1 200 多元，英文可买 1—2 本，2/3 不需要买，德、法就不需要买，明信片没有订，这恐怕是外文部钻咱们的空子。儿童画册等送来没有进行统数。

王和兆：采购盲目，过去采购方针任务不明确，采购没有计划，看见书就买，学创集、古比雪夫文集、国语、阿尔巴民[尼]亚地形，觉着是那一系里的就买，根本不看内容。

迈威：不看内容就会造成浪费，乌托邦只看见后边有个邦字就给地理科买上，最好还是听系科里边挑。

王和兆：去年有一个时期复本买的很多。

迈威：广东戏种需要应订，他就说应当订，凡是系里买的就添十本，这是系里买书方法。

白鸿策：刚才主席说了，高等学校图书馆的任务：为满足科学研究，这个学校是什么就买什么，工程方面的书很成问题，机械方面 202 种，图书馆所买的 146 种，系科 56 种，70％是图书馆自己买的，土木 246 种，系科 57 种，缺 70％。

迈威：音乐方面 280 种，唢呐吹凑[奏]法学校不需要，汽车方面也买的非常多。

薛愈：胡适思想批判每系平均 30 多本，144 元。

郑维阁：俄文方面，第一届人民代表大会文件，买了 5 部，普希金文集第一卷买了 4 部，旧文学诗集每部 8 本，资本论 4 部，伟大与友谊 5 部，中国戏剧选 5 部，1.92 元，□班□给领导的信，2.82 元，苏联英雄们的事迹 3 部。

李琳：大、中课本按 80(％)—90％订，每学期都有剩下的，系科买到书应是挑的很多，都叫买，地理科填充图要的很多，后来送去不要，订单给了他们，他们马上说需要。

馆务会议

时间：一九五八年三月一日，下午

朱洪康：文史参考室二年丢失200多本书，现在放一个人，是否浪费。

任中：日用～(原文如此——编者注)，罗马尼亚诗集，一本50元，火光在前，中文，看人很少，宋人名画集，100元一本，用处不大，报纸订的太多，一省订上一样就行了，期刊图和系里订的都太多，人民文学，读书阅报各处都有订的，新观察、新体育订的多，读书阅报，5份也太多，戏剧报也应少订。

王和兆：学校形式主义很严重，主楼通报全省，□装□门面的思想，因而浪费很大。

李琳：根据学校的编制，还有人浮于事的现象，应紧缩，教学系有两个教务员，一个资料员，一个管理员。图书馆有人浮于事的现象，现在有争人抢人的现象，今年经费减少了，应大量减人，资料员应撤掉。

王和兆：系造成浪费，作用不大，采购上也造成浪费，管理上也造成困难，教师阅览室也成了阅报室了，系图书馆取消了，充实教师阅览室，或一个是个人研究室。

符钜珊：汽车浪费很利[厉]害，汽车进城接人可以通知学生买票，平时送书，而不利用汽车，海□、保卫延安，当时买的很多，现在没有人看了，买了全集，又大量买选集，单行本。

白鸿策：日内瓦关于和平利用原子能，各处都买，原生动生物化学的生理学，生物系买了一部，一部66元，已经买了影印本，现在又买到了，俄英技术词典原版54元，两部共108元，理论核子物理学，56年买到影印的，57年又买到原版的。

晋如祥：粉笔浪费的很利[厉]害，教师把粉笔盒拿讲堂上，不拿下去，同学们拿上就乱写乱画。一楼楼上、下都住人，厕所都得开，有的一个房子一个人，其实住到下底也行了，语法买的太多，刘侃如的文学史简编现在正在批判，刚出版的语法应少买些，白□买的很多，红楼梦买的很多，编目股用皮图不注意使用，浪费浆[糨]糊和胶多。

康一鹏：人事方面还是没有按工作量来编制，要不然就是浪费，尤其像图书馆。

迈威：系里如到北京发现书，但不与图书馆联系，结果造成都是重本，风砂 5 本，巴甫洛夫□□10 本，现代自半新手表 5 本，中国学 9 本，抗战中的中国军事 30 本，0.8 元，共 24 元，大百科词典，372 元，自动电话习题 2 本，自动电话学 9 本，海底时间 5 本，印度 10 本，建筑工程预算 2 本，3.4 元，矿山运输 2 本，6.6 元，城市的煤气供应，2.6 元，砂轮的修整 2 本，1.3 元，尼黑[赫]鲁自传 12 本，俄□兵工词典 6 本，船舶辅及学说 4 本，截煤机与矿用康白□2 本，2.6 元，苏州名胜古迹 7 本，农业化学，发电厂的人工造明 2 本，百货商品讲义 2 本，发电厂的热力设备和核修工具和方法，男女竞技运动之图解，动力发电建设工程先进经验示编，安装工业起重机，电力传动起重机。

赵桂贞：日文小说没人看，这也是浪费，法律方面也买的很多，朝鲜劳动党第十次代表大会 10 本，劳动组织方面很多。

迈威：美蒋特务在香港的活动 20 本。

柴作梓：对系里提的[得]不多，将来要组织检查小组，出勤率，设备上。

馆务会议

时间：一九五八年三月三日，上午

柴作梓：领导上决(定)每天下午反浪费，根据咱们的情况，决定改为上午。各系科成立反浪费小组，咱们也成立，共八人，各方面都包括在内，昨天检查卫生还不错，楼上阅览室好，主楼比较不好，生物系实验室最好，眷属家里最差，反浪费小组正式成立，今天是要适当揭发，先把浪费项目搞出来，然后再一项项搞，追查责任，方式方法应好好研究一下。

赵桂贞：提出什么浪费很大，可到书库查一查。

迈威：登录簿可查出那些已不需要的，可解决咱们的任务是什么，查卡片也很好，分工也行。

柴作梓：这个方法不好到书库去。

薛愈：有个时期咱们剩下一些分室专买书。

李树兰：外文绝对可靠，系里不填，就不给他们买。

李琳：应先揭发，这两天揭发只是在那里有，应具体地找材料。

迈威：面儿已经基本上都提到了，图书馆比较复杂，这两天正是[式]揭发。

李树兰：全馆应再分成几个小组，报刊小组，图书小组，那个是第 8 类，那个是第九类等,主要写出登录号,56 年以后学生自己是一面清理,一面出大字报,机械方面不能轻易冒定适用不适用,北京介绍咱们买了应分辨清楚。

白鸿策:根据昨天地理科揭发,说明他们官僚主义,也说明咱们采购有问题,由于系科的变动积压的书责任不在咱们。

迈威:有些系资料员是自己主动买书。

赵桂贞:我同意分开小组下去检查,有些资料员瞎填,书来了只要几本,如体育科。

王和兆:检查过程中,56 年基本上可弄清楚,57 年就比较不清楚。

迈威:有些系里的条子也当了收书条。

白鸿策:盖错章是不可避免的,太多了就成了问题。

李树兰:第一次化学系买了第一卷,第二次物理系买了第二卷,为了方便就把它放在一块。

迈威:有时你不查底子,盖两次还不对。

柴作梓:大家再没有什么意见,就深入地搞,尤其采购同志应是主动地搞,责任问题再说,领导上也有责任,多给大家介绍情况,使用、包管、赎买,要引火烧身。

馆务会议

时间:一九五八年三月十五日,下午

柴作梓:当前有三件工作:1. □书运动。2. 深入反浪费□□□,规划,先搞集体规划。

迈威:是否可具体地说。

康一鹏:此 2 年我就要求入党,对党就有很好的认识,退休和入党是两回事,自传也交了,退休还要要求入党,以党员标准衡量自己。

迈威:57 年写了申请书,党里指定了培养人,争取三年内入党,把心交给党,半月向党向馆的领导汇报。

朱洪康:专必先红,红等于坐上了飞机,飞的快,入团好几年了,思想上非常保守,不要求进步,正式向党委提出入党,在工作上为群众服务。没有专业思想,今后多学习业务。

王和兆:入党我以前有一个错误的想法,觉着入党是个形式问题,不入党也能好好干,54 年建党,认为好好干就行,何必入党,事实上脱离了党就干不好事情，以党员的条件要求自己，三年内提出入党。

薛愈：我个人思想不健康，思想落后，要求进步心很差，政治不开展，现在是大跃进，订一份纸，经常写日记，三年内当个左派。

白鸿策：总的目的作到红，把心交给党，大胆暴露自己的思想，在各种运动中当左派，5年内入党。

王文进：确确实实把心交给党，时时听党的话，把我所有的力量贡献出来，为社会主义文化奋斗到底，红深专透，订杂志学习政治理论和时事，多听报告，响应党的号召，争取三年内作到工人阶级的又红又专的知识分子。

赵桂贞：思想忽冷忽热，二年内争取入团，达到团员水平。

柴作梓：过去和党不是一家人，不是一条心，只说人家党委长，党委短，把心交给党，必须一心一意，党的利益就是我的利益，碰到具体的问题就不行了，甚至表面上是、内心又不是，处处从工人阶级立场上考虑问题，先考虑集体，有思想问题就向党谈，作到多快省，保证在58—59年实实在在是个左派，共产党员的水平，反右运动里边当左派，双反运动中就是左派，鼓起革命干劲，当积极分子，有决心烧自己也有决心烧别人。

陈杰：入党七、八年了，错是克服了很多了，但还考虑个人利益，工作上个人方面考虑过多，今后毫无个人代价的为党服务，自卑感□弱，暮气十足，在这方面跃进一步，以党的八个条件衡量自己，业务上是外行，觉得很乱，接触群众很□，不过还有决心，半年内熟习阅览工作，熟悉外文字母。

李琳：红与专是最近提出来的新问题，过去认为自己思想有障碍，过去买书就没有想过浪费国家财产，是完全错误的，积极学习党课，争取一年半解决入党问题，今天检查起来退步的很多，立场表现的不够坚定，个人利益与集体结合起来后只考虑个人利益，就不考虑国家利益。过去这些问题都没有想过，这次一定要算政治账、思想账、经济账，坚决服从党的领导，把心交给党，思想情况都要反映出来，求进步，对群众意见过去不虚心，就不考虑，跟党团员接近就谈不到，多谈思想，帮助自己，成为左派，平时工作中也要成为左派，促进派。

李树兰：我总认为自己这次在政治上犯了错误，自卑感，看了□□文件后才想过来了。这次犯错误就是与党三心二意，碰到个人问题只考虑自己，决心重新作人，听党的话，有些话不愿向党谈，无话不可以向党言，这样才可以向左转。积极争取党的培养，每周作思想周记，随时和党见面，什么时候离开了党，什么时候就苦恼，谈心多，思想就进步的快。在一年内精通业务，参加语文函授、英语学习，两三年内作到坚定真正的工人阶级的干部。

崔凤奇：订计划，怕自己不能完成，在政治方面要求进步，对党还不是一条心，以党员的八个条件来要求自己，一碰见个人与集体就要盘算盘算，每周检查，一月向党交一次。

符钜珊：自己加入到资产阶级向党进攻的行列里，远远的[地]站在后边，现在形式[势]逼人，在思想上必须来个大跃进，1 年内摘掉帽子，3 年内作到左派，立场转过来，过去没有抛弃，现在要抛弃，树立工人阶级立场，服从党的分配，听党的号召，在双反中打破顾虑，揭发浪费，了解情况，主动地向党谈自己的思想，只要自己下决心，就可作到。

晋如祥：我自己是人民的罪人，满身臭气，改变资产阶级反动立场(1 年左右)。

1. 系统地批判自己的谬论。

2. 经常作思想总结，汇报。

3. 双反运动中开始时有顾虑，克服了□别人，积极参加。

4. 好好劳动，才能改变自己的观念。

5. 2—3 年成为左派。

任中：

1. 学习政治，运动中接受教育，1 年内摘掉帽子。

2. 向党团员学习，2—3 年内成为左派。

3. 工作中叫我干什么我就干什么，服从分配。

4. 克服资产阶级思想。

5. 先红后专。

白鸿策：

1. 专—1 年内提高英文，2 年内阅读俄文政治书籍，学好图书馆学，学习各种词类概念，提高工作效率，1 天 35 种，保质保量，消灭差错。

2. 工作—坚决服从需要，踏实工作，遵守时间。

3. 生活—道德品质方面，过去受了处分，提高道德品质，养成艰苦朴素的作风，争取 1 月存 15 元，饭钱不超过 15 元，公私分明。

迈威：在半年内彻底的熟悉报刊业务，又半年学习编目工作，再半年要掌握了阅览保管工作，争取在二年内要能读一般俄文书籍，三年内能读一般英文书籍，要迟睡早起，抓紧时间学习，并向柴、白、薛业余时间请教，五年内精通图书馆一般工作，并精通英、俄文。

王和兆：学习有关业务，了解分类法的概念。最近清理 57 年的，58 年两天与读者见面。

薛愈：领导古籍线装书，努力完成，普通版本。加强计划性，出勤100%，多看图书馆杂志。带动同志作好卫生工作。

康一鹏：退休条件很成熟，不过还应订出计划，□□买公债。

李琳：提高采购质量，熟悉出版，熟悉需要，重版书必须核对，每周进书库一次，了解流通情况，每月送书7次，每次1.5元，现在争取自己拿回，向老馆员学习业务，当天争取学员收完，送交编目股。

跃进计划制定会议

时间：一九五八年三月十六，晚

主持人：张学宽，[。]

出席人数：十九人。

缺席人姓名：柴作梓，郑维阁，田德允。

康一鹏：谈总务股倡议书。

张学宽：读馆倡议书。

三比：1. 红透，1—5年60%入党团，3年左派90%。2. 专深，安心工作，2—3年学习一种外文，精通业务。3. 工作效率。

二要：1. 要劳动。2. 要坚持体育锻炼。

石绍斌：争取在1958年摘掉帽子，1959年作到左派。

迈威：要红首先解决个人与集体的关系，破资兴无。

李柏寿：不应提达到讲师水平，应提业务上达到什么水平。

王和兆：我们要2—3年内达到专科或本科的水平是有条件的，只要自己有信心，2—3年精通一门外国语也是可能的。

康一鹏：我们要红要专，首先要有信心，不能拉后腿。

陈杰：跃进就得出些汗，才能达到所要求的水平。

王文进：订计划不能低，不能高，要具体可行，应订2—3年做到有丰富图书馆工作经验的人。

崔凤奇：要达到图书馆本科或专科水平是可以的。

薛愈：编目股送去的当日处(理)完毕，分三班出纳，上午二人，下午四人，晚(上)二人。小说从九点开始出纳，催还图书要加强，半年清理一次。加强各阅览室的管理工作，小说出纳一个半人，收刊两个半人。

馆务会议

时间：一九五八年三月二十二日

柴：昨天党委对当前运动的发展是正常的，按予[预]期进行的。三月中旬，原计划是三万张，现在是十万张。质量是高的，但还有些不太好的，一般化，没去抓典型。现在抓跃进计划，还是抓大字报，好像是矛盾的，经党委分析是统一的，以大跃进的形式反浪费，现在计划是整理大字报，展开大辩论，通过跃进反保守，通过典型人和典型事反五气，该辩的辩论，该检查的检查，该写大字报的写大字报。讨论也是辩论，今后出大字报，专人、专事、专□、专题辩论，属于某单位的某单位提，内容不要限于五气，脾气、吹气、意气等，只要是邪气都可以反，人是思想作风和工作作风，现在是比跃进、比干劲、比整改、比成绩，通过跃进反保守、反浪费要求清家底，找经验，找教训。

现在各系科要清查底子，有的系科有账，有的系科无账，人员变动也很大，图书馆的书应还回。

薛：数学系最乱，需要咱们作指导。

李琳：化学系全部登记。

1. 为什么要写大字报？
2. 五气有什么危害？官气、阔气、暮气、骄气、娇气。
3. 怎么样反五气？交心、找典型、其他气也可以。
4. 五气主要表现在哪里？根源、社会的、阶级的。

(此四点是原稿中该页页眉上的文字——编者注)

馆务会议

时间：一九五八年三月二十三日，上午

迈：双反中就提出了五气，五气是与建设社会主义不相容的。我自己哪一气都有，骄气过去很严重，经党的教育，克服了一些，但还有些骄气。过去有些人认为有骄气的人，必定有较高的本领，周副书记说的对，有骄气的人，没有本领，马列主义就是要求我们要虚心。有暮气，在工作中不善于改革，动脑子少，不敢大踏步地向前。娇气，怕吃苦，怕困难，怕累，要享受，好吃，好穿。讲阔气，脱离实际。有官气，脱裤子割尾巴。我出身于剥削家庭，但踏入社会后，就沾染上了资产阶级思想。

郑：脱离群众有官气，向后看不向前看有暮气，劳动怕累有娇气。

朱洪康：有些单位跃进计划订不起来，咱们就订不起来。五气就是资产阶级思想，自己感觉自己有暮气，少年老成，八个钟头怕跑累，怕出问题，时时想个人，特别暮气严重，有勇气烧自己。

薛愈：五气与建设社会主义背道而驰，经常有自卑感，官气和暮气特别严重，尤其从49年2月解放以来，当阅览股长，老认为自己不行，不敢大胆地干，分院后，思想上愿培养一个强有力的干部领导，期刊(杂)志是自己不愿往里边钻，觉得自己不行，不能带动起同志来，我就是个点[典]型。

迈威：老薛有暮气，政治方面不够，有一次工会选小组长，以为是抓大头，说：我不作阅览股股长也不作这个小组长，工作上少计划，老是怕用脑子，坚持自己的己见，不善于接受别人的意见。

崔凤奇：五气都是资产阶级思想，我五气俱全，感觉自己老了，这次订计划时，就是怕言行不一致，怕管了，看别人的缺点看的[得]很清楚，看自己的就不行了。

白鸿策：看了晋文章后，觉得自己没有什么，前天听了周副书记的报告后才了解了自己有五气。只接近本单位的人，不接近外边的人，一间房子就行了，而要两间房子，大手大脚花钱，也经常给小孩子花，不跃进，爬着走，灰心丧气，尤其在工学院犯了错误后，爱面子，不愿见人，不愿克服困难，怕冷淡，怕批评，有脾气，经常给同志要脾气，其实都骄气，检查自己，揭露自己，订改造计划，这只是初步计划。

李柏寿：认为自己没资格，没文化，觉得自己前途不大，没有勇气，骄傲自大，脾气、胜气，觉得自己都行，不能很好团结自己周围同志。管了火就要吵，不愿抽一角多分的烟，总要抽两角多分的烟。

迈威：我给你提一下意见，穿带太好，觉得自己成分好，当过民兵，是老粗，对人气很粗，拍桌子，有傲气的表现。

李柏寿：确实自己这么一种思想，作为自己的资本。

赵桂贞：特别在这次跃进中，暮气、娇气表现最突出，老是怕说着，怕订的高了实行不了，怕累，怕吃苦，怕困难，希望同志们烧自己，鼓起勇气，好为跃进。

李柏寿：整风时，别人给她提了点意见就哭了，抱书抱一点，这个拿不起，那个拿不起,无朝气。

康一鹏:我从前有个错误的看法,五气都有,并且表现的都非常深,胜[盛]气凌人,万事不求人,越是教授,越是高一点的人越不理。不但有暮气,而且是死气沉沉,退休,家里边一直叫我回,不注意工作方法,脾气非常不好。

陈杰:周副书记报告对我启发很大,自己虽然生于被剥削阶级家庭,由于生长在城市,沾染了些资产阶级思想。在五气方面自己经济富裕,因此对吃苦耐劳方面表现不好。因没到过乡村,沾染些坏思想,应好好挖挖娇气的根,另外有暮气,对工作不大胆,保守,少年老成,就是暮气。11 小时出纳时间不敢大胆提出,不敢向困难作勇敢的斗争,怕指标订高了实现不了怎么办?只知花钱,不知节约,你不理我,我也不理你。

王和兆:五气是资产阶级的思想,不但防[妨]碍社会主义建设,而且也妨碍自己进步,报上登出后,觉得自己暮气很严重,娇气是女同志的。周副书记报告后,我才觉得自己五气十足,和同志少说话,成了事外人,强调神经衰弱,意志衰退,缺乏干劲,得过且过,工作上墨守成规,不注意工作方法,觉得自己不能脑力劳动了,想改行,作体力劳动,调动工作,傲气,看不起别人,贪图享受,偏执一点,怕批评,怕困难。

李柏寿:王先生□气很大。

王文进:暮气十足,死气沉沉,觉得自己活不了几年了,骄气没有什么,逆来顺受,不与人争辩,轻视一些教师,怕吃苦,怕受累,吃饭很讲究,每礼拜六回家给小孩买点心和糖。

迈威:主要是暮气,我也很同意,有时说话字里行间好表现自己,爱面子,爱夸自己,填表时写的是精通英文,申请福利金,但吃的[得]很好,又给小孩买糖买点心。

李柏寿:王先生骄傲自满情节很严重,考问助教。

李琳:必须扫清五气,才能跃进。五气在我身上都有,通过这次揭发浪费,我是很严重的,大手大脚花公家的钱,跟自己的家庭出身有关,人家慢慢选书,我还看不起人家,我是一堆一堆的堆起来,表现很大方,脾气很暴躁,这由于过去自我改造不够,反五气是非常必要的。

晋如祥:跃进与五气是对立的,在全国大跃进时横扫五气是很有重要的,五气是资产阶级思想,而且我表现很严重,在未犯错误之前骄气很大,觉得自己比班里同学都强,自去年犯错误后就觉得没有本钱再骄傲了,但随之而来的是暮气与泄气,悲观,认为路绕远了,对前途不抱乐观。过去本来是单干户,万事不求，犯错误后尤其不愿与人多说话。现在觉得不对，关起门来自我改造是不对的。在生活上暮气也很深，不紧张。在工作上满足于现状，在犯错误的程度来说，老与别人比，比别人小，是不对的，性质都是反动的。性质是一样，主要是暮气与骄气。

柴作梓：首先应回忆我们五七年的馆务会议和工作，政治空气团结，批评与自我批评，购书乱花钱，人少、机构应怎么样搞，值班，不照顾，没有人情味，我个人起了什么作用，现在劲头不大，别人行我也行，五气都有，但不普遍开花，必须找典型。

馆务会议

时间：一九五八年三月二十三日，下午

柴作梓：我回忆了1957年的情况，大字报意见很多，暮气、浪费，每次馆务会议都作了些什么，为工作，还是为什么。不必要的争论是有的，累了，人太少，有些讳言纵情的，反正不是正气。首先采购浪费方面，不明确方针任务，明确了也不贯彻，馆务会议也不坚持，有大馆思想，以此为自豪，这是个严重的错误，作法上有些小手小足，有些同志反映，从此就大方开了，图章交给了采购，外文明知有问题也就不管了，只知要经费，平时经费用了多少，也不知道，有些报纸期刊我根本不知道，一直到现在还不知道，不问，不管，也不看，大撒手，以浪费国家钱，明明知道也不管。

落后气氛，消极迁就，正气树立不够，邪气批判不够，本身就是这样，积压好像成了习惯，批评、表扬没有，怕麻烦，改进了多少，连底都摸不清，一直到现在都摸不清。官气、暮气严重，值班问题不坚持，该批评的不批评，本位主义，比落后，开会时也给领导上说困难，会计上任务也很繁重，该作的也不作，复本目录搞不起来，思想领导不起来，不能批评团结在一起，事倍功半，对新鲜事物不树立旗帜，影响了工作的积极性、创造性。

撇开思想谈工作，净要不给，对同志帮助不够。

总的来说，我们的暮气在57年非常严重的。

迈威：馆内浪费严重，盲目采购，李琳应负一定的责任，我给领导上提出，但老柴一味迁就，不采取有效措施，两人吵来吵去好像是成见似的。

对运动的劲头不大，上一次运动就提出了很多问题，没有很好解决，这一次运动劲头也不大，大字报也是轻描淡写，应是态度。

馆务会议提出向同学□□还书，还杂志，但不管事，帅佐唐劳动不好，别人提出，但领导不支持。对事情应带头。

外文是老柴重新订的，订的确实多，光一个大馆思想还是不够的。

总之，谈到那[哪]个同志那[哪]个同志就应该负责任，作为一个检讨来说还是不透的。

李琳：昨天最后提出应如何搞，活人活事揭露出来是非常好的。

柴作梓：我今天只是个初步的揭露，当然还很不够。

薛愈：图书馆浪费很大，在教育厅检查浪费后，我馆提出要恢复采购组，当时主办人不同意，而领导说等思想通了再说，至今仍未建立起来，领导应负责任，老柴应多举些事实，过去提倡了些什么，迁就了些什么，领导不及时纠正邪气，可使邪气更扩大。

王和兆：过去业务学习不够，老柴劲头不大，没有多想办法。

康一鹏：我同意王先生的意见，师傅带徒弟很好，今后不要以某一人的态度不好而停止学习业务。

李琳：由于领导思想上有邪气，作起工作来缩手缩脚，作起工作来不是生龙活虎的，生气勃勃的，不抓同志思想，不敢管，这怎么样作好工作，因而赏罚不明，既不批评也不表扬，思想工作认为是人事处的事情。

布置、检查、总结工作，我来后只听到馆的一次总结，没有总结了些什么，依赖、推托。

工作上包办代替，编目股领导不好，不在人事处领导，而在对使用干部不大胆，影响了工作积极性。

深入不够，有头无尾，虎头蛇尾，去年叫唤人不够，但不彻底解决，不了解有多少工作。官气、暮气表现比较严重。

迈威：不但对馆的同志具体帮助不够，对郑维阁同志应该帮助，过去因领签单，就是帮助批评不够，劳动时很可以看出来不好好劳动，很多缺点没有很好地善意地帮助。下乡劳动，因出身于城市，应下乡劳动，为何不叫他下乡劳动呢？特别是她的娇气很大，没有很严肃地对待这一问题。

王和兆：对工作只是叫大家干，自己不主动，具体来说，老薛、老柴只是自己勤勤恳恳地干，思想领导和工作领导不够，图书出借限制很宽，我看流通重于藏书，是否可大胆地想办法，出纳有保守倾向，应打破常规。

馆务会议

时间：一九五八年三月二十六日，下午

柴作梓：根据领导上的布置，今天下午还是反浪费批保守，横扫五气小组会，大组会，今天还是自我揭发，互相揭发。

李树兰：浪费很大，对图书馆的任务认识不清，55年至56年什么书都买，对系里业务不熟悉，也不积极想办法，由于自己不懂，只要别人选出来都可以买，怎么样学习业务也没有。

骄气最怕冷淡，特别是领导，觉得自己老老实实工作，始终只考虑自己，这都是资产阶级的腐朽思想。

李琳：这两天我看了大家的大字报后，自己心里有些激动，自从担任采购，当然不是我一个人来负责，但要负起一定的责任，浪费数字很大，看了大字报后，心里才想通了，新的工作，又不明确方针任务，当然就造成了盲目购书，领导也好，我也好，思想上都认为不但满足数字需要，而且其他也好买，馆长就叫买府志，宁武府志价高，馆长看了害怕价钱标错了，后来才错了，一方面由于自己，另方面才由于领导，通过大字报才进一步认识了，与专业有关买，无关不买。因此，我想写大字报，也算作个检查，我首先同志对我的帮助对的，过去批判的是很差的，扫除五气，才能跃进，我有决心作好烧自己，也有信心，通过这次认查好好考验自己，特别是劳动改造。

李树兰：我听了老李说任务不清，不是这样的，57年已明确了，年初也反过浪费，已是明确了的问题，县志是需负的，我们学习后又明确了，价钱特别高就不必要买了，可介绍给省图书馆买，自己可以借。

薛愈：听了老李的发言，他完全是往客观方面推，县志看是在什么情况下买，宁武府志，外边8元，给李树兰说了几次。

李琳：我不是推卸责任，宁武府志还没有查目馆。

迈威：李说以前同志们出了很多大字报，思想上没有重视起来，通过这次才清楚了，思想上才认识。但另一方面不是一个检查，运动中无动于衷，不仅是浪费，而且还有作风方面，只是把浪费往客观方面推。经济研究买了十部，别的同志提出了意见，但还嫌少，买破书，我、老薛、李树兰叫你退，你不愿，推了两个月，最后还是老薛退回去了，不愿叫买，不愿叫借，经常和别人争吵，最后浪费还是从你开始的，只有从思想上解决问题，才能烧掉五气。

王和兆：老李思想深处，总认为自己应买一万八千元，好像大家提意见，冤枉了自己，这样一来容易造成抵触情况，主要是今后再不要浪费，三五主义的思想很严重，今后要保质保量。

迈威：不熟悉，不学习，也不研究，也不听别人的意见，为什么反对成立采购小组，应把裤子脱了，把心交给党。

白鸿策：发言不要用质问的口气，大字报的材料不少，应好好分析分析，在双反中表现不积极，对大字报的态度不够端正，让别人烧的态度很不够，从今天的检查是很不对头的，花钱大手大脚，必须算思想账。

李树兰：当时到图书馆各方面都不熟悉，但表现的[得]非常不好，情况非常使人难以理解。

迈威：过去我对他的印象，他是满不在乎，虽然过去经常吵，但毫无成见。过去一个时期表现的[得]非常特殊，大喊大叫，盛气凌人，目空一切，别人提意见满不在乎，叫工友私自开会，任何事情都要插一手，以领导自居，可以回忆一下。

石绍斌：我犯错误的根源是自高自大的资产阶级思想，我的娇气很严重，怕困难，在下乡劳动时累时就动摇，爱面子，在初去小说室出纳时怕和别人接触，后来就克服了。另外对李琳先生提出一点意见，大家发现由表及里，而检查应由里及表，李先生刚才的检查不能令人满意，也正在于李先生强调客观，停留在表面。希望李先生更好考虑大家救你也应自救。

郑维阁：这两天有一些同志给李琳同志出了两张大字报，但李琳同志并没有重视起来，实际上李今天的谈话是一推六二五。我们应该肯定李琳当采购是乱购造成积压浪费。今天并没有肯定自己有五气决心去改。

另外对李树兰提一些意见：李树兰对采购较熟悉时间较长，在五七年既明白了任务，为什么还买了五部中苏友谊画片，花一百二十五元。

赵桂贞：五七年学校的方针任务已明确，而自己硬推给许馆长。大字报上提了许多问题，而李没有提到。对事实任意夸大，过去强调馆里人少，现在强调人多，认识老不是实事求是。上次大家给提了许多大字报而没有检查，今天也是这样。

崔凤奇：李的检讨不能令人满意是因为不从思想深处检查。

康一鹏：老李的检查使大家很失望，我想应当从深处挖一挖，过去脱裤子会议很痛苦，不如此就改造不好，这次是一个好机会，应把资产阶级思想扫光。

馆务会议

时间：一九五八年三月二十八日，晚

柴作梓：李琳有些毛病，大家给他提了意见，写了大字报，脱裤子割尾巴，目的达到团结跃进，大家揭露出来的是否是事实，先谈了事实后，再进行分析，关于事实有问题就不好了。

李琳：礼拜三我就表示了态度，有些问题是同志们多次提出的，先提出后还洋洋得意的，这次提出后我的思想是非常感动的。

对领导尊重不够，馆长、处长都好，反右斗争后，还是浮浅的检查了一下，这次才重视了这些问题。这两天思想波动是很大的，集体出来的大字报比这儿一张那儿一张好，现在这个检查还是初步的，反五气是思想上一个革命，同志们提出的问题基本上是正确的，有则改之，无则加免[勉]，我还要从各个方面来检查自己，从具体行动方面来检查自己。

柴作梓：心情沉重，比较是对头的，脱裤子不但我觉得难过，而且多年的老干部一提起整风也吃不下饭去，先找主要的毛病检查，夸大了的应检查，现在关键的问题是否对头，大字报对自己好，对别人也好，教育了自己，也教育了群众。

迈威：刚才老李谈的问题我非常同意，老柴这样谈，我也非常同意，不要思想上有障碍，心服口服，对你好对大家也好。

李柏寿：我建议老李把不对的地方谈一谈。

李琳：我看了大字报后，没有考虑百分之几的正确，百分之几的不正确，批判了右派分子的言行，提法上有些立场问题，联名上书院长，实际上是马(指马玉辉——编者注)挑拨同志间的关系。提法上不大合适，这已经受了批判，是否马的问题就对了。

下乡劳动，自己要好好下乡劳动一番，不叫我去，我非常不同意。在劳动中也决不偷懒，在检查中提过很多意见，我组中劳动工分最多，挑轻活干，我没有这个思想。当时老迈提出，一位同学不同意，现在提出不合适，不是事实的。理论战线没有说不叫订。

柴作梓：这样提出的很好，就提出了这些。

白鸿策：这次大字报的材料不少，不符合事实的应提出，硬作检查是不行的，应实事求是，资料员联名上书院长是事实，有不合事实的还可以提。

迈威：该辩的辩，该争的争，最终的目的是要达到团结。

柴作梓：另有别的说法就不好了，批判马玉辉也是事实，批判了马玉辉是否还可以批判李琳。

迈威：我觉得这个问题很容易，如果资料员对你没有意见，马是发动不起来的，为什么资料员不给其他人提意见呢？

陈杰：正因为李琳有错误，右派就钻空子，这个问题是不矛盾的。

白鸿策：问题是许多资料员签了名，其中有些党员、团员，他们签名时都很客气，这是一个事实，表现非常严重。

柴作梓：立场这个问题，我看李琳思想上在这方面背的很重，马是政治问题，不是生活作风、工作作风问题，我们也不是替右派分子作辩论，错误各是各的。

迈威：退 100 步想，为何就找李琳。

劳动在思想上是不够重视的，经常迟到，赵宗善也挑土。自由散慢[漫]，特别是给农民说媒，影响是不好的。

李柏寿：添土总是比挑土轻，挑的分多，添的分少，汾河修堤也是一样的。

康一鹏：挑土重，填土轻，统统是这样的。

王和兆：寿那筐子小，挑土轻，填土重，经常迟到，对农民影响很不好。

朱洪康：上土轻。

赵桂贞：经常迟到早退。

晋如祥：我们是一个小队，整个劳动是好的，缺点盖不了优点，说媒应考虑考虑，“不像话”，随便，开会乱躺，同学反映应遵守劳动纪律，特别是一个先生。

柴作梓：是否出了汗，工分不要考虑。

李树兰：好几种杂志老迈订了，老李说订的多了，历史系不是他的专业不应订，两人当时态度都不好，我认为当时没有说不叫订。

迈威：所有的杂志都应该订，早订了。

李树兰：不是这样。

馆务会议

时间：一九五八年四月一日，上午

柴作梓：为什么前天不开，今天才开，因同学不是全部讨论，为了不影响同学借还书，今天讨论一下从反五气以来大家有些什么问题，有些什么意见，以便咱们今后顺利进行。

薛愈：图书馆人很不少，咱们已出了几批大字报，是由一些人提出的，是否会形成一些人进步，一些人落后，目的为搞好团结，共同进步，有时会场很冷淡。

迈威：自反五气以后，有些人的情面还打不破，恐怕给别人提意见报复，最好畅所欲谈[言]，扫五气的目的就是为了达到团结。

李琳：听了同志们的报告，叫小组说明，这大可不必。横扫五气队是一个自由表现，对这个有意见也是一种五气的表现，现不是打不破情面，不是工作怎么样，反五气怎么样，反五气很好，自己思想有问题，是自己的问题。

王和兆：马兆□说好像都放到李琳一个人身上了，发展不平衡，现在应当主要烧领导人，再找其他同志，我也要很好地烧一下，重点的搞，自己烧，烧别人，烧领导。

迈威：烧领导当然要烧，安排一下不必要，应找重点。

李柏寿：一定得有计划，马说的[得]有道理，但有些片面，有些人总认为突击队光烧别人不烧自己，这样认识后不好，阅览股很乱，编目股老大不理老二。

康一鹏：横扫五气队不是光烧别人，这是一个步骤问题，不烧自己是不对的。

郑维阁：头一次预备给李琳出大字报，第二天我就知道了有一部分人出大字报，晚上老薛叫我，来后，张学宽说老薛叫你搞，老是说，为什么他们搞那个，给老柴说，老柴她也不明确。

朱洪康：没有参加的也可以烧别人。

薛愈：老郑究竟以什么情形来见老柴。

李柏寿：老柴不是不知道，老柴应当知道，不一定非叫老薛不可。

李琳：反五气，清点后来是怎样布置的，这个情况应分清点。

柴：清点财产，叫老薛该调谁就调谁，老郑，他们在开会，叫我们清点财产，我说，横扫五气队不一定每一个人都参加。

李琳：老薛调老王、老郑去清点文史参考书。郑、王找老柴，老柴处理的有问题。

张学宽：第二天老郑说："小组长张学宽，脸儿显得像阎王。"并说我落后不让我参加出大字报工作。

陈杰：横扫五气队就是要烧掉我馆的邪气，并无进步与落后之分，老柴将清点家底之权，交给老薛，可是说不知道，这有些不吻合，各股都有日常工作，王、郑说清点是阅览股之工作，我觉着不对，应互助合作。

张学宽：在双反时大家闹到二三点，老郑早就回去了，因此我不愿意叫他，在劳动中，打扫中都不起劲，怕脏怕累。

白鸿策：没参加五气队的同志有怨气，这些同志应检查一些，是什么思想基础，找老柴后老柴采取的措施不对，把老薛叫进去，薛、王、郑合不来，老柴还不知道，应烧掉这些五气。

李柏寿：关于扫地之事叫老柴评理，真不像话，在馆内应以上下级关系出现，不应不讲理。

康一鹏：老郑不甘落后是好的，应处处以实际行动影响大家，但没下乡劳动后，晚上不值班。“说怕吃一肚子风，”扫五气时闹怨气，怎能深透。

李柏寿：老郑是否落后，自己应检查，挖蛹怕脏，苦战七昼夜自己如何行动，说落后是自己的什么思想作基础。

王和兆：老郑需要劳动，下乡没参加不应当，没什么病，小孩又大了，说工作需要不只俄文需要突击，老柴应作解释，同时老郑在劳动中表现娇气。

迈威：老郑在烧五气中应烧烧自己，留校工作很不起劲，值班只到六点，怕喝一肚子风真不像话，扫五气，搞卫生老陈都能坚持，可是老郑却是两样，老郑因为是老柴的爱人，所以行动太随便，在馆内应以同志关系相待，不应表现的[得]比别人特殊。

王文进：横扫五气队我没参加，没意见，清点文史室事，老薛没交待清楚，可是郑、王没问清楚，产生怨气也不对。

崔凤岐：老迈说我与老郑不值班，不符事实，老薛在这儿睡觉不叫我们来。

薛愈：老郑不愿值晚班，我才和康一鹏轮流。

柴作梓：我馆有横扫五气队，这很好，就这还迟了一步。既是队，不应全体参加，没参加的应支持不是不应做工作，落后与进步自己知道，群众也知道，就看自己在运动中行动和态度。说突击队只烧别人不烧自己，这结论过早，大家应看到所烧的这些人是否是毛病较大的人，对烧五气有意见的人自己暴露。关于郑没下乡，我没参加意见，大家怀疑我是应该的。

迈威：

白鸿策：开会是上午还是下午，应研究。

郑维阁：赵洪康：我取菜来了，老薛发学习令，他对我们态度不好，我也对他不好。

馆务会议

时间：一九五八年四月一日，下午

柴：集中精力搞大字报，思想忙乱，不明确，劳动委员会也要开会，现在由老薛领导。

薛：先把苏副院长的报告讨论讨论。

白：整改，辩论。

赵：结合院长的报告，讨论咱们的大字报。

柴：教师借书。

白：内部提出来的，看能不能解决，上一次图书馆改进小组开了多长时间的会，也应当明确。

李树兰：今后复本少了，更应该开文史参考室。

馆务会议

时间：一九五八年四月二日，上午

薛：理科书放一处，文学放一处，报刊放在第一食堂，一本两本书是否可以借，理科 1 人、文学 2 人、大库 2—3 人，理科参考书放在期刊室。

迈：楼上杂志室也搬到第一食堂。

李柏寿：这样就好管理了，期刊放 3 人。

柴：这样也不错，这样方向是对的，流通率大大能增加。

馆务会议

时间：一九五八年四月七日，晚

柴：以整改为中心，咱们单位的主要问题是什么，主导问题是什么，现在各系科就是拨筋抽调，馆长说发展钢的过程就是跃进的过程。找经验找教训，典型事典型人，如何组织安排，解决红与专的问题，请大家提一提，进行方式，从那[哪]里着手也应谈一谈。

王和兆：出纳同志提出的问题很好，没有实行确实有些不合适，第一食堂修理，不可东[动]用，是否可另想些办法。

李柏寿：王先生提的我很赞成，不过不能老是拨筋抽调，重点应当是领导上。采购大手大脚，编目股搞不成个样样，老薛每天忙忙碌碌搞不成个样样，群众对阅览股的意见最多，主看人同志态度不好，但重要的责任是领导上。自己的工作经常干不完，过多地干涉别人工作，老薛态度也很不好，拖拖拉拉很严重，领导方面忙忙乱乱，交待工作不清楚，本身工作干不完，只叫别人突击，这是关系着全股的事情，甚至关系着图书馆。

李琳：领导是起一定作用的，如何满足需要，好多县志不能借，借阅有很多限制，不同的书籍应有不同的借阅办法，应健全起来，分库借阅来实现，这是关系着全院的事情，应再考虑一下，改进制度也未作过。

迈威：图书馆的任务明确了以后，纲就好找了，但过去作的不够，同学们提意见，是因没有满足了他们的要求，是制度问题，也是思想问题，新书评介是作了一点，其他图书馆都有个荐书目录，可是咱们没有，就连杂志也没有，大本杂志不能借，但同学要写论文，非要借不可，根据制度是不行的，应经常推荐，达到为科学研究和教学服务的目的。

李琳：借阅看人行事，先生借不行，学生借到了，与资本主义国家比较，应打破常规，受别人欢迎的也借不出去。

薛：图书馆问题有的地方就是纲，有的因主观不努力，有的因客观条件限制，结合我个人，李柏素同志提的很对。

迈威：拨筋抽纲就是要结合到具体人，怎么样满足要求，过去没有研究过，馆长不深入工作，编目股情况不了解。

朱洪康：阅览股工作忙乱，特别是老薛对工作拖拉，不怕出问题，工作干到半路里就不干了。

李柏寿：柴馆长也算是个专家，给太原市讲，但不给我们讲，只有咱们捉摸，应当师傅带徒弟。

迈威：经常检讨，经常是那样的，不学习怎能领导好。

赵桂贞：业务学习很差，培养干部很不够。

柴：大家提的完全对。

1. 不学习。2. 无计划，忙于事务。3. 过多地干涉别人工作。4. 干不是自己的工作。5. 工作老一套。6. 不要求改进工作。7. 不修订借阅制度。

8. 对新鲜事物敏感性不够。9. 老是坚持己见。(此九点为该会议记录页页眉处的文字——编者注)

馆务会议

时间:一九五八年四月九日,晚

Cai Zuo-zi(柴作梓):今天还是那一天晚上的继续,请大家谈吧。

Bai Hong-ce(白鸿策):领导上的五气,我略微谈一下,首先是官气,采购去[取]消了三联单,发生了问题,领导还不知道,那一部分需要多少人,领导是不了解的。二是暮气,不能大胆地考虑问题,阅览股提出了改进办法。三是骄气,太原市有些图书馆是后来的,但也有我们学习的地方,他们只有说学习我们,我们只有学习北京。四是娇气,我给老薛说话,他总是头扭在一边,是否嫌我生病,总的来说领导在这次跃进中不积极,甚至某些地方做了绊脚石。

每次运动,老柴总是在外边,会议很难进行。

朱洪康:讲跃进规划确实无法进行,大家不了解,很难订出来,不能因噎废食。

Bai(白):采购方面表现有阔气,采购方面李琳有责任,但领导应负很大责任,西文应如何订,许多都是老柴订的,是大馆思想,各种文字都买,对李琳影响很大。

Li Lin(李琳):不管是怎样的工作,不是虎头蛇尾,就是有头无尾,有前文没有后文,有布置没有总结,各股分工是很明确的,每个人的工作互不透气,订工作量没有贯彻了,我不了解别人,别人也不了解我,从来不给同志们介绍。

有的股里跃进规划订出来了,由于互相不了解,就发生了一些不必要的争执,去年订工作量的时候,劲头很大,但以后又放下了,只是五分钟的热度。

Kang(康):前天我去给小孩看病,医院人员处处为病人着想,明信片应由我负责。

Wang He-zhao(王和兆):在这次运动中,馆领导落后于实际,落后于群众,不能很好的及时地赶上去。过去编目积压,年终上报都报不上去,过去在这方面很严重,现在中文基本上完成了,当然这与领导的支持是分不开的,现在连月底都说不了,跃进计划很难实行了,这一点是领导的一项错误打算,经常的工作不能突击,编目上应固定人,不要时常调换,需要同[统]筹打算,会后最低限度每日清。

Li Bai-shou(李柏寿)：□书档，活动书架没有用，浪费很大。自双反运动和反五气运动以来表现不热情，不主动组织反五气突击队，而确[却]表现的躲躲闪闪，只采取大事化小，小事化了，形成老大不见老二。

Mai Wei(迈威)：编目为什么不团结，柴馆长从来不给老郑提意见，老郑也从来很少给老柴提意见。

Xue Wu(薛愈)：六元钱的书确[却]花了 20 元，买了工学院赵院长的书，我有责任，老柴也有责任，出大字报时，他说，你们不要管人家，开会不开会，好像与自己无关似的。

陈杰：不管大小事都得大家讨论讨论，有些好处，但有些就不必要，作事不拿主见，根据他的经历，应当提出主见，往往表现不大胆，形成拖拖拉拉。

是否工作缺乏计划性，各种工作要达到什么程度。

在运动中表现不积极，不热情领导大家，当时还表现的……

跃进计划订的不能令人满意，运动中调出去，很不行，会议上有时突然叫别人主持。

Li Lin(李琳)：老柴有时接受意见很不虚心，我给他提意见，他说到会上叫大家辩一辩，既不通过大脑，又不说出理由。有家丑不可外扬的表现。

只帮助俄文，俄文并不是严重的问题，不追查工作积压原因，郑的工作量到现在弄不清楚，现在帮助中文编目。

Mai Wei(迈威)：不容易接受意见值得大家研究。

积压是事实，但没有找原因，是人少，还是由于运动，还是由什么，积压最多的是编目，57 年积压的最多，这是一个严重的问题。

崔凤奇：馆长的思想领导不够，大家一接触就要吵架，没有亲切之感。

Wang Wen-jin(王文进)：吴金镡思想领导很好，经常进行谈话。

有了理论才能提高业务。

馆 务 会 议

时间：一九五八年四月十四日，晚

柴：今天下午汇报了工作，今天下午两点至六点开会，主要汇报整改要多少大字报，1 415 件，绝大部分正确，也有基本不正确的，共 29 条，处理了 507 条，正在处理的 500 多条，均为 36%多。归结为十大问题，□□处理，质量不高，速度快，迈威处理慢，质量高，苏副院长马上不同意，大家动手了，反而慢了，这是个问题。

一、采购：不该买的买了，该买的买多了，该买的未买到。

二、编目：编目有积压，分类有错误，不及时，浙江五天现为两天，先见面后编目。

三、流通使用：借阅册数、期限，应该执行。

四、出纳时间：这可以研究。

五、开架出纳：领导不同意。

六、大本书不出馆。

七、参考室、阅览室。

八、个人作风。

九、学生楼报纸。

十、期刊、报纸室紊乱，收拾不及时。

十一、同意处理积压，但财政上不合理。

十二、人员编制意见不多。

总之领导对咱们处理太慢不满意，特别是拨筋抽纲，落脚点还是红与专，大字报要快要好。

迈威：处理大字报没有指定固定时间，所以慢了，我赞成去[取]消学生楼报纸，工学院杂志也编目，咱们的也应当考虑。

白鸿策：这次处理的方法是对的，慢的里边有些问题，主要具体措施不够，楼道报纸，我同意苏院长的意见，去[取]消一些杂志应慎重一些。

薛：阅览股除杂志外都是我整理的，借书制度 144 条，教师阅览室 50 条，爱护书刊 126 条，发启爱护书刊运动。

迈：算算每个屋子里边能容几个人学习，然后发牌子。

陈：对于提意见后要进行分析，看是什么样的人提意见。

迈：提意见的人是比较负责的。

王：报纸应放在三个地方。

馆 务 会 议

时间：一九五八年四月十六日，晚

柴：领导上派王子英和张林负责关帝山慰问上山干部，咱们应当写信。

今天研究大字报的处理情况,文艺书籍和爱护书刊应讨论一下,其他就不讨论了。

薛愈:文艺图书借还主要是教工方面有些问题。

柴作梓:大库配的一本书是否还可以借,教师借阅诗歌、戏剧如何办,最好按人排,每人给他一个登记本。

馆务会议

时间:一九五八年四月十七日,晚

柴:咱们处理大字报的速度还是慢,爱护图书运动现在安排了是好的,解释说明也是处理,历史系郭润生原来就是装订工,他说他没有工具。

薛:大字报要求过期罚款,教职工也应当罚,延长出纳时间。

馆务会议

时间:一九五八年四月二十一日,晚

薛愈:我们要编[边]整编[边]改,阅览方面六百多条,报刊方面四百多条,大家应提出改进办法。

迈威:结合大字报和整改应进行针对性的改进,咱们也应当提出那些应该改进,会议要紧重点,提高质量。

李树兰:我们要鼓足干劲,咱们面向群众要延长出纳时间,总编也要提高工作效率,新书提早与读者见面,过去我们没有作好批评与表扬工作,今后应提出工作量,提前完成和质量高的应表扬,否则批评,每月进行评比一次要做好推荐工作,把有关各科的参考事进行展览(旧书),新书是总务还是阅览股推荐。

薛愈:阅览股定员定额工作做的[得]不好,期刊室过去需要二个半人,现在两人是否可以办了,工作应简化手续提高效率,大家提期刊列的不及时,应编号,便于放还原处,我对期刊工作抓的[得]不紧,放弃领导。

迈威:期刊增加了编号贴戳手续,写部子不是增加而是简化手续,昨天我陈列了卅多份杂志就用了一小时多,还不算登记、编号等手续,今后登录时就要分好,订购手续是否可以移至总务股,期刊室工作多,两人不行。

薛愈:老迈应具体的[地]说出各项工作各需要多少时间,报刊共订四十多种一千多份。

王和兆：我们工作时常被动，今后应定员定量，加强工作，人员应该配备够。

迈威：王文进年老力弱，工作紧张就出错，把订购工作移至总务股，卡片不排，两人即可。期刊室有很多工作，院刊没登记。

柴作梓：账目结算必须明确，订阅手续要完整，介绍新书要做好。期刊工作量及工作方法问题，应熟悉工作，用分类排。借阅规则，出纳时间，服务态度要改变。编目积压问题。咱们的业务学习问题。制订每周工作计划，订好工作量。以后我要分股深入作具体工作。最近总务股工作做的[得]好。

李树兰：我们一方面要学习业务，另一方面要熟悉各系科业务范围。

柴作梓：从五月份要开始业务学习，包括图书馆业务知识和基本科[课]程知识，从文史开始学起。

薛愈：老迈想叫订购手续移至总务股，优缺点应该作比较。

陈杰：算工作量要具体，多少工作需要多少，对于积压要没[设]法处理，前次说期刊出纳需要量 1/4 个人，而今天说需要 3/4 人，王文进应跃进提高工作率，他说他病多不能多工作，是否可以顶一个人用。

馆务会议

时间：一九五八年四月二十三日，晚

柴：大家要认真填充工作统计表，编目股现已制成，让我给大家读一下，有名称、单位、工作项目……，各股照样制。

薛：杂志部分。

出纳最近每天 57 人次，下午事情多，当时一个人还不行，还须叫别人帮忙，出纳须 3/4 的人，半个人紧张一点。

中文 301 种 795 份，月刊 168 种 478 份，周刊 4 种 10 份，半月刊 33 种 74 份，季刊 46 种 118 份，半年 14 种 42 份，另外还有 33 种，共 334 种，学报 80 种，赠送 100 种。俄文 65 种，赠 89 种。西文 32 种，赠 89 种。院刊 80—90 种。中文报 80 多种，之外 60 多种。外文报 20 多种，28 份。现期影印期刊 108 种。

50 种 142 份需 8 时半，半时整理 1 份，登记 2 时 10 分，盖章 25 分，分类 45 分，□写 1 分多，贴半分，陈列 45 分（2 人），1 人约 90 分，遗失登记，注消的 1 刻，共要 8 时半，1 日十次，85 小时。

合订杂志,〈写〉皆每小时 15 本,迈 3 分,王 4 分,任 2 分。

报背两个月 90 多本,2 小时。合订登记 1 小时。校刊 80 种,8 小时,陈列 4 小时,500 多份。交换 120 份。外文登记整理陈列 35 小时 28 份。每周去阅览室一次一小时,一月 4 小时。半年订一次 8 天,一月 10 小时半。期刊 3 小时 40 分,缩短 3 小时 20 分。旧杂志、排卡片、影印期刊。

迈威:杂志的退订,缺□杂志,检查订购杂志,分类编号,□架,各系订购杂志,学报与各个学院交换,写信来往。

白鸿策:需要订不需要 1 小时。

Li Lin(李琳):计算的有些分散,整个工作都应计算出来。

康一鹏:拆卷花不了一分钟,可以不贴标签,28 份外文报纸用不了 35 个小时。

Li Lin(李琳):交换院刊不是咱们办的事情,不应接受。

李树兰:季刊用 3 除,半年刊用 6 除,双月刊用 2 除,都□□二月刊,不可能每月来 500 种,从头到尾算出来,要结合人,但现在不能结合。

薛愈:我们再多算,期刊完了就是阅览股。

馆务会议

时间:一九五八年四月二十四日

迈威,李柏寿:认为昨天说的每天按八小时计算是不对的,迈威说他一天只能作七个小时,他同意每天填工作表,这样可以知道他每天工作项目及时间,同时还能起督促的作用。

薛愈:刚才提出的阅览股大库的工作记录表,大家有什么意见说提出。

李柏寿:表内所说的整理书库是否连上下搬书移书架都有了。

薛愈:有了。

白鸿策:听了表细内容,我认为阅览股和总务股的工作记录表内容可以和编目不一样,可以多空出来些地方,各人按各人的具体工作项目填上去。

迈威:既然各人都有一张表即可按自己的工作项目填。

薛愈:因有互相支援,应用相同的表,不过刚有人按记工作且需很长的时间影响工作,这是应该改善的。

李树兰:工作表。

(1) 预定:分发目录选订;(2) 剪贴卡片;(3) 验收图书:照发单,抽片签章;(4) 排卡片:预定卡,采购卡;(5) 外埠购书:写信购书;(6) 登录图书:中文、西文、俄文;(7) 资料处理;(8) 各系联系;(9) 打袋片;(10) 进城取书;(11) 收发文;(12) 会计;(13) 总务:考勤、注释、修缮;(14) 学习;(15) 各项会议;(16) □□;(17) 劳动;(18) 请假;(19) 其他。

薛愈:有无意见。

迈威:期刊室的工作表。

1. 登记(整理);2. 分陈四处;3. 剪写签张;4. 贴册;5. 归架(整理);6. 陈列找;7. 登记遗失片与注销;8. 出纳;9. 登记外文;10. 订购;11. 写;12. 盖章;13. 陈列外文;14. 来发单登记卡。

退订注销,拆圈,检查来件,写订购卡(写三联),验发单,发单盖章,各单位往来,查询次、时,看报多看备件,学习,社会活动,其他请假。

崔凤岐:有些项目太多,背上包袱。

李琳:有些太繁杂,订立些不必要的项目是无用。

陈杰:对表本身不发表意见,因不了解,整理的目的为了改进工作,要增加工作思想上有了负担,不必要。

薛愈:同意陈杰的说法,对崔、李的意见也同意,因为项目太多,有的能合并,并且要分成经常非经常的工作,如退订销注,验发收单、发单盖章等可以不列入。

因不是经常性的工作,偶尔有时可以列入其他项目。

王和兆:把过去实行的缺点,登记成负担,流于形式,对表里有意见,我们要在制度上〈要〉想办法,拿制度保证做好工作,对手续单,可以利用,出纳上利用索书单统计,增加工作是事实。

薛愈:我个人感觉今天老迈所以愿意造表是赌气,因为一分中[钟]的原因要找出来,不这样办不行啊!

迈威:就是赌气,态度很不好,试问你们两股就是每天 8 小时,连拉屎尿尿的时间没有。就是给昨天算法的薛股长不确[切]合实际来个打画,任中归招就是这样十天的计算时间。

陈杰:双反以来,扫五气,思想上要积极工作,工作中想办法,对实行这办法要是增加工作,可以研究。

李琳:老迈情绪激动的发言,直爽说出就是赌气是好的,但不应该动态度。

馆 务 会 议

时间：一九五八年四月二十八日，晚

迈威：28 斤。王文进：30 斤。崔凤岐：27 斤。朱：32 斤。戴：28 斤。王：40 斤。白：28 斤。李：65 斤。赵：30 斤。柴：30 斤。陈：30 斤。张：35 斤。郑：28 斤。超过 63 斤。

粮食评定会议

时间：一九五八年五月八日，晚

一般干部 24—33 斤，平均不得超过 31 斤。

戴：㉙；崔：27—26—㉕；薛：㉖；琳：37　35；树：~~28~~　27；进：㉚；刘忠赤：~~53~~　50；薛：30—㉜；赵：㉚；雷好明：~~48~~　45；白：㉚；宽：40；兆：~~㉚~~　31；陈：㉚；迈：㉚；锁：~~40~~　39；康：㉗；朱：~~36~~　34；柴：㉚；郑：~~29—28—26~~　27；柏：(54)。

李琳：提郑应 27。

迈：崔应 25。

馆 务 会 议

时间：一九五八年五月十日

柴：过去教职员整改不平衡，现在要加强。另外，北大图书馆系可能要招函授生。

今天上午先讨论粮食问题，希望大家都表示表示态度，工友也在咱们这里定。

王：康先生报的就不够，这样精神是好的，但是否能解决了，但是否能形成困难，尺度应放宽。

迈：我不同意王先生的意见。

康：吃一点稀的就行了。

李柏寿：下饭馆也不是一种办法。

柴：上食堂和在家里吃饭应有分别。

陈：以实事求是定，下饭馆的思想是不对的，净吃次等饭的想法，是不行的，搭配上吃就行了。

迈：我同意陈的意见。

薛：食堂和家里吃饭是区别的，家里好掌握。

李琳：这样交谈下去是不合适的。

李柏寿：定量要细心，不能粗枝大叶。

柴：为什么康先生能吃好，同样粮食在家里就够了，在食堂就不行，一般的下饭馆不是解决问题的办法。

王：下饭馆我也认为不对。

王文进：家庭能掌握好。

赵：家里好掌握，说白废[费]了是不对的。

白鸿策：今天讨论的[得]很好，赵的数字太高，这是个思想问题。

戴：大家都按干的来定，这是不对的，应调剂着定，首先从思想上解决问题很重要。

李琳：王和兆应 32 斤，他吃的[得]很多，剥削了老太婆。

柴：李琳为何能知道剥削了老太婆。

李琳：不能硬大家，人家再报。（原文如此。——编者注）

李柏寿：老李说的就根本不对。

柴：老李分析的完全不对。

馆 务 会 议

时间：一九五八年五月十三日，上午

柴：前一阶段教师学生提的好一点，行政部门差一点，检查原因，党委没有抓紧，因而从现在起要学习二一五及六整天整改，一切服从整改。

迈：过会[去]开会质量不高，这与领导上有关系，一开会就是大家谈，从山南谈到海北，成了漫谈形式，这次，领导上首先有布置，不集中是搞不好的。

李树兰：前一阶段说事多，论思想少，有思想问题就批判。

薛：四月中旬还差不多，以后就松懈了，章则制度，个人思想，具体工作都有问题。

白鸿策：双反没有搞透，主要是没事做，李琳的问题在会上还讨论了一下,但其他同志的没有搞,现在应补课。

迈:我同意老白的问题,武汉廿多个图书馆为什么每天能开十多个钟头时间,我们是否还挑战,到底怎样搞。

康:咱们已去了信,回信还未来。

陈:接受以前的经验教训,今后应深入整改,开会时有些人为了开会而开会,一旦牵扯批判自己的问题,就顶牛。

康:自鸣放整改以来,各处都有新的气象,咱们也有新的气象,但是够不够,就很成问题,今后应深入一步,如不深入地搞,就没有新的气象。

迈:街上售货员现在态度很好,新学员经常和同学崩[绷]着脸和同学们吵。

朱:商店新衣服都能检一下,咱们的书都不能陈列出来,希望今后能陈列出来。

郑:现在不团结现象还存在,有些人把自己的成见带到工作中来。

柴:从以上几位同志的发言可看出我们的整改落后了,现在就看我们甘心不甘心落后,要搞好在于领导也在于大家。

迈:重新补一次课,浪费究竟应负什么责任。

康:农村研究小组成(立)以后,起的作用很大,咱们图书馆也应搜集组织,这是不是先进组织,应考虑,我只有这么一个建议。

迈:我同意这个建议,应注意工作方法,如果动脑筋是会想一些办法的。

王和兆:总务股推荐很好,编目股人配备的不够的话,这样推荐给编目上造成困难很大,最好书编出后再推荐,这个办法是不是比前一个办法好一些,大家研究研究,填工作表编目上也不好填,应从制度上来保证,也可提高责任感。

柴:主要是搞些什么问题,找出纲来后再搞。

王文进:图书馆团结问题很大,经常发生在工作中,并对其他同志思想有影响,个人情感危害工作,领导上思想工作作的少。

反浪费我们作了些,但反保守作的很少。

迈:以政治挂帅的单位,整改就作的好,咱们就作的差。我和李琳同志就有成见,这是从工作中引起的,在今后补课中我有决心检查,不过领导上也应注意。

柴:过去收获不大,只是就事论事,大家的看法是对头的,从工作上出发就是就事论事,最好大家思想一致一起,才可以搞好。

赵：我不同意补课从头开始。

陈：从头开始是不是有必要，必须大家共同提。

李柏寿：先找纲，各股与各股的纲不同，我们阅览股的团结问题不大，主要是工作上混乱，如何便利读者，领导作风问题。

薛：领导作风很要紧，领导上不主动地搞，整改就搞不好，团结问题不大，但是还有问题的，如昨天李柏寿与赵桂贞在小说处就有些问题，阅览股虽然主要是便利读者，但团结好也很重要。

李柏寿：上午叫我主管书库，下午叫我在小说出纳处帮助，我觉得有些不合适，我在两边都帮助我没有问题。

白鸿策：在阅览股也有他自己的纲，互助合作是很重要的。工作分配合理是一个问题，但应从思想解决问题。

柴作梓：大家都同意找纲，咱们就找纲，大家有啥说啥。原因在那[哪]里，如何解决。我们过去解决每个同志的工作，并未深透了解。因此别人提出来就顶牛，就事论事，第三者的身份不解决问题。

陈杰：阅览股工作分配有迁[牵]扯，是否讨论干脆分过小说处一个人。团结问题在阅览股不是大问题，不要谁是扶助谁不是扶助。

馆务会议

时间：一九五八年五月十四日，上午

柴：咱们有啥说啥。

薛：咱们就找纲，各有各的，各股有各股的，馆有馆的纲。

迈：过去政治不挂帅，因而形成死气沉沉，不活跃，不热情，保守、墨守成规。工作上的改进，领导上不注意，不注意钻研。图书馆是一个技术部门，应当有改进，领导不带头，大家也不多动脑筋，有些人开会不发言，不发表自己的意见，这是政治觉悟差，老薛领导非常生硬，有时板着脸，开会老是检讨，会后还是老一套，不向其他单位学习好的领导方法，有头无尾，拖拖拉拉，是时主观地解决问题。总之，政治挂帅我们作好工作，有的同志一牵连到自己的工作就论辩，话非常多，否则一言不发，改进工作如黏[粘]贴器是否能行。

薛：阅览股不说过去和现在分工都有问题，借阅图书应当便利读者，期刊应按次序排列，小说出纳插片与大库不一致，今后应取其一致。

白鸿策：我认为图书馆的纲就是没有政治挂帅，平时没有批评与自我批评。如过去采购上有问题，出纳态度问题，领导知道，但不解决，表扬不够，批评也不够，形成死气沉沉，不开动脑筋，责任心不强，领导有大馆思想，不要求改进工作，缺乏政治性的团结。

李柏寿：政治领导很重要，而业务领导也很差。原定五月份开始学习业务，但是现在还未学习，阅览股别人要跃进，而自己没通，只监工，而不实际作。

王和兆：大家都看过母女教师，过于信任自己，领导认为那么对就那么干，不大胆干，不行了就请示，权利不能下放，对方的意见不接受，过于尊严，影响群众的积极性。

阅览股同志每人应有一本分类法，掌握分类法，便利读者。

李柏寿：要想流通率增加，必须贯彻开架。

迈威：答复大字报老薛就不看，领导就是这样，那工作确实作不好的，老柴怕负责任，批判李琳时说提的不对时应负责任，好像对运动有压制现象，上次有些同志提了意见就记到心里了，有些意见当场就反驳，接受意见就不虚心，别人不敢畅所欲言。

李琳：别人提的意见重复的就再不要谈了，无中生有是不对的，自己不对不要推到别人身上。

陈杰：大家的意见我都同意，领导思想抓的[得]不紧，个别谈话没有，老薛只作些总务工作，缺乏重点，分工解决不了。

朱洪康：分类应讲一讲，老迈的大字报自己就应当看，老薛现在都干些什么，我不知道。

李琳：类似今天的会议开的很多，领导思想上应有数，该提到不提到，对每个股和个人不了解，不批评不表扬。

迈威：没有提出新的问题是不对的。

李柏寿：我觉得我们还提出一些问题。

白鸿策：这两天还提了些问题，不是乱轰了。

陈杰：主要就是思想工作做的[得]不够，重复还有必要。

赵桂贞：领导上是心中有数的，大家提的[得]是全面的，领导对工作影响很大，期刊让老迈作主不对。

康一鹏：政治挂帅很重要，有些人有个人英雄主义，不能扭成一股劲，应当让他退休就让他退休，表扬批评打不破情面，业务方面，领导不要以自己的程度来衡量。

迈威：找纲找了有些时候了，上一次是图书馆为谁服务，这次是政治挂帅，上次没有总结。

迈威：今天还解决了些问题，结合是应该的。

柴作梓：过去总结了，咱们的落脚点就是红与专，就事论事解决不了问题，政治挂帅、团结、业务、方针任务，不安心，看不起图书馆工作，本位主义、本位工作，大家为我提了意见，是为了爱护我，现在还是提，避免就事论事，思想上不要有顾虑，我就没有勇气给同志谈思想问题，我觉得有甚说甚比较好一些。

薛愈：我觉得不论大的小的都应当提出来，有些人开会，有意见不谈。

王文进：看到想到什么就说什么，不要出言过激。

白鸿策：今天发言不普遍。

柴作梓：昨天还是这，这是政治责任感问题。

馆 务 会 议

时间：一九五八年五月十五日

柴作梓：节约资金储蓄，发展地方工业，郊区内要三化：电气化、机械化、水利化，二年内要四化，亩产 400 斤，农业要为城市服务，提高城市人民生活，今年用 1 亿元，一部分国家开支，大部分靠节约储蓄，现在全国储蓄 28 亿元，能修 7 条成渝铁路，太原市全年 2 400 万元指标，每人多储蓄 1 元，可买六万台拖拉机。

本院存款十万零三千九百多元，在大跃进的形势下，还远远赶不上要求，职(工)8 000 元，145 户，教师 20 000 元，700 户；学生 50 000 元，家属 2 000 元，军区医院为国储蓄模范，16 000 元，4.5 倍于工资，户数达 90%以上，到□□2 倍于工资，福州 4.8 户，2.66 倍，石家庄 5 000 万元。

崔凤岐：我觉得还是思想领导不够，开会只是争争吵吵，总是这三几个人在吵，有时争来争去争不下个结果，上次老郑帮助阅览股工作闹情绪，这个问题当时应弄清，老薛好像婆婆对媳妇一般，认为大家选他当组长是抓大头。

王和兆：阅览股作群众工作很重要，人数比例作的很大，分配工作不检查，老薛放弃期刊领导，好给同志提小毛病，这是领导作风问题，知道又不改，在运动中表现很积极，过去就不理了，苛求同志。

从订杂志可看出两个问题，一是老迈，二是老柴。老迈认为以后订杂志必须经过馆长批准，这是否每件事情都非请示不可，老柴权利不敢下放，不大胆，只维持自己的尊重,尤其老柴骄傲自大,群众发动不起来,做工作微微诺诺。

迈威:咱们这两天谈了很多,主要是政治挂帅,政治□□与政治挂帅不同,过去由于政治未挂帅,因而工作做不好,平时不讲政治,不愿当工会小组长,经常板着脸,工作上主观,不看我的大字报。

馆领导权利不敢放下,业务不高倒可以,一般问题都请示,这不必要,杂志经费坚持不报,这就是闹个人义气。

白鸿策:期刊室由阅览股领导这是应当的,处理问题不见老薛管事,只看到老迈直找老柴,应当是阅览股考虑问题,老薛是否不愿意领导期刊,老迈是否看不起老薛,馆领导对阅览股领导不够,阅览股是个大股而股领导作风不对头。

老柴思想上就认为自己作不了思想工作,因为张保□给领导上提了很多意见,以为只有党员才能作思想工作。

迈威:老柴很少和同志们谈一谈,有自卑感,说自己就没有那种勇气给同志们谈,我希望今后应改正。应撇开自己,为什么不可给同志们谈话,还是没有撇开自己,对自己要求不严,自卑感没有必要。

李柏寿:副馆长一来就上班,很少和同志们谈,也不了解工作。

李琳:期刊属阅览股,过去老杨和老薛思想上有隔阂,为了加强期刊室工作,就调老迈去,还是领导未交待清楚,还是主管人的责任,是否老迈认为自己就负责任了,专有个□□的期刊室,老迈应主动地谈一谈。

老王是被领导,老迈是领导,白天锁是装订工,打扫除也拉去了,工友作的工友工作,而工友经常去装订室,反正老迈是□□□□□。馆领导不果断。

崔风岐:印卡片之事我没有同意,老王、馆长当时都不在。

王文进:领导能掌握了同志的思想,就能掌握了他的灵魂,我只从提的方面看,阅览股开了个股务会,张学宽过去两个人工作经常有时间,有时看画报,过去只是枝节等问题,互助友爱不够,不要只批评领导,而不检查自己。

我病了老柴一连三躺[趟]看我,老薛也看我,我非常感动。

李琳:领导太多,这一个那一个,老薛是阅览股股长,经常涉及〈到〉其他单位,有影响,不管什么领导都得通过馆领导。

李柏寿:不能怨头儿多。

郑维阁:从过去缺少的东西来看,批评与表扬不够,讨论时只加杂个人成分,只纠缠枝节问题,对干部是要求不培养,不下去了解情况,阅览股有时还是提别股的工作。

阅览股领导工作方法不科学，领导上也未作。

柴作梓：明天就开始辩论。

1. 政治挂帅：政治领导，思想领导；2. 方针任务；3. 业务学习；4. 群众观念；5. 团结；6. 领导关系。

首先领导上要检查，然后大家提意见，主要是□□□□，但不是人人过关。

馆务会议

时间：一九五八年五月十六日，上午

柴：定期存一个半月的工资，咱们学校还没有，老迈300元，咱们和其他行政单位挑战。

从今天起个人检查，现在我检查，改进办法，奋斗目标今天不谈。

（老柴马上去整改办公室开会）。

迈威：老李夜[昨]天谈的我有些认识不同，白天锁属于阅览股，换报纸先登记后放，工友不是整天都打扫。

期刊室与老薛的问题很严重，并不这样，老薛放弃领导，我也不主动地找他，过去老杨都是找老柴谈，究竟找谁今后应明确。

老薛给我谈，你愿意到期刊室么？我说领导上决定了没有？他说决定了，我说无条件服从，他说由我负主要责任，有工作还是和他研究。

期刊单独是那么一堆，谈起来与出纳上不同。

李柏寿：老薛受馆长委托，阅览股也帮助过别的股。

期刊上老薛应负主要责任，孤掌难鸣，过去老薛就与老杨针锋相对，老薛老干涉别人工作，但被领（导）者也应检查，也应尊重领导。

李树兰：过去期刊室就是陈列登记，不预订，采购承购，我经常给老柴谈，这次老迈接受工作时，刚好订期刊，订期刊时，不了解时还需要请示领导，与专业是关系时，就可以订，找股长找馆长都可以。

老迈经常找老柴，老柴叫老薛去送杂志。

老王来时管古籍图书，馆长叫干其他工作，老王问老薛干什么，老薛态度很不好，有时放到心里不谈，到了紧急情况下就发出来了，态度很不好。

薛愈：文史参考室属于期刊室不对。

迈威：前天订杂志很不对头，找老柴，拉着老柴找老薛，小题大做，这表现了什么？

李琳：领导布置的精神，首先必须态度要对头，老迈不是个检查，只是个说明，是否没有听清楚了没有。

赵桂贞：阅览股领导与期刊室关系，领导肯推，老迈以领导者自居，老薛说"这样做老迈喜欢"，老薛也好像不管小说部分，老薛老问张学宽该要多少人，自己心中没有个底子。

陈杰：老薛好像对老柴有意见，但不提，最好提出来。

迈威：老柴说主要由我负责。

朱洪康：叫老王先生拆杂志卷这就不对。

薛愈：我没有说"老迈瞧不起我"，老迈认为我卡他，集体劳动搞大字报，文史室属于期刊室，我还是第一次听到，是否馆领导另外有意见，那我就不知道了，老迈说"你就瞧不起我"，倒报架硬不倒。

王文进：我主要谈期刊室，重要问题可找馆长，迈先生很负责任，我们亲切配合，我认为迈先生有个人英雄主义，我配合刚合适。

李柏寿：向党交心，老王先生有意见，应老实说什么。

陈杰：老迈那个人哪，那可不行哪。

李柏寿：老王老是会上不说会下说，"我愿意叫大家多一些"。

迈威：老王先生圆滑，这是旧社会遗留下来的。

朱洪康：老王先生不负责任，叫我工作我就工作，啥也不管。

迈威：前一阶段不好，现在有很大转变。

王文进：工作中很平静。

柴作梓：多负些责任和不应有的官气是两回事。权利[力]下放，三级处理不能机械地搬用，有些人只能为自己意思一致的人团结，不一致的不团结，互相猜疑，应从实质上看。

馆务会议

时间：一九五八年五月十七日

郑维阁：阅览股搞突击倒可以叫我们帮忙，目前工作不必要提我们帮助，一次张学宽劳动去了就叫我帮忙。

下乡劳动，老薛就想叫我和崔先生调到阅览股去，经过解释后未成，有时去总务股看闲书，说闲话，像李柏寿那样说法不合适的，大家有什么意见，都可以提一提。

王和兆：阅览股帮忙有时是需要的，但是不要□□动别的股，搬诗歌戏剧时，老迈未去，说他有工作还忙着呢，若是本股事先商量了，倒可以，否则不对，老薛脑子一热就要叫别人帮忙，考虑问题要周到些。

崔凤岐：根据以上两位同志的发言，老薛计划不够，图书馆是个整体，是应该帮忙的。

诗歌、戏剧搬过去，人力不调配，发借书证也不提早分配。

李柏寿：阅览股抓差今后应避免，我未证明张学宽给编目股帮助时是突击。

迈威：阅览股面向群众，有些工作马上就得作，不调配的就不行，但老薛计划好的话，就可避免些乱拉人的现象。

郑维阁：李柏寿说阅览股很重要，我也不反对。

王文进：图书馆保守主义很严重，图书馆是为教学和科研服务，自始自[至]终，勤俭办馆一直得不到解决，这次再提出来，不能发挥书籍的效用，古籍图书号称八万册，究竟有多少册能发挥效用，据我了解，只供教师们，同学们借的很少。

我对老迈有意见，我就要说出来，他的工作勤勤恳恳地干是事实。

会上会下各是一套，这种看法不全面，这个问题在大会上多耗费时间。

李柏寿：王先生的发言我有些发言，要自己解决的话，就不必要整风了。

白鸿策：我看最好提问题，辩论先放下。

李琳：提问题和辩论不能截然分开，需要辩论的话就及时辩论。

白鸿策：我不反对这个意见，主要在于刨西瓜。

陈杰：为党工作，并不是为某人喜欢而工作。

李琳：我你和王先生从荣中来，今天的发言和昨天的发言不对头，从荣中到师院完全达到了你的目的，怕得罪人。

崔凤奇：王先生事故深经验多，因人致意，极端的资本主义、个人主义。

李树兰：认识不改应及时批判，王先生心中有意见不愿意提，保守不仅领导保守，每个人都有保守思想。

王先生在旧社会读旧书时间很长，旧经验也很多，处世待人不谈实心话。

各股互相支援是应该的，是必要的，只提具体问题是不解决问题的，老薛只想拉人，拉人不布置，领导如何作具体工作，〈如何作具体工作，〉手下不清，一直是这样，使工作走向轨道。

李柏寿：王先生在旧社会阅历很长，受旧社会毒素也很多，事不管[关]

己,高高挂起。

老薛不注意政治活动,对别人也阻碍,三番五次的阻碍。

康一鹏:王文进运动参加很少,应虚心接受同志们的意见,是问题都暴露出来。

白鸿策:互相帮忙是必要的,但应考虑的全面些,同志们过组织生活馆领导应考虑。

拉(人)手是否能解决问题,这不是表面现象。

意见是牢不可破的,长期以来的成见才是意见,这种说法完全是错误的。

附会老迈的个人英雄主义,这是一团和气。旧经验是缺点,而不是优点。

郑维阁:独善其身,这是王先生的思想。

李琳:这几天给老薛、老迈谈的[得]很多,阅览股没有明确分工,自己的片都排不上,但老薛最忙,阅览股有团员也有党员,为什么工作作不好,这是个矛盾。

叫阅览股股长找不着,问谁也不知道。

陈杰:我也有这么个看法,确实老薛工作是很成问题,工作方法非常差,没有主见。

朱洪康:不了解老薛的情况,不知道他作了些什么工作,自己应主动的想些方法。

王和兆:帮助解决了,主要是老薛无计划,而且影响到全馆,这确实是个问题。

王先生看问题老一套。

李琳:老薛会上承认,下会又老一套。

康一鹏:老薛无计划,劳动,清洁经常耽误时间。

陈杰:老薛有时把工作当闲话说,当一个领导来说,函[涵]养太差,有时和同志们面红耳赤。

迈威:突击工作只管自己,不管别人,不管什么时间都叫突击,个人认为咋样就咋样。

王和兆:馆里经常大吵,同学们也提意见,馆长认为为了工作那[哪]怕吵的[得]面红耳赤,这样精神是好的,但形成这种风气很不好,应及时扭转,领导上要脾气,别人就不敢接近了。

李琳:自整风以来,馆长参加,但传达很少,有时□□是不是有保留,对工作是影响,其他地方可传达,可是咱们没有,还不是一次。

柴作梓：我肯定地说，没有这样做过。

赵桂贞：四月廿四日干部环节会议就没有转达，究竟为什么，我就不知道了。

迈威：这个应当转达，院刊上就登出来了，可是咱们没有传达。

王和兆：老柴自信心过强，老李发言时不应马上质问，客观上造成影响不好。

王文进：提意见要实际要明确，如此才能帮助对方。

白鸿策：老李提的意见不具体，不具体也可以提，但当时不应马上质问。

李琳：老柴不是一次的问题，是好多次，团结以前很成问题，我是看他提出来，他马上问我，谁说的，好像他不知道，可是他知道，这就很成问题，这个问题一直放到今天还没有解决。

薛愈：王和兆谈，领导上认为哪么就是哪么，无理也要说成有理，被领导者有理再说也是个无理。

迈威：我不知道老薛是解释，还是有其他意思。

赵桂贞：老薛解释不对头，对同志态度不对。

崔凤奇：下乡时认为在家既牢[劳]心又牢[劳]力。

迈威：老薛对人脸儿很难看。

白天锁：老薛说话多，办事少。

迈威：过去经常抓差，这有一个思想支配着，自己是个什么就要作个什么，等于抓差。

李琳：私人的书堆在这里堆在那里。

迈威：这些书很成问题，平时不学习，这些是如何来的，要是给图书馆，贵的买给了其他单位。

王和兆：三反时老薛从中□利是他交待的勇气，为什么今天还存在？平时买书很负责，可是对自己(的)问题可如何解决呢？老薛好占小便宜这是他的最大缺点，在工地捡劈柴，被人家发现告给人事科，他当时很着急。

李琳：关于老薛爱占小便宜这个问题，最近庶务科买煤球，庶务科说老薛提了很多意见，他没有登记上，发了一会脾气，总而言之，爱占小便宜很不应该。

王文进：关于薛先生基层领导工作，工作计划，干部使用，生活关怀应多加考虑，抽查同志的工作往往注意到小的方面，往往态度是很不好，应样对同志们就很难接受，当个领导应该气量大，但薛先生气量小。

李琳：有时给同志们提意见如果不了解就有情可原，但有时他知道，还是那样提，如买公债的事情，村里叫投资 20 元，老薛知道，而原来准备买 60 元，后来买了 40 元，老薛明知故意提出我买公债少，这是不应该。

王文进：我们应找纲，不应谈私生活。

朱洪康：我不同意王先生的意见，我认为给薛先生提的意见没有离题。

柴作梓：老李你不是说老薛给你写的大字报很对，这不是发生了矛盾。

迈威：李琳藉[借]着整改来解决自己的问题，这样很不对，老李□自己不愿人后，我说他□人及？他每月 60 元，只夫妇两人生活，可能节约 20 元，不知道 30 元、40 元，很成问题，不负责任，想推翻过去同志们对他的意见，如此，就走了弯路。

柴作梓：并不说弯路，谈出来还是对的，说明过去思想上未解决问题。

白鸿策：老李刚才谈的，刚才暴露出来是对的，但说的一些问题不实际，另外给同志们提意见言词应注意一些。

薛愈：煤球原是给主办人说好的，登记迟了也是事实，他们说李琳登记了 6 000 斤，我说，李琳登记了 6 000 斤，那别人怎么来登记。

陈杰：阅览股工作作不好，是由于党团员，还是由于领导的关系。

康一鹏：阅览股党团员对外不错，还是能执行制度，树立起来好的影响。

迈威：我不同意这样说，整风党团员与群众在一起，有意见就提，党团员要求的更严格些。

柴作梓：提出党团员不应该，阅览股有那么多党团员，而工作作不好，这样提法很不对，要求党团员严格些，这种说法也不对。

李琳：这是张学宽〈的〉说的，不是我说的。

陈杰：李琳说了，张学宽才提出来，老薛马上提出来。

白鸿策：李琳提出过去阅览股还没有党员，现在有党员工作还搞不好，我也认为李琳同志提的不合适。

薛愈：我认为这个问题需要明确了。

朱洪康：我同意老迈的意见。

崔凤岐：这个问题提的很奇怪，老薛同意，我也很奇怪。

迈威：是李琳说的，但李琳否认，这是不应该的。

蒋思道：我很多问题不了解，经过这几天讨论，我才明确了，工作主要要依靠党团员，老薛究竟认识这个问题？

老薛拉人，这是个制度问题，应值得研究。

思想领导，业务领导。

李琳：我不同意老迈的发言，我没有否认，老迈不在，为何能知道我否认，这是个什么态度。

崔凤岐：李琳是主要给老薛提意见。

馆务会议

时间：一九五八年五月二十日，上午

柴作梓：红与专的理论上道理上都懂，一个领导干部的主要职责是发动群众，虚实并举，以虚代实，政治领导业务，这就是又红又专，要管人，管分，管事，有政治领导，行政服务，业务领导。

1. 我重业务，轻政治，业务是实际事，好抓好管，在图书馆工作十多年，经常注意各地报导，参观访问，自己一是小聪明，有时还能有些办法，各种工作都作过，不曾有什么困难。政治原则不愿给同志们谈，觉得不好抓，好比买书，要结合政治、目录编制，很少配合政治运动，新的措施实施后，很好听从反应，主动性很少。最近有几位女同学看《金瓶梅》看迷了，同学们反映，我说我们就不出馆内，在城市内时，工学院借小说很多，这里没有调查分析。

2. 对干部，要使用干部，就得培养干部，我把思想领导概念化了，就事论事比较多一些，不能经常了解同志们的思想情况，也了解一些，不到非解决不可的地步不解决，只是同志们给我谈了，我只是劝告，也接近同志，生活上只是闲聊，无目的，觉得给同志们谈思想很突然，不好意思，看人、管钱、管事，特别管人管单位了。

3. 在运动中表现很不够，只是靠领导，有些依赖领导，看看其他单位如何搞，不大胆，不求有功，但求无过，怕犯政治错误，向领导要办法，左请示、右请示，不敢创造经验，这次运动也是左问右问，领导答应了就这样作，领导上不具体答复，就摇摆不定。

4. 我主观上在工作上，劳动中不脱离群众，不抓大的，抓小的，原谅自己，与同志没有形成同志或朋友的关系，这就是政治上脱离群众。

5. 对下级领导，老薛领导上有些问题，很少帮助，平时给我谈不行，领导方法，领导思想，都很少帮助，他说不行，我也说不行。

6. 重视政治学习不够，有些同志更不重视，我重视不够，提倡不够，社会活动参加很多，劳委会叫我干宣传工作，我不干[敢]大胆地搞，缩手缩脚，叫杨书记作动员报告,杨书记叫写稿,我马上叫王吉祥写,搞劳动小报也同样。

下面我来谈下我的思想根源。

我到现在有旧人员思想,我觉得党是信任我的,我是感激的,觉得思想领导很难胜任,知道许馆长是兼职,这样作是对我的信任,愿意上级派一个党员专门领导政治思想,我专门领导业务,怕在政治上犯错误,56年各单位都派了党员,我也给领导上要。

对党团员的思想领导很差,觉得自己很差,思想领导不一。

我觉得当一个馆长非要有学识不可,可是在政治方面检查很少。

觉得自己小的时候气魄不大,是愿作些研究工作,入了党也不会气魄大,三思而后行。

归根结蒂是怕犯政治错误,为个人打算,不求有功,但求无过,患得患失。

归根到底是党和自己的关系问题,党这样信任自己,而自己却怕犯政治错误,有些同志说我不能当帅,确实是这样,我今天只谈了政治思想领导这个问题,希望大家多多帮助。

蒋思道:你检查是全面的,符合事实的,但只是些表面现象,没有从本质上去分析,也没有谈出努力方向。依靠党,又脱离群众。业务方面没有改进,就谈不到跃进。是不是可以把政治和业务结合起来谈,要好一些。

迈威:过去一直提业务学习不够,我从来没有学习过业务,只要求怎么样工作,而具体帮助不够,要注重业务,是说不下去的。过去开会不谈政治。

不能因自己是个群众就不敢谈政治领导业务,由于经常有个人打算,因而就不敢大胆,如果不注重个人利益的话,就不会怕犯政治思想。

康一鹏:老柴今天说的很多,我觉得这回检查进了一步,以前还不认识,图书馆落后,现在认识了。以前对图书馆新的办法很能钻研,现在觉得很行了,对同志们帮助很不够,好像现在太原市上有了一定地位。

李琳:这两天提问题提出了很多问题,老柴提问题很少,没有进一步揭发,作为个人检查,今天的检查是好的,作为馆领导这样检查就不够全面,根据提出来的问题,老薛与老柴是不正常的,老薛领导不好,与老柴是分不开的。

戴立德:我首先表明我自己不了解这些情况,我只以我的一点感觉来谈一点。有架子,不好接近,刚到这里就应当给我好好谈一谈,根据柴先生轻政治重业务,可是对我业务帮助很差,郭沫若虽然是个民主人士,可是党很信任,若是前怕狼后怕虎,是不会作好工作的,看来能暴露出来还是好的,阅览股有很多问题也不帮助解决。

王和兆：内心里，老柴觉得自己虽然不是个专家，也差不多了，有自满情绪，以为自己能行就不见得能行，自分家业务提高就谈不到计分提高，看不到自己的缺点和别人的长处，到北京开了会，回来后还认为自己不错，刚解放后可说山大图书馆在太原市数第一，总之我感觉老柴有自满情绪，有架子。

迈威：老柴谈自己在政治方面不行，业务上行，发动不起大家，是搞不好工作的。业务差，政治上有热情，能发动起大家，是照样能搞好工作的。工作效率要提高，必须改进工作，要改进必须领导支持，领导不支持是不会有改进的，也必须靠组织才能保证提高工作效率。

说大家不注意政治学习，这是不是太武断了，不注意应如何解决。

陈杰：老柴认为自己轻政治重业务，这就单独地多考虑了业务，这是否有点满足于现状。

认为阅览股是最重要的部门，究竟如何去帮助解决，很成问题。

政治上有自卑感，感觉自己不是个党员，那么自己如何朝着党员方面努力呢？不讲政治，如何能达到党员水平呢？

在运动中不放手地搞，社会活动多，不能当作原因。

对老薛帮助不够。

李柏寿：自己重业务，而不管别人，只是使用老薛，而不帮助老薛，只是说党对自己信任，而自己对党怎样呢？这就很成问题。

朱洪康：老柴今天的□□，还暴露了些问题，不讲政治这就很成问题，总计较个人得失，不抓紧政治，就搞不好业务，不因困难而不作，也不因个人得失而不作。

李柏寿：有时只走极端民主，而不愿意集中，如值班问题。

陈杰：不求有功但求无过，这是消极的。

馆务会议

时间：一九五八年五月二十一日，上午

崔凤岐：不大胆对工作会有很大影响的，不帮助阅览股，各种工作没有什么改进，还是按步[部]就班。

薛愈：有自卑感，有架子，对同志有意见不提，对我帮助很少，李柏寿对我帮助很大，因为他很直爽。

王和兆：中文 4 个人，俄文 1 个半人，现在中文 2 个人，中西文 4 个人，究竟分配几个人，现在也不见动静，靠谁做这些工作，很成问题。

李琳：提意见应直爽些，可是老薛提意见顾虑很多。

师范学院图书馆是有些基础的，各馆都来参观，可是人事问题经常在我馆存在，这些问题应该很早就解决的，可是到现在还解决不了，日常工作安顿不了，是不应该的，新的人员怎么样安排应大家了解，应明确些，老薛认为老王先生在期刊室帮忙。

听说老柴平时只管自己，不顾别人，过去评义时有人说，对同志关心差一些，对于处长我们也不知道。

一个人在政治是[上]犯错误不是偶尔的，是有思想根源的。如果怕在政治上犯错误，是跃不出去的，同志干劲再大，也是不行的，坐到那[哪]里□汇报也不够。

刚来时觉得群众工作作的还不错，现在才觉得不对，群众工作没有作好。

赵桂贞：阅览股开会老解决不了，老柴知道，可是不参加，老薛领导方法好几年了，没有什么改进，可是老柴不管。

柴作梓：老柴好面子，对工作抓的[得]不紧，过去对工友还教育，现在对馆内干部也不帮助，就不是大公无私地工作，而还是记[计]较个人得失。有暮气，不改进工作，找他解决，他也迟迟不解决，自白鸿策来到这里以来，老柴就不管事，工作有积压也不及时解决。(似记录者记错发言人——编者注)

李琳：还书运动作的怎么样，现在也不知道。

迈威：工作上怕负责任，只害怕自己有责任，爱面子也确实是事实，社会活动兼职太多也很成问题，正在紧急关头，影响是很大的，馆内领导不是很强，经常缺席就很成问题。

王文进：对同志教育不够，这主要要深入下层。

康一鹏：阅览室在图书馆是很重要的，老薛的经验是自出心才的，不科学，没有新的气象。过去编目很快，现在竟然有积压，比以前落后了，要说专业务是不大妥当的。

陈杰：从平时老薛的言谈中，老薛说半句话，是否有顾虑。

薛愈：在工作上我确实对他有意见，在前一次计算工作量时，阅览股计假376年(笔误，应是“天”——编者注)，一年还多，我给他说我不行，他说他也不行，我觉得他无能，说不下去。三楼上旧线装书我认为不应阅览股作，古籍书也很要紧，谈到院领导也没有人力，前一时期武汉图书馆派人到这里了解县志，感觉很珍贵，院领导、馆领导都重视，作不了，我认为是很大的损失，书背也写不了，暂放到那里，究竟将来谁作，二楼、三楼上的工作，究竟谁作，我也没有把它弄到里边，给出纳造成很大麻烦，馆领导没有重视这项工作。

为个人打算也很严重。

李树兰：领导思想由于有旧人员思想，过去有技术不告人说，过去还能想些办法，去北京回来后也没有带来先进经验，有关业务方面可提供给大家学习，这是不是有保守思想，对干部有不同的看法，有几种看法，对一些人这样，对一些人那样。

与老薛处的最好，老薛没有不同意老柴的意见，为什么老柴不帮助老薛呢？你不行，我也不行，这有一个思想支配看，这种思想是不是不可告人说。

迈威：大家提出老柴满于现状，馆里工作还没有作好，书目搞不出来这是一个很严重的问题。古书、目录解决不了，为什么，是否人力解决不了，如果人力不够还是应当要的，是否全要考虑了，没有就是责任感不够，满足于现状就是不前，旧杂志很多，起码有一千多本。

王和兆：古籍书目可提个纲，编制书目，馆际交换也很严重。

编目股人力配备不够，经常突击，问题提出来应该及时解决。

薛愈：分类目录卡片很要紧，买回来没有动，应办的没有办，这个损失很大。

柴作梓：我主要检查了政治思想，大家提的意见都很是诚恳，我轻政治重业务，倒不是业务作的很好了，政治思想在我是个主要问题，工作上提的都是事实。

关于图书馆业务学习，图书馆系统知识，知识的还很不够，没有怎么样钻研过，自图书馆会议后，我才正规地系统地开始学习，我是‘[“]厚古薄今’[”]啦，我从目录学开始学习，不但不懂，连句子也说不成，每星期五晚叫师先生讲，准备 7、8 年学个样子，为个人打算。

过去要求学习没有现在迫切，有些同志不安心，要求进修不好解决，我无代价的给人家讲，后来每月给我三块钱叫我讲，郭俊英来了我就给讲，我害怕别人看不起我讲，都先生讲课，的确记笔记的人很少。

李柏寿：恐怕别人看不起，这不正确，我了解你当时是太原市图书馆权威。

李琳：看人一成不变，老认为老杨工作低，没有主动地关心同志，光埋怨同志我看不够。

李柏寿：我认为与他的个人主义思想分不开的，培养一顿走了白培养，不能因噎废食。

薛愈：我觉得老柴刚才的检查是藉[借]口，要说大家看不起你，我看没有，我说我一辈子就在图书馆，可是为什么不教我。

馆务会议

时间：一九五八年五月二十二日，上午

柴作梓：今天就讨论一下后天下午的报告，先是〈相〉对一对笔记。

迈威：南斯拉夫确实是彻头彻尾的修正主义，提出后，各国共产党都反对，实际上是站在资本主义立场说话，混淆是非，很容易迷混一些人，总的来说这个纲领是非常恶毒的，攻击社会主义，美化资本主义，从思想体系上已经脱离了马列主义。

落实批判 Cralu 轮次攻击社会主义国家，在思想上确实是我们的敌人，对我们危害性很大，在国际关系上还要采取友好态度，否则，敌我关系要加重。

李树兰：昨天报告非常明确、系统，修正主义、民族主义、中立主义、他认为资本主义与过去不同了，可以和平步入社会主义，可是在目前情形下是不可能的。

把无产阶级专政说成官僚集权主义，强调民族主义，世界主义。总的来说是要麻醉工人阶级。背景怕帝国主义。成都会议对□□□很大，敢想才能敢做。

王和兆：无论是修正主义、机会主义、右派分子，都是否认党的领导，无产阶级专政，铁托要自成一家，现在学习是有好处的，使我们能够识别真伪。

为什么铁托发展到这种程度，而我们不把一脚踢开，过去处理的有些不对的地方，但都改正了，但是铁托却要集修正主义之大成。

朱洪康：现在整个国际局势是好的，南美洲也反对他们的政府，非洲也反，但也有波折。南共修正主义，完全站在帝国主义立场来分析国际局势，认为无产阶级专政是阶级民主，出在社会主义内部问题就很严重。这对社会主义破坏作用很大。

成都会议对我鼓舞很大，不敢想，就不敢工作，山西也要有很大的发展，要朝气勃勃。

会议记录

时间：一九五八年五月二十三日

柴：决定张学宽同志去招生委员会工作，小说出纳赵桂珍负责，郑维阁帮助，张学宽要申请补助金。

薛愈：礼拜日办离校手续。

学宽申请 40 元，家里有九口人，劳动少，经济困难，家有五人病了，本人现欠债 18 元，欠饭票 10 元，去年农业收入 300 来元。

鸿策：老柴说他知道政治是统帅，但思想上却有重业务轻政治的错误认识，实际上是没认识到政治的重要性，他在工作和运动中经常缩手缩脚怕犯政治性错误，这样对工作不能大力开展，他又说党对自己是信任的，但却自己不大胆，是否自(己)对党信任呢？同时他说自己对党有感恩图报的思想，这种思想是不正确的，应当批判。

迈威：柴的检查贯穿着一个我，如：请教师傅学业务，不考虑大家的学习，这是旧人员思想和个人打算，在工作中见错误就推委[诿]，不敢想不敢做，不敢谈，这是完全为了个人得失，个人主义者，在顺利的时候可以拿出干劲，受挫折的时候就恢[灰]心丧气，应当树立共产主义思想。

陈杰：从他检查知道他作的思想工作少，如：业务学习组织了一次就流产了，不管大家的业务学习自己却单干钻研，这也是只为了我，在工作中怕犯错误缩手缩脚。

迈威：柴抓出那一次学习不代劲就由此不学习了，这是不对的。

柏寿：有些人不安心学习，也不进行思想教育，关于业务学习老柴有，教会徒弟饿死师傅的思想，这次说五月份学习也没见下文。

陈杰：薛、柴都说谁看不起谁，这种思想是错误的，究竟有什么事实，还是自己的猜想的呢？

迈威：柴认为自己业务很好，却说别人看不起这是一个矛盾。

王和兆：柴怕犯错误不敢大胆的进行工作。如：大家提出分库出纳，他没极力设法解决，出去参观别馆是有意得，去年考函授太原没考区，以后我们要旁听也不见下文，领导怕去北京学习耽误工作，又如：编目股人员问题是否够不够，不够就应该向领导提出要求。

迈威：柴看问题有些近视眼，图书馆工作是技(术)工作，人员经常调动对工作是有影响的，应当有长期打算，注意培养，馆领导和人事处对人事安排应引起注意，〈关于傻与总的，〉柴有明哲保守思想，认为敢做敢当犯错误的人是傻瓜。

薛：柴是编目的领导，和兆说权利不肯下放，老郑说，56 年白来后就放手不管，这话有矛盾。

迈：柴可能是认为白鸿策有能力就放手不管，对老王可能是认为不放心，抓的紧，他看待人不一样。

和兆：我认为权利没下放，是说阅览股借出和采购问题，编目股我倒没觉着，老薛是不是说我想当股长，我没有这意思。

柏寿：柴没有尽到编目股长的责任，人力不能合力[理]的调配，中、俄、西三足鼎立。

维阁：分院至 56 年老柴作具体工作并了解各方面情况，56 年白来后，中、俄、西分了工，老柴就不管了，光说算工作量，也不帮助外文赶积压，全股工作调配不好。

馆务会议

时间：一九五八年五月二十四日

白鸿策：前天老郑提的那个问题，因我不在，不了解实际情况，请大家谈一谈。

李琳：和兆说老柴权利不敢下放，老郑说柴对白的西文放手不管，我想可能是老柴因为白是老人员对馆内情况了解，比较放心，柴兼编目股长有时不在，股内形成三足鼎立，因为他力量照顾不到，应当把股长职务下放给别人。

和兆：股长解决不了大问题，应设副馆长，采编一个，阅览一个，老郑提的那个问题自己应解释一下。

维阁：老柴有爱面子的思想，进行政治思(想)教育，对工友和柏寿都作过，但对一般干部都不够，56 年白来后老柴脱离实际工作。对白领导抓的不够，股长不把工作抓起来，对工作不利容易形成三足鼎立。

李琳：五破、六立，大家应把平常不愿说的问题说出来，直爽一些。

鸿策：编目股的工作有三种可能：1. 柴放松领导；2. 对别人管对我不管；3. 柴不管，我管了。

编目股没年度工作计划，也没检查，柴应抓紧领导工作，股长我觉着不需要，主要是因为我们配合不好形成三足鼎立，原来柴叫我谈外文情况，老郑没交待俄文情况故形成三足鼎立，柴对我偏听偏信，有什么事实我还没觉着。

柴：原我计划着进行一个问题的检查，现提的面较广也可以，昨天汇报各有各的检查方法，教务处严肃认真，气氛很好，特别在团结方面及个人主导思想方面□□很好，主要检查思想作风，今后努力。

柏寿：一个一个问题的谈，涉及到谁就进行谁。

李琳：原进行方式我就不清楚，起初老柴检查后，我就提出这些，也没明确了，我以为应全面进行。

柴：原布置就是一个一个问题的进行了，不是全面检查，如果大家没听清楚或者觉着需要变动的话，也可改变方式。

鸿策：这几天就是按原计划进行了，偏差方面是没有主要股领导和个人方面进行检查，在检查的过程中能涉及到的问题就一块进步。

崔：我认为应分两个问题谈，1. 思想领导业务方面，2. 群众关系和团结方面。

杰：几个问题一块检查较好。检查领导时涉及到的人也可批判一下，这样节省时间。

文进：谈问题不能截然分开，不然检查者和提意见人都受拘束。

柴：原计划是找出馆的纲，然后一个一个问题的检查，但在进行过程中发生了问题，涉及较广，现在咱们是照原方式还是一个人一竿子到底呢？

薛：检查者完全检查重点突出，大家提意见看见的实际情况，看病下药。

柴：大家同意的话就一竿子插到底，现在我进行全面检查。

方针任务以前也不是完全不明确，采购规则明文规定就是为教学和科学研究服务，经图书馆会议后更明确了。1. 辅助教学；2. 辅助科学；3. 宣传马列主义，特别强调提出高等院校是科学图书馆，但在如何贯彻方面没有作好，主要是领导思想没有重视。在个人思想上认为是行政工作，没有把工作的重要性认识透，只觉着麻烦，没有把这看成是一门科学，另外认为这工作伸缩性很大，只是每天应付摊子。由于没有把方针任务给大家交待清楚，采购上也没照顾这一些，有些人单从使用率方面考虑问题，有大馆思想，见书买几本；编目上，主要是整理推荐，但咱们只谈方法作些(具)体工作，尤其有积压，就不敢谈方针任务，同志们职责认识不够；阅览上认为是站柜台，愿来者[则]来，没有把工作的重要认识清楚，自己也没严格要求，在改进方面不够，自己认为阅览上跑的多，资料方面更没作好，不敢想不敢作，讲课方面认为不简单。

群众观点：1. 领导深入不够，包括在生活和工作上，对大家的工作率和工作量不清楚，不能有计划重点的了解情况。2. 工作方法领导方法脱离群众，有时包办代替，有时放任不管，这主要是骄傲自满，觉着自己作的好，不然你们去做了,又有任务观点,不相信群众,自己动手,急于交卷,工作上为群众照顾不够,如:有些教材过时破旧,还叫赔双倍钱。

团结:自己看问题主观,气量小,看人处事,与自己意见相同的人能团结,或者是认为政治和业务上有一套的人能团结,对稍差的人还低估,如:对白客气,工作上靠他,他提些问题我觉着对。并不是人家说小话,主要表现在意见认识一致上,老薛与我意见大部分一致,我还未发现有问题。

馆务会议

时间:一九五八年五月二十七日

王和兆:还书日期单,现在已定是否改换,需要印吗?希望研究解决。

薛愈:柴说高等学校图书馆性质如何,只停留在口头上,应设法研究具体措施。图书馆是师生的文化食粮,对宣传马列主义和政策时事有极重要的作用,期刊方面应作资料索引,几年来,只说但无实际行动,期刊也应有对外目录,他们忙大家可以突击帮助解决,图书馆藏书目录,应速解决,这样对师生利用和馆际借阅有好处。

李柏寿:柴说我馆性质明确,但过去采购乱购书为什么放手不管,这是什么思想底色,还没有暴露。另外购外文书还是领导决定的,柴对我馆工作的暮气很大,我们啥也没见过,人家来我馆访问参观,我们却那[哪]里都没去过,对改进工作影响很大,跃进规定上说每天上操场,我也没见过。

迈威:柴说购书多是有大馆思想,有许多很少人懂得外文书为何要买,我看是没有主人翁的思想。关于期刊目录,柴早就对我说过,但我对目录分类法不懂,他也答应作,可是以后也没过问,上次还责备我,当然我也有责任,我每天忙的不可开交,对改进工作就说不到,柴叫我过去时说,期刊不仅登录,以后还要作目录索引等研究工作,但现在连日常工作也作不完,是否我们的潜力没发挥还是人少呢?我们不仅编目要出纳,而且要走推荐和宣传工作,考虑考虑,人事应当合理解决。柴说他能看起工作好,政治进步好,对自己意见一致的人能团结,自己想想和自己意见一致的人是否真正是为了工作,反对自己意见的人是否是为了啥,应当坚持正确立场来处工作和团结问题。

白鸿策:柴检查没抓出纲,只摆出了一些问题,但没分析检查,为什么要这(样)作,对大家提出业务问题没作深刻分析检查,还有在工作上不是包办就是不管这是什么思想,能看得起工作能力强政治好的,都没作深入检查。

和兆：图书工作暮气大，在老柴思想上到底是什么在作怪。我馆缺乏让一竿子插到底的精神，只摆出不解决，工作和思想都是这样，应找出思想根源，必须改进工作。

李淋[琳]：柴检查给我的感觉是不解决问题，大家提的许多问题都没占边，没有把自己的主导思想找出来，很浮浅，不应受咱们提出的那几个问题的限制，有啥说啥，倒出思想底色。

迈威：单个问题检查方法是会受限制的，老柴对接受意见不够诚恳，在扫五气时我给他提了一些意见，第二天就作了检查，他说以后还作深刻检查，但不见下文，扫五气时我们计划烧领导，但柴决定白天工作，晚上整改，把我们扫五气也耽误了，柴是否是为了工作还是怕烧呢？只有你知道，在检查时应暴露出来。

馆务会议

时间：一九五八年五月二十九日

柴：我接受大家的意见，从过去的现象中，来找出问题的本质，按目前大跃(进)的形势来要求自己，是很不够的，阻碍自己进步的是旧公务员的思想——政治上消极，业务上自高，消极的跟着党走，不是积极的灭资兴无。

一、政治方面：

1. 怕做政治思想工作。我以为这工作是政治上进步的人才相称，如：老干部，年轻历史清白的，自己历史复杂，出身不好，作这工作别人不好接受，假如比我有问题的人向我进行教育我就看不起。我以为我认识自己并非自不量力，我怕作行政工作，当副馆长后有改变，愿作教学工作、研究工作，行政工作我不愿一般干部，因为我是大学毕业，学的还不错，作领导干部，怕作思想领导，教学工作学问可以增长，行政则否，行政工作在行动中掌握政策没信心，同志之间新旧思想有斗争，四怕，(1) 怕人看不起；(2) 怕麻烦；(3) 怕犯错误；(4) 怕斗争。

2. 暮气保守。由于顾虑重重，怕犯错误，于是得过且过，任务观点，偶有启发思想也有所开阔大胆，但不经常。〈二、〉怕碰钉子(领导、群众)、碰后不分析不研究，认为问题就莫解决了。

3. 怕帽[冒]尖当典型，怕当好更怕当坏典型，只求一般，随主流而去，实质上怕负责任。

二、业务方面：

在参加图书馆会议前，思想上有自高，比上赶不上，比下看不起，只把图书馆看成事务工作，没深入系统学习业务，参加会议后，对图书馆的性质任务较明确了，是为教学和科学研究的辅助单位，因此对自己的业务感觉不足了，馆长们都是教授、学者、专家，很少像我这样的，因此思想转变了，认为馆长地位并不低，不教书也可得到学术，教授学者来的越慢况且这是个冷门，在钻研过程中只是厚古薄今，认为当学者为懂古，进行是单干。

三、提高业务方面：

我没关心大家的业务学习，即便大家没好好学，主要还是我没作思想工作，我写的那本小册子不成熟没叫大家看，但为何不抛砖引玉呢？主要是自高，认为大家看了对我也没什么帮助，以后成熟了再见。

我的问题都是从自己利益出发，有时从集体利益出发，也是服从组织并非自己自觉。

我觉着党是对我信任的，如工作待遇，自己为什么缩手缩脚，还是计较得失怕犯错误，不是全心全意，从集体利益出发。

迈威：柴怕做政治工作，认为只有老干部，年青进步的人才可做，不过这是暴露，应分析一下才能说出自己的新认识。我以为，政治工作每个人都能做，领导更应该，党信任你，你应该把党交给你的工作作好，历史复杂，但人是可以变的，不应为历史问题而悲观自卑，这种认识实质上也是个人主义。只要自己站在人民的立场上，大胆的干犯了错误，再改正怕什么。

怕作行政工作，认为教学可增进知识，又说行政工作人与人新旧思(想)有斗争，你想教学单位还能没有？只要有人就有新旧思想的斗争。

李琳：前天的检查没跟自己的思想实际接触。这次较好了，你对业务从不钻到钻，是事实的，自己把这行当成冷门来钻，思想是不对的，你说问题时说，理论懂，作的不对头应说出为什么？你说厚古薄今有些勉强，没有什么表现，你愿单干，思想里有一个东(西)未说出，党对你信任，你对党怎样？思想上有顾虑，柴对领导关系上流过眼泪为什么？

你说对大家的学习没关心，同时不会关心，为什么？

你检查四怕，实际上是八怕，除四怕外，还有怕冒尖，怕当好、坏典(型)，怕丢人。

迈威：柴认识问题有时很尖锐，你学古目录，认为是厚古这是不对的，因为你现在不懂古，学点是应该的，另外你认为是冷门，说怕是从个人名利出发。

和兆：柴愿研究学术当讲师，这是个老问题，我觉着这个问题现在还未解决，他自高自大，只能领导人，不能受人领导，现在领导信任你，和你的志愿相吻合，柴想几年后做到红、专，主张独自钻研，没有结合实际，领导大家钻研业务改进工作，但钻研业务是否是为人民还成问题，他自高自大看不起别人，他能看起的人认为啥也能行，看不起的人认为啥也不行，他在领导上有痛苦，不是检查自己的缺点，而是感觉同志难领导。

鸿策：柴今天抓出了一些思想，他的主导思想是个人主义的名利思想，和一定的旧人员的思想。他想做教学工作，在过去为了写讲义，把编目工作撇下不管，他当了领导后对大家很少关心，恐怕他怕对人关心，认为是冷门怕竞争。他说党对他信任、放心，但他对党不够信任、放心，如：他不愿作思想领导，是否自己思想真正认为党对自己〈信〉放心，如果是工作就会大刀阔斧的干，他说一个人的干劲的动力是党对自己的关心，我们为这也是从自己出发，研究古东西，是否厚古薄今，反正是从个人名利出发。

蒋思道：柴说他有不愿搞政治思想工作，他说他对思想历史问题大的人，领导他时他看不起，那么不如你的群众可以向你提意见吗？党一贯团结一切群众，利用群众的力量，发展人民事业，除作好领导工作外，应眼睛向下，并应尽力搞好大家的业务学习。

迈威：柴有个人崇拜主义，他说只有老干部才能领导，这种思想有时会防害[妨碍]工作。

柏寿：柴有政治自卑感，把政治业务分家，不敢做思想工作，自己说自己不相称这话更不对，你向大家作思想工作是否碰过钉子，你又应检查自己的方式方法，你对党不放心，怕犯错误，怕别人看不起，怕丢人，作工作遵循旧路，墨守旧法，这是不对的。

迈威：柴说当一般干部还可，当领导干部不行，因为领导要掌握政策，现在领导干部下车间深入群众并不是高高在上，这对解决问题又快又好，柴在办公室里是不解决问题的，他过去肯包办代替，另外下车间并不是事务主义。

康一鹏：冷门慢慢会不冷了，他自高自大，列宁说技术和本领是人们的财产，要自己知道的多别人知道的少，这对工作是不好的。

树兰：柴说我消极的跟着党走，是否一心一意的跟着党走，你在党对你意愿相合的时，就比较好，在这次双反和反五气运动中，不是跟着党走，怕丢人，就不是全心全意的。整风后大家思想提高了，工作要求改进，在检查时勇气不大，总是还剩点，你不说大家也能看出来，应该代[带]头检查。

迈威：柴跟着党走我完全相信，可是个人主义的人是否能跟着党走，这是值得考虑的一个问题，柴的利益和自己利益相触时，是否会牺牲个人利益，在反五气时群众起来了是否有些害怕,只有克服了个人主义的思想才能跟着党走。

薛愈:柴怕当好、坏典型,怕当坏典型不愿丢人是可理解的,怕当好典型是指何说,他说图书馆是冷门,我认为过去是,现在都是热门了,下点苦工学古东西不是厚古。

柴:有些意见是正确的我接受,有人说我是挤牛奶,我不接受,说双、五反我没跟着党走我不好接收[受],说我因个人得失没作好,这是对的,大家可以帮助我分析批判。

馆务会议

时间:一九五八年五月三十日

柴:昨天大家帮助我批判和分析了问题,绝大多数是正确的,就李琳说挤牛奶和李树兰说双五反我没跟着党走,这两个意见我不能接受,请大家讨论。

李柏寿:双五反时领导有些放松没抓紧不能算是没跟着党走。

迈威:用挤牛奶的词不合适,老柴的检查可以说不深刻,昨天比较好了,双五反时没领导起来,老柴有个人主义,当然程度有所不同,我认为有个人主义的人是不能跟着党走。

和兆:意见尖锐不易接受,不应从意见尖锐和对不对考虑,应从自己有无问题考虑,尤其老柴是领导人,应当宽宏大量。

柴:这次整风是解决人民内部的矛盾,是以和风细雨,不讽刺打击,被提意见的人不能接受时还可以保留,我这三次检查,第一次是大家〈决〉一个一个问题的检查,第二次是大家同意整个检查了一下,第三次是我系统的检查了一下,我检查的不深刻请大家批判分析,说我挤牛奶这是讽刺,李树兰说双五反我没跟着党走,我不是促进派只是跟着党走,我已检查了,没跟着党走,我认为一是迷失方向,二是反党,我跟着谁走了。

柏寿:在整风中有意见不能接受时,大家可以讨论,明辨是非,对时他非接受不行,柴应沉住气,叫大家发言,不应马上起来驳辩。

迈威:整风是自觉自愿,又不是肃反,用挤牛奶不合适,应当说是不深刻,大家应当注意态度,也不应太注意字眼。

陈杰:柴检查时说,作政治工作的人要什么人作,说比他糟的人他不服,这对接受大家意见有影响,柴检查了一些问题,不过对改进工作还不太好,李树兰说没跟着党走，这是不对的，这不是革命与反革命，不能那样说，是他在双五反时没积极的领导大家，柴有时沉不住气，自己起来驳辩，应当让大家讨论。

鸿策：柴认为有问题提出来叫大家讨论是对的，可是柴提时有些情绪是不好的。李琳说挤牛奶，那是三反、肃反等场合下用的，这几次柴的检查并非如此，不过不够深刻。前几次摆现象，接受大家意见后，来检查思想本质，李树兰说的不对，柴双反五气是领导人，没有带头反五气是对的，不能说没跟着党走，柴在反五气没起推动作用，大家给老郑提了他未发表意见，烧李琳时我认为基(本)上是对的，柴认为不符的问题不少，柴气量小，和兆说意见尖锐我不同意，那是有本质的区别。

桂贞：和兆说接受意见的应开方便之门，一包大览[揽]，我不同意，我以为自己认为不对的应提出叫大家讨论，李琳提的三次我只记得是二次，柴争取主动，检查较好，不过不够太深刻，反五气柴没积极领导大家，我不(同)意说没跟着党走。

陈杰：说反五气时没跟着党走是不对的，他在双、五反时，作为领导来说，作的不好，有时他在会上特别强调事实相符问题和责任问题。

柏寿：柴特别强调事实问题，和责任问题，给我的感觉是怕给他出大字报。

迈威：反五气时大家提了许多意见，柴应把这个问题作为重点检查，没有支持扫五气队，关于李琳的问题，他提醒李琳提不符的事实，柴特别强调责任问题，是对反五气有影响。

柏寿：扫五气队的产生有柴的意见，可是成立后他不管，这像资产阶级革命一样，群众发动时他要革命，但群众起来怕烧着自己一样。

薛愈：柴有些不沉着是对，李琳提的那也不对，关于李树兰提的那问题，柴分析：1. 迷失方向；2. 反党，这也是怕犯政治错误。反五气时，柴的态度不正常，我们征求他的意见，他没有好好支持，我不同意没跟着党走。

一鹏：李琳提时分析不够，树兰说柴反五气时没跟着党走是不对，柴接受意见不虚心，跟言者无罪是不符合。

风岐：提意(见)的人要考虑正确性，不然会给同志打击，李琳的措辞不当，树兰提的没跟着党走是不对的，可以说是不积极的，柴有些沉不住气，有偏差，叫大家讨论。

蒋思道：给柴先生的意见用词不当提出来是对的，意思还是人民内部的批评，柴先生是图书馆的权威，自己钻研业务没有帮助大家，对改进工作想的方法不够,这是主流,柴在扫五气不够积极。

思道:给柴先生的意见用词不当提出来是对的,意思还是人民内部的批评。柴先生是图书馆的权威自己钻研没有帮助大家,对改进工作想的方法不够,这是主流,柴在扫五气不够积极。

柴:这次检查我主观上还下了一定的功夫,写了提纲,领导上说咱们这里开会气氛不好,我严肃是事实,关于进程上大家说怎样我都没意见,就李琳和树兰提出意见后,我感觉不痛快,我认为这是原则问题,这是对我的侮辱和打击,说我挤一点,说一点,我有什么不说的,说我当馆长跟着走,反五气没跟着走。

树兰:昨天我提意见也没记,他说他不是坚定的左派是跟着党走,又说党对他关心,他对党怎样没说下去,抽象的不解决问题。我觉着在反五气时不够好,思想上真正是跟着党走在反五气时能放弃领导。也许我现在的认识还是错误的,我以后有意见还要提,并不因此以后不提了,提意见还能提高自己。

柏寿:柴说了一顿思想,没说是什么思想支配着这么想,和几怕分不开。

迈威:从这几天看出柴的思想没有解放,解放了就不怕这怕那,气量狭小,他本来就犯政治错误,你一提挤牛奶,没跟着走,正是击中他的痛处。

鸿策:柴、树兰都说了,李琳还未说,柴说就是那两个意见,如没了就往下进行。

李琳:我今天就不准备发言,一时不慎发言刺伤了对方,这是自己说话不够周全,我说不要形成挤一点说一点,他说是对他的侮辱和打击,我今后说话要注意,柴思想怕犯政治错误,他想着别人说他成了啥了,你三番五次的这是不好的,我以后你给提意见就没法了,要不今天柴可作深检查,对改进工作有益,我的想法是老柴想扭转会议形势,断正[章]取义是不够好的,你这样提对方又怎样,我提的还像老柴〈像〉的那样。

陈杰:提意见与被意见的人要客观一些,不要考虑他对我怎么样,这样对会议较好。

薛愈:柴一贯说一个单位,严肃认真,气量很好,确实咱这里有时顶牛,有时不欢而散,不团结是因大家肯猜疑,有些人开会不发言,这对会议要求不符,下一步工作如何?领导应负啥责任。

柴作梓:过去的方式有缺点,今后应如何进行。

王文进:领导作思想工作不够深入,再提形成重复,提意见的方式方法应结合着这次运动的性质,提意见要明确、实际、具体,要和风细雨,因为这样可以提高他的认识解决问题，被提意见的人一切问题应考虑，柴昨天的检查抓出主流——资产阶级的个人主义，要深刻认识其危害性，以后可以改进工作。

凤岐：以后批评与自我批评要开展，提意见的人不要夹插个人情绪，要考虑方式，被提意见的人要考虑精神。

迈威：掌握会议的要注意扭转会议形势，不要使走弯路，柴过去不别人严明他可要严明，不够好，柴对他的问题提的不够细致、深刻，应该提出自己问题主要点，检查思想检查过去工作，不能大刀阔斧的开展原因。

柴：方式改了后，一个人一竿子到底，不是每一个人过关的问题，我主要问题包[暴]露了大家应分析批判我，以后再作系统检查，如果本人包[暴]露不够，大家给他包[暴]露，就人来说个人包[暴]露大家批判。

迈威：抓大问题是对的也不应限制提小问题。

戴立德：我同意柴说的进行方式，我以为自己应做深刻分析，自己为主别人为辅，领导应当改进，不然暮气很大，我觉着这里工作很不起劲。

陈杰：柴经过几种不同方式的检查，大家给他提一些意(见)，自己再费一些功夫找一找如没有了，应作深刻分析。

迈威：柴说大家批判后再做检查，不然明天叫他说还是那么怕，这不对，自己应主动。

和兆：柴应把过去的检查分析一下，尤其注重危害性，抓出主流。

馆务会议

时间：一九五八年五月三十一日

柴：领导决定自6月1日停止办公，进行整改(两周)，要整必先放透，今天我先不检查了，按八大会议的精神要求我们，据现有人力物力稍加努力能办到的马上就办，如果领导对大家合理化建议有压制，或是对大家功绩有抹煞，馆内的团结问题等都可放，大家如果同意就这样进行，意见必须取得一致，前一阶段的问题也可提出来。

薛：我觉得鸣尽放透对今后工作有利，不论大小问题都放出来。

李柏寿：整改的好就能多、快、好、省，整改不好就少、慢、差、费，像分库出纳稍加努力就可解决，这样既利读者又利我馆工作，这与柴的几怕分不开。

和兆：苏院长说我们要做前人不敢想和不做的事，善本和古本书，应流通胜于保管，是否能作到尽量满足读者，我的意思除工具书与禁书外都可尽量满足读者,是否存在着领导脱离群众,领导脱离读者。

柏寿:许、柴馆长过去一说就是法国怎样,日本怎样,不想办法,善本书借出去就破了,不借便是因噎废食。

桂贞:珍、善本不借还可,但三楼有的就不是善本也不能借,以后应注意流通。

薛愈:古本我还主张不准普通流通,现三楼书很乱,如:四部丛刊,四部备要,子目录作出来可解决古本书问题,家底抹不清,馆际借来书时咱馆有。

洪康:四部备要……等书,应写出书名,编目应改编,K 号 T 号应写上,否则对阅览影响很大。

文进:不应一提古书都是善本,珍本,非古本,善本应出借,四部丛刊……等书都应编子目,人力不够再调,或内部调动。

李琳:拥护二王先生的意见,他们提出不止十次精神可佳,但得不到领导支持,问题不能解决,合作社等把东西送上门,馆内工作改进不大,分库出纳能解决很问题,但没努力没办成,善、古本只五六百本,其他书应出借,他们一再提出不解决这是对他们不尊重,我们为社会主义只管要提,不行也应给解答,馆长认为随便一说,这对调动一切积极因素有影响,说什么书可以代替古本书恐怕对四部丛刊有什么知道的不多,期刊很重要,没目录读者不知道,领导重视工作就能推动,资料卡片又堆下一堆了,前次排完后工作就没分给同志担任。

薛:采购用 16 元买了一部书揖套集,馆内有好几部。

鸿策:主持会议者应把(握)那些问题应大争、大辩,那些不需要分清楚。如:昨天李琳、李树兰提的问题用不着整三四个钟头,古书目录不成熟也应在内部利用起来,不同意和兆的意见,我们古本书不应和一般书一样流通,应注意保存,我们应买微缩胶卷的,旧杂志有好东西,写资料性的东西,三大事现在一直积压,领导应引起足够主意。

一鹏:理学院杂志有目录容易整理,古本书目录应做起来了。

柏寿:图书馆卫生经常突击,工友抓不出。

维阁:去年我看见图书馆工作上解决出纳问题时,人家是集体预借及个人预借,我建议后领导没支持。关于贴戳问题领(导)也没考虑,分院后没主张片,我建议几次领导并未注意,图书目录未作,小册子也没作对外目录,以后领导对别人的建议应当引起注意。

薛愈:老郑搞的那几个问题,对阅览股来说很重要,小册子无目录,群众不知道，发挥不了作用。

桂贞：现在编目是变了，还是怎样？我觉着越乱了，如：857，677……等，位数多了。

李琳：能解决的问题就解决，如：买册子应明确一下，如何处理？关于加倍赔钱问题，应明确一下。

薛愈：采购微积分学上、中册共价一本的价钱不明确了。

维阁：应当有 K 号 T 号。

柴作梓：大家讨论一下，图书馆工作的重要性如何？协助团结问题，尤其编目股三足鼎立，新旧期刊突击编目，编目效率低，采购不慎重乱购形成积压。

陈杰：除领导重视外，大家应注意改进方法，赔书的四联单，太麻烦，应移至总务股，两联即可，有时同志们想改进办法时，领导摇头。

馆务会议

时间：一九五八年六月二日，下午

（停课整风两礼拜）

柴：像苏副院长说的一样，我们的成绩是主要的，但搞的也是不深不透，大家看如何进行。

迈：苏副院长的讲话是否可以漫谈一下，如：有些人有顾虑，群众发动不够等，搞臭资产阶级的个人主义而不是个人等，我们开会发言不普遍，有些人发言浮皮潦草，除大家互相发动外，领导应发动大家，解除思想顾虑，撕破面皮，过去太强调和风细雨，不像整风气氛，每个人要互相送礼，争取当典型，治自己的病。

鸿策：我们的整风时断时续，劲头不大，像我对工作比学习劲头大，这说明思想发动不够，有些人就是你不犯我我不犯人，你若犯我面红耳赤。

陈杰：苏副院长报告对我启发很大，我过去太谦虚，这也是不对的，只怕别（人）误会，我对整改的劲头不大，认为刚来，不了解情况，这也是不对的，咱馆撕不破情面，我今后要开动脑筋，有多少提多少。

崔：苏报告像说我馆一样，有些人不发言，有些人绕弯的发言等，自己过去认（为）刚来，业务不熟，又是党员，提出来别人是否会听。

天锁：我过去开会不发言，今后要锻炼发言，开动脑筋多想问题。

薛愈：党委决心很大，停课整风，我们要检查贯彻政策情况，找缺点，查原因。

一鹏：今天报告说争取当典型，争取同人[仁]同事的意见，希望大家给我送礼。

和兆：过去对待错误和缺点不像治病一样看待，有时面红耳赤，今后灭资兴无，争取当典型，吸去[取]大家的意见。

柏寿：过去不动脑筋，人云亦云，开会时好看手表想休息，对工作重，开会轻，对批评有时顶起来了，今后要克服顶牛思想。

维阁：过去整风时断时续，自己不开动脑筋，对接受意见一包大揽，以后要克服缺点。

柴：停课这不简单，说明整风是压倒一切的工作，这也说明过去整风缺点是很多的。自己思想上为资产阶级思想已形成体系，慢慢来，认为个人主义难免，这次要搞臭资产阶级的思想，个人主义不去掉与跃进形势不适应，这次是自觉革命，是关系着个人的前途和命运的问题。这话分量是相当重的，我过去说旧知识分子改造是痛骂一顿，虚心接受，今后工人阶级思想……，不解决问题，今后要把个人主义看成最严重的问题，不能一包大揽，是自己的问题，必须解决，大家要互相帮助过好社会主义这一关，在工作上要一杆[竿]子插到底，解决问题，决不提起又放下。

桂贞：过去整风气氛不浓，自己思想开动不够，今后要多想多考虑，过去认为是揭发检查透，今后还要批判透。

朱洪康：过去自己把运动看的不重要，没有主人翁的态度，今后把个人得失、情面等个人主义思想丢掉，争取当典型，才能把自己的病根除去，否则就会堕落。

立德：五月开花六月结果，但五月花开的不好，党说到就要做到，停课整风，过去觉着每天开会有些厌倦，今后要把馆内的问题揭发出来，这次是自觉革命，要把自己的个人主义搞臭，搞掉，不然运动过去了，不解决问题。

迈：搞臭个人主义，要把他搞成像每个人都不愿当蒋介〈介〉石一样，过去没把资产阶级的思想看成很严重的问题，觉着有个人主义也很不在意。

柴：首先应该揭露透，然后检查透，辩论透，批判透，检查总离不开人，大家作准备多揭发。

文进：听报告后知道整风是关系着个人命运问题，馆与国家亦是，自己也应检查个人主义并帮助同志。

迈：找典型结合分析批判，并应对毛病大的人，也结合谈一谈，当然不是人人过关，过去对老柴集中提了一些意见，薛是阅览股股长很重要，应集中提意见，五气被烧者应准备，我自己也有很多缺点，当典型也罢，我有信心检查一下请大家给我会诊一下，老柴如果没结束大家应提一些意见，领导应打头一炮。

和兆：迈意见我赞称[成]，我也愿意当典型，馆的工作过去不透也应列入。

一鹏：我愿当典型，年岁大旧社会的毒素大，搞透后才能红透专深。

迈：首先是领导，然后把缺点多的放在头里，改正缺点当然是有痛苦的，但缺点已形成事实必须改正，这样对社会主义有利，找典型，在馆内比，谁多就帮助他一下。

郑：不必排队，鸣尽放透，自然有典型了。

柴：典型是在馆内缺点较多的，叫不叫典型没关系，被烧五气的不应该检查吗？我自己愿当典型，那[哪]几位应准备。

天锁：薛涉及较多，我同意当典型，柴我也同意。

薛：我觉着自己问题不少，早就准备了，至于透不透说了就知道了，我好坏典型都怕当，但事实已成了，想当也得当，不当也能被拉出来了，希望同志们给我送些礼。

柏寿：除二位领导外，迈说出这大字报的，另外我觉还有，烧五气时露[漏]掉的，现在对比一下，我自己自由散漫，耍脾气，当典型对改正有益，党指到哪里就到哪里，互相对比一下就出来了。

鸿策：除领导外，我们大家都考虑一下，三位被烧者自己是否能够上典型，我个人英雄主义、患得患失、心胸狭窄，我自己要烧一下，同志们也帮助烧一下，这次必须下功夫。

桂贞：我本身就够上典型，恐怕缺点还多于大字报上的，请大家多提帮助我改进。

陈杰：领导当然涉及广，通过几查就能查出问题来了，虽然程度不同，每个人都有问题，光领导好也不行，大家互相送礼，先闹问题大的，对大家教育意义大。

维阁：柴说贴了大字报不一定就是典型，不贴不一定就不是典型，我应该排到哪儿都可以。

柴：有些同志很好，愿当典型很老实，出了大字报的也准备，没有提的不一定就不是典型，五气查出来就是典型，过去在表现，在会上运动，会下就不运动了,检查人,检查时连下去就不够,现在停课,大家好好运动,落脚点团结起来搞好工作。

迈:苏说广泛的征意见,下去后,关于征求,再谈论别的同志,什么人用什么方式,也可研究一下。

崔:迈说的方式可以。

朱洪康:运动中需要典型,我自己暮气很大,愿当典型,工作粗枝大叶,工作中不想办法,这就是典型,如果不把这些缺点取消发展下去更危害大,我愿在这次运动中取消这些缺点。

李琳:自己缺点很多,一个人和一个人缺点程度和表现形式不同,用五气来检查一下,都要求当典型是好的,当代表者包括哪些方面,每个人都准备,把图书馆工作摆出来,都是暮气沉沉为什么?有些人发言有顾虑,从说话中可听出来。

迈:李琳说找重点用时间多,我说不多,不然无法进行,另外他说查工作是对的,但每个单位有其不同情况,人也有其不同情况,根据不同问题找重典[点]。

柏寿:李琳站在圈外,不发言以后出来教训别人,你看谁有顾虑应提出来。

鸿策:李琳说都愿当典型有些主观,可是以后又说发了言的有顾虑,有矛盾。

薛愈:李琳没发言最后为他辩论,苏院长说看五种,我也同意说李琳站于圈外,他有整人方面思想。

迈:李琳肯教训人,以高声代替理论,先不发言后教训别人,有些人以攻为守。

和兆:李琳说的有病乱投医,我认为思想问题往往讳正恳(原文如此——编者注),思想改造是很复杂的,应具有足够的重视。

崔:迈光让大家说说我与李琳有意(见),不必口口声明,没有意见就算了。

陈杰:李琳有否定一切的现象,他易走极端,他敢说是优点,可是碰钉子后就扭转了,如:提老柴意见一事。

鸿策:我认为迈与李琳有成见,迈肯否定李却不听说,我看有成见。

迈:我并不否认有意见,这次我还计划做重点检查团结问题,李说的左,作[做]的不左。

崔：迈与李有意见才口口声明。

李琳：刚才发言引起大家的意见，说我站在圈外，这不符合事实，我发言并不迟，愿意叫大家把会开好，说教训人，恐怕教训过人的才知道如何教训人。

柏寿：如果李琳站在主人翁的态度，就应纠正会议的错误，最后不谈已[己]，教训别人。

一鹏：每个运动都是组长启发大家表明态度，今天很好，我看不浪费。

柏寿：运动就是战斗，今天就是战斗的前凑[奏]。

柴：李说不说话也愿当典型。

李琳：当典型应说代表什么，我态度粗暴，影响团结，作典型教育我和别人。

迈威：李琳态度是一方面，主要是爱护国家财产方面。

薛愈：李淋[琳]商人思想很严重，煤球就要一万斤，人家只给他两千斤，过去买不全的书，花了一千五百元，人家六百元就可买全的，大手大脚对国家不负责。

王文进：李琳你说态度粗暴不全面，你应注意自己阶级立场背叛问题，我主要是个人主义思想愿当典型。

馆务会议

时间：一九五八年六月三日

柴作梓：我是馆内专制[职]领导干部，全校师生教学研究工作全靠馆内供应，这是党对我的信任与重视，主观上也想搞好工作，但立场、思想不对头，几年来〈年〉进步不大，思想深处有资产阶级个人主义，患得患失影响工作，影响团结。

1. 思想工作：政治空气和情绪决定于单位工作的好坏，除同志们的觉悟外，领导要把大家的思想提高到党的政策水平，在日常提倡什么，反对什么，过去我把思想工作错误的认为是单纯的个别谈话，另外把这工作看成神秘化，非觉悟高有能力的人才能领导，我想关心同志，帮助同志做思想工作。过去没走在同志们前面，暮气沉沉，另外有懒汗[汉]思想，依赖思想，认为是人事处的工作，并要求派专制[职]政治工作人员，由于没抓紧，该坚持的就不坚持，如：采购小组、值班，批评表扬少等，使同志们感到无是非，干也是这不干也是这。同志们提出改进方案,我主观上认为能行的就办,不行的就不办,如:学宽提的浆[糨]糊筒支持,传送带没支持,还书日期卡,有些问题我提请领导,再不考虑了就算解决了,这样就影响同志们的积极性。另外对同志们关心不够,上班、下班与同志们交谈很少,如:戴说我有架子等。在运动中怕犯错误,不求有功,但求无过,怕冒尖,向后看不向前看,如:扫五气,我觉得应有五气队,搞不起就是领导没发动起来,我组织青年同志,说先烧领导,大家没给我贴,我自己就赶快写,怕不烧自己犯错误,没抓紧突击队的领导是怕妨害他们烧领导,犯错误,后来有个党员说,你就领导起来,烧自己也可写,怕什么,才知是错了,烧了那三位后也没领导叫他们检查,只浮浅的说了几句,烧的好,于是双五反没搞好,我在运动中力争中游。

2. 业务工作:馆是辅助教学和科学研究的机构,这我也知道,章则上也订着,我认对,各系专业性质培养目标,科[课]程内容都得知道,连数学系要理论力学都不叫□,院领导在开教学会议叫我参加。在采购方面,我说有大馆思想,有很多书是不结合专业买来的,由于不懂专业,对采购办法和对采购交待不明,你不懂为何不钻,我的思想底色是你叫教课,我保险钻,工作就不了,还是从个人出发。业务学习是武器,馆的工作没搞好,很大成分是业务水平不够,我自己稍懂一些还自高,新同志来了,只交待具体工作,使同志们感到忙、乱,不能提高。出纳同志对分类法不懂,影响推荐馆藏读书,教师进库,同学不能,编目上也是墨守常[成]规,照猫画虎,一个人编一样,混淆学术体系,影响排架与利用,期刊资料未做到科学方法达到便利,主要因为我的专业不巩固,先想教经济学、后想教俄语,于是图书馆专业没兴趣,当副馆长。北京开会后有转变了,可是还想兼课,觉着不懂专业不相称,我就钻古目录,认为不懂古东西就不像学者,不能成为专家,为了个人名利,不与大家一起钻就不顾工作,我在馆内没培养出一个人来,虽然不行可总比大家强,因为不红就不能专。

3. 与同志的关系:我们在共同的目标下,应关心别人,帮助别人为同志着想,应气量大,修养好。但我思想不进步,不能开怀畅谈,气量狭小,给大家的少,你看不起我,我也看不起你,你给我八两我给你半斤,看人是主观偏面,日积月累脱离群众,同志们该办的不办了,该提的不提了。

政治上自卑,保守主义,个人主义,患得患失,这是我的老问题。旧知识分子资产阶级已形成体系,但个人主观努力不够,认为个人主义难免,为什么不痛(下)功夫,主要因为主人翁思想没树立起来,没认识到对工作带来的危害,也就是立场问题和人生观没得到解决,在个人利益与集体一致时问题不大,小矛盾消极，大矛盾变成右派。

今后方向：五年内争取成为一个图书馆的红色专家，一年内成为坚定的左派，学习毛主席的著作，熟悉文科教学计划，三年修完图书馆知识，并结合专业学习俄语。

康：柴的专业思想是否很巩固了，当馆长后无什么钻研，北京开会后没什么表现，在理论钻研，各方面不见什么成就，只提出他的红专规划，却未提到馆内工作如何，大家的学习如何？

迈：柴检查前，首先说的党对他的信任，他不止一次这样说，我怀疑他是否是真心。想教学，先想教经济、后想教俄语，又说与个人利益一致问题不大，不一致就可成右派，愿不愿干这工作，党叫你干，是否你真觉得党对你信任呢？你领导馆的工作有暮气，古书、目录未作，原因何在？你努力方向，五年红专，都未提到如何帮助同志们提高业务，如何搞好工作，又说与同志思不见面，都未说如何改善同志关系，他的规划还是个人主义，只能看出他如何专，看不到如何红？

树兰：我是犯了错误的，想进步，请大家注意我的发言。柴首先检查其个人主义，他检查同志关系、工作情况不具体，说馆内工作暮气大，无是非对你有何关系？业务单干，不帮助同志有保守，专业思想不巩固，以前写讲义，学俄语，当馆长后是否专业思想巩固了。政治在什么地方都能表现出来，批评表扬是为了工作还是为了个人成见。馆的性质是为教学和科学研究服务，需要正面的也需要反面的，作好工作主要是读者目录的推荐。

对新鲜事物不敏感，如：人大目录，中小型分类法，都没组织学习，墨守成规，领导不能满足经常向前看，柴看报想得到知识，对政策学习不够，如：北大馆的跃进规划未叫讨论。

毛主席文献要经常学，单学一年不解决问题。

李琳：柴那天提出，图书馆是否有出息，自己的看法如何？从你检查看来，很成问题。过去想教学，当馆长后还想兼课，是名利思想，把馆的工作当成终身事业不够，过去人生观不明确，对馆内工作和跃进规划干劲不足，破资才能兴无。柴说同志们提的意见都记下来了，可是检查涉及很少，是在思想上未明朗起来，对顾东顾西的思想有联系，他的检查从头至尾贯穿着个人主义，不过比以前好些，一些问题只露头不够深，思想应该解放，要把不愿说的东西说出来，应该多谈工作，他看人固定不变，他对政治和□的怎样，坏的又怎样，群众就不愿和你接近了，哪次研究工作说都应有些积压，这是为什(么)？又说总务股应树立旗帜,对馆内工作大撒手。外边说柴有领导风度,可能他和迈有脱离实际的地方,他对领导不能坚持,是否能如实的把馆的实况录报给领导,总的来说思想还未解放。

柏寿:总的说柴比以(前)强了,有进步。他说在工作上没到前面,但又为什么?不应该是个人主义而应与党的关系联系起来,总愿当教师不愿干行政工作,往后看不往前看,怕冒尖,为何?怕当好典型为何?社会主义如何建成,烧五气时给人的印象不是想烧而是怕烧,几次想扭转方向,你参加了突击队对烧自己便利,政治上自卑只暴露了一下,不具体,规划看来完善但没结合馆内情况,针对问题提出跃进规划,柴对同志的学习不关心是保守,是想当教员。他在紧要关头拿出一套护身符,连当一天和尚打一天钟的精神都不够,关心自己不关心别(人)是不行的。

和兆:柴规划只顾自己不顾别人,不说馆内工作,脱离开具体工作谈红专是不行的,专业思想是否巩固,巩固了就应照顾全面工作,可是只谈了个人规划,患得患失向领导反映情况不够大胆。像馆应受教务处领导,还是受院领导,不敢提出来,后发现梁院长是右派也未挺身说话,况且他把自己闹的落下泪,他明哲保身对工作有影响。

鸿策:柴说党对其信任,可是自己政治上自卑,思想底色总来[得]暴露出来了,扫五气柴说怕参加了突击队影响烧自己,可是同志们说,他重查事实,拨[泼]冷水,对出过大字报的人没教育,为什么?对领导不能再三提出要求,对同志冷淡,看人分等级是为了什么?思想底色暴露,名利思想说的不透。对同志不关心,说是懒汉,是否对头。对同志们的业务学习是否怕?气量狭小,烧五气时别人怕保护,这些危害性没说出来。

陈杰:这次比前几次好了,柴思想体系主要关键提的不明确,政治思想,同志关系谈的不透,他对业务好,意见投的人合得来,政治上愿意与进步的接近,对一般人认为没什么。

说党信任自己,是否自己就信任党,可是他在扫五气时都是力争中游,怕参加了突击队影响烧自己,这是不对的,只有自己参加才能烧好,他说政治上自卑,怕领导别人,可是对老郑也不见帮助,斗争性弱。

文进:柴的检查一次比一次深刻细致,他去北京回来后钻古籍目录,他说是厚古薄今,我认为这不是厚古薄今,柴破多立少,说五年内要当专家,当什么专家,俄语专家,图书馆专家,应当人民的专家,他只订了自己的规划,没有培养大家的规划。

朱洪康：我觉得老(柴)暴露得一次比一次深刻，过去老是认为不敢做思想工作，放松对同志们及时纠正其错误，如李琳采购浪费，自己放松不管，老是作群众的尾巴主义，认为你们作好了我们馆就好了，但自己不想办法，如值班群众要求取消，他也就随之附和取消了，如扫五气时晚上把时间占了，原计划给老柴出大字报的，但没时间就没烧领导与烧自己。关于业务方面也是旧职员作风，对大家业务不管，说大家看不起你是没有根据的，从北京回来自己钻，对大家也管，就根据你这次规划，光顾自己红专，没有从工作出发，有人说你不敢教给大家，怕别人高于自己，瞧不起自己了，学古东西的出发点也不是为了搞好工作，而是为自己像个样。

薛愈：老柴当副馆长后还想兼课，我第一次听见，认为馆长兼课才符合身份。老柴有个沉重的包袱，不愿和老郑在一起，老柴看书时老郑不看，老柴不看时，老郑偷着看，党要求我们大家团结，我觉得应该团结。老柴社会活动过多影响馆里工作，努力方向简单提一下是不合适，应具体，这对大家也有示范作用，再者有些没有提到。

崔凤岐：老柴对同志既不民主又不集中，对同志对工作关心不够。如大部头书没有细目，馆长应该是掌舵的，组没有掌好，工作应重新安排一下，谈到努力方向，没有谈到你周围的同志如何学习。

赵桂贞：老柴在工作上没有想积极的办法，而想些消极的办法。如工作每日登记，老是要说大家起来工作就能搞好，但有时大家起来了自己不领导也解决问题，他原来对图书馆工作不安心，后来认为副馆长不亚于讲师，才安心了，但从今天谈的工作也还是不安心，这是矛盾，做一个馆长光谈自己红专是不够的，应关心大家。

蒋思道：柴先生的检查是全面的，是符合事实的，我不多谈。对群众路线作的不够，多、快、好、省，建设社会主义是每个人的要求，在这一方面的努力分为资本主义的个人努力与集体主义的努力之分，脱离群众的领导方法是不对的，以群众路线观点出发有两点希望：一、和各系科专家联系；二、发动全馆同志们的积极性，才能搞好工作。柴先生自己就可以来教大家业务，但没有在这方面作。

戴立德：听了柴先生的检查，我先谈一下柴先生对党的关系。谈到党对自己信任，但自己是否对党信任呢？我觉得如果对党信任就不会前怕狼后怕虎，因此这里边有问题。其次谈到对图书馆专业过去不巩固，现在是否巩固，如果巩固了，那么就会在工作积极想办法。关于努力方向谈的很不够，光从自己出发而没有涉及工作与大家,对今后工作决心不大,有必要再谈一下。

郑维阁:老柴谈到对同志们建议支持不够,找根据这就等于不相信同志们,如果什么事都找根据就会障碍我们合理化建议的实现,太原的三槽出钢也就不可能成了。老柴看人下菜碟,不知建立在什么基础上,过去的青年突击队为什么让一部分人参加,不让另一部分参加。我既不是老年,为什么不让我参加。领导上没有追查职责。老柴和我在一起工作有包袱,我也觉得是如此,他看些什么东西不和我谈,我有时还和他谈一下,谈到工作他就老大了不起,我也不甘示弱〈,因此〉。

迈:今天检查的不是那样符合事实,有些地方进行了一个解释,老柴谈出来自己有个人打算,因之在某些问题上患得患失,处处有顾虑,对横扫五气运动中的表现解释不当,还需考虑。另外有个人打算,如:学俄文等,不能开怀唱[畅]谈,思想不能见面,自己也认为那种个人打算不光彩,自己作图书馆工作,暗地学俄文准备教书,这样是不对的。由于思想不见面,其中有些问题也就互相猜疑,过去对有些人斗心眼,现在这种缺点是否完全克服,是否向领导上有报喜不报忧的情况?老柴与老郑的关系问题,有时因家庭关系而影响工作,有时遇到工作问题就顶,说到会上谈,有些是否是个人主义与个人主义打架,对工作及家庭都不利,也应很好检查一下。

郑维阁:我听到老迈发言,说老柴与其他同志意见不一致是正常的,好像这个公式不适用于我〈我〉,请大家分析。

康先生:业务学习提过许多次,先是说大家学习态度不好,后又决定五月份开始学习。老白说老柴怕别人学好了压倒自己,根据今天他订的努力方向上看,是有些怕别人提高了。过去未当副馆长前还对业务钻研,而当副馆长后就不努力钻了,这是否因自己达到了个人的目的了呢?过去学习是为了个人目的,今天达到了个人目的作了副馆长,就不学习。现在由于时代的要求,一天等二十年的时代,我们远远落到了后面。希望老柴还得努力学习,在看人上与自己意见合得来就团结,否则就不团结,也不问〈题相反〉意见是否正确。

郑:希望老(柴)除去[把]看人不一样克服掉。

柴:我的红专计划很不具体,今后再具体搞。对馆里工作是否不管,这不是的,原来认为先订个人的,关于工作与大家馆里再订一个规划。再者我与党的关系问题,我现在还想不通,我对党怀疑,我先前已说我现在入不了党,入了党恐怕也是束手束足。至于党给了我什么,我给党什么?这是有问题的,扫五气我提出过,但是那些人参加,那些不参加我不知道。业务学习是否教会徒弟饿死师傅,我并不是这样想。这种思想没有,保密留一手的思想没有。

薛愈:你说有的同志与你差不多,我觉得还不是这样,都说你(是)山西权威。

迈威:计划留一守[手]我有这样看法,白鸿策与王和兆同时学编目,由刘建尧教的直截了当,白很快就掌握了技术,而王和兆却不然,让工作具体工作多,技术方面教的是否够。在横扫五气当中强调横扫五气队人员提意见正确,否则就是责任问题,这方面多谈了些。

和兆:我没有感到柴有留一手的作法,但他有怕别人比他高的思想,业务搞不起并不能说他怕别人比他强,去年函授太原没设考区,北大准寄讲义,我们要旁听,领导也未支持,是否怕别人资格比他强,应有计划的培养干部。

一鹏:工学院去北京进修,人家学的是新的,柴是旧的,我院一定要落后,不是怕赶上他就是忽视培养干部,张子英当馆长时柴给大家讲过,现在为何不讲。

迈:柴说看同志以自己的尺度来度量,以不变的观点看人,要求五个指头一般长,他要大家都好他才能团结。

文进:同意康说柴忽视大家的学习这一点,不应忽视,只有业务学习好,才能搞好工作,我馆有廿年,八、九年的工作者的经验,大学毕业者不少,馆有发展前途。

迈:工学院能派人进修,我们是否考虑了,是否觉着我们够了,还是不关心,还是怕比你武艺高,人家能参观学习,我们为什么不能?

鸿策:柴与党的关系我已提了,作为参考,他过去说有旧人员思想这次没说,他认为只有老(干)部和年轻进步的才能作政治工作,自己不够,有自卑感,缩手缩脚,这与党信任自己有些不大符合。扫五气时,领导不够,拨[泼]冷水,业务方面是否有教会徒弟饿死师傅的思想,在大家学习方面是不够关心,学习对老郑忙[帮]助不够,郑说柴怕郑比他强,由此可使人怀疑。

陈杰:柴说,他与党的关系,党信任他,他怕犯错误是否自己真正相信党请考虑一下。扫五气因时间变动了,烧领导与自己没做到,使老郑有情绪,认为那些人应参加要追查,柴解释自己提出来要组织究竟哪些人不知道,我觉着不对,请考虑。郑说别人与柴有分歧,我与柴意见一致,别人看着不正常,郑有些缺点,大字报烧了一下,不是事实还可提出来辩论,我以为柴应忙[帮]助,可是忙[帮]助不大。

鸿策:正确意见与柴一致这是对的,郑说有人是顺着的耳朵说话,这是错误的。郑又说与柴在家里不能谈工作,只有在办公室才能谈,柴前次因打扫与郑瞪眼,不像领导对待下级关系,柴看人是比较尖锐、正确,但在整风时,对郑却没系统的帮助,我看他们在领导与被领导之间关系不正常。

维阁:我与柴是夫妇,是上下级关系,意见不可能完全一致或不一致,陈分析很同意,柴对我不是说服而是压服,如扫地。

迈威:我说柴郑关系不正常,是因争吵,家里不能谈工作只有在办公室才能谈工作。

维阁:在家里谈工作,我提时候多,两人各执己见,不易解决,故宜在办公室。

桂贞:两人意见一致不一定就是好,不一致不一定就是不好,柴对郑发言较长时肯阻止,不太合适。

和兆:柴对和他意见不一致的人,不耐心帮助、解释、粗暴对付,应改变这种作风。

文进:柴对郑在馆不应以夫妇关系来出现,要以理服人。

凤岐:柴与郑我觉关系不正常,谁不对下去检讨一下就对了,不应在会上多谈。

薛:柴与郑是夫妇,是同志关系,是人与人的关系都有自尊心,要互相尊重,柴气量狭小,患得患失,自高自大,容易忽略互相尊重。

康:我说馆落后是去年整风开始的,本馆有一套是因老柴有名,咱这里设备好,不应自高,新馆落成又有别人要参观,不应自高,以后恐怕就要成老二老三了。

馆务会议

时间:一九五八年六月四日,上午

柴副馆长继续检查:

1. 与党的关系:党给了我这样重要的工作,我思想深处知道这是党对我的信任,我也要真实的跟党走,但我是一个旧知识分子,干劲不大,不能力争上游,这是我个人主义严重阻碍我前进,不符合目前的形势。主要表现干劲不大,怕犯错误,在工作中怕犯错误,尤其是在运动中,不是积极为了工作而有消极应付,思想底色是怕犯错误,怕犯落后也怕冒尖,怕走在前头,对工作的考虑不是如何才能积极的推动,而是如何才不犯错误,怕走在前边又落后了也不好,落后些不要紧,只要不犯错误,形成了自己不积极且给人拖着走,错了如何办,小错得受批评,大错得受处分,不冒尖随大伙走,这样如何能鼓起干劲力争上游。这是我对党的态度,我还不是不信任党,我知道党员犯了错误也得受处分,还不是因为我不是党员怕犯错误,像我这样的魄力小的人当个秘书的时候还较适当,我认为当了单位的领导责任大容易犯错误,这个思想来源已久,早认为我没有毅力,遇事请示照办,我请求派专职领导干部实际是怕负责犯错,这是典型的个人主义思想。大胆并不是就要犯错,错可以得出经验,进大步,消极应付不是不犯错,其本身即是错误淘汰的对象,尤其是在目前的形势,根本在思想问题,立场问题,立场对的考虑问题时是如何才能鼓足干劲力争上游,如何才能多、快、好、省,他们即便有些错也是在前进中的一些小错。今后这样鼓足干劲力争上游是党衡量干部尤其是领导干部的标准,我一定要下决心赶上去不再落后。

2. 当时我只提了一下组织扫五气队,我内心是怕参加进步妨碍烧自己,强调事实是因当时出大字报后有反应,有讨论。我没参加,原未觉错,别人谈后才知错了,这次也是东看看西瞧瞧,力争中游,不求有功,但求无过。运动中发动不起群众就是犯政治错误,我没参加进去带头烧自己是犯了错误,如果代[带]头会启发群众的积极性,群众也认为自己积极,没那样作也是怕当典型,爱面子怕丢人,你们愿烧就烧不烧也行,至于后来晚上开会并没意识到是不叫烧我,大家提出来说我气量狭小,怕受不了,这就是我的极大错误,我就是爱面子,怕丢人。大家提了尖锐意见觉着是碰了钉,几天苦恼,受不住,大家要考验我很好,我也不是爱叫人奉[捧]场,但意见尖锐就不自然,这是阶级意识的反映,不自觉的自高,大家应多提,我痛下决心愿改造。

3. 我与郑,大家为了改善同志关系,提了意见,我很感谢。我与他在一起工作是我思想上的一个负担,经常与领导谈,我觉着像我这样的人,无能处理的这事情,往往在这事上对群众影响很坏,这样影响工作,夫妻关系,同志关系,自己的缺点。(1) 要她替我着想,我是领导你应该要求自己高些,不然是拆我的台,自己很少替人着想着。(2) 易走极端,郑提的意见我不易接受,故不想谈,谈了影响关系。(3) 我对他尊重不够,私人关系代替了同志关系,如他提意见不合适时,我不是说服而打击讽刺。

薛:我昨天说柴与郑是人与人的关系,太抽象请大家不要误会,这是超阶级的提法。

迈:柴过去思想不敢沾边,今天把他的真思想说出了,你烧也好,不烧也好,怕当典型,怕别人烧,浮皮了草自己出了大字报,但不赤裸裸,在烧五气时是怕别人烧自己,不这样说别人也看清了,没顾虑就能领导大家,强调事实,晚上开会占去时间,这都是同志们推测的,怕烧自己就想避免烧的方法,他与老郑的关系检查是对的,应该要求双方体贴,肚量大些,帮助别人改正缺点。

李琳:整风会不应像迈那样劝导式的,柴检查的三个问题好,态度对头把其他问题也像这样谈下去,馆的工作有头无尾为什么?如:订工作量,记工表,先是总务后是编目,然后就不定了,清(楚)些谈谈。

郑:柴今天深入了,他思想狭隘,扫五气怕当典型,浮皮烧了一下自己,但对别人怎样,我当了典型,他经常认为他有理,缺点少,他劝我说,怕什么,太阳底下晒一晒,可是你为什么不晒一晒,我被烧后不帮助分析哪些对,哪些不对,只会说太阳底下晒一晒。

我知道他是那样要求自己作的不够,对于我主要是压制,让我背一种不能进步的包袱,让我感觉不愉快,愿到别馆工作,他说既是出去参加也不能有你这个,我也还年轻并不是没培养前途。

鸿策:柴检查与党的关系深刻了,对今后进步很好,扫五气的情况谈的较好,与郑关系谈的也对头,要看到双方面,今后应当做到。要求别人替自己着想,这是个人主义打算,应当帮助他,对方易接受,我感觉柴对郑帮助很少,学习不管郑,郑烧后柴没帮助是不对,是否郑过去不愿让人帮助。

树兰:柴与郑关系多次提出,仍未解决,这问题柴应负较大的责任,别人提还可以,郑提则反对,用感情代替理智不尊重郑,柴觉着自己文化高,进步,觉着郑没有什么,有时不愿叫郑发言长,怕出错。

迈:柴看人不变,觉着郑发不出什么言,厌烦,自高。

柏寿:柴检查接触到实际问题,昨天他对大家提出他对党离心离德,他不承认,可是从以前和现在看出来仅是名词不同而已。另外说他留一手,他不承认,他作什么对郑都不愿叫知道,与郑是夫妇和同志关系,应该协作和好,柴应帮助。

崔:柴可能有大丈夫思想,对你不需要客气,但郑觉着你在人前对我不尊重,就报复伤感情。

郑:柴自高自大,参加图书馆会议以前不钻研,以后开始钻研业务,自己在图书馆说有什么特长我还看不出来,你写出一个小册子,应向前看与专家比,不应向后看,学习不应脱离现实。柴与我比,用你的优点比,对你无益,比缺点还对你有益,在理论上我不如你,可是我参加图书馆工作比你早,你就没在这方面想，实际经验在书本上你未必能得到。

柴与我难看，怕我拆你的台，领导应发现干部的缺点进行教育，给难看不解决问题。

戴：柴谈的很好，党对自己信任，假如不怀疑党的话应大胆工作，缩手缩脚，是否怕犯了错垮了台检查一下，与郑关系不太正常，柴有旧作风，男女不平等，以后应搞好关系。

文进：家庭事务是重要的一部分，双方应该互爱。

陈：柴检查有进步，认识较深刻，大家应对柴的检查看那里有不到之处，提意见、批判、分析，不要在柴郑问题上纠缠过多。

李琳：馆内工作有头无尾，虎头蛇尾，工作经常是突击性的，国家一日千里发展，馆内工作打钟上班、下班，刚来听一个总结，不够完善、慎重，去年就没有了，领导应该作而且应好些，有什么困难应说出来，五查工作效率怎么样？馆内三股有些问题是领导看法不同造成的，有些因人事问题，领导是否对馆内工作摸底，需多少人，还是什么原因呢？说出来通过柴对郑关系，能代表与部分人的关系。

和兆：工作造成积压与跃进形势不相应，是人没发挥潜力，还是人少呢？算工作量是四个人，根本没有遇两个人的时候，过去，柴、王、帅，并有耿帮助，还有积压，现就我崔两人，崔办教材和修整小说就占去了很多时间，现又要加K号T号，取了后能贴四十本，未取廿来本，我也愿意写K、T号，但人少，过去是柴先送书后排片查错，现[先]排片后再送书错就少了。工作加多了，人少没法办，应安定人事编制，现赶任务都赶不出去，外文完了，戴、蒋过来，何时能完了。

迈：五查柴是领导，应查全馆工作，过去经常突击，经常积压，考虑了没有，同学帮助，错误很多，返工费时间，领导应考虑，如何能不积压，工作拖拉，领导应心中有数，古书目录、子目……等，人是否得够，不够应加人，馆是技术性工作，不是临时就能干了，过去流动性很大，干部应订下来。培养干部没有注意，为何没注意？思想根源找出来，扫五气，事实和思想体系没结合起来，馆的工作今后如何搞，也应计划好。

陈：和兆发言是说编目人少，现都跃进，再要人恐怕不可能，就这些人如何合理分工，现外文人多，老戴刚来，今后如何合理调配人，改进工作，柴以今天的精神把过去的问题系统的认识一下，全面考虑馆的工作。

李琳：柴想把工作另外再谈，我以为作为你的一个重要问题。

柏寿：苏说不叫纠缠于事务，思想问题解决了就好办了。

树兰：以虚代实，思想问题影响工作，应把工作谈一下，今后怎样？

柏寿：现看看柴破透了没有，不破不立，破透了就叫他订规划，以后要政治挂帅，编目上问题以后再解决。

迈：思想和工作有联系，和兆提出来应当，不能解决以后再谈。

蒋：图书馆过去不能协助，互相帮助不够，柴订规划后叫大家提提意见。

桂贞：柴比以前明确开朗了，我认为接触工作不多，多接触有好处，和兆提意见是说柴不能统筹安排，经常有积压、拖拉。

柏寿：整顿思想改进工作，现是整的阶段，破好了，再改进工作。

李琳：柴说要数字不对，是说思想认识如何？提规划过早。

陈杰：看柴破透了没有，没透再批判，透了再谈工作。

鸿策：柴是接受大家意见作思想检查，也不是没接触工作，就是看他的思想是否揭露完了。

迈：今天检查较深刻，我的意思是根据今天的精神，馆内工作系统的谈一下，把今天不透的问题谈明白，再作出馆工作规划。

李琳：柴今天检查满意，有些工作涉及领导，应把这些解决了。柴对各股工作看法上使同志们难以理解，学校开了跃进会我股制出跃进规划，把1—3月份的书当成积压，股内计划突击，中外文需两礼拜，我们三人完不了，要求符巨珊帮忙，馆会议决定叫同学们突击外文，但柴有事没突击成，我们要人，柴只给一个人一礼拜。定规划请柴参加，说要叫我们树立旗帜，可是他不给人，反说各股都有些积压好，我很不满意争执不下，柴说第二天在会上讨论。领导在这方面怎么作，不能让人理解，思想应与大家见面，各股都有问题，编目股三足鼎立，你又是编目股长，是什么原因，与你三等九级看人分不开。

迈：积压问题是馆的历史问题，领导想办法如何突击一下，即书和未作的工作，古书目录，子目片等，劳动委(员)会是否可以解决，领导考虑咱馆也应该有图书目录，通过整改，出现新现象，把托[拖]拉清除了。

柴：根据馆的纲，我作了几次检查，是否透了，馆内工作有问题，是叫我现在订规划好还是大家都检查，大家订好。

李琳：个人方面大家说比较好了，工作上有问题与领导有关，你觉得怎样？领导工作有头无尾和股的看法、人的看法分不开。

迈：馆的工作没作好与领导有关，你以前想教书，当副馆长后还想兼课，你个人规划也应把馆工作考虑上。

柴：结合大家提的工作联系主导思想，进行检查现未好好准备。

薛愈检查：

1. 政治思想方面：我平常对思想工作头痛，认为思想领导高不可攀，按理股领导应当对大家做思想工作，有时自己有问题还得大家帮助，如：选我当工会小组长，认为是抓大头，同志们故意与我为难，我谈就是不当股长出师院都行。不愿(当)组长，怕开会要会[汇]报说不来，年青比我强的也有应选他们，平时有问题或私人问题，都愿请教老柴，认为他能给我想办法出主意，觉着柴心[胸]有成竹。工作分配问题，分配不来只好服从，如：文进是阅览股叫做古书编目工作，我觉着不对也不争辩，依赖老柴不动脑子，还想依赖同志，希望他们担任股长。四九年来就是不愿当股长，分院后有转变，主管人问我要想办法我害怕，我认为领导应能说会道，有办法，分院后别人叫我股长不脸红，不管什么会议，这是党叫我干，五四年后只是口头不说不当股长，内心仍不愿干，阅览股有个好股长对教学供[贡]献很大，另外我希望取消股长设副馆长，因股长大问题仍解决不了，我想钻一门，觉着自己空空的，这是个人打算，不顾工作，我常想象我这样缺点多的人能在高等学校工作是很幸运，自己又是旧人员污点很多，学校四九年就让我当股长，待遇高，我为个人打算，政治不开展，按跃进形式要求很不相称。

2. 业务方面：业务保守，方法改进不大，柴北京开会后对馆性认识较清了，在去年北京进修后理论有所提高。我在图书馆工作十八年了，解放前八年不算，解放后十年，只读了几本书图书馆技术等，学习后知道出纳员不简单，是宣传马列主义的战士，对期刊室领导放弃，认为我这摊子就够我干了，期刊从订购到出纳都是他们，小说亦如此。

工作作风无计划，不要说没长计划，连短安排也没。轻重环节分不清，每天忙忙碌碌，辛辛苦苦，干了啥说不来，自己主观出了汗不解决问题，是因方法不科学，有单干思想。平时肯向别人的工作插一手，卫生组长发动不起来，以战斗员出现，指挥不好浪费人力。在工作上没主见，分工不明确，这次往小说那里调人，考虑是桂贞和陈杰，主观认为桂贞合适，可是教材下手有问题，以后叫柏寿过去，可是柏寿说半天不能负主管责任，我也觉得对，他不在书库乱，二次决定叫桂贞过去，有人愿叫陈杰过去，我认为陈杰来后工作作的好，桂贞在工作与洪康不协调还是叫桂贞过去，教材先是我揽后叫李柏寿管，别人强调工作多，说服不了，就揽下了，不行就抓差。

3. 同志关系方面：自己说话考虑不周，有时面红耳赤，给别人难看，尤其是自己不高兴的时候,如:最近与迈和柏寿小事大吵大闹,下不了台,故引起同志对我不满,严重的脱离了群众,自己气量小,计较个人利益,不关心同志,要求多作工作不帮助不教育,工作发动不起来。

工作上托[拖]拉现象严重,五四年来,问题书很多,处理很费时间,最好碰着再解决。

阅览股工作忙乱是与我的工作方法分不开,主要我在政治上不进步,有自卑感没出息,没本钱,归结起来是资产阶级的个人主义,深究时是与我的家庭出身分不开,小时农民出身,初中毕业后单干。

李琳:薛〈在〉检查的目的不明确,归根是资产阶级个人主义,与思想接触少,工作多。

迈:没说出主导思想,像工作没计划等,可是你只谈了一些工作中的过程。

在政治上不求前进,作不好工作,不知为谁干活。工会小组长本是光荣之事,可是薛认为抓大头,股长不干都行,都不当组长。政治学习差,往往把工作关系当成个义愤,不高兴时马上给别人难看,我说了莫不采纳别人意见,如果为了工作,就非如此。

阅览股每个人都对他的工作和态度有意见,还得同志们给他打通思想,旧思想占的成分多,为了吃饭工作,在工作没远见,陷入事务圈子,不愿当股长,怕费脑子,只要有政治热情就能干好。他当一天和尚打一天钟,工作被动,他18年了没有一套,只是旧作风。

柏寿:听了薛的检查,觉着他可能没充分准备,可是听说他还下了功夫,但浮皮潦草说了半天,戴了资产阶级个人主义的帽子。可是你不愿当股长,当小组长,说在工作不是以指导员出现,而是以包头出(现),监工员出现,打扫时迈提意见他说不管,是嫌前次别人给他提意见,每次分析讨论只说不改,很主观,行不通时还说别人不服从他,只揽问题不解决,不关心政治不当小组长,还阻止别人的活动,订报是否看,陷于家务小圈子,业务只有实践没理论指导,参加进修班回来后不声不响,能没交换意见,不传达是保守还是忘了。

迈:向上拨是资产阶级思想,好逸恶劳也是资产阶级思想,薛是监工员,不启发大家,让同志们感觉你不相信人,期刊放弃领导,不管也罢,一管就是命令,非按其命令执行不可,不接受主管人的意见,如与杨争执。文史室搬书返工,我登记期刊实验数次,不放心,东跑西奔自己工作耽误,每次提意见很虚心的记下了,可是改正不大。苏说比快、比速度,应了解自己的根源。

柏寿：对领导与被领导是两种态度，对老柴一味服从，对被领导的意见很少考虑，与下级和同级吵，对柴与许都未吵。

陈杰：薛检查与其缺点分不开，工作上就是东拉西扯，今天检查亦是如此，应按苏说进行五查。解放后就当股长，思想进步很慢，修养差，上次大家提了意见后有冤气，肯怀疑，说别人叫他股长有其他含义，当股长多有实践的经验，学习不够，不愿当领导，愿做实际工作，可是还很主观，店主作风，应思想解放畅[敞]开思想。

一鹏：怕思想工作，这对运动不利，他态度粗暴，像旧军官，对上级和有用处的人不是那样，过去叫他股长他说是骂他。

赵桂贞：老薛今天的检查罗列了一些现象，最后扣了一顶帽子，老薛说他搞不好工作是束手束脚，我觉得不是，而是工作方法不对头，监工式的来回跑着看，工作保守，对同志不相信，好怀疑人，老薛作领导工作七、八年了，老说搞不了。

迈：那天我说了一个卫生组长，大耍脾气，肯怀疑。

郑：破什么，立什么，不沾边，对大家的意见不重视，如：婆婆作风，乱抓差，都没作检查，待人不一样，分配工作讲不清乱瞪眼。

和兆：薛不信任人是个特点，看来老实，不应有，自己不行不信任人，旧作风、尔虞我诈。

薛：对新鲜事物不易接受，学习后没听说有什么心得，对学宽提贴标签不赞成，对学习方面不注意，改进计划未提。

桂贞：薛欺软怕硬。

李琳：薛你的具体工作是什么？管系里提书，片乱七八糟，对新鲜事物不敏感，多年来只会检查忙忙碌碌事务主义，你戴的资产阶级思想与谈的不符，别人说你有军官作风，对上奴才思想，是虚伪的，不是真心的领导。

崔：大帽衣下开小差，不破不立，政治上不热情，不愿当工会小组长，对人是婆婆作风。

迈：在山大就是婆婆作风，对□未□，来师院也是一样，一级压一级，对上级唯命是听，对下压制。

树兰：有懒汉思想，对柴依赖，另一方面是不领导的话对己不利，怕当股长，缺乏主人翁的思想，愿意作现场的股长和你们唯命是听的股长，像婆婆作风，接受意见表面虚心，实际很成问题，说作卫生组织发动起来，根据什么？我认为馆领导重视，大家也愿干，就是你指挥不好。

天锁：薛最早就说要好好检查今天只谈过程，没谈思想，工作十几年经验不少，应着重主观主义，分配工作等方面多谈。

鸿策：薛检查不够深刻，早就准备了，说明在思想方法上不对头，只会说不行，为啥不行，资产阶级个人主义是事实，可是与你的检查联系起来不对头，他是自私自利的得过且过的个人主义，政治上不开展，不愿当股长，是因为大家不能一味服从，自己提出方法别人还有意见，不如当个出纳员是个人主义的。工作上是保守的，多年了不能把经验提高到理论上，政治上不开展，每天忙乱，效果不大不能发动群众，自己又没系统的工作方法，平时对同志不够关心，提意见多数是从个人出发，义气勇士[用事]。

闫宗临：据我了解，馆工作整改好不等于没缺点，停留两周搞深搞透，什么是我们的主要问题搞透，解决彻底，要五查。今天人与人的关系不一样了，旧思想顽强的存在着，不要参插个人主义情绪，我今天觉着大家是严肃和风细雨，过去不关心大家的工作，请大家多提点意见，送点礼。

馆务会议

时间：一九五八年六月五日

朱洪康：老薛昨天谈的很零乱，不把主导思想谈出来，应从资产阶级思想的根源挖，口头说党对我很好，但自己不愿沾政治的边，这样对于自己进步就有障碍。工作忙乱，看不出成绩，思想上是否认为领导就不作具体工作，分配工作乱七八糟，对期刊小说放弃领导，自己十几年的工龄而对工作还作不好，你是个股长应当在晚上看看业务书籍，但你并没有去学习。同时说过今后应注意起来，作风爱和大家吵架，有时在不值钱的事也吵，这对你的威信，工作方法是监工式的，以奴隶主对奴隶的态度，在工作开始前应统筹安排。对老迈的领导，有时叫你看你就应该看，但你不看，在工作上不能坚持制度，把不能借的书，由于同学们态度硬些就借出了。

柏寿：好猜疑别人，说别人要笑他，你没办法，我有办法，自己的工作推给别人，如打扫，干些不应干的工作，如：浇树等，本位工作不干，把工作完全推出去了，管一些教材，还是片儿排不上。

文进：工龄将近20年，应将经验传授大家，分备[配]工作时，只叫作具体事不交待方针、任务，我在三楼编目看书时，薛对我横眉竖眼，觉着很难受，有时把我调至期刊室，去年上午期刊、下午文史室，不能在专业安心钻研。薛认为图书馆是事务性单位，没认识到他的学术性，能关心病号，昨天检查文不对题，有封建统治思想，初来不了解薛的性格，他态度粗暴，很不满意，并想离职。

桂贞：薛原已检讨，□比又叫文进提，思想未解决问题，不帮助我们，在同学面前给我们难看，不能借的书随便准借，规定只准上午借，他允许馆长的条子马上就准借。

文进：说薛有封建统治思想是其思想成分之一，其主导思想是资产阶级的个人主义。

鸿策：关于说对王侵犯人权，薛不是思想解决问题，文进提意见不像整风，吞吞吐吐。

文进：关于说侵犯人格，是我刚来时，他横眉竖眼很不满意。

和兆：薛的领导方法成问题，如：包(工)头式，婆婆式等，说阅览股离心离德应个人负责，走群众路线，轻重不分的作风应当改进。

陈杰：薛经常头痛，说阅览股不能扭成一股，可能认为大家觉悟不高不愿意干，从大家发言看来问题在于老薛，对自己要求不严格，用旧社会的看法和态度对待新社会的人，形成矛盾，扭不成一股劲，通过整改对自己的思想作一次清算，理论学习下点工夫，现在对文进那样，思想有歪风。

崔：薛说不愿当股长，可是我看有些官气，有次礼拜五打扫—[一]两点钟找不到，是否怕给别人说，薛赞成党团员是阅览股搞不好的纲，请谈出。

迈：薛口口声声不愿当领导，可是同志说婆婆……等，官气十足，别的同志越级不高兴，你把领导看成旧社会的领导，叫别人尊重你，你却不尊重别人，工作无计划是个纲，对同志关系，政治要求进步方面，学习方面，系统的检查一下，应以平等对待于人，不能特殊。

柴：薛，1. 不充分准备；2. 逻辑性不强，谈的不系统，零散；有人说他没计划，是主干，有人说婆婆……等是主干。

在政治上要求进步不迫切，学习抓的不紧，工作上是旧一套。口口声声不愿当股长和组长，几年来老是忙忙碌碌的事务主义，辛辛苦苦的官僚主义，说自己不行，可不是虚心，而是自高自大，摇铃上班、下班，自动加班，不请假以此满足，严重的旧公务员的思想，我能干就干，不能干就算了，要让我干依我来，我不求名不求利，当不当股长待遇一样，当股长还得麻烦，工作无计划，忙乱，家长式的作风，当然群众缺点不是积极教育，而是监工式的。

鸿策：薛检查不系统，不愿当股长，又有家长式作风，把这些问题暴露一下，是否真正不愿当股长，对人此态度，历年来就成问题，应当提出来究竟是什么?政治与业务进步慢提出来究竟是什么原因?

树兰:薛准备不够,真心话不愿讲,问题暴露出来,文进是阅览股人,柴分配工作,薛不高兴,就对王耍态度,该说不说,张三的气向李四出,新同志来后有改变,但还存在。

迈:那天对工友不满与我耍情绪,水管中午不叫闲叫分配人,他说他不管,叫在会上斗争,他对会议政治性认识不够,应找旧作风的根源。

柏寿:前次因垫路大家提过意见,他不高兴,所以不分配工作,认为大家开会是斗争他。

和兆:薛在旧社会是老实人,防备吃亏,把它那套移至新社会,工作和处同志都作不好。

戴:停课两周是为了搞臭资产阶级个人主义,薛没检查出主要思想,只谈了一些过程。大家提出他作风成问题,不是不愿当领导而是怕动脑子,乱抓、爱支配人,别人想了方法不赞成,有保守思想,觉着多年了自己有一套,政治上不开展,说自己有个人主义,应联系事实挖一下。

康:以前肯提前吃饭,历史系片乱了,靠郭震。

柏寿:提前吃饭,下班不走看来是加班。

迈:以前下午活动提前回家。

柏寿:他请假可以,别人请假就不行。

天锁:柴说薛不请假,可是早退。他只说研究,不见下文,主观性强,调动工作不顾别人。

崔:柴说薛不请假,可是不请假办私事,又早退。

蒋:大家拥护你当小组长,党信任你,自己又有进步要求,又有工作经验,可是工作没作好,缺乏学习,是否是经验主义。同志们老提意见老不改,应主动学习,交换意见;业务应该学习新东西,把老一套变成现代化,应改变家长式的领导,实行民主。

康:昨天蒋先生声明一下,他前天给柴、郑提意见说是不外乎是人与人关系,人都有自尊心,我觉着不大妥当,他昨天说不是反右,不是肃反运动,可这也是严肃运动,如有意见再研究。

蒋:我就是接受康先生的意见,说的太抽象,咱们是人民内部,不应用太抽象的字眼。

柴:康提出批判是对的,蒋接受意见亦对,薛暴露的不(开)展,如何进行。

迈:薛根据大家提的意见和自己的认识,赤裸裸地暴露出来,自己如何认识就如何说,不对大家再批判。

文进:这是自觉革命,薛检查与同志提的不符,应大胆暴露。

鸿策:薛应端原始思想。

薛:我当然不是一下包,政策的接受,有些问题声明一下,通过工作摆事实。

薛:结合大家的意见谈一谈:

究竟愿意不愿意当股长,解放后刘廷英叫我当股长我认为是抓大头,三反时股长的带头检查,我在会上还骂他,三反后当了股长,觉得轻松了,你搞政治,我搞业务,认为自己懂的书多。有人叫我股长都脸红,迁院时苏院长说工作主办要出主意,所以愿当了,尤其是与我合不来的只有杨滋荣一人,自己是旧人员背着历史包袱,当过反革命,汉奸,以后李呈俊说问题解决了,自己明里不说不当股长了。去年下乡,我与爱人商量要回家,认为在这上、下四方受气,觉头痛,自昨天前还不想干,我想不愿干也得干,有的想干还干不上,明年又要分院,不是自己想怎么就怎么?不干不行,不改造永远是典型,今天整通了愿意当了。

对人的态度:原来师院,是因过去他们围剿我,对老康,老陈没意见,他们能帮助我。领导对阅览股很重视,派党、团员协助我,分工不合作,收书是我的工作,别人打对面说闲话,把我喊下来叫收书,就以训叫人的口气叫别人收,现检查应说清楚,不应如此。过去有整理时间老整不完,流水法行不通,明天开会叫今天弄完,有时说不完得加班,就完了,当然领导方法有问题,现小说那里归不完片时,调人一个不行两个,学宽说老牛破车完不了。过去就像监工似的站着,我还说提着胡子问年纪,柏寿说桂贞归的快,硬叫我归,分工时有人不愿干,我就揽下来了,不行就抓差,桂贞过去了,教材移交我,柏寿说不必细交,以后叫柏寿管,他都要咬的非常细致,改错、老王摔书了,我给柏寿说我死在图书馆,你也离不了书库,教训他,桂贞懒就不说了,责任心不够,任中归报本应十几分钟就行,可是他用二三十分,我教几次试验迈不高兴。张学宽非拧住我解决不可,总而言之我处人,自解放以来走群众路线不够,自己忙忙碌碌不知做些啥?自己的工作还得别人帮助,过去缩手缩脚,现在要解放思想,开怀畅谈。

柏寿:听了后当股长愿意了,与同志关系只有康、陈好,那么别人都不对了,关于交借教材手续,我以为前后意见未改变。

迈:薛应把思想挖透,不至[止]这两点,况且只作了一个说明,我要态度是有原因,这个不对那个不好,康先生好,也说你是旧军官,不从个人方面检查,叫看大字报不看,也是我不对,检查不够严肃认真。关于不愿当股长,说了半天还是因为逼迫叫你干,才愿意了,这不能解决思想问题,让我很失望,请进步考虑。

陈杰:薛,过去为什么不愿当股长,说因为别人与你合不来,是什么原因?整风应整自己,认为大家提意见,是上下左右给自己气受,想下放到农村,关于股长逼迫叫干才愿意了,这能发挥积极性吗?别人不要办法你才愿干,这也不对,领导必有审核能力,不正确东西占据了你的脑子,故政治、业务不能前进,认为每次运动都以自己做典型,你想为什么?关于处人,找了许多客观意见,可是我对薛也有意见,作为股领导应检查自己,在什么情况下,采取了什么措施,自己有什么不对,薛特别注意表面,柴说薛不缺勤,不迟到,可是早退吃饭,这不单是劳动纪律,而且是阳奉阴违,过去受表扬,是官僚主义的表扬,这样自己怎能教育别人。

崔:薛不像检查,我当股长上下左右受气,认为就是康、陈对你没意见,如何知道。

柴:大家认为薛思想不开展,这两个问题暴露了,一些问题,很不够,再暴露。

王和兆:薛是否愿当股长,不敢大胆暴露思想,我过去提他有謟[谄]上、骄下思想,现在大家又让你给他提家长式……等,是不是自己没想到,还是不愿谈这些问题,我认为他有向上拨的思想,不是不愿当股长。

李琳:薛不是检查自己,而是冤[怨]张三、冤[怨]李四。这次要下放,认为上下左右受气,摆出来,我们应站起来,是被别人怎么,不能抬头,过去在三大都包围你,不考虑工作只考虑自己愿来这里,这两次都牵扯历史问题,不应背包袱,已经搞清了。

迈:整风会别人不应喜笑逗乐,对听别人发言有影响,李琳可能没听清。

薛:昨天到今天有必要声明如下:

下乡期间叫崔作期刊工作,郑说我乱抓。

赵桂贞提主观办法行不通叫别人作,别人不执行,不行,请提具体落实。

康提我提前吃饭是偶尔之事,柏寿说经常的,我以为不是这样。

柏寿:检查占座提前吃饭,回家也提前吃饭。

崔:下乡期间,我这里也忙,迈积压叫我搞,我看见像红领巾等说不要巾[紧],他质问你怎知不要紧。

柴:薛暴露还不够,还是再谈一下,有啥,没啥。

白：薛说上下左右都受气，受的是什么气，给爱人说的都说出来了，这是好的。

桂贞：排片分类后就快，再按次序排就慢了，管教材薛帐[账]左一本，右一本，看不清，许多破纸片，我管后愿登帐[账]，薛不高兴，说我检查他的帐[账]，并说我认你这样费时间，我就举这两个例子。

郑：薛有家长式表现，不信别人，图书不能教别人管，他有事就教爱人来代替，这次对大家的意见不够重视。关于乱拉人，不只我给你提的那一些，别人也给你提，乱拉来馆自己工作像[想]办法可解决，却不想办法去拉人，下乡期间你有权就乱拉，分配工作不交待清楚就要态度(对崔)。

薛愈：在下乡期间叫郑、崔过期刊那里帮忙是应该的，因那里的工作要紧，老郑带着情绪去是不对的。

郑：现在是老薛你检查应该着重你来检查，有时你在总务股看闲书而叫别人帮忙是不对的，你应考虑你有无乱拉人的现象。

薛愈：刚才同志提出我谈的上下左右都向我围攻，上是没有，下是有，左右是有，我不是说都是别人的错误，我也谈到主要责任在领导，别人只能埋怨我，我不能去埋怨别人。向客观上推不对，但客观上有责任，应要求自己严些，老王提出謟[谄]上骄下，院长与工友同时来借书我对待的态度不一样，如果说对上溜舔，我觉得以我这个本领是没有，婆婆虐待儿媳妇这件事，也说一下，对于女同志存有戒心，对侯维莲的态度作一个警惕是对的。从1956年以来我觉得态度不像从前那样，如果去年整风在家也会改的快一些，现在存住气了，过去沉不住气。现在态度也好了一些，过去爱脸红脖子粗，现在也自然些了，我的气量很窄小，在这次整风中应该把这些问题谈谈。

王和兆：我说老薛谄上骄下也并不是说老薛拍马等，我觉得既然有那样的倾向，现在没有应警惕。

李琳：老薛在接受意见方面是向别的方面理解，如果认为别人谈的对就应检查。

白鸿策：老薛说在山大上下左右围剿不愿当股长还有可说，但来到这里之后仍不愿当股长，这个思想根源是什么。

老柴：下乡劳动为了摆脱股长，对下乡的政策如何理解。

薛：叫干也得干，不想干也得干，因要分院，摆脱不了。

陈杰：老薛可以把脏水桶解释一下，另外说别人气受，而自己不能给别人气受。

李树兰：老薛本来提的真心话，但别人一提你又收回来了。如当卫生组长发动不起人来，别人一提又说是本股发动不起来。下乡和爱人说上下四方围剿，股长不好当，别人一提你又改了口。

白鸿策：你把股长不好当的情况说出来。

薛：每遇一件工作完了，老柴叫写个总结也干不了，无本钱，故干不了，无能力，因而苦恼。自从解放成立后，自己老觉得拿的钱很多，工作不行觉得有愧，上次评工资只希望 68 元，一评 76 元，自己觉得惭愧。

陈杰：整风一年多了，你应思想解放一下。是否怕把思想说出来，股长更不好当了，我觉得老薛说的那样悲观与你的主观是不相符。

李琳：老薛谈到领导重视阅(览)股〈重视〉，派了党团员，而又说阅览股的工作发动不起来，这有些矛盾，你的思想应该解放。

李树兰：老薛把自己当成脏水桶不合适，领导对自己的要求和同志们对你提的意见，并不是泼脏水，应把真正想法挖出来。

洪康：老薛自己觉察不到自己的表现很主观，如别人提出你有家长作风，而自己说作为警惕，自己应从日常表现考虑一下。

老薛：别人和我说你做领导应该是一个脏水桶，任何都应该忍受，并不是说我现在就是一个脏水桶，要求我有些领导艺术这就太高了。

郑：我还同意领导的艺术性，只是注意一下方面就对了。

鸿策：我觉得老薛暴露的不彻底，不应就事论事，应回忆一下对同志的态度有些什么问题，老说自己没有能力，当股长问题也应说出真实思想。

郑：老薛老是说自己不行就是自暴自弃有些护短。

柴：老薛谈的一方面逻辑性不强，另一方面思想上没有充分准备，没有注意这次整风要整自己那些主要问题。你的苦闷也好，怨气也好，应在这次很好整一下，别人不能代替你，应痛下一番功夫，这样有好处，应进一大步，要说完全解决也不可能，大家对你很诚恳。

李琳：薛说就是对康、陈无意见，因为肯帮助他，人心换人心，这种说是唯心的，以前说那几位右派同学来馆后把工作推动了，这证明旧东西很多，请把它扔掉，下去与大家谈谈。

迈：整风的要求是要解决思想，敢想、敢说、敢干，来一个新局面。薛是以旧经验来参加整风，我有缺点你提提，就过去了，应想想整风的意义，通过整风要取掉什么，只说我不行不解决问题。

和兆：接受意见要以像收礼似的，你认为大家是为治病救人，还是包围你,至现在还说领导就是脏水桶,现在〈在〉把问题一露头就缩回去了,把自己的话都出来。

柴:薛谈出,听了苏说:主管人要想办法,就愿当股长,你这只是各取所需,苏并没说领导,不应该负责任,人心换人心,康帮助我,我就对他没意见,你们不帮助我?

鸿策:薛在政治与业务提高很慢,主要是因为每次运动没把自己的东西都弄出来,解决问题不大。他说我不行,没出息,是否真正承认自己,可是别人说你是挡箭牌,这话你保存到什么时候,自己的态度不好,到底是什么原因?

陈杰:薛昨天与今天只谈老问题,这次就是解决老问题。

馆务会议

时间:一九五八年六月六日

柴:56 年 12 月我参加了全国高等学校图书馆会议以后:1. 我明确高校图书馆方针任务。2. 在我思想上产生图书馆工作有个干头了。从个人方面也觉着有干头了,我写了一篇稿,钻进取[去]由外行变成内行,当时我根据现实出发制订了一个图书馆规划,57 年又写了一个。向学校要的多,自己思想有些安于现状;了解了北大、师大,编制〈设〉设[置]积压以后,觉着我们还差不多,人家能办到我办不到的是因为我们条件不够。当时我带了卅多分[份]经验,发给师院,有许多人看见我们摊子小,经验还是确实可行,西安师院寄信要经验,当我问领导要,得不到反应时,我就冷了,认为领导不够重视,但我没有如何以实际行动争取领导的重视。图(书)馆是学术机构,但没考虑如何做出成绩,从这种情绪出发就是思想上暮气怕[重]。

1. 工作积压:我认为积压北大(92 人)、师大(88 人)一万册二千种,编制大还有,我们还能没有,于是安于现状,我们人少事多,潜力不大,带回来的经验觉着没有什么,觉着工作效率不见得高。我给领导说,我馆在咱院行政单位来比能坚持 8 小时就不错,积压多了就批[疲]蹋了,认为要开展工作领导就得给人,同时我也知道编制不允许,于是要求雇临时工,由于这种思想和行动,所以图书积压,重购、错购现象很多。

2. 采购方面:采购办法有,没坚持,因为我有。(1) 大馆思想,盲目追求数量。(2) 对各系科教学计划了解不够,买书就是来者不足,有时被人家说服了。(3) 我对采购说的不清。不是就事论事,就是牵纠[迁就],或者被李琳说服,这是系里买的,各院校都需要,同学需要,另外一些钱不多算了,以后发现错误就组织采购小组,李琳不愿意我怕影响积压性,没坚持。购外文书一般是我挑选,以前叫常风挑,我认为中文外译想多买几本,至于购小国文学书,是因看不懂原文,看译名买的,所以这样是对国家钱财不心痛,没有浪费可耻的观念,并不是我想乱花钱而是不负责任。

3. 编目工作:每年都有积压,何求质量,编目送库算了事,编错了也罢,要不就得按工序进行,那太慢,有错总比出的书少,刻板人水平低,著作写错了,目录方面交待不够,只求赶快,编完而已。

编目团结:白来前,我是总〈较〉校核,有人说我不放心,就大撒手,以后也就顾不来。我想他们三人应有一个校核,叫王作别人不服,白作王薪比其高,于是叫王搞中文,白搞外文,可是郑就露了头,于是觉着不好,拖拉再说,由于我不敢大胆的作,于是就形成这样,我校正俄文,西文不管,插手搞中文,他们也不好意思叫别人帮助,我也没法说。戴来就是搞俄文分类,现在熟悉一下,蒋先生搞别的工作,他长于英文,故编积压,和馆长研究过,中文二人我尽可能插手,以后再解决,编目股我可以抓起来,可是不敢大胆的做工作。

4. 阅览股:看着阅览股人数一半,是分布很广,每天要走几里路,很忙,工作量难算,我深入阅览实际不够,他们分工有问题,我也没深入,也出不了注[主]意,于是听老薛的意见,人少,王刮回来给你,我对工作上的意见,别了[人]不同意就算了,如:期刊编目,迈说快不了多少,我就说慢慢来,主管总得想通。

5. 馆务会议总结:原订两礼拜,我有依靠许馆长的思想,开会愿叫他参加,我有馆务日记,有时间就叫他看,他不来会议有时就不开了,总结我是应付,赶积压还赶不过来,领导不要就算了,要我作一篇文章,空洞乏味。

6. 培养干部业务学习:原计划也有,领导没准备就算了,可是我没从实际出发,师傅带徒弟能行,可是没这样作,自己单干钻古东西。

7. 对各股的看法:我是馆长,对那股重,那股轻,我没那个思想,都得我负责。编目股按编制人力少,因我是编目股长,过去按平均,总务三人,编目三个半,那里都不能这样,我还是只有叫编目人少些,当然我也不轻编目,跃进时总务要符巨珊帮赶积压两礼拜,他说符以后帮编目,当时我知道符要走不能说,我说都有些积压好,大家负担。

8. 团结问题:由于我患得患失气量狭小,思想不见面,上班、下班脱离群众,但我没和某人有圪塔[垯],勾心斗角还没有,肯接近白、薛,其他人不像这样，李琳与我肯吵，倒没有什么成见，有一次与我很难下台，觉着过不去，可是晚上李琳去了，我很感动，与李柏寿、朱洪康肯谈笑话，不是谈思想问题。

9. 今后方面：要从政治思想上发动大家，一定要大胆的搞，我想大家不是就不听，错了大家帮助，工作上要有安排，会议要按照有内容、有决议、有总结，以后深入各股了解情况。现总务走向极端，有些系不挑书咱们也不挑，这以后可能耽误了，我熟悉文科计划，要定期清理，暑假搞完，期刊整风停后，编目人去搞一礼拜。推荐新书，院刊开专栏，专题陈列，纪念日，运动等，新馆有专题陈列室。书本目录(线装)，今年一定出去，现已搞成，让先生们看看。业务学习，整风停止马上进行，从四书五经，业务知识我讲，指标上要使大家能主持一个图书馆，从采购至阅览，要有考试，整理笔记印讲稿，交换或提高工本费，敢想，大家要支持，在这个基础上跃进规划重要搞，要在四个学院中搞的像样，吸取别馆经验，重视老经验，政治及时学习，也要考虑，这是红、三比、三赛、政治、业务、工作。

和兆：编目上存在一些问题，我工资大、业务差，老白细致，英文基础，原子弹等讲的清楚。编目中文书最多，现实性大，我考虑叫白到中文上，我到英文上，我的意思是不要考虑薪资大小，应考虑实际工作能力。英文我以前也下过功夫能担任起来，以前考虑理科多，因此不提，现觉着中文多，现实性大，迫切，虽然有问题老白在，今天没有其[他]意思，我不愿用脑筋，将来西文有人可另调，刻腊刻贴戳都行。柴也有这思想，我也有这思想，把我调到外文毫无意见。外文应用性小，错了别人也看不出来，况且我也可以提高。

李琳：和兆提的问题，是我馆分工不合适的问题，有时不从工作考虑，只从人来考虑。王之所长，不止英文，到俄文上效力更大。柴分析编目符合情况，还有一点，我听到大家和领导说图书馆是养老圈，这样没积压才有了鬼了。以后分配人也是这样，人事处干部推不出去就给了图书馆了，柴有时给领导反映不能把自己的意见坚持，我对柴印象对各股看法不一样，我在总务并不是说对总务怎样，你对老薛看法好，你是编目，当时叫同学突击编外文，阅览还书运动忙，要走两个人，抽走我不反对，可是柴没考虑薛如何使用，薛是没系统计划，盲目安排是不好的，根据现在工作阅览股可减人，工作作好当然还得人，老薛盲目支使人，原来调符巨珊，我是对你说各股都有积压好，想不通，对股的看法就不一样，算工作量，当时我很起劲，总务提高 19%，馆务会不但认为没跃进，说编目是那样可跃进 35%，以后又说错了跃进 20%，当时我们的挑战书也没贴出去，柴没重视使工作受了影响。

郭处长：老柴这检查今上午只说了一些业务，当然对我提几个问题。

1. 积压，骄傲自大有影响，规定的制度，因右倾保守不能执行，检查五六次只能说领导没准备好，严格的说，买说，积压都是资产阶级的经营方式，无计划，不管那股手续乱的形成是啥问题。

为什么不能和大家研究，自己有东西不敢拿出来，是右倾保守思想。大家创造了没有，我看看你们不够协调，除柴其他同志还有保守思想，尤其是多年工作的，如他不虚心，开会批评，不该你长我短。严格的说，柴最大的毛病怀疑制度，前想想后想想，不是主人翁的态度，是混事，自己是馆长有本钱，你对领导，领导你没问题，就是不敢设想，对同志牵纠[迁就]，平时不够协作，不能完全领导，都应检查自己。咱们应根据运动精神，五查，不是不要搞思想，五反怎样抓工作抓思想，大家回忆，图书馆工作纲是啥，柴说经找出，缺分析批判，不应面面到，抓几个主要方面，自己说也好，李琳就是思想作风；当然思想意识问题不能说没有，清算非无产阶级思想都有，可是在每人的本质不同。

2. 重点问题：领导是重点，先馆长、后股长，其他人是否是典型，靠自觉，我愿作重点对象，不愿也可叫他检查。

3. 抓问题和批判问题，自己主动些，柴就吃了这亏，自己按上帽子，装上内容，别人想提也说不了那么深刻，当然要痛，免不了，大家批判痛了好，运动不是绣花，出点问题难免，有些问题可解释，政治上犯了错误的，自己应回忆自己，还是要发言，不能过于强调和风细雨，主要检查者，馆长、股长、多年工作者。

迈：过去柴强调和风细雨，运动不是绣花，要严肃认真，柴主要问题，为个人着想就怕，如：运动缩手缩脚，人事分配等。扫五气已谈出不透，开始思想没解放，现已抖开，也不敢说完全解放，工作学习规划是对大家的鼓舞，关键在领导，右倾保守是柴要害。

鸿策：李淋[琳]要符工作两礼拜，能单因符走只给一礼拜，(原文如此——编者注)说各股有积压好。

馆务会议说许不参加我没搞，这样说不透，这是群众观点问题，会议是要群策群力搞好，工作没安排好，没批判透，否则要流产。

薛：过去没把积压、浪费当成可耻，像买赵宗复的书 20 元，以后六元即可买下。

陈杰：柴问题基本暴露了，没关联起来，应从各项检查抽出主导思想，系统一下。

迈：把日常表现和思想问题结合起来，检查一下对今后工作有好处。

和兆：柴明哲保身，是最大的问题，如：制订图书馆规划，领导没批准就算尽到责任，反右斗梁院长，没挺身发言，运动中想当积极分子，是假积极分子。

崔：别馆编目都比阅览多，自己是编目股长，就叫人少，他说偏听白鸿策，我看是偏听老薛。

康：同意陈的意见，书本目录可以出去。

和兆：老柴是学经济的，肯把书分在经验类里，如：经济史地分在500至600都可，但我院师院学史地的多，应放于史地类。分类号过于复查[杂]。

迈：跃进劲还够大，古书目录已成，校对一下就得到年终才能出来，新的目录大家动手，把目录片抄上就行。

薛：经常赶积压，人力不够得想办法，你说编目潦草送库算事，造成往返费力，给阅览股造成困难。

和兆：以前不按工序，双反后已改正了，过去柴分错，我提出很少，我都给改了，每批都有七八种，柴粗心大意，碰钉子少，他自尊心强，我不好意思提。

文进：停课两周应解决重大问题，工作规划说的不少，关于政治思想，如何深入群众很少提。

柏寿：检查听了半截，好像不如以前，只根据一些人的意见就事论事，陈杰以前叫你把前几次谈的系统一下，今天没做到，分类最好一个人。

柴：以前把主导问题都暴露了，大家要结合工作说一下，今天说的工作多，并不是不考虑结合思想，是自己限于水平结合的不好。

陈：你的问题都暴露了，把几次谈的主要问题综合一下。

柏寿：薛只会说，不行还行，这成了他的挡箭牌和阻碍进步的绊脚石，说话要清楚，条理。

陈：薛胆小不敢暴露，刚露头就改了口，不要是说不行，大胆暴露大家批判。

戴：薛第一次检查没准备，现在还说不行，是否不重视，还想隐避[蔽]一些。

迈：薛不重视，并有顾虑，我叫他把思想方面的东西谈出来，他说思想与人还能没关系，他思想有顾虑。

李琳：1. 上下左右的气受不了。2. 他把自己比作脏水桶，把你的脏水倒出来，把这两个问题谈一下。

迈：工作无计划，团结关系不好，是主要问题，应取消自卑思想。

柴：不要出题目，他觉着整风应解决那些问题谈出来，大家再批判。

闫教务长：开会计划不够强，要把资产阶级的个人主义搞臭，并不是人，要整掉歪风，那天薛谈的不够，如果是能力问题大家要以和风细雨，他缩手缩脚，不得已的谈了些，破要理直气壮的破，改了就好了，整风必须自觉，如果没准备好，给他一些时间，不然一问一答，不得已的谈只有耽误时间。

薛愈检查：关于上下左右本来不是，联到一块，就联到一块也没关系，说错就错，大家说我不重视，我认为很对，我也没有什么顾虑。严教务长说我吃夹生饭，对我启发很大，解放以来老吃夹生饭，历次运动有时也痛，但没有透，过后就完了。大家说我老强调不行，实际上没有下功夫，有时搞到十二点也搞不出什么来。自己也分析不来，近来思想上说不来是什么事情，我现在没有准备完，把准备好的谈几个问题：解放以来七八年，自己在政治上进步不快，有些头痛，也好捉摸，一提思想领导就认为不可高攀，因自己思想上有问题，领导上也要求在政治上注意，自己马马虎虎搞不清，主要学习差，领导交待政策自己体会不深刻。自己也体会到领导干部有两重责任，对上是被领导，对下是领导。自49年以来没有重视领导工作，认为没本钱，不佩[配]做领导。过去总结认为股长带头，而我没有一下子，我弄不来，受周围同志的气，我不干了，有同志告诉我，你当领导应当是个脏水桶，意思是应宽宏大量。自五四年分院时苏院长报告说今后具体承办人应先拿办法，这对我当股长思想上有了转变。有个错误思想，即从内部培养出来人来代替我，而自己当一般干部，这样就能钻研业务充实自己，这种想法是自私自利的打算，实际是对工作不负责任，政治认识看，如选我为工会小组长，认为是捉大头，我认为一些人故意和我为难，自己就说宁愿出师院也不当小组长。对社会活动自己表示不愿意。思想里认为工作忙，对我啥好处，解放后这样长时间政治不开展思想落后。业务上很保守，方法老是一套，几年来变化不大，墨守成规。自从老柴北京开会回来我对高等学校方针任务稍明白些，自去年北京学习回来，对理论上稍有提高，图书馆工作十八年，业务上有些经验，也是陈旧的。政治上又落后，这样对同志们帮助就不够了，认为没有一套，对新来同志，交代工作也不清楚，交给一本分类法让其死记。认为记熟了，熟能生巧，不在方法上交代清楚取事半功倍之效。工作作风几年来是忙忙碌碌的事务主义，辛辛苦苦的官僚主义，对工作不仅没有长期计划，连短期安排也没有。工作方法不科学很□，自己不开动脑筋想办法，有懒汉思想。别人提出的建议自己不采纳，工作往往有头无尾，无总结，工作不分轻重缓急，抓不住重点，思想里认为有时也还流汗，但效果很小。因工作方式方法有问题，效率不高，同志们对我的工作〈作〉很不感兴趣，发动不起群众的积极性，但领导上对阅览股重视，配备党团员，因自己没有依靠到他们，有单干思想。主要对工作情况了解不够，工作不能合理分配，日常要求别人作工作多，自己原谅自己，要求别人遵守工作制度，而自己不遵守，对别人马列主义而自己是自由主义，这完全是个人主义打算。

赵桂贞：薛说的现象过程多，思想暴露少，应怎想怎说，吞吞吐吐，不解决问题。

鸿策：谈的比昨天少了一些，没加东西，浮皮潦草。当股长在山大不愿意，我看现在也不愿意，要上山下乡，避免当股长，前次说党团员可能是阅览股的纲，现在避而不谈。

李琳：昨天还露了一些问题，今天说的刚周严了，还不如昨天。

和兆：以前同意党、团员是阅览股的纲，应谈谈，又说自山大至现在只对康、陈无意见，还是觉着自己对，脏水桶解释为宽宏大量，往回收。

柏寿：薛可能有思想顾虑，自山大至现在运动中吃夹生饭，同意党团员是阅览股的纲而不是领导。

迈：关于当股长，说到师院愿当，可是又说至前天都不愿当，是矛盾，是同志们围攻你还是你给同志们小鞋穿，如果这样，不解决问题，你对领导可能有意见，不敢提。

和兆：大家提有馆婆婆，包头等，自己又说四面受气，是否有些发慌，不要怕，大家都是为了帮助你，应解放思想。

鸿策：老薛这次特别没有提出了同志们的关系问题，别人认为老薛是婆婆与儿媳妇的关系，老薛是婆婆但老薛又说同志们对他围攻，这种认识距离很远，这就是问题，老薛与同志们的关系是严重的，相处许多同志，只有对康先生与陈杰没有意见，如果老薛来到这里，如果没有 180 度转变，人与人的关系也不至于转变。

柴：关键在于领导，老薛也认识到，大家说他不重视，他也承认，老薛也说没顾虑，也作了准备，但弄不出东西，这是个啥问题，大家可以在这方面多发表意见，大家批判老薛为什么不能破。

李琳：同意老柴说老薛是否有无破的，叫老薛表示下决心。

洪康：老薛说历次运动都是重点，吃夹生饭，恐怕得罪老柴与党团员，今后不帮助我了，就无法办了，如果你以小聪明，不对别人说对大家也无好处，你也是前怕狼后怕虎，不敢真暴露。

王文进：我认为薛先生所暴露的缺点也不少，其中就以群众关系我提些意见：他承认在老山大时自己不满意同志们，同志们也不满意他，他认为康先生与陈杰满意，为什么满意，他认为康在工作中帮助他，陈杰工作积极，这是进步思想，但是否真对这两位同志满意还值得考虑，但这两位同志对薛先生是有意见的，应找出多年来搞不好同志关系根源。

薛：我对同志不是不敢谈。

迈：既然不解决问题，要暴露原始思想尚可，应主要检查自己。

柴：你说没依靠党团员，如何没依靠，破还需要考虑。

鸿策：上山下乡不愿当股长，怕受气，昨天说给党交心，以后又缩回去了。

一鹏：不愿受上下左右的气，怕当股长，愿上山下乡，是括〈此〉此地，不是山大。

树兰：阅览股不团结，有党团员工作作不好是个纲，谈一谈。

陈杰：薛自己的看法不敢说。

白鸿策：薛知道搞好工作在于领导，仍写了一些东西，决心不够，怕牵涉到其他问题，不敢暴露，说到党团员害怕，有顾虑。

闫教务长：薛是不敢谈，不愿谈，不会谈，同志之间不免有意见，看是原则问题，是误会了，还是看法问题，谈出来就解决了。

馆务会议

时间：一九五八年六月七日

柴作梓的检查：

我参加图书馆会议后进一步了解高等学校图书馆的方针任务。党给我这个重要职务，但我在工作中叫党托着走，明哲保身，怕犯错误，宁愿落后，不愿犯错误，在运动中迫于形势迫于职责，如在横扫五气中认为大家烧也好，不烧也心安理得，工作不积极，本身就是错误，对培养干部强调脱产，领导上也没有指示，群众也无要求，自己主动恐怕大家说我好为人师，不深入群众，思想不见面，脱离群众，实质上是骄傲自满，对人看法不一样也是从个人主义出发，缺乏主人翁的态度，政治上是自由主义。我认识到以上错误，今后要争取一年当左派，五年成红色专家，一年争取我馆在山西成为先进单位。

迈：说的太快不深刻，扫五气浮皮掠过。

郑：柴昨天准备的不好。

李琳：柴综合也好，不能把主要问题隐藏了，如对党的态度，你说自己犯了政治上的自由主义，实质上我认为就是没主人翁的思想，立场、观点，今天有些应付，这是态度问题，柴过去民主是喊在口头上。

迈：柴今天有过关的态度，认为大家没意见了，应付一下就过去了，念的太快。

柏寿：柴是否有些着急了？宋、郭都说三次就该完成，不要考虑这，像这样起码还得一次。

柴：不行另来，我倒不是不愿意，昨天陈杰说要简练一些，我费很多事才闹出来，或者是听拧了。

陈杰：柴昨天准备了，把宋、郭指示都考虑进去了，仍丢了一些主要问题。

迈：应准备，扫五气，培养干部，决而不行等，结合思想、政治、业务，系统检查。

鸿策：过于简单，应提出主要问题加以批判，如：政治上的自卑感，名利思想，贯彻馆的方针政策如何。

一鹏：太简单。

薛愈第三次检查：

阅览股工作为啥做不好，我口口声声说阅览股扭不成一股劲，自己往往客观上推，认为关键问题不在自己，因为自己政治上不开展，平时怀疑同志们偷懒，如：对桂贞、柏寿偷偷监视，这起码对他的自尊心不够尊重，这是消极的，不是说服教育，想拐弯教育他们，尤其赵桂贞会议批评，往往批评多鼓励少，不能让大家积极起来，对别人要求严对己则宽。另外知道桂贞与洪康在工作上不协调，我应解决其矛盾，认为自己没办法，将来调出一个就没事了，故调桂贞上小说出纳处，但大家说柏寿过去合适，自己就让柏寿去了，桂贞懒工作就把它拴住了，我平时对桂贞感到头痛，愿意叫他过去，平时满[埋]怨同志，你没办法，我有办法，认为柏寿取笑我。

对期刊室的领导放弃，认为自己的摊子就够干了，无余力照顾，况且过去我很少过问，平时大事作不了主，不如承办人请示馆长算了，小说推给张学宽也不管，认为他有办法，有时过去看看，帮帮忙，阅览股工作搞不好与我的作风分不开。

群众关系：尤其与阅览股人处的不好，因为自己政治修养差，关心同志生活、学习不够，连私人关系都搞不好，向同志要求多，让大家工作没劲，心里不高兴时，因小事给人难看，甚至大吵大闹，对柏寿改错说，我死馆，你也离不开，脸色难看,教育别人。同志们对我不感兴趣,工作效率一定不得高,对人态度不自然,也是因政治不开展,同时自己心胸不宽,处处为个人打算,政治不开展有自卑感,懒汉思想,肯要脾气,有单干思想,计较个人得失,归纳起来主要资产阶级的个人主义,虽出身于农民,但在旧社会感染深,过去本钱小,在中学图书馆,养成单干,缩手缩脚,忙忙碌碌,气量狭小,解放后把那些原封不动地搬至新社会,虽历次参加运动,但因旧思想根深蒂固未能铲除,这次要完全□去。

柴:薛比过去有进步,大家看他透了没有,帮助他暴露,不忙于批判。

柏寿:薛检查的前几次有所进步,有些问题需要指出,如:说上下左右,股长问题,党团员问题,再作进一步的暴露。

一鹏:56年柴上北京开会,叫薛管理,也叫我多管治安,有天晚上他叫我先走,我不知是何故?我以后就没多管,影响我对馆的关心。

鸿策:今天老薛有些暴露是真实的,如认为赵桂贞难处而想把赵桂贞调到小说那里去,对期刊室放弃领导,自己认为期刊室是另外一摊。老薛暴露了一些,但批判的不够,和同志们的关系只从自己感情出发,如和老王、李琳等就是这样。

王和兆:老薛只看到别人的缺点,而看不到自己的缺点,只看见自己的优点看不见别人的优点。双反出大字报应该给我提,但老薛当时指出我的编错书说以书库为证,他明知编错者老柴多,但老薛不敢给老柴提意见,而给我提时有些义[意]气用事,在肃反运动时我给老薛提意见说打痛快,而老薛就记到心里。老薛和我相处最长,对我有意见也可提,我现在对老薛有戒心,我怕老薛抓住一点不放。

李琳:我第一次见到老薛认为踏实,不行就是不行,不夸耀吹嘘。老薛有时对同志帮助令人感动,如买丛书方面,我本来不懂,后来时间长了,互相有进一步了解,不知在啥地方把老薛得罪了,老薛就变了态度,就不是如此了,后来请教他时他就推诿,老薛的看法与同志们有不同的看法。昨天严教务长说你不敢谈,不会谈,不愿谈,我认为你不会用脑子,有力用不到地方。你今天谈的罗列现象多,听不出什么是你的主导思想。严教务长说你不应吃夹生饭,我希望你应下决心,至于不会谈不要紧,主要是暴露,昨天你又说你没有顾虑,你也承认,工作搞不好,关键在领导,你也认为不是无风可整,但老薛在这一天等于廿年的今天比快,比自觉,但老薛在这方面作的不够,是否老薛听了苏副院长说这次关乎一个人的命运问题,是否可倒了,我要求老薛跟第一次暴露的精神去检查。

李树兰：老薛说自己不按章办事，叫别人按章办事，还有些不符自己的思想。这次是桂贞提出老薛不按章办事，是否看人不一样的问题，态度生硬对有些人是这样，对另外一些人不是如此，这究竟是什么思想支配。

李琳：阅览股人扭不到一块，老薛很苦闷，但不敢拿到桌面上来，你没有把真实思想谈出是不对的。

我们说老薛与老柴的关系不正常，柴说话老薛惟命是从，但你内心里也不是没有意见。这就有问题。

赵桂贞：听了老薛检查没有暴露出真实思想，如与同志们的关系只谈到政治上不开展，不会拉拢，大家对你不感兴趣，但为什么不感兴趣没提出来，老薛说自己干不了领导，培养人干领导，但老薛并没有培养出具体人来。

郑维阁：老薛今天在暴露思想有些进步，但还没有暴露完，如提前下班吃饭，下班后摸摸索索，工作不起劲为什么，并没有说出，对陈杰没有意见也没有说出什么原因。过去大家提老薛欺软怕硬，为什么应谈出来。

王文进：我认为薛先生也很想谈出问题，但谈不出来，另外薛先生不放心人也应考虑，如有一次我在楼上看一种书，薛先生说你干什么呢？态度很难看。

赵桂贞：关于老薛提前吃饭问题，但别人在上班时看一下报就瞪眼，对别人与对自己不一样。

鸿策：老薛看到同志们对自己不如意，老是给同志们看脸，老薛有看人下菜碟，过去还认为是主要思想，现在是否改了，希望检查一下。

柴：大家帮老薛在这方面破一下：老薛老说自己不行不愿干股长，应该是干部作风，而是家长式的，官气十足，还有特殊性，叫别人遵守制度，而自己可以提前吃饭，出外不告诉别人，表现特殊。关于依靠党团员问题，应暴露出来，老薛态度不主要是不一视同仁。这主要是思想问题。关于下乡后想调为一般干部不是真实思想。

鸿策：关于老薛一部分书想卖给图书馆的问题，应作一个检查。

薛愈表示态度与说明：

康先生很对图书馆〈很〉负责任，我也常到图书馆来，我看康年龄大，我此时就叫他回去休息。我并无别的思想。尤其是这次下乡，康先生来时我觉很好。赵桂贞提出放教材问题，因当时需用书库，就放那里去了，实际上是放得下。我的书弄了一个目录给领导看，领导上说拿来吧，如果有用时就给图书馆，因去年图书馆无钱没有买。

上下左右是说在城里，可能检查时上山下乡，也挺受气，大家硬叫我说就硬凑，在这里也受气。如：马雍骂我，李琳又说我训马雍；杨滋荣因地方小，与我争吵，并骂我；樊四九打扫土很大，我不教［叫］扫说我要打他，孙增山等；许馆长训斥我，因我作错工作。我对党团员最初就是依赖，一订计划叫他们作，这是懒汗［汉］思想，和洪康谈桂贞等，李柏寿是桂贞的培养人，叫他教育，对耀康、陈杰、晓群等都说过，是否有说我与党团闹别扭，我没有，自己不行，还能那样。我对老柴俯首贴耳，我碰他的时候也有，我有时不高兴，别人的气给他出。我和和兆相处廿年了，互相了解，他怕我抓住一些不放，我和柏寿给他出了大字报，对我是否有戒心，肯现脸色。李琳叫我查书、摸家底、费时间，给他说方法后他可查，他认为我没事，说我们可减两人，他为走极端，以前要增加人现又要减人，李琳说不知怎样得罪了我，这就是我的想法。我说党团是否是没作好工作的纲，当时是我主持会，有人说我提法不对，工作没作好应说某某同志，不应提党团员。

迈：薛说大家追我就奏在这里也受气，柏寿提许馆（长）申斥你，你不反抗，是谄上骄下，你只叙述过程。

柏寿：关于受气说硬凑，整改是自觉革命，受了气举在的人可整人整己，可能有顾虑说不应提党团员，怕自己犯错误。

李琳：你认为大家出题你就硬凑，应把自己主要的思想暴露出来。

鸿策：马雍与你当股长无关，上下左右受气那天你说了，党团员是工作的纲，不是提法问题，而是认识问题。

陈杰：对整改认识不够，认为大家出难题叫他解答，吞吞吐吐不敢说，自己的思想问题有啥说啥，不必浪费工夫硬凑不现实的问题。

迈：关于党团员是纲问题，不是提法就是你的认识问题，说扭不到一块，举桂贞与洪康、期刊牵连不大，可能就是说大库方面，现在你不是想如何检查，而是想如何解释，是往回抱，不是往外倒。

薛：迈说我往回收，有何表现？想不通，大家讨论。

王和兆：老薛在谈某一个问题没有说明责任在谁，看问题老不虚心考虑自己的责任，老推在客观上，凡一个问题两方都有责任，但今天是你检查，就应该虚心检查自己，尤其是你是一个领导同志，老薛是有些不开展。

柴：薛是紧张的，费了一些精力，但觉着无处下手，形成负担，现在变成出题、答题，你是不会说，不敢谈，也有不愿谈，如：党团员问题，有就谈了，错了就错了。

柏寿：过去吃夹生饭，现在是什么阻碍自己谈不出来，运动关系看个人前途和命运，自己不要光谈不说，把旧东西倒出来，才能灌上新东西。

柴：应该解决这几个问题。1．如何不吃夹生饭。2．取消不行论变为能行。3．同志关系要大有改进。要解决这些问题，不要叫党托着走，不要还叫党抱着走，要叫党引着走。

迈：要关心政治、思想懒汗[汉]和不行结合起来，什么是自己的纲，结合着主导思想表现加以认识才能改正。

鸿策：薛检查大家不满意他也为难，准备费时间还很多，但认识问题太狭隘，我看是不敢说，你说没怕的，我看有怕的，过去为什么吃夹生饭？不吃夹生饭，在于自己大胆暴露，要下决心，不愿当股长是因为什么？

和兆：工作中有问题不愿当股长，他也说党交给任务今后得干，自己要为今后打局面，把问题解决了，工作就好作了，是否害怕把自己的糊涂想法说出来，今后更难领导，应进一步想你的胸狭小，问题一定有，自己要虚心，搞深搞透对自己好。

柏寿：薛是不敢说，不愿说，害怕把弱点暴露了，同志们今后抓小辫子，整风都要整改，大家都提高了就不是谁治谁了，大家扭成一股搞工作，如果不说解决不了或者解决不好，以后还要发作，我们党团员向你保障，以后决没有什么报复行为。不愿说，有的怕说，有的是党员说了不解决问题，老薛老说不行，是否以前每次运动都说不行，不行就过去了，这样对自己没利，现在一天等于廿年，要抓紧思想改造。

薛：同志提了一些意见，好像是我不敢说，我有意见就提，决不那样想怕报复，不敢提意见，和同志们处不好自己紧往主观上想，就往客观上推，暴露我既不是不敢，不愿，有什么可怕，有些东西不敢想，不然又是往客观上推。

迈：有没有可整的？主导思想是什么？

柏寿：表示态度，觉着有风可整，自己也当典型究竟什么阻挡自己倒不出来？

洪康：老薛也费了许多功夫，这也不是肃反，肃反是有时扑[捕]风捉影，而这是实事求是有啥说啥，把自己主要思想结合着事实说出来，有理论有实际的，谈就可以了，不要就事论事谈过〈过〉程，解决不了问题。

陈杰：老薛也认为我说的没有坐对位置也同意，把老根子挖出来，就行了，老薛叫的不行有时是真不行，有时是伪不行，有时在怨气下叫的，明天时间较长，应很好考虑一下，如我像你，你又是如何考虑呢？

赵桂贞：老薛可能钻了牛角，他也准备了，但就是谈不出来，你还不能武断说你没顾虑，应考虑一下你的主要问题在那里，应有条不紊的去谈一下。不要考虑如何解释同志们给你提的问题。

白鸿策：股长是党给的，不愿当也不行，就愿当了，这对开展今后的工作是否能开展好，每次为什么能吃夹生饭？这次不能吃夹生饭，自己有什么措施。

柴作梓：大家提了一些意见，薛的态度和大家有距离。

馆务会议

时间：一九五八年六月九日

薛愈检查：

思想领导：自己知道思想领导是一切工作的灵魂，因知从领导起，不愿当股长工作，分院原有些好转，政治认识差，如不愿被选为工会小组长。

工作作风自己对工作不会想办法形成苦恼，叫同志们想办法，在工作上乱拉一把，使同志们不感兴趣，工作中有监工式的引起同志们不满，如对赵桂贞，在工作中发现桂贞与洪康合不来，不设法从思想上解决，只想把赵桂贞调出去，到小说出纳处去，虽在一股，但不在大库，留下这几个人能扭成一股劲。

对期刊放弃领导，过去杨滋荣弄不好，就叫老迈去，结果仍搞不好，过去一个人搞现在两人搞，增加工作不多，在工作上不从工作出发，个人一[义]气，我认为老迈不好领导，他看不起我。老王先生到三楼整理书时效率很慢，他向我说文庙老年人半日工作，半日休息，在我思想上王先生不好安插，算工作量时不上半个人，对小说处也放弃领导，总之在阅览股的工作忙乱没计划，总结不来，不能鼓起同志们的干劲，但出了汗收效不大，工作没做好，觉得问题不好解决就拖拉。业务钻研不够进展不大，因不学习，不能带徒弟，对新来的同志交代工作不清，交给一本分类法叫他死记。群众关系搞不好，是因政治思想领导差，修养差，有时因小事就和同志们面红耳赤，使同志们反感，对同志们急苦，不够关心，如对张学宽申请福利费。以上我的缺点，是旧社会的旧人员思想，原封不动带到新社会来，在旧社会工作服服帖帖，到新社会工作不大胆，在领导与同志的帮助下搞臭资产阶级思想，今后努力学习马列主义与毛泽东思想，每日学习两小时，每周股务会议。开诸葛亮会议，搞好工作。

柴：没有揭露透的我们帮助他揭露，并帮助他作深刻批判。

迈：薛老是强调不行，作为自己的挡箭牌，不行，就把自己的工作……等搞不好的责任推御[卸]了，主要是没有主人翁的思想，与同志闹意气，一切东西强调别人不好，不严格要求自己，不学习，不愿当股长，愿当不费脑子的股长，不从工作出发。

柏寿：薛比前次转变了，山大不愿当股长，分院好转，现还不愿当股长，何故？自己说不行，同志们对他有□□勇，与原谅，使其更加认为不行，有时作挡箭牌，力争下游与中游，自己不想办法，争取上游。对同志们觉着没有办法对其领导，不想适宜的办法进行教育，有时反大发脾气，吵个你胜我负，负了觉着对威心[信]有信心。

李琳：当股长问题至今日仍未解决，是党给你的工作不适合？你工作将进廿年，有丰富经验，理论有所提高，为何只说不行？根据你的条件完全可以胜任这个工作，你不愿当股长，历次运动都作了检查，自己不作努力，这是对革命不够负责。认为桂贞懒，是否向他进行了教育，把他调出去是否解决了问题？迈你认为看不起你，难领导你又想了什么办法，应该从积极方面想办法，把自己的思想活动谈出来。

迈：暴露思想比较真实，这次把对我的问题，也提出来了，思想底色是觉着我看不起你，你考虑我为什么看不起你，是事实，是感觉，是谁不对？对桂贞的问题自己又采取了什么措施？

和兆：谈自己不行，是初中毕业，你有十八年的经验，当股长是有条件的，老革命初中毕业有几个人家担住[任]领导工作。自己的经验要批判的接受，同志关系处不好，爱抓同志们的小辫子，不走群众路线，欺软怕硬，反认为自己不行当不了股长，这看法是错误的。

郑：薛强调不行，是工作上的自由，愿作不负责任的领导，自己提前吃饭。

桂贞：检查不够，对不愿当股长谈的不透，工作没计划，是经常的问题，迈看不起你？是你没抓紧领导，我当然不好，可是我有时主动做工作，还说是否有人分配，你对自己就不考虑。

康：薛检查有资产阶级的个人主义，有这种思（想）是一定热恋名利，以前当副股长并不自然，是不愿当新社会负责任的领导，愿当旧社会的唯命是听，高高在上的股长。

柴：旧思想看新社会，不行，是真不行，假不行，群众关系搞不好，对同志监工，自己放纵。

迈：他心目中的看起看不起，就是他说啥就是啥，提出不同意就是看不起，如果是这样，恐怕以后还有人看不起你。关于算工作量我说他卡我，他算的一分一秒，其实一个人一天工作不了八小时，不启发教育大家，监工是旧社会的作风，说为自己踏实干，在大的问题上却说的没办法。

陈杰：还得深刻一步，不行，是满足于不行，不想法克服缺点，不想办法找窍门搞好工作而是加班加点。上班到的早，可是工作作的多少，又考虑很少。对有问题的同志，不教育及监工，认王文进慢怎么样，对方应当考虑，老薛也应当检查，用旧方法对新社会的人，涉及到其人时，所涉及的也应以检查的态度考虑问题。

鸿策：薛暴露同志关系原始思想是好的，但对自己没作分析批判，对不愿当股长问题暴露不够，分院没转变，表现何在？大家对领导提意(见)要求高，不愿当股(长)，认为迈威、桂贞，文进有问题，也应从这些问题上检查不愿当股长问题。自己说不行，是没解决了为谁服务，是对自己的工作不够热爱，今后要大跃进，自己对扭成一股劲，出了什么代价。不愿当股长在政治上觉着若有可能，在出纳却还极其自满，觉着现在要求工作高，没解决为谁服务问题不愿干，没领导风度，52 年你是副股长，同志关系也没搞，你不当领导，同志关系也未必能搞好，必须暴露真实情况，解决思想问题。

文进：薛要注意以身作则，提前吃饭，有时签到，后才吃饭，他说我在三楼看书，我是看序说不行，是你不听我的话就不行，写杂志背我要求定尺寸能省时间，他不同意。

陈杰：对王文进是否有一定的要求，如有他看序这是不对的。

薛：王 56 年 10 月来，57 年春后，调至期刊室，半天，反右后整天，在楼上有半年，校对目录，编一小架书没百八十种，帮找书。说阅览有几个人，而王先生只顶个人，是看序还是看书，有时还与高节文研究问题，我们是供给人家研究，不是作研究工作。我认为编目(古书)是编目录的人应作，故调王至期刊室，是我的意见，我就是不愿当股长，不是有名有利就愿当，觉着自己各方面拿不起来，否则在大跃进中是个障碍，今后要走群众路线，依靠群众，制定计划，大家讨论，过去作得不好。

柴：不行有时作挡箭牌，与同志关系是不会思想领导，修养差，还是旧眼光看新事物。不愿当股长，对自己与对同志们要求如何？

柏寿：对同志和自己要求不一样，是否带来了旧社会的作风？

薛：监别人的工对自己又怎样？打扫不作实际工作，指手划脚，并拉李柏寿指挥书库。

树兰：懒汗[汉]思想，不学习，不愿当股长。自己想一个领导如何才行，要依靠群众，要这样做，把人事搞好，工作才能作好，不要为搞好工作才搞好人事关系，自己有时打官腔，你的旧作风想管别人，你对老迈放弃领导，对学宽你放心，每天去看看，是否也不够信任。

柏寿：暴露思想，怎想怎说，不是作文章。

洪康：老薛老说不行，事实不是如此。老薛暴露别人敢，而对自己就不敢暴露，你到处监工、加班，但在上班时就东跑西跑不做具体工作，提前吃饭，提前下班回家，这些就不检查，自己老认为别人不好就监督，这些方法不对头，领导不要和被领导处在对立面，过去有什么缺点，不敢检查，不愿当股长是因没有主人翁思想，在你家再不会不愿当小孩子的父亲怕麻烦。

馆 务 会 议

时间：一九五八年六月十日
会议内容：讨论陶书记报告

陈杰：自己远远落在时代的后面，初来对图书馆的工作不了解，以为日久即会，这是暮气，分配工作不敢接收，自己死气沉沉，别人提出跃进指标自己害怕，愿稳步前进，自己是党员在帮助大家发挥作用不够，因而必须加强学习。

柴：从我与薛被揭露出的都是领导的问题，我认为陈杰对我们帮助不够。

柏寿：在师院坐井观天，不了解外界情况，有时流露名利思想，无文化、无资格，也是自卑思想，没主人翁思想，上班下班，有时说：卅元的毛驴，还能顶几百元的骡子用，以自己出身好，历史清白骄傲，自由散漫，吊儿郎当，有时与同志们争吵，地震天摇无原则的问题。肯要脾气。

迈：陈杰思想上看起来没解放，工作上保守，开会发言拐弯抹角，错了就错了，没关系，是否以为自己是党员，错不要不好看。柏寿修养差，冷静时自己可能感觉对，不冷静时态度暴噪，出纳对同学，以历史清白骄傲。

薛：同意柏寿的名利思想，与同学说话随便，陈杰对别人帮助不够，爱面子。

崔：陈杰对老薛帮助不够。

康：陈杰魄力小，老柴大字报没出去。

柴：柏寿着重检查骄傲自满，庸俗作风。

天锁：柏寿要求别人严对己宽。

鸿策：陈杰修养差，虚心反复考虑不够。柏寿历史清白骄傲，庸俗作风，责人严责己宽。

迈：1. 保守算工作量怕推在自己身上。2. 个人英雄主义，愿意当领导，转业后觉着大材小用，不愿在图书馆工作，愿在马列主义教研室工作，爱表现自己，以前谈过五关斩六将，发言无边，武断、教训多，自高自大、主观、性子急躁，不冷静，名利思想，不满工资与陈德□比，与李琳争吵对工作有影响，看不起他，认为他为走极端，不相信他的话。

陈杰：迈有某种程度上的自满，对薛骄傲。

薛：迈理论不结合实际，大家劳动他整理大字报。

柏寿：迈，1. 现在是否安心工作，人事处、党委会，使人感觉愿当领导。2. 生活和工作作风，背叛本阶级。

康：迈对业务不大钻研。

和兆：迈自高自大好为人师，训人，指示文进，思想意识与贫农不相称。

郑：迈不安心工作，爱特殊，上班时理发，旧军官作风教训口气。陈杰，在政治上代[带]动别人不够。

李琳：迈，1. 对领导尊重不够；2. 处人特别，和张保德、吴金锋相处过分谦虚，对女同志和对男同志不一样。对工作不安心，待遇要高，工资要高，登录效率质量不够好，期刊登的完整手续是否知道，有旧军人的风味，对新鲜事物接受不大。

鸿策：迈，去年大鸣大放有错误言论。

柴：迈，考虑你的不满情绪，认为自己思想非常进步了，愿作思想工作，我不敢给他作思想工作，教训别人，认为自己是左派。

薛：迈，去年有问题，柴说迈说他是左派。

李琳：去年划分立场左、中、右派，迈说他是左派，对自己认识不够。

洪康：迈自高自大非常严重，如有一定职位则更看不起人，认为自己非常了不起，给人的印象不是这样。陈杰修养差，不沉着，如老薛对他有些态度就沉不住气，不会有意识的教育老薛，下面主动的帮少。李柏寿骄傲自大非常严重和别人争吵明知自己胜了，还要据理争吵，不注意自己的身份。

李树兰：迈这次好好把自己估计一下，认识一下自己。工作不安心能把工作百分之百完成？和老李的不团结完全出于工作方面？

李琳：迈接受意见不虚心，把会议闹得不能进行。

桂贞：迈喜欢抓领导权。

崔：迈，夸夸其谈，值班迟到，看事高，要干人事工作。

郑：迈，责任心不强，值班忘了。

鸿策：打扫家里用办公时间，值日忘了，是责任心问题。

柴：薛说迈看不起他，迈说薛让人惟命是从，要是那样以后还让人看不起，算工作量认为潜力已发尽。

树兰：迈在跃进时，说阅览股没跃进期刊室还能跃进？

迈：不是谈潜力已尽，而是说如要有潜力，再考虑。

薛：是工作量，迈认为我卡他，与我赌气。尤其不满情绪，要认识自己，想当政治教师。

李琳：我听迈说，潜力已尽了。

天锁：迈原来就是和他今天声明仝[同]。

鸿策：1. 自己有骄傲自满，个人主义，患得患失，名利思想。2. 政治上自卑，出身不好，社会关系不好等。3. 学习上几年来没提高，是暮气。4. 自己犯了错误了，有时还想要不比现在强，主要是名利思想作怪。

柏寿：鸿策，我觉着摸不透。

迈：鸿策，思想不见面，莫测高深，有小聪明，不是赤诚相见，是否有旧意识。

和兆：鸿策，爱要小聪明，说话爱占小便宜。

郑：鸿策，有提高自己，打击别人的情绪，如：说中、西文如何？有骑着别人的脖子，与人比高低。业务上爱面子，不愿问别人，不虚心，为了表现自己，工作上不踏实，对人态度不一样，主要是对领导。

陈杰：鸿策，外表谦虚，有明哲保身的劲头，如：编目三足鼎立，不愿暴露，计较个人得失。

李琳：鸿策，跃进时与要求有距离。

薛：鸿策，柴叫你负外文责任，你不应不拿起来。

柴：鸿策，不在其位，不谋其政，他如果关心我们的工作，是会想出改进办法，怕越权，别人说表现自己。

康：老白□挑战不热心，影响情绪。

洪康：听陶书记报告对我有很大启发，我主要是暮气，在工作上不敢想不敢干，保守，如对赵桂贞没有办法，修养差，因不值钱的事和同志们争吵，也和同学吵，群众关系不很好，在政治上要求进步不迫切，在学习也很差，在业务上因不安心、不钻,爱睡觉,也算暮气保守。

赵桂贞:洪康有好人主义思想。

白鸿策:主要是暮气说说,在政治方面有问题,要求进步差,斗争性差,对赵桂贞帮助不够,有作客思想。

薛愈:我觉洪康干劲不大,有作客思想,应好好挖一下。

柏寿:他的暮气也是有作客思想的过,同时火气很大,有时对赵桂贞不满但不提,认为提了不顶事,有时有些滑头,也许是责任心不强。

康:对群众关系搞的不够好,爱当好好先生,对群众不提意见,有些娇气。

陈杰:在政治思想斗争不开展,动脑子不多,不符合共青团员的要求,是否有些思想狭隘。

崔凤奇:不像青年人生气渤渤[勃勃],斗争性差。

李琳:来图书馆不短了,对馆里的工作很少提意见。在这方面努力不够,表现不负责任态度。

郑:洪康对自己的工作看不起,认为干这样工作不如回家去。

柴:暮气严重,表现在各方面,表现出不是生气渤渤[勃勃]而是没出息,考学校是临阵磨枪,考过就算了。

迈:暮气是缺乏责任心涉及到个人,脾气很大是缺乏政治责任心。

郑维阁:1. 重家务轻政治,学习政治理论不够,业务上肯钻,敢想不敢说,怕人不支持,怕讽刺。2. 同志关系,对领导。

柏寿:郑平时表现有些蛮横,看不起别人,不负气,不愿叫老白负责外文,不讲理,如打扫。

李琳:郑,编目形成这局面,应主动检查。有一鸣惊人的思想,同志关系与作风。

鸿策:郑,1. 骄傲自满,表现在工作上,搞资格。2. 检查政治思想,特权思想。

迈:郑,1. 政治上进步差。2. 骄傲自满,名利观念,说老柴以前还向他学习,现人家已成领导。因工资写匿名信,有太太作风。

和兆:郑,1. 气量狭小。2. 工作效率慢,自己却不承认,定工作量提的高。

陈杰:郑应注意:1. 应对自己工作经验有个正确估价,不然摆资格。2. 编目三足鼎立自己应检查。3. 骄傲自满,有特权思想。4. 思想狭隘。5. 写匿名信,应正面提。

崔：郑，1. 有自满情绪，2. 有个人主义，与柴关系。

薛：郑，1. 爱面子，2. 不懂装懂，骄傲自满。

康：郑，1. 与刘万家比，人家要求入党他也要求，向党交心应说出。2. 与柴郑关系，应照顾他的领导地位。3. 群众关系。

树兰：郑，1. 作工作从个人情绪出发，对学习有利就干，如：印书号，打俄文。2. 匿名信。

迈：郑，1. 应检查与柴的关系。

柴：郑，1. 回家工作对我们要求，我应抱什么态度，自己爱人是领导，自己应抱什么态度？过去如何？

迈：柴提爱人是领导，应吃虚亏，便宜问题，不对头。

朱洪康：老郑有些自满，自己究竟比老柴强不强，自己的行动应该注意。

陈杰：老郑有些特权思想，横扫五气时睡大觉，老柴把你推醒又在睡了，新社会与旧社会不一样，旧社会当做领导爱人可以耀武扬威。

柴：老郑在家不理睬我。

李柏寿：我也认为有些对老柴看不起。

迈：郑，有不尿柴的成分，也有仗着爱(人)是领导的成分。

桂贞：郑，对别人的优点和自己的缺点，认识不足，编目三足鼎立，无人提醒。

郑：开会睡觉还没习惯，那天有病，累了，关于入党是党支部号召。

李琳：八代大会对自己鼓励很大，检查缺点也跟进，外界跃进很大，自己缺点错误很多。1. 组织性、纪律性不够，自由散漫，满不在乎。2. 对人态度，简单粗暴，使人家下不了台。3. 对工作主观认为积极，实际很糟，没主人翁态度，认为浪费是业务不熟，现在想想那些是没估到，那些是本来不应浪费的浪费了，认为公家钱没什么。4. 对别人的缺点、毛病看的清楚，优点则看不清，认为自己工作干净利索。5. 看问题抓一些，否定全面，如：会议掌握。

迈：同意李琳的简单粗暴，其根源是不虚心、主观，工作不负责，浪费方面，夸夸其谈不结合思想。

洪康：对国家问题不负责，如值班特别强调不值夜班。

柏寿：爱管闲事，大手大脚，方针政策执行应检查，替商人说话。

陈杰：老李主要着重采购方面，工作作风也是一方面。

王文进：李先生存在的问题也是图书馆的主要纲，使国家财产受很大损失,看别人错误很敏锐,为什么看不见自己这个问题。

崔凤奇:对方针政策执行不够,有的书该买多的买少了,该买少的买多了。

鸿策:工作上胆大、心粗、主观、片面,对人方面态度粗暴,在图书馆是否有名利思想。

桂贞:在业务方面学习差,影响到采购。

陈杰:不能坐在办公室打电话,应深入到各系去了解情况,如系里不提自己也不买。

康:老李太主观,如采购小组,大家都认为合适,但老李一直不同意。对群众关系应列为一条,有个人英雄主义,如果好的就向自己身上揽,对自己要求松,对别人严。

柏寿:应检查骄傲自满情绪。

郑:李琳揽权,有资产阶级经营观点,随风倒。

李树兰:不肯用脑子,不愿三联单,粗中无细,华而不实。

康:财务科建议他不采纳。

洪康:易走极端应检查真实思想。

薛:李琳买下书叫退退不了。

鸿策:李琳,1. 有时扩大别的缺点。2. 对自己缺点满不在乎,这次整风不主动检查,表现与众不同,开会脱裤子。采购立场:是为了教学和科学研究,还是为了个人主观意见或是站在商人的立场上。

柏寿:李琳,自私自利,公私对比。

柴:1. 采购那些是不可避免,还是有意的浪费。2. 账不按财务制度,差不多的观念。3. 对别人缺点不惜夸大,自己缺点躲躲闪闪。如:扫五气时,外边人说,他工作积极,别人打击他。

迈:1. 李琳应检查与我的关系。2. 明信片久来不取,究竟怎回事。3. 扫五气,叫人说情,说不是事实。

郑:李琳,评薪时有冤气。

康:李琳,不是完全直通子。

柴作梓:学习不重视,听报告等。

馆务会议

时间:一九五八年六月十一日

和兆：

1. 旧公务员的作风，按时上下班，死气沉沉，墨守成规。

2. 懒汉思想，自己不想办法，别人想出来自己也不支持，如：油印卡片，吃现成饭的思想。张学宽的浆贴戳问题，眼高手低。

3. 个人主义，工作上协作不够，编目股三足鼎立，自己没主动的帮助别人，想学俄语搞翻译名利思想，用功过度，神经衰弱严重了，心胸狭窄，个人得失。

柏寿：和兆，应检查脾气和怨气。

郑：和兆，本位主义，别人帮助中文，他不帮助别人，狭隘，嫉妒，欺负别人不行，笑别人不笑，对我研究贴戳不满。业务上保守，从未提建议，对新鲜事物不敏感。分院后不够主动，中文全是柴分类，评薪后干劲不大。

王文进：和兆，懒汗[汉]思想。

鸿策：和兆，对政治要求进步不够，于是形成懒汗[汉]，保守。

康：和兆，对公布新到书不满，本位主义。

洪康：和兆，主人翁思想不够，得过且过，原谅自己。

薛：和兆，你学俄语要翻译，如用那精神学习图书分类法，一定能搞好，现在不想搞西文，愿贴戳，是懒汗[汉]思想。

康：和兆，对人戴有色眼镜，喜欢人奉承，对提意(见)不高兴。

柏寿：和兆，喜欢奉承，不够虚心，如：分类错了，再三提柴和你都会。

崔：和兆，1. 旧公务员思想，对工作不大认真，如，分类错了，他说不要紧，大类对了就行了，暮气大。2. 保守，查看不放心，工作效率低，愿叫别人唯命是听，主观性强。

柴：和兆，1. 暮气沉沉，政治上不要求进步，业务不愿学习，把斗争闹成和事老，检查卫生都怕麻烦，不愿用脑筋，怕当股长。

朱：对政治斗争不敏锐。

陈：对政治不关心。

王文进：有自卑思想，胆小不敢说，帮助同志少，干也不敢干，缩手缩脚，想更不敢想。认为自己精力不足，见了年轻人和领导不敢说话，分配工作从自己出发，愿干文、史资料员。来图书馆后不忘教学，有自利思想。

柴：文进，把你旧社会的作风检查一下。

柏寿：文进，没抓出主要东西，旧意识特别严重，有病请假怕公布，请假几月如何，为谁工作为谁忙？来馆目的是为了看山西好东西。薛是否布置看序，如没有王就不对,是否愿跟青年人谈话,自高思想特别严重,爱考人,依[倚]老卖老,不要把老当作挡箭牌。

白天锁:文进,工作怕负责,错了不承认。

柏寿:文进,年老了是长者,爱与年轻人说低级话。

康:文进,每次劳动都没出席,应检查。反右前与我谈百花齐放、百家争鸣,谈农民苦,请暴(露)原始思想。

薛:文进,旧意识浓厚,留恋旧社会,按旧思想对工作有不满情绪,是否安心期刊室,自卑我倒看不出来,反是自高,过去当教授,教育工作,有经验,在会议以第三者出现。

桂贞:文进,应检查与迈的关系。

郑:文进,旧意识,有意见不提,娇多病。

鸿策:文进,1. 有骄傲思想,2. 待人圆滑,是否有留恋已往的思想,3. 想与教授等接近,目的何在?

陈杰:文进,年纪老处处想叫别人照顾他,他却不管别人,站在运动之外,旧意识特别浓厚,为谁工作不明确。

崔:文进,爱表现自己,向我说教过大、中学,吃饭走路有劲,工作则不行,开玩笑有低级趣味。

柏寿:文进,事不关己高高挂起,事若关己斗争到底,里外不一。

和兆:文进,工作态度考虑一下,认为当职员是迫不得已,想当中学教员,低级兴趣,散布毒素。

洪康:文进,低级趣味作为接近青年人的法宝,爱卖弄自己,自私自利买公债。

薛:文进,不买工作要买书,把病当成挡箭牌。

康:文进,管三楼书时拿走一叠书,不知是否办手续。

陈杰:文进,拿钱不要少却要少工作,自己说支持不下来应想办法。

柴:文进,参加整风是第一次,真正东西要自己暴露,应主动整风。1. 是党对自己大材小用,还是党对自己是照顾?他说学校党政对他照顾不够,说图书馆是高度性的学术机构,这话不周严,我们是为科学研究服务,我叫他搞古书说他懂应快。服从领导和工作不够,应实事求是以诚相见,想少出点力,多得报酬,你来后请了几个月假。

柏寿:文进,柴发言也不记,有抵触情绪。

文进:康先生说的书我没拿过一本书,柴先生说话我如耳中听,和兆说我说低级话我不能接受，其他同志的话是对我当头一棒，是金科玉律，党对我照顾多，我出力少，我参加劳动也不偷懒，工作我能作多少就作多少，工作能力低我承认。

桂贞：1. 工作态度，在工作上干劲不大，往后看不向前看，保守、暮气，没建主人翁态度政治要求进步不迫切，软弱，斗争性不强，工作互助友爱精神不够，接受意见不虚心，受[爱]强辞，认为接受批评是吃亏，对薛看的缺点多，当然他领导有问题，我不想给他想办法，你叫我干，我就不干。对同学态度不好，有时吵得很凶。

柏寿：桂贞，懒气很严重，主人翁思想工作目的，工作使人不满意，斗争性弱我不同意，常有理，在政治要求进步不迫切。

陈杰：桂贞，没有年轻人的干劲，不主动，问题在哪里？人生观不明确，应付老薛而工作，政治活动不积极，主要是工作态度。

鸿策：桂贞，主要是工作态度，应注意本质，是否确立了共产主义的人生观，在工作上是应付，奸猾，政治上要求不迫切，入团看法不正确，三个月要求入团，动机不正确。

树兰：桂贞，检查家庭影响如何，考虑多。

柏寿：桂贞，娇气浓厚，扫楼过道怕冷叫别人去，打算盘打的好，政治斗争不敏锐。

康：桂贞，对体育锻炼不愿参加，娇气。

柏寿：桂贞，借书看人三等九级。

康：桂贞，大字提的多提，应如何重视。

薛：桂贞，打小算盘，要小聪明，想对付人的办法，看着我欺软怕硬，交借[接]教材手续拍桌了[子]，瞪眼说我讽刺他，你的思想受何影响？

洪康：桂贞，1. 工作方面偷机取巧，2. 政治上自甘堕落。[，]3. 看人借书。

薛：桂贞，工作上消磨时间，有空不帮助别人，懒气，个人利益斗性强。

柴：桂贞，着重检查工作态度，雇佣观点，对群众态度，大字报提你的多，常有理，偷巧打小算盘，能想办法不想。

崔：桂贞，究竟为谁工作，薛对你不好你就工作不好，暮气。

柴：桂贞，原则性不强，涉及个人斗争性强。

洪康：桂贞，旧意识浓厚，轻视劳动。

郑：桂贞，有旧社会人员的作风，饭碗思想，在领导面前劳动好，领导走了则不好。

康一鹏：陶书记报告很有启发，有一分劳力就得劳动。

1. 思想方面，有懒汗[汉]思想，忠臣思想，奴才思想，有旧人员的作风，浪费方面。

2. 作风有暮气，盲目骄傲，气量狭小，容易从感情出发。

3. 有万事不求人的思想，不看人的长处，只看人的短处，忠臣思想，是对领导人负责不是对工作负责，人家让干什么就干什么，不钻研是被动的。不安心工作，随着党的教育而改变。主导思想是封建残余，没有主人翁的态度，打钟上、下班，不钻研。盲目骄傲，让人看不起，气量狭小对人要脾气，凡事不求人，对人不关心，不联系。

柏寿：康，主观性非常强。

洪康：康，看见别人有缺点就断决[绝]联系，这对同志关系没好处，不能教育人。

李琳：康先生在家里对爱人不放手，他的开支，积蓄爱人都不知道，认为爱人不应知道。

文进：康先生，思想好像不可捉摩[摸]。有一次开会，锁链找不到，有封建残余思想、忠臣思想、奴才思想是否受了家庭影响。

郑：康有旧作风，勤勤恳恳效率不高，对公家东西爱护是好的，但有时抹布、扫帚供给不到，有恭谨表现，年青不愿接近，谁说话顺耳就满意，如李树兰，对有意见的人不满。

崔：康先生很会说话，也喜欢别人会说话，他问我要简历，我说在人事科，对我不高兴，对熟人好，对生人不相信。

薛：康先生爱图书馆如家，但对其他人不够放心，如领下水桶，他收拾了，说有一次晚上我把他赶回去了，是否认为我有什么行为。

和兆：康先生在运动中感觉过左，学习领会精神不够，是否出自真心，退休，有时表现不自然，不是真心要求退休，掌握东西过分严，如：水桶藏起来了。

李琳：康先生有长辈作风，对工友表现严重。

白天锁：看不起自己，认为在这里工作没出息，宁愿到工厂当学徒，工作当然作不好。理论学习不够，怕与别人说话，影响团结，学习文化和业务差，说为从小没学，学不好，下乡时候人家说我有学生架子。要求进步不迫切，工作中有暮气。

鸿策：天锁，没主人翁态度，想办法少，干劲不大。

柏寿：天锁，自己不如别人，师院不如别的单位，欣赏他的师傅，人家愿干就干，不干就睡觉，故他有冤气，工作多，抓差。

陈杰：天锁，年青政治要求不迫切，有自卑感。

柏寿：天锁，开会不发言是缺乏主人翁思想。

树兰：天锁，自卑感应挖根，看出期刊室问题不提。

薛：天锁，知道期刊室的问题就是不提，文进、迈威的情绪了解不说，缺乏主人翁思想。

王文进：天锁，自卑思想不应当，对期刊室了解比迈与我都强，对迈不说。

柴：天锁，装订书胡来，学校培养你当装订工，与老贾比，以为自己学下一套了有些自高，过去没啥你说要到工厂去，是否有了翅膀想飞了。

康：白天锁，政治要求不迫切，有什么障碍应批判，工作不大胆。

桂贞：天锁，对同志有意见不批评。

柏寿：天锁，出身农民，但有好逸恶劳，当工友时说图书馆工作重。

天锁：当工友时，挣廿九元，工作重，要求到工厂，不是羡慕他不工作。

郑：我有时与天锁说他也是待理不待理。

鸿策：天锁现在工作既然安心，就应起劲，现在工作开展不大。

崔：自己有自卑感，政治差，业务不行，可是有时也有自满，接触个人问题，个人主义就冒起来了，如：评判心胸狭隘，暮气很重。

和兆：崔，年轻[纪]大记忆力差是自然的，但对业务钻研不够，他闲[嫌]我说话啰索，不要闹误会。

薛：崔，暮气，保守，旧意识浓厚，开会不严肃，他替和兆解释没本位主义，和兆申请福利费替王争辩，下乡时表示很好，可是在那时，他取报不取杂志，老孙说他说话不好听。

柏寿：崔，本位主义和个人主义相结合，为编目中文，以至个人辩护，送改错书他不高兴。

文进：崔，气量狭小，对人不大理采[睬]。

薛：崔，编教材应该注意。

康：崔，接受意见，往往不虚心，好辩护。

郑：崔，给别人提意见打不破情面，先说好的，刚见时，排卡不愿搞，是怕犯错误。

柴：崔，狭隘，别人提意见，不自然，感情易动。

崔：拿报纸没拿杂志我不知道，最重的卡片都拿回来了，杂志为何不拿？我为王先生辩护，我觉着没有，有时是自己的看法。

和兆：崔不应只贴戳刻板，应主动的遇啥作啥，多作些工作，有工夫也应分类，在工作上来个跃进。

戴立德：我主要的问题：1. 红与专从平时重业务轻政治，进步很慢，于是表现暮气。2. 调动工作，当时就有问题，愿到中学教书，到图书馆没思想转变，但是认为轻松了，动脑筋少，对馆的任务认识不够，这也是错误的。

柏寿：戴对专业思想抓出了，这个问题应当解决，不然以后红专成问题，有些暮气不活跃，当然刚来不了解情况，开会发言很少，认为图书馆工作容易，可能闹不出来东西。

康：戴说柴没交待，是否你问了没有？

郑：戴，对工作能完成，调动工作没搞通，觉着工作轻松，是否安心了，言谈流露愿当中学教师，说轻松看用劲不用劲，是否有自高，有些意见不愿提。

薛：戴，开会发言少，不了解情况但应分析，怎么能把厌倦情绪取消了，有暮气。

柴：戴，谈出两个问题抓的还对，调来时觉着轻松是领导没交待清楚，认为清闲就安心这思想可要不得，是不正常的。

树兰：自己是犯了严重错误的人，是人民的罪人，1. 检查犯严重错误的根源，自己是个右派分子。2. 检查犯严重错误的情况，戴帽后至处理等，处理后至现在的情况。

蒋：国际局势东风压倒西风。自己堕落为右派分子，党的宽大在工作中改造，是要改造立场，以后才能取得人民资格，党对自己宽大，立场没转变发言可能对同志不利，思想不对头，要学习党的政策，联系自己的思想，悔过、反省、老老实实的工作，来馆后没认为干不了，不合适的思想，要彻底改造重新做人，大家随时看到错误给我提出来，使我反动立场早日转变。

柴：蒋说的对，下决心改造立场，大家会帮助的。

听了报告很鼓舞、兴奋，要把总路变为自己的动力，一方面思想认识上，一方面要在实际工作上行动起来。农业跃进，文教图书馆也得来个大跃进，我院扩大今年要变地理、体育为系、教育、艺术要成立，远景一万人，我院是母鸡，得支援各院，(六个师专)，今年招研究生，今年 1 800 本科为主，自己的任务大了，不求有功,但求无过的思想要不得了,过去认为落后事小,犯错误事大,今后落后就是大错误,今后要贯彻群众路线,以前不联系群众、依靠群众、不总结群众经验,今后关键在于走群众路线。

李琳:听了老柴的这断[段]话,对我很大鼓舞,认为老柴的干劲起来了,我很高兴。

另外,对老薛提点意见,听了陶书记报告,老薛表现的不够积极。

薛:听了报告很兴奋,各方面都在大跃进,自己纠缠在小问题上,今后要把奴才尾巴割掉,股长大小是个领导,怕见领导,见了受拘束,怕说错了对自己不利,这是奴才思想作怪。行不行,今后要分析主客观情,过去不愿费脑筋,拿不行作挡箭牌,是有意不行,和假不行,真不行要锻炼,假不行要批判。自己在工作中要想办法,献宝,要把旧东西除掉,我觉得我还是有干劲,有时方法不对事半功倍,或好事作坏,今后要把自己的力量用到正经的地方去,大家给我提的意见很好,如认为自己初中程度不行,可是老干部人家文化更低,还能搞好工作。

鸿策:薛,听了报告有启发,感到过去说不行是有假不行,认为自己有干劲,这都是好的,就是暴露不够,不破不立,没把原始思想兜出来是不行的,我们学校扩招加重任务,只有整改好才能担负起任务。

树兰:薛,认清了奴才思想,想把尾巴割掉是好的,如何割应想想。

陈杰:薛,要想作到像白说的那样,有必要端正态度,过去说硬凑,出题目,态度不端正。

康:听了柴说的任务,薛必须端正态度,把问题揪出来。

李琳:薛有进一步的认识,破的还停留在原来的基础上不够深,有些问题没正视,不然还会吃夹生饭。

柴:大家给薛提的很要紧,忠恳[中肯],首先是破的不够,准备一下,明天检查。下礼拜二,太原市本届高中毕业生来我院参观。

馆务会议

时间:一九五八年六月十二日

下礼拜二,太原市本届高中毕业生来我院参观。

宋教务长:很长以来对图书馆关心不够,对具体问题具体作法了解不够,近来郭处长亲自挂帅他也很忙,关键在于依靠大家。整风是自觉革命,是指大家自觉,不是指重点或某人,尽管基本上是好的,相对的,但距运动要求差的很远,大家想想那些地方作的不够,柴、薛这次检查,次数多不怕,要越挖越深也好,但不是这。

挖深挖透就是个人存在的一切问题,都谈出来,不会分析大家批判。柴主要问题:1. 历年来对图书馆在干部上、工作上对党的方针、政策,那些对那些不对,馆的任务是什么,完成了什么?没完成了什么?为什么?再进一步,图书馆是为了教育作的够不够,采购方针怎么样,问题很大,本人要检查,馆长了解吗?为什么不了解,官僚主义怎么来的?我们是大学,岂能把教学和科学研究置之不理,你了解为什么不理,等于你不明确方向,如果说了解,是牵纠[迁就]了个人为什么,是什么原因?这个问题是严重的,应这样认真检查,把问题提到原则检查,教育了自己和大家,很多不需要的书为什么都买来,如果有什么人事关系和不正确作风,坚决不允许,错了,坦白了就行,如果不说,坚决不行,向党交心,我们成绩是主要的,缺点只是十指中的一个指头,方针政策是从群众利益出发的。

2. 干部上,我对干部如何对待,我们要以平等的身份出现,把心交心干部,对干部首先帮助提高的政治和业务,学习和生活,上、降表扬,批评如何。

3. 搞好工作靠大家,群众路线怎么样,这只是业务的一面,通过这些某人的主导思想是什么,比如是名利思想,再在干部政策、群众关系等各方面证明一下,如:是享乐思想,领导华而不实,图求安逸,即便好好工作也是为了个人享乐、吃、喝、穿或者有人,是封建的末[没]落意识,自己没前途没精打采,华而不实,应付,没□气。找出主导是思想后,然后拉到政治,你对各项运(动)怎么?人生观如何?或者从政治到业务,即对世界的看法,然后再拉到业务,主要是树立革命的人生观。

最后找出谁是白旗,谁是红旗,如果一个人毫没革命热情,犯了路线错误就是白旗,另外工作上辛辛苦苦,不问政治,也是白旗,我也不前不后,叫当大家也不当。如大字报说,桂贞、维阁、李琳,领导应大吃一惊,领导为什么不管,干什么?犯了错得承认错,你们检查了我们也得检查。态度不端正要端正态度,有的是多年干部,有的青年,桂贞我 1956 年给你说过,为什么暮气那么大,李琳,你轰动全院,要好好检查。我主要是关心老柴的问题,他是领导,闹不好影响大家,这个不要当那个不合适,自己怎么?你是领导,就谈心,老柴是好的,几年的领导工作,但也不能牵纠[迁就]缺点,检查人没抓不出重点,提意见人没打中要核。有些害怕说态度不端正,薛你如何从政治上提高,观点明确否？主人翁的态度如何？如果单纯业务好，没政治是不行的，培养出来的学生是讨价还价的。

郭处长：主要是正视问题敢于下水，存在哪些问题？今后如何？

宋教务长：主要是暴露原始思想，不愿当领导为什么？多说几个为什么？越胆小的人，个人主义越深。大家先辩论，然后再批判，为什么对思想工作头痛，追、追、为什么？这是很大的论点。

郭处长：看起看不起，薛应从工作上着手，联系思想，不行为什么不行，领导说你不行？群众说你不行？

薛：1. 不愿当股长是老问题。49 年以来就是这样，54 年分院公开提出，因为，一方面能力低，没办法，思想不开展，处人方法不对头，很多人与我合不来，上下左右使我受气。分院时，师院来的人能合来，故愿来，表面没提不愿当股长，内心却不愿意，来这里也有气受，许馆长、柏滋、马雍、孙增山、迈威、樊四九等，给我气受，下乡时，与我爱人谈，愿意回村里去，锻炼一个时期再回来，或者到其他馆去，但不愿当领导，怕受气。为什么不愿当股长，原始想法，当领导得作思想工作，自己政治差，同时对作思想工作感到头痛，自己见了领导拘束，说不出，怕丢人，我与领导接近很少，害怕汇报错对自己不利，受批评，取消股长倒好，只怕没工作，饭碗没了，思想逐年有进步，干部政策国家包下来了，现怕作不好工作，愿叫别人领导，自己当出纳员，哪怕降一级，也行，怕麻烦怕负责，不开动脑筋想办法，不愿当股长，是从个人利益出发，怕作不好工作领导批评，群众不满意。

2. 行不行的问题。过去常说不行，成了口头禅了，遇见工作就说不行，别人说为什么不行，也说不出所以然，自己把不行作为有理了，自己不行不是绝对不行，有时遇困难不想办法，不走群众路线就说不行，这就把不行当成挡箭牌，不行里还有假不行，不行自 49 年也干下来了，不过没干好。只要走群众路线，发挥大家力量，就能作好工作，要变不行为能行，在实际工作，如：拟规则，自己写几条，参考几条就行了。

3. 同志关系。主要是自己政治不开展，保守、胸襟狭小，感情用事，不相信别人，有时以监工员的身份看同志，只看别人的缺点，不看优点，要求别人严自己宽，这是有意无意，结果效果极差，认为同志们看不起股长，如：迈、桂贞，有时自己找出桂贞一点，在会上批评，弄的关系不好，严重脱离群众，闹不团结，领导应多负责，按总路线要求自己差的很远，自己干劲倒有，就是方法不对头。

李琳：薛说我干劲有，就是方法不对头，这是否是老薛的主要问题呢？薛听报告后有启发，但这只是回到第一次的程度上了，还是破的不够，没把思想上存在的根深蒂固的问题暴露出了，不愿当股长是工作方法吗？来这里就为了与自己合不来的人少，你对待迈、桂贞，自己应负什么责任，对方听了没解决实际问题，群众说你是婆婆式，把头式等，不是平等的态度。

郭处长：49 年以来不愿当股长是因为拿钱少，能力弱，政治不开展，你怕。

迈：薛说，上下左右围攻，有没能力他已说透了，是遇见困难不解决，用不行作挡箭牌，你的个人主义在那方面。上下左右只说了下，没上及左右，别人围攻你，是你的问题还是别人的问题？没解决。你说有干劲就是方法不对头，可是你每天实际工作做些啥？你的工作堆下叫新同志干，不愿当股长是没尽到能力还是不行？在工作中以监工者出现，别人说是婆婆式、旧军官等，很主观，我说啥就是啥，这与不愿当领导相矛盾，不相信别人，政治不开展为什么？抓出别人一点就批评，这是报复，爱抓小辫子。

鸿策：薛因人事关系就来师院，这话不对头，两人已调走，杨比虞更厉害，当时薛不愿来，因他懂古书多叫他来。关于给爱人说上下左右受气，上山下乡我想不是山大的事，在山大是副股长，以普通干部出现，不可能上下左右受气，不过他已说在这里受气，不过大家认为他态度有问题，应该对自己进一步要求。

迈：薛说来师院不对头。

和兆：薛，1. 我有干劲，今后有干劲，领导方法不行，当干部行，当股长不行。搞不好领导工作，是思想有问题，不暴露却说是方法问题，同志们提出封建笆[把]头等，既有此现象就应深挖，薛可能认为还是大家不对，你是否有顾虑？怕同志抓小辫子，怀疑要处理。

陈杰：薛愿当旧式的股长，新式的股长不愿当，未上班他来了，大家上班了，他就走了，作些啥不知道，你政治落后是表现在那方面。思想是有顾虑，不敢说，思想落后表现在工作上和同志关系上是些啥，说出来大家帮助就解决了。

李琳：大家提暴露不对头，应对准事实。

薛：我印象是四个围攻，没考虑什么时(候)虞走，记不清，也没分析杨、虞那个好处人，我来师院人事关系不是唯一原因。

郭处长：分院来主要问题何在？薛思想确实不对头。

鸿策：薛挖东西不严肃，不是挖真东西。

陈杰：薛说不吃夹生饭，只强调不接受大家说的不对的，没强调大家说的对的，如何检查。

薛：我认为来这里是因为老柴、郑、树兰、和兆等，对那四人的问题不大。

下午薛愈检查：

自己对作思想领导工作感觉头痛，认为不好下手，在理论上知道作好思想工作，才能搞好工作，实际自己作不来，认为自己的本钱小，初中毕业，能力低、方法少，解放前政治上不要求进步，拿领导干部来衡量不够格，于是影响整个阅览股工作。领导批评（如许），群众不满，上下受气，杨滋荣骂我，孙增山给我难堪，于是觉得领导工作不好搞，愿作实际工作钻一门，觉着自己空空无，不愿当领导。54 年苏院长说，主办人要拿出意见，对愿当股长有转变，对政治活不热情，因选工会小组长而与群众动态度，赶出师院都不愿当组长，认为我已当卫生组，应选别人。

工作方面：工作没计划，辛辛苦苦的官僚主义，自己不想办法，想叫别人想办法，认为老柴知道我，想叫他想办法，不会发动大家想办法，一件工作作不好，着急了，乱抓一把，同志们对这不感兴趣，劲头不大，自己有时包办代替，赵桂贞懒、慢，自己去监工，有一次小说那里三人工作，学宽说老牛破车，我去了说，反正三人非干好不行，大库桂贞与洪康合不来，我原叫桂贞调过去，对我也有利，我说一句，他说三句，柏寿、陈杰、洪康三人能扭成一股对工作有好处，用这种简单方式调解矛盾不对。期刊室长期放弃领导，认为我摊子就够了，主管人就可办了，大事我也得请示领导，原叫他直接请示领导，杨滋荣没工作好，我建议领导把迈调过去，半年来工作也是一般，和杨在差不多，原来杨只要一人半，现迈要两人，有时两人半，不过整理了院刊，资料卡片未排，对外目录未作，前次计算工作量，认为不是从实际出发，一分一秒告我卡他，制计工作量表嘟[赌]气，我内心认为迈不好领导，看不起我，他好当领导，对王文进派到阅览股是我的包袱，编古书是编目上的工作，我有意见，王在三楼看书，有时，研究问题，我认为我们帮助别人研究，他说应对老年人照顾，文庙工作半天，后来把文进调至期刊室，他说期刊室是休息脑筋，说编古书费脑筋，可是调下来后说分工不合适，我主观认为王强调古书费脑筋。这次算工作量能顶半个人，甚至四分之一人。小说也是依赖张学宽，对他放手不管，有时帮助归片，总之阅览股无计划分配工作不适当，发挥不了分工合作，问题书一百多本，这次清理解决了一些，但新的又增加了，觉着虱多不咬人，工作方法不科学，有头无尾拿起这个、放下那个，特别是作不了总结工作，鼓励不了大家，大家出了力也落不下好。业务方面,柴 56 年北京回来,对馆性质略知一二,去年去北京学习后理论有所增长,十八年不学习,业务知识很差,以后要变不行为行,不行本身就是错误,看自己想了没有。

对培养干部很差,对新干部交待很差,给一本分类法,叫死记,再把阅览工作程叫他看看,叫同志们下死工夫,熟能生巧,方法不对,事倍功半。

群众关系:搞的不好,这跟我的政治修养差、文化水平低,气量狭小,上班来、下班去,只要求多工作,批评多,表扬少,因小事争吵面红耳赤,于是与同志们伤感情,使大家对我反感。因改错,责备李柏寿,我死在图书馆,你死在书库,人家很难受,对同志们不关心,自己忙碌不知作了啥,因此与同志打不成一片,对别人缺点能看到,对人要求高,对己要求低,这也是作不好工作的原因之一。从以上归纳我的主导思想是资产阶级的个人主义,自己虽出身农民但对旧意识沾染很浓,把旧职员的习气带到新社会来,在旧社会服服帖帖,有奴才思想,自卑、廿一岁,一个人办一个图书馆,养成事务主义,解放后,对新鲜事务不敏感,经过这次整风要把脏东西倒出了,解放思想,树立主人翁思想,把奴才尾巴割掉,今后要听党的话,每天拿出两小时学习政治和业务,依靠群众尤其党团员改进工作,工作要有计划有总结,把事务主义克服了,使的图书馆流通率加大,期刊室要做资料工作,两礼拜开股务会议一次,开诸葛亮会议,修改不切合实际的规章改掉,把阅览股工作,来个新局面。

柴:薛检查,1. 真正接触到自己的痛处,浮皮而过,6 月 9 日说用旧眼光看新社会,举例批判,对同志计分计秒,对自己则不谈,对自己的具体工作也没谈,过去追问过的避而不谈,着重群众关系,几年一直存在,自己只说修养差。

李琳:薛戴两顶帽子,1. 对人马列主义,对己自由主义。2. 辛辛苦苦官僚主义,忙忙碌碌的事务主义。有帽子无事实,除股长工作外,没具体工作,给系提书,归片叫别(人)突击,怎么陷进事务主义泥坑。提到与同志关系,没检查,对自己,你是否帮助了。

树兰:薛,1. 在阅览股工作,因能力不够,造成忙乱,表现何在。2. 王文进到阅览股不愿意,是现在是原来,有什么表示? 对领导,对王是谁? 为什么不提? 3. 不愿当股长,当了后是什么态度? 对同志如何? 特权思想。4. 有奴才思想,具体表现何在?

鸿策:薛检查比较全面,和前几次差不多,当股长不愿上下左右受气,分院有转变具体事实表现是什么? 2. 对阅览股同志以家长式领导,没有批判? 3. 对人关系,老是说人包围他,迈、许、桂贞、增山、四九等到底是你受气别人受气？只说态度不好，气量狭小，问题不好解决，应说出思想根源？上午说不行有挡箭牌，下午没提出来。

迈：薛，沾到思想的边就不说了。如：愿不愿到师院就不提了，给你爱人说要回家不受气了。自山大至现在与工友和同志合不来，为什么凡是与你相处的人都合不来，为什么？当然对方有问题。期刊室老薛常不去，除过算工作量，去了只是看看，我与他打交道，叫滋荣编号，不叫划表，可能是柴给他说了，最后，迫使杨照作了。登记杂志叫我多次试验，我认为不必要，说我看不起他，我说你到看不起我。大字报处理叫他看，他不看，说没工夫，我有缺点，愿作领导，对领导不是，是是是，这也是不尊重领导，我爱提意见，他不接受，我主要对他没帮助，他主观的很，搬文史宝浪费时间。

柴：迈说不接受领导不正确的东西是不尊重领导，如果这样应坚持正确的。

迈：除过反面意见我再没有不尊重他的事实。

薛：迈是否对人对事，看着他不行他问题没好好考虑。

郭：迈，你抓打老薛有本钱，如果是平级恐怕你对他更那个了。

李琳：迈说与薛接触很少，没意识到不尊重领导，我认为他看不起领导，有时薛不一定提的不对，你也不接受。如：算工作量，觉着不行应拿出你的一套，你的计工表你说是与薛嘟[赌]气。

郭：迈，不可忽视，薛为什么说对你不好领导？

薛：迈说的有事实不符，贴号是会议决定答复大字报，以后按杨计划作了，杨没说好吧，跟股长的方法干，算工作量跟杨滋荣过去算好，我计划应新算，有必要。

迈：我觉得我不好领导，我给领导出难题是可能的，是出过难题，如：期刊没地方闹情绪，给薛提了好几次，我认为他是股长他应解决，我不是有意识的看不起老薛，我还帮助过他，说他没计划，另外我爱提意见，当然不一定正确，算工作量我不赞成他用8小时算，不是不愿算。

柏寿：迈你不要着急，大家自有评判，迈你应结合自己加以批判，为什么给他出难题，没房子，不要怪股长，馆长也解决不了，我自己也知道薛在你思想中占的地位。

鸿策：迈看薛、柴不一致，如对柴不尊重，对薛不至不尊重了。自己愿当领导，人事工作，薛不行，你对他怎样？你争取了他的领导没有，大字报、说没时间看，对柴意见考虑，对薛则看不起。

陈杰：迈应考虑，有情绪时为什么给他出难题，迈你我的印象他是不尊重老薛。

郭：薛方法是有问题的，迈不应那样对待他。

柴：薛提对迈不好领导，主要责任在老薛，迈应虚心考虑，如处理大字报不上班。

桂贞：我对工作没主人翁态度，干劲不大，不是为工作是对人，初来对薛尊重，后发现他欺软怕硬，我就发展成顶他了，你分派我作啥就作啥，不帮他的忙，分给我还行，最近他接教材，原来他没交待我，不过我给他交待，以后又给柏寿交，薛说我好，我认为他讽刺我，摔书不是为工作，是对人。

鸿策：薛不教育干部，不对。桂贞不是为了工作，奸滑，自己有时不对，也要辩，常有理。

陈杰：薛是领导，不是正面提问题，以讽刺的口吻提问题。

柏寿：薛常不检讨自己，桂贞人他对[对他]真没办法。

和兆：薛只说事实，在工作中讽刺，什么思想支配，要态度特别厉害。今天没联系思想，薛不如桂贞说的实际，只说懒，是否还有什么不可说的。迈不好领导。

文进：薛对我编制归阅览，工作是编目，是否给领导提过，这是他的包袱，对领导不满意免[勉]强接受，暴露不够。我在楼上工作方针任务不明确，认为那是高深学术工作，校核教授们闹的东西发现错误，我认为闹错了是师范学院丢人，司马光资治通鉴 15 年，工作任务不明确，钻牛角，在工作中百分尽百分，十分尽十分未作到，为什么没有作到？和老薛的关系刚来时东一本分类法也没有说，薛先生给我颜色看，有时到 1 楼也是监工式看一眼就走了，那时我很难受，这也证明我不能受委屈。

柴：几位同志提了意见也检查了自己，你那样可以造成。1. 干劲小了，2. 干着不痛快。你对大家要求和对自己要求具体说出来。

薛愈检查：用监工式方法对同志对工作带来了很大损失，如学宽反映李柏寿工作慢，我就向李说提着胡子问年龄，拿旧社会的旧思想来新社会用，自己还是一个领导干部拿那来用是错误。对人是马列主义，对自己是自由主义，如提前吃饭，虽然次数不多，但如果是别人这样作你是如何呢？有时开会还剩几分钟，同志们去饭厅去吃饭，我还去叫，有同志提出经常提前吃饭，我还不能接受为自己辩护，认为不是经常，认为自己还来的早，不是对人以同志式看待，照理应严格要求自己。但对同志们要求严，而对自己松，因我有这些缺点，同志们干劲鼓不起来，老说阅览股扭不成一股劲，而实际上是自己扭不成一股劲。

李琳：应说出你提前吃饭的思想活动是什么。

陈杰：老薛喊阅览股扭不成一股劲，但又说自己能干劲。

鸿策：别人提老薛工作没作什么，而老薛反说你们不干我单干，这是矛盾，另外自己不愿当股长，但对同志们又是那样主观，得听你的，这也是矛盾，另外说原来愿干股长了，表现在什么地方，没说出。

王和兆：我认为老薛提前吃饭不是一次两次，而是常这样，而老薛不敢重视，应注意态度。

洪康：老薛不敢分析，不敢暴露，来的早是优点，但主要应检查工作如何？愿揽工作，但工作质量很差，华而不实。

李柏寿：老薛这几天来的检查不是对同志提高威信，而是更降低威信，降低威信不是说老薛把脏东西倒出来的关系，而是不老实造成的，如提前吃饭大家都知道，你就检查，为工作自己揽，但这手揽，那手扔出去，为什么自己工作这样糟，领导方式这样糟，你那种工作作风与领导作风不改变，工作总搞不好。

郭处长：薛愈今天有成绩但不深，应很好挖自卑思想，其次挖下上下围攻，不愿作领导，第三思想作风也是一方面，工作作风对工作的影响，最后要写材料，主要大胆暴露，大家再考虑阅览股有几个问题，然后串插着说。下周还有一周，但大家不要磨时间。

馆务会议

时间：一九五八年六月十三日

薛：1. 群众关系及其危害性。我的同志关系搞不好，当然与我的政治不开展有关系，主要是旧社会的旧习气给同志关系带来隔阂。如，监工式，叫别人对付自己，对自己却放松，自己上班时间吃饭，认为自己是领导，有时工作需要，有时为了凑十分钟吃了再工作一会。自己处人处事有问题，把桂贞影响坏了，对工作影响很大，阅览股扭不成一股劲，首先因为自己工作方法，不对头，没搞工作主要是我负责，今后在同志们的监督下搞好群众关系。

2. 岗位工作没作好，好像是我把工作都推出去了，除服务工作外，我负责，单位提书归书，三、二楼旧号归架，小说登送工作，阅览室陈列，馆际借书，现送小说归柏寿，二、三楼归洪康，阅览股过去请假比较多，换的人多，我的工作就是这些,将来还得调整。

补充:旧思想,旧人员作风,奴才思想,在旧社会为人家付付[服服]贴贴的工作,在新社会对大家也求付付[服服]贴贴对同志监工,工作的目的不明确,图书馆服务于教学,尤其阅览股员图书流通、阅览、直接影响教学。

迈:薛说的方式还不对头,如:1. 提前吃饭等,不是两三次,当然不是经常,不敢正视。2. 工作,可能觉着每天忙忙碌碌,大家说没工作好,觉着不对头,你应考虑效果。

郑:薛,不如昨天好,没有认识到你是什么样的思想作风,实际上是一个特权思想,过去有人说老薛爱馆如家,但从现在看那是虚无的,关于工作不科学问题,自己不肯用脑子,如何能科学呢?单凭记忆如何能作好呢?有时用些纸片。

李柏寿:关于工作问题,把卫生小组长等都算上,你的工作是有成绩的,但缺点也是不可容忍的,你是有钢用不到刀刃上。

李琳:对同志意见考虑不够冷静,想法上与大家有距离,如大家提你工作没有作好,但你今天摆了一下工作,大家是说你没有把工作做很好,有时还抓同志们的小辫子,你检查出旧职员作风,用旧眼光看新社会、新事物,你不敢向深处挖。你认为负责三个人的精神食粮,但对馆的方针政策执行如何呢?读者上门碰的流泪。

陈杰:老薛昨天的检查是站起来了,但老薛今天的检查又蹲下了。给老薛长些时间考虑一下。

洪康:薛应检查不除了为工作,而去吃饭的错误。

鸿策:薛,不愿当股长说不行有批判,其次与同志关系,你觉受气,同志们也暴露与检查了,你应从你的思想上检查自己的缺点。

赵桂贞检查:

〈1.〉年轻人为什么暮气十足,这几年的想法。(19)54年来后不认识馆的性质,认为干这没出息,总务、编目都没钻头阅览更是跑跑打打,不安心想考学校,有时别人帮助,说行行出状元,也有转变,但同志们对自己印象不好,有时自己想转变,柏寿说狗还能改了吃屎,我老觉得薛对我有偏见,计较个人,不是从工作上取得成绩改变别人的看法,别人说我变不了,就失去信心,洪康不帮助,我有时开会把我说成啥,我认为别人打击我,我常是愁,对工作不主动不积极,于是没树立起主人翁的态度,反正我把我的日常工作作好就行,不帮助别人,你说我慢,我还认为我作的多,洪康打击我说我懒,我就不是考虑为教学,别人慢慢腾腾，为什么要我帮助。

在政治上没信心要求入团，别人对自己的印象不好，有时也要入团说三日五日，入不了由于前途的想法，马马虎虎。

与薛关系，薛爱抓小辫子，原不愿顶他，他欺软怕硬，你说我懒我的工作不要你作，你不懒工作还要别人作，有时大吵大闹。

迈：桂贞，暮气，政治进取心，说了一些，还不太清楚，为自己打小算盘，工间操休息，上班去厕所，年节请假，常有理无理争三分。暮气等不提根源，是过去生活感染，还是图书馆怎样养成，懒等应挖根。

康：同意迈，桂贞没挖根。其实有信心受刺激才能进步，入团也是推客观。

柏寿：桂贞，应把不好的来源挖出来，是从家里养成的，在工作上偷[投]机取巧，工间操回家说时间，对团委、人事干部愿借书，对同学不理，说别人打击自己，我培养他谈话，他说别人有缺点，晓群说她懒，自己只说臭名在外，不争取进步，娇气，扫楼道冷让别人去。

薛：桂贞，说慢、懒都不见得别人过甚，大家都知道，同学打字报，说踏不死蚂蚁，同学说为什么不下放你。前次说斗争性弱，别人说强，无理也得讲几句，年青识[世]故最深，老奸巨猾，你喜欢这个来这个，他喜欢那个来那个，我和柏寿，对晓群，说都叫帮助你变化不大，肃反后，宋教务长给你谈话，去年整风各种表现都提一下。

天锁：桂贞懒有名，打扫指东划[画]西，东跑西窜，环境卫生，捡小扫帚，怕劳动，爱抓别人弱点，对不对老是顶。

柏寿：桂贞懒、慢，是有条件的，工作和时间放得很合适，薛有时说明天开会，完不了加班，他就快了，一说晚上加就有事，或者说还能不叫休息。

郑：桂贞，暮气不仅表现于入团，还表现于运动中，工间操不作，看人对事，如果有决心就能改变，他在无原则斗争强，有原则斗争弱。

陈杰：桂贞，没有正确的人生观，背着个人主义的包袱，没树立事业心，历年考大学，方向不明确就不能进步，认为自己不好就不争取入团是不对的。

崔：桂贞，懒是身体有毛病，还是思想问题，身体并不坏可能习惯问题，如何养成？斗争性强是你给我一拳，我给你一脚，正确的斗争性弱，如：柏寿，狗屎，你不能坚持，改变别人的看法。

迈：桂贞，为了个人无理斗争性强。工作慢、快有条件，是磨洋工思想，看时间，放慢工作，政治上别人说不行，就不努力，这不对，要改变大家对你的看法。

戴：桂贞，骄气很严重，接受意见差，总觉自己常有道理，同学给我说，说图书馆女同志服务态度差，应当考虑自己缺点。你觉（得）薛不行，看不起他，是否目中无人。

薛：桂贞，每次分配工作，都是要顾着他干才干，如：教材，二楼教材，柏寿叫往外搬，他不搬，我没办法包办代替，他说不管，不主动工作。

康：桂贞，对大字报理解了没有？出纳接触群众为教学服务，以总路线衡量如何改正错误。

天锁：同学说大字报说给老乡能借书。

柴：桂贞，年青[轻]人，暮气大，政治不求进步，雇佣观点，态度生硬，暴露了一些原始思想，推客观，今后谈的很少。

郭：从大字报看对桂贞一些材料，及大家对你的看法，检查不够充分。〈1.〉分析批判不够，投机取巧，挑肥捡[拣]瘦是剥削阶级思想，政治上想入团入不了，如果以这样的工作态度表现还能入了团，要改变了才能入团。与领导关系位置不对，领导有缺点，不能不尊重，应帮助。像你这样态度作风，当学生也成问题，大字报应惊醒变了样。

柏寿：桂贞，入团目的、动机不明确，团员有缺点，他说他还是团员，我要入团早入了。

郭：有些人愿入团，看不起团员，这不对。

薛：桂贞很有办法，排片最快，就是不干，认识的同学就快，对刘四英就快，对付我的欺软怕硬，拍桌瞪眼。

洪康：争取入团不要说怎样进步了，但起码应有一个普通工作人员应有的品质，有时自己违犯制度，但认为我就是这样，有时投机取巧，如十几个片归一早晨，检查自己是否真有缺点，如果真有转变，同志们也不会拿旧眼光看你。

桂贞自己表态度：我认为大家提的意见是帮助我的，我过去有改进，但改的不够，我再进一步考虑，老薛说我图人喜爱，我没有这种思想。

柏寿：考虑来图书馆的动机如何？

柴：你学校也不用功，究竟想如何呢？

严教务长：这样年轻而经过历次运动还是这样暮气沉沉，这不是一般问题，说到发脾气与懒，发脾气有情可原，但懒是从何来，这是关乎你一生的前途问题，考虑你的娇气是不是很深，你前面所说的都推到客观是不对的。

迈威检查：

1. 个人英雄主义。在我身上是老问题，来校后表现尤其严重：A. 爱自我表扬，过去干过什么；B. 爱显示自己开会夸夸其谈，表示懂得的多，有教训人的口吻，总觉得比别人强，处处想露一手，在工作上，不知不觉以领导自居，给王文进布置工作，态度傲慢盛气凌人，愿意作领导，不愿当被领导，对领导不尊重，在未去期刊室前觉着薛不动脑子，政治不求进步，能力低，去期刊室后，薛还很主观，你那样还主观，思想有所抵触，他遇事我说了算，由于我对他印象不好，接受工作我也肯坚持我的意见，对他不尊重，这是看人下菜碟，未来前亦是这样，对有能的付付[服服]贴贴，对无能力的看不起，不从工作出发，是从个人出发，与薛关系我应负责，今后要下决心搞好关系。个人英雄主义的人在顺利时能勤勤恳恳工作，不顺利则灰心丧气，看不起群众，一定不能搞好团结。

2. 骄傲自满，自高自大。在以前比个人英雄主义还严重，为什么和有什么值得骄傲自大，主要是不认识自己，实际上自己不行，不论学习、工作、能力都不行，几年来对图书馆还很生疏，平时对己估计高，对别人看不起，对领导尊重不够看不起，这样影响工作和团结，对柴也一定能看起，不是因能力、业务问题，而认为他心胸狭隘，不团结，个人主义，于是对他不够尊重，看见别人缺点，觉着他没什么，有这种思想接受工作就不能痛痛快快，接受别人意见不虚心。

3. 在工作上有暮气，来这儿后不安心，学习业务就不怎么钻，打铃上、下班，快慢不管，改进方法更谈不到，去期刊室算工作量，只怕自己担不了，去后是生工作，领导也没交待。半年来，运动较多，采购、编号等增加了不少工作，我觉得每天很累，没看过一本杂志，工作效率否？也没考虑改进方法，薛说杨一人，现二人有埋怨口气，我就有些厌烦。过去王先生去后对他有意见，他有情绪还是怎么，工作效率很低，我认为他不能顶一个人，连半个人顶不了，所以有时对王先生看不起，他老强调工作多，认为他磨洋工，以后王有所转变，自己怕埋没自己的成绩，这亦是个人主义，这是为六亿人工作，愿表扬，过去表扬过我以这为自豪，柴说不敢表扬了就指我。有时发现自己竟错误，不马上向真理低头，爱面子，使同志起反感，骄傲使我进步很慢。

4. 名利思想。这是新问题，不是过去没有，觉着在队伍中爬的快，初是宣教干事，以后是主任，当时是领导工作和自己的坏思(想)结合就没暴露了。来校后认为大材小用，待遇不满，以前做领导，现作具体工作，觉着不好看，爱与人比，与工学院陈德操，自己原比他高一级，现人家是股长，以为领导不了解我。前天来姓的人家拿九十多，处处为自己，这就失去革命干部应有□□，往往爱虚荣，见过去同事问起时觉着图书馆不光荣，原想在马列主义教书，或者教育行政工作，没把每个事业看成光荣的，与人事室再三要求调工作，我没要求做人事工作，这是刘敏，说党委、人事，需要党员，马列主义以后也需党员，我这胆大，给我啥我都敢干，历史是过去问题，就不考虑没本钱，原教育所说练习练习当助教，这也是一个思想因素，对自己认识不清楚。

5. 理论与实际结合问题。某些道理我能理解，尤其遇到个人利益和革命利益相矛盾时，表现严重，每次开会滔滔不绝，由于爱表现自己，就存不住一些东西，华而不实，说的多作的少，主要学习不踏实，没把马列主义融会贯通。

6. 严重的不满情绪。这是因为从部队到这里，觉着工作待遇都不好，原领导人现做实际工作，被人领导，觉着都是党的领导，觉着不如部队，不安心，想离开这里，就不钻研业务，想改进方法提高工作效率很难。同时有懒汗[汉]思想，工作一天算一天，八小时够累了，过去神经衰弱业务书没有看过，除外文其它[他]书没看过。在肃反中搞了一年，更不满意，觉着领导与我过不去，后来从理论上搞清了，从思想上未完全弄通，故在大鸣大放，嗅觉不良，不对肃反带有不满情绪，工作待遇又有意见，于是与右派言论共鸣，来时别人不如我现比我高了，经过反右自己言论被批判，自己主观认为自参加革命就跟党走，因出身穷人，与党利益一致，但有个人主义的脏东西，不在政治上犯错误是不可能的，反右后认识比较深刻，这运动对我教育大，于是就把个人的缺点有进一步的认识。

7. 忘本思想。出身贫苦家庭，小时候给别人放牛，家里劳动至 17 岁，以后才读书，自己吃苦不少，郭处长给别人扛长工，但我受苦不亚于他，父亲早死，依靠叔父，我是老大，说实话也曾讨过饭，吃过糠、麸、馒馍、红薯，穿大鞋露脚指头，应当对旧社会地主痛恨，但自己相反，羡慕地主，觉着命运不佳，为何不生于地主之家，没有阶级仇恨，不是痛恨剥削阶级而是羡慕变质，走上社会一直是向上爬，做种庄稼没出息，一辈子不能翻身，向资产阶级看起爱虚荣，面子，参加革命工作后也有进步，理论上知道剥削阶级，但旧思想很深，主观想摆脱他，由于没好好学习，进步不大。前几年宣传社会主义生活好，自己产生了错觉，经济富余，吃好的，穿好的，认为革命就是为了幸福，在其他表现方面也不符合无产阶级思想，自己想改，转变不大，自己也觉着不像贫农出身，郭处长对我刺激很大，主要是旧社会熏染深，参观同学翻身变质对自己有刺激，自己这样发展下去，前途不堪设想。

8. 今后规划：

A. 踏踏实实学习政治，彻底的融会贯通马列主义，与自己联系。

B. 业务上，好好学学，钻钻，三年懂图书馆一般事务。

C. 克服缺点，加强联系群体。

D. 以党员的八项条件要求自己：多、快、好、省，在三年内达到党员水平。

柴：迈说的问题不深不透。

1. 个人主义工作顺利与不顺利怎么样，现工作是否顺利?

2. 骄傲自满不愿接受已(作)危害如何?

3. 工作不安心，工作百分之百完成?

4. 党给我工作干作，现工作是党交给为何? 不大胆完成?

5. 工作待遇不如部队，两个地方党怎么样?

6. 与李琳团结关系等。

迈：1. 我认为个人主义工作顺利时干劲足，在部队符合我的愿望，干劲大，来后觉着不适合，干劲不大，刚来就不愿到图书馆，但因部队光荣传统，还能不接受任务，自己不一定解决思想问题，分配工作时我说，不愿干，但我能百分之百完成任务，我说是手不闲，勤勤恳恳，有上夜班，这种说法是错的，没有费脑子，改进方法。现在对图书馆不光荣等自己认识了，如果领导不调动我也要死在图书馆，年纪大了，我还能干啥? 主要是思想解决问题。

2. 骄傲自满就看不起别人，一定搞不好群众关系，不能虚心向别人学习，接受工作有问题，学习、钻研不起劲。

3. 工作不安心，每天手不闲效率当然不会高。

4. 过去凡是党给我工作我都敢干，不估计自己，对自己认识不足，那时说不会能学，来这里不安心，不能发挥主观能动性，只满足于手不闲。以前认识是错误的，今后要从改进工作方法着手，现登录已有改进，工作效率提高一倍，以后还要钻研。原始思想，是因为我作宣教工作，来后愿作领导工作，当宣教干事给营团干部布置工作，原作领导，来后只是股员。觉着作那工作进步快，参加会议多，有特殊思想，觉着这里政治空气不浓厚。

5. 在部队党给我工作高，待遇大，同是一个党，来后，就给我这工作，可以看我的登[档]案，主要是为了个人，肃反后还不安心，刘敏说，人还能干一辈子，或者有调动，当时勉强解决问题，反右后思想解决了，干革命就不能考虑个人得失，以前认为登录没干头，馆长叫到编目上我也同意，老柴叫去期刊室我也很愉快。

6. 我回来李琳刚来，树兰病了，领导叫我代理，李琳看不起我，以后他爱管闲事，招[召]集工友开会，康没法领导，工友要手套，水壶打了，李琳不叫赔，看着李琳不对头,他购书我登录,我闲他买的多,太浪费,向李琳说,如果是你的钱你怎样?他不接受,说我还闲少,看着他不顺眼,有时人家对也不赞称[成],我不应光看见别人缺点,也要看大家优点,以同志式互相帮助,我应负主要责任,我看人方法不对头。

和兆:迈出身好,现是资产阶级思想,应挖为什么有这思想?应该是踏踏实实,朴素作风,现在是个人主义名利思想,变质很厉害应除根。

康:迈出身穷,讨过饭,一下子转了 180 度,喜欢地主生活,原来不是穷人的本色,检查对资产阶级不痛恨,是否能真正转变过来,对灭资兴无的心是否有?去年整风初要参加,现在就是整风应严格要求。

柏寿:着重检查和老薛及其他同志的关系,自己为何给薛出难题,是什么思想支配的,对现在工作搞的如何,是否大材小用。

李琳:忘本思想说的远了些,怎样忘的本,不要学从生活上改变出发,应从变质出发。谈的都是老问题,目前在工作上表现怎样不想怎样?你昨天还不承认,对老薛看不起,老薛对你头痛,老薛一布置工作到你那里就埋头向上,其他方面也有应该谈谈挖一下,整风会议上老薛讲你把会搞的不欢而散,你过去工作实际上磨洋工,算下来的工作量等于半个人,到期刊室工作后,减订了许多报刊,不是加重工作了,现有二人,老杨在时一人,有许多工作根本未做,算工作量时有许多工作未刊入自己的范围,职责还不明确,资料卡片的挑刊就是期刊室的工作,应深入检查一下期刊室工作。

薛:业务上原是老杨作,你去后他给你交代了,我那天说工作少了,你火了,编号以前人家也编,我与他接触不多,但一接触就出难题,如:算工作量,搬架子等。馆务会议大家要叫算期刊室的工作量,你认为不必要,你说现在工作效率提高了一倍,过去用多少时现在用多少。任中归报迈讨厌我,任中不愿在阅览股,归报 20 分钟就可完,他归四、五十分,在期刊室你过去不安心,现在表明态度了,关于编号,依杨了,你昨天说:"杨说,你是股长,依你!"我认为你看不起我,以为我说下的一钱不值。

文进:新华书店送三分日历,李琳自拿一本,给迈一本你是接收了,认识如何。肃反一年,评[平]反后还有意见,至现在解决否?被你看起来的人很少,对薛、柴也看不起,说柴对古书一窍不通。

郑:迈对过一天算一天,给多少钱干多少,劳动纪律不强。如:理发,自己穿的好,看不起穷人,有腐化思想,有娇气,打麻将苦战三夜回的早。

薛:迈提高一倍,每本杂志用多少时间,说八个钟头累,晚上不愿开会。

桂贞：迈说以前手不闲，不管效率，据我了解他一天忙忙碌碌，效率不高，你手慢还是和以前一样呢？

天锁：外文报、院刊谁归？堆的不少，迈算工作量未考虑。

郭：迈的名利思想，自己检查和同志们反映一致，面很广，你在实际工作改的怎样不突出，说起来就是部队如何？肃反如何？你变质比上不比下，生活方式转变了，不亲工农子弟，同志关系看起看不起，资产阶级息[习]气，工作50%，70%都不行，不能一分钱一分工作，尽了力就是好同志，最大问题就是名利思想。

闫教务长：迈少年生活很苦，检查很感动，解放后参加军队，担任重要工作，来这里不应有这些问题，可能你参加革命时就带了许多资产阶级东西，到部队有才力，当了领导，思想不改造当不了领导，以为自己在部队作政治工作，自己的政治水平就高，这是危险的，会说行动跟不上是危险的。

迈：大家提的绝大部分是正确的，李琳说50%，应算一下，我没想办法，我承认没偷懒。闫分析的很对，我以后要少说多做，看今后行动。

馆务会议

时间：一九五八年六月十六日

鸿策：张晓台先生暴露他在教学中装蒜、保守、自私等方面检查很好，就是分析不够。

陈杰：李恩普、陈过、张晓台检查好，陈过说思想斗争过程很好，张晓台暴露的分析不多，吴倜连联教学多，不太(好)，张一纯比比划划神气不好。

鸿策：张一纯不像检查，似乎像作政治报告，吴倜说话不懂，心理学教研组认为他差的多。

崔：李恩普、陈过、张晓台检查好，李、陈分析好，张不够，张一纯不够深透，吴倜较差。

李琳：张晓台、陈过、李恩普、胥文章较好。张一纯最差，他检查厚古薄今，厚外薄中，只说一些现象，提思想不够，并有情绪。陈过暴露比较深刻，思想活动真实，但检查中就有个人英雄主义的表现，从思想上还没把资产阶级个人主义搞臭，显示自己，卖弄自己。李恩普动泪很真实，痛恨过去团结不好，闹对立，但没对与具体〈人〉的人闹意见的思想活动说的不少。张晓台暴露很好，年纪也大，提的很深。

戴：张晓台检查很好，没顾虑暴露好。李恩普检查不好，哭他经常哭，业务不行,不虚心学习,医学院听课,他提前布置,胥文章检查较好,有暴露、分析、批判。

迈:张晓台暴露最好,把别人的成绩掘[据]为己有,最严重,但他能勇敢暴露,这有思想力量支持,对我很(有)启发。张一纯,检查厚古薄今,厚外薄中,后又说有唯心主义,难道两厚两薄不是唯心主义吗?通过他们检查给大家启发很大,如何检查,让我认识到带着个人主义检查个人主义,是不能检查好的。

和兆:胥文章、张晓台检查好,胥确实作过一翻[番]斗争,思想解决问题了。张暴露具体细微,是经过艰苦的思想斗争的,批判较差。李恩普哭不自然,感情不够真实。张一纯不像检查态度,以个人主义检查个人主义。

薛:张晓台暴露好,是典型老教授,怕培养好助教把自己顶了,留一手,好材料留住,爱面子不懂装懂,敢于源源[原原]本本的暴露,对我启发很大,吴倜听不懂,检查不好。陈过,思想过程谈的[得]好,怕在助教面前丢脸,怕归铁托一类。

郑:张一纯检查态度不够好,他检查厚古薄今,厚外薄中不是从思想上检查。张晓台敢于暴露那些臭东西,很好。

康:张一纯不像检查态度,浮浅。张晓台,检查很真实,能破就能立,年纪大的旧东西多,把它说出来对。

柴:张晓台检查对我很感动,一个老教授能推开面子在大会上谈,是他这次运动的提高,把不能见人的臭东(西)都抖出来了,这表示他会决心解决这些问题,至于分析批判一下即解决了,说出来,不是降低了他的威信,而是提高了威信,决心向党交心,彻底改造,通过检查,张先生一定能够大大的进一步,对其他有这种思想的人一定有很大的教育。

柏寿:参加会议的收获,如张晓台在旧社会停的长,而敢于暴露,说明他的觉悟是很高的,对我启发很大,我们年轻人还不如人家觉悟高。

陈杰:教师不好对教学影响很大,通过胥、晓台等暴露对大家启发很大。

迈:吴倜说乡里人在城里被车碰了,这说明乡里人不如城里表明很成问题。

桂贞:张晓台年纪大,敢于暴露很感动。这次运动非常伟大,不但教育了他们,而且促进了社会主义建设。

文进:吴倜,像是给大家上了一堂心理学课。张一纯,像是给大家上了一堂政治历史课,不是从思想上检查。李恩普,还接触了他的思想感情。张晓台暴露很好，值得我们学习。听了他们的检查，好像自己检查了一样，启发很大。

薛：资产阶级知识分子存有一个共同的特点，解放后都去学马列主义，不是理论联系实际，而是用马列主义包出资产阶级的东西，为个人服务，他们一般轻视工农学生，思想改变是很难的。

洪康：通过这几位先生的检查，比领导上的报告都重要，不仅启发大家也启发了我，听过检查自己也会说出臭东西，对自己也有提高，有了勇气，对政治进步也迫切了。

李树兰：通过这六个人的谈，就明白了个人主义是万恶之源，一个人要改造的快就应得到群众与组织帮助。

严教务长：我认为张晓台、徐文章、陈过暴露的不错，李恩普也不错，大家都有所进步，提高的不少，如徐文章过去只停留在个人英雄主义，而现在归到名利思想，我觉得张先生有这样觉悟是很好。联系到自己就更觉个人主义很差，前天山西日报叫我写了一篇文章，在当时我认为还是严肃认真的，但听了张先生的检查就觉得差了。

赵桂贞第二次检查：

1. 工作方面及其态度：高中毕业后没考上大学就不愉快，初决定来本院图书馆还觉很好，来后完全不一样了，〈认〉总务采购，登、编目，编目没学习，阅览股更是来来回回跑，没前途，在工作不主动，有时还偷懒，脑子中存在资产阶级的个人主义，当大家及党帮助后有转变，但没取根的又消沉了，有时认为同志们打击，说自己没改变，有些缺点自己正视不够，现在认识到，资产阶级个人主义是社会主义建设的敌人，现在全国人民跃进，自己要在工作来个大跃进，工作主动热情，为教学服务。

2. 初中时对团认识不足，认为不入团也能进步，入了团怕批评是娇气，以后认识有所改变，但不愿提，觉着入不了爱面子，来后工作表现不好，对人丧失信心，以后要加强理论学习，争取大家帮助，力求进步。

娇气：怕批评，去年整风哭了，打扫楼道怕冷叫别人去，偷懒，不帮助人，以后要树立共产主义思想。

在工作中不虚心接受意见，有时知道错了还强词夺理，现认识到，如果不虚心接受意见，进步很慢。

这些思想，是受家庭影响，祖母对自己溺爱，养成这种不良作风，怕吃苦，不参加锻炼。初来对薛尊重，以后看到薛缺点，忙忙碌碌事务主义，没计划，……等，认为他欺软怕硬，把别人对他的尊重看成是怕它[他]，我没认识自己的不对,经常与他争吵,为自己打算,不想这样作对工作有什么好处,这样对工作影响很大,自己也不能进步,改后要帮助它[他],改进工作。由于有资思想,自己进步很慢,现全国大跃进,非把坏思想取掉不可,老老实实为教学服务,加强理论学习提高自己,虚心接受别人的意见。

迈:桂贞,比上次有进步,但提的不透,如:小算盘,回家请假,……等,没把思想活动暴露出来,大道理讲的多,看人借书,这个人来了有,那个人来了没有,有些人理,另一些人不理。

桂贞:我有时是好要小聪明,放假不请假不算小聪明,工间操回家不算小聪明,有人我就不借书,我的同学就给借,我没有这种思想,有时别人叫我给他剩一本这倒有,对肯接近的人好是事实。

柏寿:立多破少,只能说枯燥名词,如:自己的偷[投]机倒把小聪明等,不揭露。他的声明不符事实,工间操回家,用多长时间,看人借书别人都知道,对梁园东、闫英、刘晓群怎么样?对一般人又是怎么样?外边借书的人很多,跑到里边照像[相]。

薛:说今后怎样是好,就是对过去检查不够,懒气,一说加班他就有事,投机取巧。

李琳:桂贞把脑子没用到挖思想上,而用到作[做]文章上,对一些问题没认识,加以强词夺理,对人办事,到南区后家属对他有意见,人家找你说话不待理,人家说去家属委会汇报,你立刻就变了态度,你说偷懒,有什么事实,当时思想活动如何?不破不能立,去年整风哭了,以后稍有转变,日久又复发了。

迈:桂贞懒,小孩衣服破了,不缝,人家幼儿园我图书馆了,自己衣服还要祖母洗,懒是剥削阶级的寄生生活。

陈杰:老薛、张学宽走后,小说处小说很乱,我自告奋勇到那去整理,可是下午去我和赵桂贞说,老薛叫我来整理书,而赵桂贞叫我把还回的书上架,而后来老薛又叫我整理架子,我就感到赵桂贞给我出难题,因我刚来对小说不了解,他不是从工作出发。

李琳:赵桂贞平常在工作中能力很强,而能力没有发挥出来,为什么在工作中没有发挥出来而未挖出来。

洪康:我感到赵桂贞检查不深不透,不敢暴露自己,涉及〈到〉自己问题所在就不谈,如工间操回家究竟用多少时候,有工作中爱和别人说闲话,而不顾工作完不完得成,他就不敢检查这些地方,如工间操休息,工间操后去厕所,看人借书，如：刘明借书你跑的很快。

王和兆：桂贞的懒是很出名也没有理由，因身体并不坏，年纪又轻，那种懒从那养成的，应挖一挖根，认识到它的危害性。

鸿策：听了赵桂贞的检查，对资产阶级思想宣战没有决心，在检查中如提出懒，仅是一般的提一下，而没有具体事实，说到与老薛的关系时偏重于批判老薛，而没有谈老薛为什么爱给你提意见，提到和同志争论时自己强词夺理，也没有举出实例，因此看出桂贞没有决心来批判，应向张晓台那样去检查，关于家庭对桂贞的影响也没有谈。

柴：桂贞这次检查大道理多，接触实际不够，应着急检查工作作风，懒，正在工作忙时走了，为什么与老薛关系应考虑老薛为什么对自己不放心。另外和同志关系如和朱洪康弄的洪康哭，应考虑。

严教务长：应检查有能力不拿出来，需要时又不出来，应考虑。

李柏寿：再谈时应多谈实际，少谈理论。

桂贞表示意见：大家给我提了不少意见，今天检查不深，举例子少，重视不够。

郑维阁第一次检查：我是图书馆的一个普通干部，是一个螺丝。

重业务轻政治：对政治，犯冷热病，运动来了关心，平时则不，在运动中也车[扯]皮，重业务轻政治。

别人问我我告诉他，他不问就不告诉他，于是在业务上保守，觉着其他图书馆，差不多就行了。俄文有积压，我就不愿帮助别人，即使调动也不高兴，有本位主义。

爱面子：(19)56年评薪时，写匿名信，当时觉着签名显得太个人主义。

娇气：怕吃苦怕累，自己体质差，怕受损失，苦战七昼夜，愿早回去，提桶怕脏怕臭。

暮气：平时早晚不锻炼，冬天工间操不坚持苦战七昼夜打磕[瞌]睡，因自己爱人主持会议，不在乎。

对领导：柴与我是爱人及上、下级关系，有时他给我半斤，我给他八两，过去我以为在他领导，得不到进步，他说即是[即使]出去参观，也没有你的，故愿到其他图书馆去，这次整风认识到一个人进步主要是自己，不能让人拉着走，只要努力就能进步。

同志关系：由于工作关系很少与同志联系，自己心胸狭隘，只看别人缺点，不看人家优点，如对鸿策，认为他作外文不是能力很强，可是不想自己还不如人家。

以上主要缺点,与我家庭出身有关系,商业家庭,受的光宗耀祖的教育,从北大到三[山]大。1. 勤学习政治与业务、外语。2. 树立革命的人生观,全心全意为人民服务。

迈:郑,谈得很全面,但都是大字报提过的,有的还未说出,说出来的也是轻描淡写,认识浮[肤]浅,如:匿名信是个很严重的问题,你只说爱面子就溜过去了,有老资格的包袱,没决心暴露思想,态度不端正,与柴关系也很简单。

柏寿:郑的看法和大家距离,有些问题未谈出来,娇气只谈大家提过的,骄气未检查,同志关系,如以前说由骑着脖子比高低未说出,脾气蛮横都未说,匿名信比写名更恶烈[劣],主片后未写购买单位,反说没估计到反浪费。

鸿策:郑没检查进去,强调客观。如:1956 年赶突击,使俄文积压,以后就不愿帮别人,是否你 1956 年前有本位主义吗? 主片后未写购买单位。1. 没大查。2. 不明确。刚决定你如何知道人查,有错误只是个别,说只有反浪费才用到,这不是检查的态度,娇气应检查劳动态度,不能考虑身体。暮气:1. 锻炼。2. 磕[瞌]睡。磕[瞌]睡大家提的是你的特殊作风,归于暮气不适当。与柴关系不够。群众关系,不是工作面的问题,而是对大家关心的问题。与我的关系说的不够,主要是态度问题,有严重的骄傲自满,名利思想,你在后边提出来了,应检查。

迈:郑检查群众关系,说与同志只有工作关系,没有生活关系,工作关系如何? 说不上对群众不够关心,轻挥[描]淡写。

和兆:郑检查似乎是业务上专政治上也不落后,如说在运动中对政治关心,每次暴露很差,你有骄傲自满,爱面子,保守等。与柴关系好像问题不在他身上,不考虑夫妇情感和工作关系,与自己关系都很差。

陈杰:郑过去检查应注意解决工作作风,同志关系等,对政治轻,如何轻?我看你在运动中也不积极,如扫五气,给柴提意见时,你还追查五气队谁参加。这次有人提被烧过的当典型你不同意,保守,说别人问到(那)里,说到那里,为什么? 评工资有意见,写匿名信认为柴不培养你,主观努力如何? 那天与我谈话,他对一些问题有不同看法,今天也未说,不破不立,把大家的意见反复考虑考虑。

崔:郑检查有帽子没东西,态度不端正,以主观主义检查主观主义,怕丢面子,与客观距离很大。

迈:郑应挑[跳]出个人主义圈子来检查。

李琳：来馆后听同志们说工作多年有经验，他自己也说有经验，理论差，并有创造。如：贴戳，配陶胶，但你拿这些作为骄傲的资本，俄文人不能算少，可是历年积压，是否挖掘了潜力没有。郑说柴不培养他，说出去参观没他的事，我看与事实不符，(19)56 年你在编目作具体工作，(19)57 年即担任俄文编目，这能说你在师院没前途吗？编目不能协作，为什么？你应负什么责任？上次领导暴露编目股不能协作，是与你关系的，检查态度不够好，你对某些问题有不同看法应说出来。

戴：郑暴露不够，只有题目，如暮气……等。自高自大，骄傲自满较严重，你说图书馆技术，主要是编目股，流露自高自大，阅览总务没什么？

薛：郑，骄傲自大没列入，我认为很要紧，他工作多年，以为柴以前向他学习，肯[啃]老资格的包袱，(19)56 年评工资与王和兆比的很露骨，把自己好好估计估计。

树兰：郑应联系工作检查，八项举例都是偶尔的例子，你以前王、白提意见说的很严重，柴说总校核职叫白担任，觉着你有问题，你应负什么责任？今天你好像是白不一定比你强，提出来辩论辩论，你接受工作肯考虑，对自己学习如何？娇气、暮气等决不是偶尔表现，应在工作上检查，几年来，质量、效果如何？你重业务？再考虑……十来年了，现在这样，值得注意。

康：郑资格很老，以前和现在的东西都不一样了，不要骄傲。匿名信说是爱面子，不妥当，应说其原始思想暴露出来。

桂贞：郑自高自大，在思想上是比较严重的，未谈应考虑群众关系不好，我看是看不起别人，以前说柴理论可能比你强，经验则否，可能你认为他理论也未必比你强。

文进：郑，图书馆多年易产生骄傲。

鸿策：以前决定总务打登录，编目印个书名，中、西文都照作了，俄文则否，是因为个人关系还是什么？郑在反右后整风时，把自己估计过高，如果你认为不够真实的话，应进一步明确一下，这样可以促进自己进步。

迈：横扫五气是群众自动组织的，追查责任不太友好，郑除四害退后，扫五气则没参加不高兴。

薛：(19)56 年你是搞突击，俄文有积压，可是你考虑一下是否出了汗，不愿帮助别人。

陈杰：郑：1. 暴露不好，应端正态度，扣帽子没东西。2. 检查些什么东西。

郑：大家提的意见很忠诚，我应进一步再检查。李琳说，馆培养我，(19)56年我作具体事，以后编俄文，事情不是这样，我(19)54年后就编外文，自高自大是有的，摆老资格倒不一定，有保守，别人问啥告诉啥，以为怕一次倒出来，别人说老资格。

迈：郑，说柴以前向我学，现人家是馆长了，老资格的包袱是背了，我印象白比你强，自己对自己没有正确的估计。

陈杰：大家认为郑有老资格思想，他不承认，大家辩论一下吧！

和兆：郑，以为自己是从北大出来的。

柏寿：郑依[倚]老卖老，摆资格，你们说柴是权威，我认为他则不然。

蒋士道：郑先生在谈保守的时候说大家问我就说，不问就不说，大家认为老柴在本馆是权威，而老柴还向我学的本馆，表现出是权威的权威，郑先生并未说到向别人求教，这就是骄傲自大的表现，未认到后来者居上，看不见新生力量，这是阻碍人进步的，希深刻认识这一点。

鸿策：郑维阁是否摆老资格，应检查一下骄傲自满的来源，骄傲自满得有本钱，认为自己有些老经验，大家公认的老柴是本馆权威，而老郑觉得没有什么了不起，同时也可说一下，在图书馆贡献些什么，是否还有些另[别]人未来请教就未教出来，有无主人翁的思想。应把骄傲自满暴露一下。

李琳：我意见，老郑把大家提的意见全面谈一下。

洪康：应结合骄傲自满谈一下编目股的团结问题。

陈杰：老郑应当仔细考虑一下老资格这个问题，照说老郑的老经验应教给大家，发挥作用，提出傲上对领导就看不起，对下边更可想象。

柴：应考虑自己骄傲自满所造成的后果与危害，它表现在各方面，你这次运动应解决些什么问题？通过检查应认识到过去不值得骄傲的东西而骄傲了，而在工作所造成的危害，如果不这样也可以把你的原始思想暴露出来，如果不能接受的还可辩论，最后搞通了对你有好处。也可以把你的长处比别人的长(处)比，缺点比缺点，经过辩论才能认识，骄傲自大作为你的主要问题还是对头的，这个骄傲自大正是你的白线，这个白线串了一系列的问题，骄傲自大也是比的，你可以把与每个同志比一下。

迈：郑弄不通的问题可以提出来。

郑：我经常觉着自己一钱不值，不是自满而自卑，过去是自高有些表现，我倒不是拿老经验与别人比，(19)54年有几个去北京参观，贴戳改进像贴邮票似的，分院后卡片改进，贴戳实所有改进，感觉自己比别人动的脑筋多，和兆不支持，反而讽刺，于是我认为虽然是零碎的，但也想办法，你还不开动脑筋，觉着柴只是看的理论多，实际经验不一定多，柴对我的老办法不支持，我就认为你了不起，我还比你了不起。白鸿策住过两年大学，学英文，别回字目恐怕也不识，钻的也不怎么样？柴看人一行百行，叫白负责外文室，我觉着受不了，倒不是我要负责，叫白负责，究竟怎样负，负些什么？我对白有意见，柴叫他负责后，表现自高，强调送书条按日期排，我认为是开倒车，对他不太满意，当时白强调叫把(19)56年和(19)57年的积压分开，我认为应结合条件，我并不是不愿白鸿策负责，我主要对于白的态度有意见。

陈杰：刚才说出来些问题，但还不够，光把问题向客观推是不解决问题的，应该先从自己应负的责任，三足鼎立主要是要从互不关(心)而言。

鸿策：听了老郑的检查，思想还有顾虑，谈的不够大胆，谈到我与他的问题，事实不符合，在清理积压时老柴把我与老王叫进去，而后来老郑进来了，柴叫我负责和老郑谈，而我有顾虑就叫老柴谈，而老柴叫我谈，我和老郑谈了，而老郑说各有各的作法。

馆务会议

时间：一九五八年六月十七日

郑维阁第二次检查：

1. 重业务轻政治。过去抱的态度，政治不问我，我不问政治，想当超人，不愿搞运动，力争中游不前不后，实际不前即后，成了白旗，但扫五气又愿参加，这是因为想打击别人，以攻为守，爱看业务书，不爱看政治书，同时把政治书作为教条，不能联系实际，重业务认为能吃得开，看政治干不出什么名堂，是为个人服务的，这样没政治有业务是不能很好的为人民服务，实际是只专不红。

2. 骄傲自大。拿自己的优点比别人的缺点。

① 对周围同志看法：首先对老柴，觉着他有些理论没实际，自己倒有一些经验，几年来没把实际提高到理论，认为他的理论是从书本来，我虽然不写书但也有实际。王和兆，不主动，不动脑筋，(19)56年前只打字贴戳，自己却想办法，于是觉着他不如我肯想办法，比他强。白鸿策，好像在大家[学]学过两年英文，但也没什么对业务还差的远呢，你学英文稍比我强，但业务比我差，这样别人都不如我，我虽没住过大学，但我只管补课，不想人家住过大学，我想假如

我有你那基础还比你强,你们墨守成规不想办法,叫我在思想上服你们是不行的,这样对自己的傲气更助长,不考虑自己基础差,在外文方面进步很慢,工作数量千百来册,质量还不高,改进不大,由于自高不能与人家合作,这样造成各自为政。

② 觉着在柴的领导下自己不能进步与提高,自己不知道自己有无培养前途,有没有把真才实学拿出来给别人看,进步主要在自己。团结问题:由于自高自大,与同志,你不理我,我不理你。要叫我眼里有你,除非太阳从西边出来。评薪不满:看王和兆进[晋]了级,为什么不给自己进[晋]级,在工作上没有什么不如他,有次给李琳说,他也说为什么提一个不提另一个,于是更觉不满,把自己工作与王作了比较,给工资改革委员会提意见,改革后许馆长说你和王差不多就是面儿窄,思想稍微解决了一些问题,又看见毛主席说,烈士不能与你比了,自己觉着对革命没贡献,自私自利很惨痛,意见书上是说郑比王的工作重,以第三者的口吻提意见,为了自己利益不择手段,当时没想,人家住过两年大学,平时工资与自己一样,人家不委屈?进一级有什么不应该。

3. 名利思想:在旧社会工作时,靠人的关系,有粗腿就能吃得开,自己没熟人,由北大到山大就是为了名誉提高,来后受压迫辞职不干,解放后又考入山大,试用期满待遇又没提高,一年后稍有提高,但不怎么样,想改行,愿考美术学会。(19)52 年评薪又比白、树兰等低一级,觉着不平,实际是自己计较个人利益,(19)56 年工资改革给王进[晋]级没给我进[晋]级,还是计较个人利益,这是自己革命的人生观还未树立起来,老革命人家踏实地为人民服务,自己却计较个人利益,这是严重的个人主义,今后要树立革命的人生观,不计较个人利益。

迈:郑比昨天深刻的多,他已挑[跳]出个人主义的圈子,骄傲自满的暴露是真实的,是否别人的外文就比自己高一些,适当的[地]把自己估量一下,行到什么程度,名利思想再一步的暴露,匿名信,怕自己提意见不好看,以第三者的身份给自己说公道话,应该深刻批判,娇气亦应提,有虚荣心,不懂装懂,说自己会骑车子,会打乒乓球,对和兆的工资可能还有些情绪。

洪康:我认为老郑今天的暴露的很好,说出了对柴、白、王的看法,但究竟觉得老柴行不行,比自己如何?我觉得老柴比你行,因他对三个股都懂得,也作过许多实际工作。

鸿策:我觉得老郑暴露的很好,这证明了要放下包袱,究竟自己行不行应检查,说看业务书一遍比政治书三遍,如果说看业务书多,应该说自己的经验提到理论上，但没有，这是个矛盾，对老柴的看法是老柴学的空洞理论，但老柴解决了馆的重大问题，这与老郑的看法不一致，老郑是否有真才实学，没有拿出真才实学，这是有问题应检查。认为王住过大学应提拔，这未从才德出发，这是有些资格的观点，对同志们与老柴的态度应检查，另外应检查本位主义思想，否则编目股也不能扭成一股气，在会上睡觉应再作检查，另外，检查一下匿名信与娇气。

和兆：老郑今天检查较深刻，但还应检查以往满足于过去的一些老经验，把自己的经验看的过高，但图书馆的经验不应限于老郑所了解的那一些配套胶与写油印上边，还应在基础知识上钻研，从现在看来老郑对这点看的还不明白，在态度扭转上后应进一步检查。

迈：郑应结合骄傲自满、回忆一下过去的工作，你的效率很低，并有老柴的帮助，和其他院校比一下，自己到底怎样？行还是不行。

陈杰：郑作为思想暴露很好。在工作上有特殊作风，反浪费展览 3 月 7 日晚坐着不动，薛分配给你工作，表现不服气的劲头，是私人诚[成]见还是什么？扫五气时想参加打击别人，扫五气给你、李琳、桂贞出了大字报，就是打击你们吗？老柴并不像你的看法那样，人家就只会搬教条吗？

树兰：郑，扫五气应认真，认为白的外文学两年，技术不如己，柴有理论无实际不如己，比比别人想想自己，是否就是想你认识的那样？你说每月四百册，是偶尔还是经常，如果是经常恐怕不能有那么多的积压。

陈杰：郑还是有摆老资格的思想，与白、王比自己工作究竟如何？

桂贞：郑比昨天强，但有些问题还停留在原基础上，说王住过两年大学就加工作，应比实际工作如何？本位思想严重，不愿帮助别人。

戴：我觉郑就是有摆老资格的思想，说白、王念过两年大学，自己工作多年来了不起，工作比他们专，自己应当深刻认识。

薛：郑说名利思想，由北大到山大，是为名利，(19)52 年工资比白、树兰等少，认为大家互捧高了，(19)56 年比王低一级，写匿名信，一贯对工资不满。

和兆：郑说他多作了工作，算工作量时，他说四百册，是否切合实际，怕人说慢不行。俄文用不了一个人，每月四百册就应该没积压，可是却积压半年，第二次算外文只需 1.2 人，如果能完成定额就是过去没尽到责任，不是多做工作，如果定的过高，实际慢，是自己不老实。

陈杰：扫五气时算郑工作量不够 400 册，只有 200—300 册，是怕不好看，把定额定高了，自己是否是半斤、一斤？应该查工作和态度。

鸿策：以前算外文每月数字不大，郑说有教材，我说把送书安排起来，郑不同意，没法检查工作量，是你怕麻烦还是为什么？以前平均就是每月二百多册。

薛：郑过去送书很小心，把册数都记清着呢。

郑：俄文有积压，是(19)56 年终有的，年初没有，(19)54—(19)56 年我作，俄、西文、教材、排中文片，外文片也是我排，(19)56 年初片有积压，暑假除突击古书并突击了片子，(19)56 年 6—9 月搞运动，书来没工作，卡片堆下了，(19)57年 1 月白接西文，3 月份算工作量，教材归中文，5 月 23 又转入运动，从 5 月起，358 册，6 月份 229 册，10 月 428 册，□□11 月，12 月 429 册，58 年 1 月 460 册，3 月 384 册，4 月 494 册，5 月 419 册，(6—10)没工作。

陈杰：假如郑能完成 400 册问题就不大，像王说有虚假就成问题，如果近一年来能达到四百册问题就不大，如果有虚假，将来要跃进计划就有问题。

薛愈：我记得提出四百册不是在大跃进提出了。

蒋士道：此应从集体主义方面比，不应该在个人方面比，其次编目股三权鼎立，郑先生应负多大责任。

馆务会议

时间：一九五八年六月十七日，下午

王和兆同志的自我检查：我的主导思想过去认为自己出身农家庭，是个中农兼职员，祖父种地，我要到地里作杂活，解放后家庭未划成份[分]，中农兼职员是我的认为，故在过去都说我是小资产阶级的个人主义，现在看来我是资产阶级的个人名利主义，也许大家还看不明显，我从下面几个方面说：一直受资产阶级的教育，养成资产阶级名利思想，在学校时努力学英文往上爬，解放还有名利思想，在家庭搞副业，作粉笔，补助家庭困难，有时把精力用在这上边，后来钻研政治经济学，不安于工作，想当助教，分院后学习俄文很起劲，在业余睡迟起早，想当助教，牵撤[扯]到名利干劲就大了，去年二、三月神经衰弱又犯了。

工作方面：由于有资产阶级名利思想，在工作上不起劲，按时上下班，对加班有些抵触情绪，勉强应付，当然谈不到质量，这说明雇用观念很浓厚。在工作，墨守成规，怕用脑筋，尤其对分类法不如同志们记忆多，有好逸恶劳的资产阶级思想，有旧公务员的作风，所以在工作中暮气沉沉，当一天和尚打一天钟，自己的屁股仍然在资产阶级个人主义的坐[座]位上。在工作中不能正确的对待自己的错误，认为分错类别人提意见是找麻烦，个人心胸狭窄，与柏寿和薛都争吵过，本位主义相当严重，只看到自己的工作，看不到别人的工作，经常考虑中文怎样忙，如对总务股介绍卡片不满意，害怕书出不去，同学们催，当时认为不是推动工作，是给中文上找麻烦，另外采购单印书名，怕遗失，怕添麻烦。

在编目股三军三统帅不协作，当时我还认识不到，认为中、俄、西联系不大，各做各的，都很忙，谈不到帮助，现认识到如果配合的好就能加速完成工作，协作是有好处，白帮中文是好的，自己有时还认为只闹几本故名刁意[沽名钓誉]，不起作用。自己帮别人连想也没想过，甚至馆领导叫帮助别人，只得迫不得已，不愉快的去帮助别人，总路线是要求鼓足干劲力争上游，自己墨守成规，不帮助别人，旧公务员作风、暮气，现在要跳出旧思想的圈子，才能跟上形势。

同志关系：柴对我基本上不错，我工作廿年来，与领导相处数老柴，与张华处不来，柴与我在山大吵过一次，柴有时对我粗暴使自己不愉快，当然他有缺点，自己也不考虑自己的错误，分馆书与我很难看，自己发现缺点不是欢迎而逃避。错分重编我有情绪，柴也很严重，比我还多，阅览股往我身上推，有时柴也往我身上推，双反时，柏寿拿过十几种，柴比我的多，不是承认错误是想叫别人负担，犯错是小事主要的正确的对待错误。

神经衰弱犯了一年多了，柴照顾不够，说和兆不用脑筋，想参加劳动，想修水库去锻炼，我没找老柴，可是想着找柴又不一定行，走了吧耽误工作，他没给我想个好办法，反质问你神经病犯了。去年下放也是锻炼机会，我不考虑回不回，是怕收入少，生活成问题，短期锻炼很满意，计划申请出去锻炼，可怕下放走。

与白关系：初来熟手能力强很好，白个人英雄主义打击别人提高自己，怕以后当股长，跑在自己头上，我的个人主义是领导多了不满意，没神经病想往上爬，但也不愿作领导指手划[画]脚，只愿自己作实际工作，不愿别人支配，也不愿意支配别人，我不愿爬在头前，也不愿叫白爬在头前，老实说股长轮着我了，时间长了，白能力高，但犯过错误又是初来。柴白来前也计划培养我，我能推就推，就怕白跑在我头上，以前说副馆长兼还是怕白当股长。

与郑关系：老郑当股长可能性小，你个人主义跑不到我头上，愿意说说几句，江[井]水不犯河水，这是三足鼎立的思想底色。

与薛关系：解放前我当校长他是教员，对我很老实，初来山大对我也是旧交情，我还为他打过不平，分院后在一个家里住，不像以前，爱找麻烦，有些地方耍小聪明，后来感觉他欺软怕硬，我当然不应有这思想，我和他强词夺理，决不向他低头，神经衰弱后不愿找麻烦，双反时薛找麻烦，认为他和我过不去。

资产阶级个人主义的根源，自小是独生子，祖父母、母亲都是溺爱，叔父培养念书不如父亲，从小就想下功[工]夫出人头地，荣宗耀祖，19岁就有了神经衰弱，同时受资产阶级的教育，于是形成这种思想，用一下功，病就犯了，自己想，命该如此，稍用功就病了，这与自己的思想不对头有关系，看问题原则性不强，神经衰弱容易形成这样。

今后规划：现在有病不能钻业务。

柴：大家认为，老王的暴露是真实的，但认为暮气很大，红专规划也不能定，据说有神经衰弱，同时老王认为神经衰弱有思想问题，请老王谈一下，大家好帮助你。

王和兆：暮气很大，有思想问题，在神经衰弱前也有思想问题，现在不是暮气是死气，有这个病态，只有编目股能干，如果当助教更不能行，连小学教员也当不成，在没有神经衰弱时就有暮气，与名利思想，墨守成规，犯了神经衰弱后更加深这种暮气。自己离红专跃进很远，现在的社会主义的跃进对我启发很大，在旧社会也是受压迫的，神经衰弱不是因为这些，在学俄文时干劲很大，想翻译，有名有利，而影响了身体。患了病想鼓劲也鼓不起来，自己现在年纪还不大，身体没问题，就是神经衰弱对我有影响，有时连话也不想说。现在只有加紧锻炼，恢复后才能订红专计划，在我来说今后对红透专深有条件有信心。

郭：有神经衰弱想入深山修养，严格的说，是厌倦思想，怕思想运动，是在运动中吃了累了。

迈：王和兆，在没病前主要是什么问题，这次运动应解决立场问题。在运动，开会发言……等都是中间状态。过去给敌对亲属，传不应说的话，不报告政府，王在每次运动都大胆暴露，反右运动的立场很危险，没有主人翁的态度，政治上没站稳立场，工作上保守、暮气……等，雇庸[佣]观点，在旧社会受教育思想污染深，解放后学习政治差，对个人学习拼命干，想当助教，学习、工作比较一下，工作劲头小的多。

厌倦思想下坡路，也是主人翁思想没树立，神经衰弱也不知道你如何得的，一般是因为心胸狭隘，想这想那，或者是受了刺激，或是工作劳累，你是如何得的，找找根，也不能因为有病就不定红专规划，在你主要是红要学习，联系实际，思想开朗，生活规律，病就好了。

郭：联系工作，是原因工作问题，你神经衰弱或者不是因工作，而是胡思乱想，但应认（识）到对工作的影响，两者必具其一，不能莫[模]棱两可。

朱洪康：老王说话很怕左了，这是立场问题，过去我认为老王是在旧社会久，不愿向前进，而经过王先生今天的检查劲头很大，如学习政治经济学与俄文，因你有个人名利思想，对个人利益方面下功[工]夫，而对工作不积极。

陈杰：王先生不谈政治思想问题，但现在还必须谈，我觉得王先生的思想狭隘对神经衰弱有关。除了体育运动之外，还应当学习些政治，这样才能对自己立场模糊有所解决，否则思想领域越来越窄。

郑维阁：王先生的思想问题如果与病有联系，就应考虑对工作的影响，王先生上次说他有怨气、脾气、主观，但今天除脾气外没有谈。

鸿策：老王应解决在目前在患病期间如何提高自己，神经衰弱是病理，但它与伤寒等一样，因它与思想有联系，老王应解决，应克服自己不健康的思想，否则没有好处，在神经衰弱还是会犯错误，甚至犯政治性的错误。

康一鹏：王先生很主观，认为神经衰弱就没有办法了，甚至认为命该如此，如果你立场对头，心胸也开阔，就不会衰弱了。但老王不这样想。

赵桂贞：今天王先生暴露的很好，但后来什么也不愿谈了，这是不对的，我认为不是什么都不能谈了。

王先生表示意见：大家谈认政治上提高有效，桂贞说悲观，我还不悲观。在下乡回来好些，但没有完全好，我也认识起码应红透专深，我并不是说就不学习，而是不像学俄文那种劲头，我说了要干，不是慢慢吞吞的干，并不是说每天就不能看一点书。

郭：思想狭隘保守这些抓住了，工作保守，没有主人翁思想，没有动力，政治灵魂不足，究竟思想顾虑是啥，无非是怕犯错误，与自己生命问题，除此无它[他]。形势逼人，应该是对你有所启发，你说有时精神苦闷时打小算盘，就是悲观思想。越算小帐[账]，越没前途，越没前途越苦闷。想的对了就好些，想的不对了就病重些。主要思想方法排不对是问题。思想不开展是由于旧社会的老根子，其次你的思想是否认为在运动中想前怕后，怕思想斗争。生活会上生活检查啦，你年龄老些。你的脑子怕复杂，神经衰弱不是什么大毛病，就在这种有病的情况下，哪些事情该作没有作，病还有好的时候。

馆务会议

时间：一九五八年六月十八日

李琳检查：自参加革命以来，经过几次运动，虽然有所提高，但提高不大，那天□听过那六位同志检查，对我的启发很大。听了杨院长说个人主义是一群苍蝇，你赶他一下，他跑了，一会又回来了，我有个人主义盘居[踞]在自己身上，爱表现自己，从作风与工作两方面来检查，自1956年来之后，工作不熟悉，因是革命工作，就愉快的担负起来了。那时认为能完成采购任务，我还很自满，觉得能把钱花出去还不错，在(19)56年中有几万块钱，许馆长说恐怕花不出去，而自己认为再多一些也能花，只顾花而不顾该买不该买自己不问。我在购书上与别人不同，一买一堆，认为师院是大单位，买书不考虑这书的用途，新华书店服务人员有任务观点，李树兰说过，我也意识到，有时他们说好就多买一些，自己对国家财产不负责任，思想上就没有重视过。假使双反运动退后一年，不知损失有多大。浪费数字应分开，有些是无意的浪费，一方面是有意浪费，无意浪费不应该，有意浪费更加严重。通过这次双反运动，对自己有很大教育，双反算三笔帐[账]，政治、经济、思想帐[账]，应从思想上去清算掉，有些书自己不懂，但认为凡是新书都买，恐怕拿回来怕麻烦，自己对采购小组自己反对的，认为这样不仅不能完成任务，反而还会造成完不成任务。认为采购小组恐怕不好，如果好，过去有中间停下来了，证明不好，认为采购组对自己有限制，我与先生们说到这个事，先生说好的很，大家研究比你好。我以前认为每种书都要研究，我想的片面，过去我有些问题，也问馆领导，在过去听到书店说某种书好、少就回来说好一定要买，如苏加诺藏画集，对许馆长完全从钱上打算，思想反对，但买书没有从使用意义考虑，而是盲目的买，如宋人画册，每部一百元，我已经订了而才回来才和老柴谈。这表现无组织纪律，对执行制度是无组织纪律性。自己思想上从来未从钱上打算，另外从老郝那里买的书，同志们提出意见叫退书，我就不愿退，认为买卖一句话，同时自己认为并不错误，同时认为老薛是狗捉毫[耗]子多管闲事，和我过不去。什么东西，支配自己呢？这就是爱表现自己，因馆领导没有提出意见，群众提意见不放在心里，除买书外在工作中粗枝大叶，固[故]对工作我常满足，认为自己工作干得快，认为有时加班也好，(19)57年准备元旦赶出去，这样作是为表现自己，把工作作出去认为我李琳比别人强。想露一手，这是资产阶级个人主义的表现，这次出大字报的问题，第一批大字报贴出来我想不通，我认为扫五气不应当临到我，我认为应烧领导，烧领导，认为我跃进了，刺伤了自己，认为暮气图书馆有的是，自己也要贴大字报烧别人，我也向先生反映了，我说李琳没有谁的干劲大？主要认为老迈在中间作怪，思想当时很混乱，后来认为出大字报不是出不出，而是提的对不对，出了第二批大字报出后，我才认识到自己缺点多，一踏上工作岗位，领导上是看得起，给教员组长与班主任等，在各次运动中自己也负责任，自己总是整人，这次运动体会到运动的滋味，睡不着觉，吃不进饭，我认为在荣华(中学)三年保险是共产党员，过去认为自己很进步，历史清白，不知道有这些缺点。

与领导关系：对许馆长与老柴不够尊重，说到服从更谈不到。许馆长来主持会议我有意见，认为他不了解情况，我光抓他的错误，于是让人事处王志英来参加会议，我认为很好，这样就可表现李琳能看出问题，但许馆长是否就不了解馆里的情况呢？是有些了解。对老柴是你听我〈走〉我就高兴，有时不听我我就不高兴，不要说是领导，就是同志关系也不应该如此。对领导看不起，对群众更不放在心中，处得来怎样也行，处不来，理也不待理，对老迈连见面就起反感，在李树兰走后对老迈连尿也不尿，工作从那以后就和老迈更不和睦，在工作上也是你不合理再去弄好，多话少说，老迈提的问题是否都错误呢，有时对也不听，如经济、地理与历史研究各买20本，根本不了解有什么期刊，先是许馆长提出买的多，老迈也提出，我认为不多，认为我还是从各处调来的，其实并不是调来的。看别人缺(点)一眼就可看出，不但看缺点，而且扩大别人缺点，如上次老迈〈上次〉把会议弄的不欢而散，认为老迈破坏会议，如对老柴，在检查时也是扩大，如多少次检查没有解决问题，故意扩大叫郭处长听听。对自己的缺点缩小，这种思想与我的主导思想分不开的，工作简单粗暴。主观不虚心。和各系科资料员是碰态度是教训人，如地理科评谁新来买书不查看，这个工作是自己的，叫他查馆里的重本，因此给图书馆惹事[是]生非，这主要是主观思想发生的，另外是爱管闲事，表现于工友方面，替工友打抱不平，这也表现自己了不起，这事现在虽好多了，但并没有完全解决。

对图书馆的方针任务认识过去认不清，现在也是模模糊糊，认为方针政策是馆领导的事，其[岂]不知购书就贯彻着方针政策，这次才认识到对各系科了解得如何呢？不了解，下去也是走马观花。给购书造成了浪费，自己有满不在乎的思想支配着自己。那天柴主任特地指出你购书浪费为何？过去在荣华中学老校长说我做事出发点好，效果不好，在这次检查认识到出发点是有问题，出发点不纯,不是为了工作,不是为了集体,如元旦前把书弄出去的动机也是表现自己。

在学习方面,一个人转到新的工作,应努力学习,但自己没有那样学习,自己认为精通一门业务不是一种易事,不能要求过急,冰冻三尺,[非]一日之寒,在自己思想上不想当专家,这实际是思想懒汉,对业务与政治理论都很差,以上这一系列问题在我思想上认为我的主导思想的产生是由于我出身于剥削家庭。社会影响也有一部份[分],过去也不知我叫什么名字,都是少爷长、少爷短,大手大脚也是由于资本家的钱来得容易,现在才大手大脚,个人英雄主义也很严重。

迈:李琳,暴露了一些问题,有些问题认识还差,主导思想,花钱大手大脚,他说是家庭的影响是对的,可是参加革命多年,还是如此,别人指出还不注意。如果有主人翁的思想,就能考虑到钱是人民的血汗,浪费可耻,浪费犯罪,浪费现象表现你身上特别严重,有时站在商人立场上,如:古钱大辞典,如果不买不叫咱们参考,要送去,瞿秋白文集,不全也不退,新华书店人说,拍拍老李肩膀不需要的书也能卖去,买旧版书,自己业务不行,也不向别人学习,不同意采购小组成立,不用系里的采购单。个人英雄主义表现特别突出,我代股长你看不起,为什么看不起领导,爱管闲事,给工友私自(开)会,说晚上打扫的有加班费。与我的关系:顶着干,水□,不报,刁难,但第三天自己订有色金属,没单价他不叫报。

李琳对自己没有具体的认识,以表现自己检查表现自己,因表现挨过同学打,校长说李琳踩着别人的肩膀往上爬,今天还说,如何进步,在荣校恐怕已成党员。夸张别人的缺点,不实事求是,说我破坏会场,不欢而散。

郭:李琳的检查抓了一些东西,一些问题不够透。1. 经济帐[账]数字不够。2. 服务教学,读者欢迎否? 3. 购书质量如何? 购书通过领导的大家负责,独断独行的有多少。

对已宽对人严,好处是大胆设想。

薛:李琳,不采纳群众意见,自作主张,算算经济数字,反对采购小组,怕限制你的积极性。孔孟圣迹图,4 元已买下,以后又买了十元的,原因何在? 宋人画册等,举例不当。

鸿策:李琳,态度对头,暴露了一些问题,对浪费可耻认识不够,爱表现,为什么? 主要是个人英雄主义,打击别人,抬高自己。主观实质上是什么东西,与出身有无关系,爱管闲事,实质何在? 说领导信任自己,如果迟来一年,即成党员了，你认为党员的条件是什么？反对采购小组，说是怕一本一本小组检查，账没检查，无组织无纪律没检查，吃烟、值班等。对领导的看法，对人事处说话大伤反感。只说了出大字报的思想，没说双反时态度如何？取消你展览会说明员，想法如何？有无逃避思想？

树兰：琳，态度对头。1. 愿作出头露面的工作。2. 愿自己做主。柴、许决定都不行。3. 是否怕采购小组限制职权？不服从迈，是否你愿担任？很主观。

戴：琳，暴露一些东西，认识不足。你对出大字报想不通，说以后想通了，如果想也还能检查不深刻，说大字报是迈威作怪。看不起群众何故？

和兆：琳，大手大脚，少爷作风，是和家庭出身有关，花钱不考虑，该花不该花，主观，有赶浪头，甚至打击别人抬高自己，问题大在全校出名。

陈杰：琳，说对大字报想不通。吴育检找我说是否过火，是否有人报复？在会上你承认，是你找吴，还是他自己找我，会上会下认识不统一。

桂贞：琳，大手大脚，只提一下出身就过去了，可是你花自己的钱，却不是那样，可能认识到浪费严重，没有慎重考虑今后如何想办法？

迈：给老李出大字报提意见不少，她满不在乎，给别人提意见夸夸其谈，一沾自己的边就想扭转会场，或者把自己大骂一番，言行不一致，会上接受意见，下去请人去说情，这是旧社会的作风。花公家的钱大手大脚，花自己的钱却不是那样，买公债，捐寒衣，买煤面 1 万斤，有商人的作风，采购上也有这表现，性情暴躁，凡是与给[他]打过交道大都吵过。

薛：李琳对集体事业不热心，如登记储蓄，李琳不登记，对别人缺点扩大，对自己缺点隐瞒，为什么要隐瞒？是有意识的隐瞒，同时反映问题不真实，如对马荣的事反映不真实。

郑：李琳今天是暴露了一些问题，但不够。李琳的个人英雄主义是主观，系里资料员对老李都有意见，工作作风突出，和一切都吵，闹的图书馆很不安静，如上次在会上大家报名当典型问题，而老李不报反而说谁都愿当典型，不知根据什么说的，老李对帐[账]有差不多思想，建议应把帐[账]弄清楚。

崔凤岐：李爱表现自己，为什么要表现自己，要达到什么目的？那天买历史研究与经济研究，说不知是书是杂志，这是不真实的。

康一鹏：老李的暴露不透，如给他出大字报，并没有说清对大字报接受了，叫找李处长是李琳叫去的，还是吴玉贵自己要去的，应弄清楚。关于财务事情财务科要叫照历史研究的办法，但老李是要叫照自己办法。

王文进：对重大事情挖的不深，打的不痛，主要是浪费，而李先生检查是照一般检查心里不沉痛，浪费能养人全村人口二十年，老李积极工作是为了爱表现自己。

洪康：老李觉得越花钱多越光荣，你检查是由于资本家出身，但觉得我就是资本家出身就应该这样花钱，应痛恨自己的出身，不应不负责任，没有主人翁思想，由于有这种思想，不值班老李特别强调，自己自由主义特别严重，李琳说自己很进步，但扩大别人缺点，这难道是你进步吗？这与你的走极端有关，爱表现自己分不开，这样就不能进步，今后应该严肃对待你自己的缺点。

一鹏：李暴露他看谁合适说什么都行，合不来的说什么都不行，你与老迈是否老迈和你有成见，是否他说的都是不对的？你和老迈究竟为什么？是否完全是为采购书，我想是由于老迈代理总务股股长，你的脸色马上就变了颜色，对老迈就不愉快，你的旧的作风是先抓许馆长，后又抓柴馆长，其次就是抓老迈，把这些治服了，别人就不敢碰你了。

鸿策：由于老李爱表现就扩大别人缺点，打击别人抬高自己，但他的目的是什么没有暴露，他说给他出大字报说老迈报服[复]他是由于在跃进会上刺伤了老迈，但和老迈的关系不是在跃进会而是在以前，老李还未认识到自己的主导思想。

柴：杨院长在看了反浪费展览后提了几句话，有便宜买贵的为了什么，明知不能用买回来又为了什么……等，老李有商人那种坐庄思想，但买十本或几本，未考虑到它的用途，老李说他的主导思想是爱表现，我觉得找的不合适，看问题主观片面，坚持自己意见，但对许馆长主持会议我就要在鸡蛋里找缝[骨头]，这是明知不对，偏那样作，为什么？一个管帐[账]的人没有数字观念很不好。

迈：老李，第一觉着自己工作快比别人强，过去中、外文采购一个人也搞了，现你只搞中文，有什么值得骄傲，双反前说总务股得七个人，你以前作的好为何用这些人，双反后工作卖力了。老李只听一面之词，思想方法有问题。

康：老李说他骄傲的是没在旧社会工作过，可是现在的作风是旧社会的一套，如：抓大头，扩大别人的缺点，来源何在？是否受资产阶级家庭影响。

迈威：老李历史清白，不应作为骄的资本，自己是资出身，背着进步包袱，说在荣校不来一年即可入党，假如这样，关系如何不转来，我是猜疑。

柏寿：老李大少爷的作风，买旧版书，怕丢人不退满不在乎，水管子问题，对别人严对己宽，与迈问题应解决。

李琳谈对大家提的意见：正如同志们谈的浪费可耻，担任采购通过自己的手把国家的钱花出去，自己在这方面没有计算，没有考虑，浪费一万多元，如果办中学图书馆有一万多元也能办好，如果养活人是多少人吃一年，用在工业上也起一定作用，这确实是犯罪，因增加了采购登编等一系列的麻烦，如日文买了七十多本，是不应该的，这是当时采购根本不查看，类似这种情况还很多。应当作的工作没有做，或没有做好，是没有主人翁感，通过这次双反对我很大教育。现在在工作上有了改进，但今天拿目前形势来衡量自己还差的远，今后还应继续改进，希望同志们还要鞭策自己，以杜绝浪费，由于自己家庭出身，这种思想改造确实是很难改的。

另外，愿意作的工作怎样也行，不愿作的工作怎样也不愿作。如，这次买廿四史先生们要求馆代买，过去公开发行者，馆里不管，而现在自己不仅管，而且动员四五个先生买这本书。但过去不是这样，过去如郭杰要买书自己不愿，馆领导同意后才办。康秋全这次买书三翻[番]五次考虑，对我教育很大，今后把愿作不愿作不应该这样考虑，都是革命工作。关于今后对用钱，应用得适当，应考虑到钱来之不易。过去买错了书不愿退，认为生意一言为定，现在就退了，如：不久前退了三四百元的书。

出大字报问题，并不是去找人，在大字报出来后，吴玉贵看见了我也看见了，吴玉贵就问我，我就认为不应该给我出大字报，我把自己的工作努力想办法宣[炫]耀了一[番]，在跃进会上我刚才说刺伤了老迈，而老迈在里面作祟，说刺伤人是指的白鸿策。因在跃进中和白鸿策吵过。认为白鸿策在跃进中未起到应有的作用。当时我和吴玉贵说我不愿检查，认为共产党不会冤枉人，当时共产党员陈杰，我认为她不了解情况，吴玉贵当时对我帮助是大的，还有杜士铎，后来经过帮助，我才检查的。在当时思想上没有解决问题，后来认为有则改之，无则加勉，才弄通了。其次关于纪律，我是有问题，但对值班问题，我直到现在精神不愉快，因为值班时也没有起到值班的作用，在值班时看报，不管其他。由于上次值班刮风才觉得不防一万只防万一，才勉强弄通，但我觉得应改变，值班应出纳图书。关于吸烟问题，自己便在办公室吸烟，虽是小事情，说明对纪律不够重视。过去认为不让办公室吸烟是耽误工作。走极端，我把民主自由集中等绝对化，不这样就那样，今后应努力对事情分析、调查、多研究，如果这样就会解决。

白鸿策的检查：我主要的问题是骄傲自大，患得患失，个人英雄主义，有名利思想。骄傲自大在思想里认为比别人强，来馆学编目比别人快，不仅在编目,而且会掌握全盘,比老王强,比老郑也强,同时在政治上觉得开会能有系统的发言,同时认为学打字后就会修理打字机。这些骄傲不是在图书馆才有的,这后边再谈。今天来检查就认为自己把自己估计的过高,用放大镜扩大了,骄傲到圣[盛]气凌人,如训老薛,自己有些小聪明,但自己把这些小聪明当成大聪明。自己是大学生,在文化方面我比不上我们班的那些同学,看不到自己的缺点,几年来克服的不多。由于有骄傲自大而看不到别人的进步,如对老王、老郑、刘万家的进步就看不见。如对张学宽的创造没有在思想起到应有的作用。骄傲自大在同志关系上,觉着老迈夸夸其谈,教训别人很有反感,肯对他言行注意,如对李琳亦是如此,对其他同志也看着别人不怎么样,与老王能处得来,他没个人英雄主义,我主观认为能和他合作,于是有时帮助中文编目,对老郑有问题,觉着他骄傲自大,摆老资格,自私,不愿与他拉近,我认为他不想叫别人知道他的东西,有时老郑帮我作了东西,我不但没启发反而不放心,这主要是自己自满,在这样的形势下编目上是不好合作的。骄傲自满在学习总想比别人强,俄文几次没学好,来后,参加中级班怕跟不上,初级怕不好意思,于是想下边自修吧。骄傲自大对工作上不开动脑筋,觉着老一套很好,有保守,觉着能达到标准就行了,不敢跃进。

政治自卑:政治上有时亦想骄傲,觉着理论可以,可是家庭出身不好,父亲是旧军官,哥是特务,个人历史,解放前学习,参加同志会,当班秘书耀武扬威,唯成分论。(19)52 年思想改造后大家份份[纷纷]争取入党,学习了几天觉着自己出身和历史不好,党支部号召写申请入党书,自己就不敢写,跃进会上虽然提出五年入党,还是迷迷糊糊。别人提自己不提不好看,和党不是一条心,把自己当成外人。

患得患失,名利思想,打击别人往上爬。(19)52 年三反后爬上了股长职位,虽不愿当,可比股员强,当时工资很高。(19)54 年,我觉着应该提高,吴馆长说提二级,大家通不过,最后赵副校长宣布时,说工作没作好态度有问题,受了批评。柴当秘书想当秘书以后堕落,被开除,现还不愿认工学院图书馆人。初来很好,觉着原想成不了国家工作人员,工资比过去低二元,可是犯了错误,但有时仍想过去怎样,又想分院后往上爬,骄傲自大,打击别人提高自己,受□□进行学英雄教育,在学校不坏,代表学生讲演等,在中学功课很好,当班长,同志会主席,当时许多人不满意,有时自己满足于小聪明,小成绩。

跃进时给李琳闹,是觉着他自高自大,夸大总务股事实,主观说人家是跃进,因为自己骄傲自大,老李进城取书就是跃进,对跃进有阻碍,不然总务跃进对编目也有推动，编目上只说提效率不敢说几天出去。当时说编目提高效率30%，其实是22%，清算错了。自己顾前顾后因为骄傲自大，名利思想没取消，就考虑怕越权。

老郑提打击别人抬高自己，我还检查不成熟，西文有问题，问过柴一次没解决，以后怕误会，说我对他为难，就到各系请教。

馆务会议

时间：一九五八年六月十九日

迈威：白暴露比较真实，敢于暴露是好的，应对个人英雄主义有个足够的认识。犯错误后悲观失望，怕当不了国家干部，来后又想往上爬分院等，现在这种思想已经露头，行动也露头了，自己觉着对图书馆有一套，柴对你重用，你也觉着比较那个了，和兆和别人都怕你当股长，你的个人英雄主义(使)别人对你有很大的反感，个人英雄主义和名位思想联系起来，我对你也有反感，像领导一样，表现知道消息早，我自己想你犯了错误也不估量自己，这是错误，我认为他的思想高深莫测，内中作事，碍于思想见面。关于红，说听人家说刘建英不能入党，自己背家庭和历史包袱了，主要在自己努力，那不是决定性的作用，应当痛恨[改]前非，积极行动。

康：我与老白是老朋友，对他很崇拜，他犯错误后很不愿信，因为很能分析批判，可能是骄傲自大，满不在乎，上次跃进又算错，个人英雄主义又萌芽了，必须提高警惕。

薛：白，骄傲自大向上爬，(19)52年当股长，(19)54年工师分院想当秘书，因薪金受批评，(19)55年犯错误，听人家说1954年后，与谁也合不来，他能说会道，与别人为难，阴险。我觉着他与刚来不一样了，在馆长室与李琳闹，过去的劲又来了，对迈、淋反感。

郑：由检查暴露了一部分，但还不够。个人英雄主义，骄傲自大，主要表现是抬高自己，打击别人往上爬，给别人提意见也注意到了，但对自己向上爬，思想上自然规律未暴露，是避而不谈，没决心把臭东西丢掉。他表现自己，打击别人，双反清理浪费，我与白搞西文，他把大部头都记住了，迈、和兆搞俄文，未闹出来，叫我找，找出十几本与专业无关的，但展览未摆全，以后写大字报反说，我把西文浪费搞清了，郑未把俄文搞清。

柴忙叫白负责外文类，他好像有欺人特权，算工作量时，对俄文情况不了解,叫我把已排好的打乱,我不接受,他就瞪眼说我就这样排,他没按时排反有理了,我不能开倒车。他有小聪明,但不太认识自己,首先不是好好搞工作,团结群众,以后不会过河再拆桥吗?无中生有扩大事实,为展览写说明,写着小国文没人借,但未编,一个同学提出质问,我能看懂,白不识小国文怕编,这对科学研究,各国文化交流有影响。白也有夸夸其谈教训别人的口气,苦战七昼夜,学宽说完,他就教训人,找麻雀,骑墙头,不前不后,说没灯,后听有人,赶快得了。算工作量,需把西、俄文、教材、排片全统计出来,以后是按我单搞俄文,几个月平均数值。

陈杰:白特别虚伪,骄傲自大,犯错后恢[灰]心,现又抬头了,有时有意无意表现出来了。写大字报时,定计划 50 张说保质保量,以后未完成质量不高,郑提清理书库表现自己,有时过低估计别人觉悟,如定量前,他打听我,桂贞吃多少,显示自己,对编目三足三统帅也应检查。

和兆:白,检查坦白,个人英雄主义也认识到了,对危害性是否认识足了,以后会不会犯呢?初来老实,是有警惕,但根未敢丢,你被开除与这有关,(19)54年赵批评你,也是因对这感觉愤怒,三反时是小组长,把别人的帐[账]记上了,自己则无,以后提为股长。与我能处来是同事平等身份可以,不从根上解决问题是不行的。

桂贞:白有几点还未意识到,个人英雄主义有抬头,应提一下,双反反复报告,评粮,以少评表现自己。对别人过于不相信,应彻底消除个人英雄主义。

李琳:白图书馆知识丰富,初来我对他印象很好,但一年来旧思想有发展,白有能力没用于提高工作效率,推动工作,馆领导看重他也促长其发展。

把犯错误的原因忘记了,群众关系不正常,扩大自己影响,是什么思想支配?往上爬的思想萌芽,分院如何?不得逞如何?编目不团结,得多负责。对总务跃进(规)划不满,编目工作量如何算,多次提出数字不投,以后应说明,消除这□。

树兰:白检查还较好,但对整风以来的情况暴露不多,大字报说,外文积压 3 000 多册,两人不够,得外语教师,及七八个同学帮忙 1 月半完,郑能编 400 册,你还能比他少,连同学一月都用不了,从此看出他保守,同时不与郑商量,领导对你信任,你应为他完全负责,这样影响不好。

白昨天对总务股跃进规划说的不符事实,原只承认进城取书一点,争吵不休,后柴说了才变态度了。总务推荐书卡片你知道不说,以后却那样说。

文进:白,能干我崇拜,应消除个人英雄主义,不要背出身及历史包袱。

迈：据白检查及下边听说，当记录把别人写成中校，小组长汇报出入，三提三反等，在这些方面是自己大公无私，还是如何？为什么？工会会藉[籍]说要转来，已开除公职，还能转保留会藉[籍]。骄傲自大，腐化堕落，被开除应有深刻认识，现又想往上爬，分院如何？别人怕你当股长，应认识自己，不应因能力而骄傲。

郑：白，对领导关系，以往至现在，态度不同，以前对田馆长能力弱态度不好，后对吴就好，来师院对领导也不一样，对群众关系也不一样，看是否对己有利，算工作量老是比别人高，究竟实际作多少？

初来工作踏实，以后较差，愿放下本位工作，干其他方面扩大影响，他当股长不是目的，而是秘书与馆长，狭隘让别人不愿与他说话。

戴：白，犯了错应得到教训，现个人主义尾巴，撬翘起来了，同志关系表里不一，旧作风，对领导似乎很相信，据大家说一定。

崔：白，虚伪不易了解，看出他有小聪明，自高自大看不起人，如：写大字报，不愿帮人。

柏寿：白，应对照一下山大时股长，指东花[划]西不作实际工作，初摩[摸]底，是领导信任，同志态度真诚，尾巴就撬翘起来了，对人虚伪，高不可测。柴检查说对白偏听偏信，自己对他如何？白像馆的通家，可是群众敬而远之，总务股工作量争吵。

康一鹏：老白表里不一致，此次是向党交心，应暴露澈[彻]底。

李琳：老白来时在运动中很积极，这是好的，但表里又不一，老白在运动中尾巴翘的很高，究竟有什么了不起呢？给我思想上抵触很大，如评粮食好像比别人觉悟高似的。心思上还有死角，应再挖一下。

陈杰：根据老白的检查是由于家庭情况糟糕，而背了一个包袱，如果自己觉悟提高应当对家庭成员应有个正确看法，你还未叛变自己的阶级立场，和党不一条心，如果认识正确对老白有好处。

蒋思道：我对白先生的印象是气量不大，不虚心，有一次我有问题不懂去问柴先生，白回来之后，柴先生未解决完，就叫去问白先生，有次去问郑先生，而白先生回来之后，郑先生也不说了，也叫去问白先生，因此今天听了大家的意见，就认为是否白先生有特殊表(现)而有这些情况呢？我问了几次别人不懂的难题，而白先生说我找的大头。我不知白先生有意无意，意思何在？关于编目股的三权鼎立，而在关系上不正常，如白先生与郑先生每天都拉些对工作无关的琐事，同时态度很免[勉]强，如果貌合神离就不能很好协作也不能跃进,希望真诚合作。

柴:从大家给老白提的意见与我的看法有距离,老白个人英雄主义过去是严重的,但来此之后认为老白仅仅〈谨谨〉有自悲[卑]不大胆,不在其位不谋其政,经过大家提意见,我一直在考虑这个问题,这证明我看人不同,对老白是肯定的多,否定的少,我过去检查有偏听偏信,老白算工作量我就放心,对老白是相信的,我由于看人片面,还未发现老白个人主义露头。编目上存在不团结与我关系很大,我认为老王原则性不强,郑维阁先生个人英雄主义自高自大,老白又是这样,我没有很好作思想工作,编目股的问题如何解决,还应该深透,还应本着从工作出发,自己检查别人帮助,今后编目股再从[重]新弄一下。学校与馆领导对老白都很器重,但老白不应作为向上爬的资本,应感恩图报,应多作些工作,别人也不应讽言讽雨[风言风语]来讽刺这个多做工作的人。这样解决编(目)股问题进了一步。有了提高一步就会慢慢解决,馆里问题多,编目股问题就不少,如果大家都能真诚改正自己也会弄个名堂,现在还有个事[是]非问题,如,老白与老郑。老白的个人英雄主义,[固]然他个人负责,但与我的看人有问题也有关。

郑:我对你(柴)的发言十二万分的尊重,我觉得你的发言有问题,应发动大家的智慧,发动大家的力量,不应器重某人,让他作领导。

陈杰:我原来未估计到对老白有这些意见,只认为白有虚伪,老柴只重视老白的知识,而忽略了老白的缺点,这种看法有问题,看人不全面,老白有些能力,但与同志关系如何呢?很糟。老柴过去抓两个人比抓四个人好,但没有深入群众是不会作好的,老白又不是股长,叫他多负些责任,这是不应该的。不如老柴直接抓。

迈威:老柴有个人崇拜思想,所以看人有的肯定的多,有的否定的,业务应重视,忽略了政治不对头,过去是有偏差的,刚才说老白多负些责任,大家不要讽言纷语[风言风语],不对头在发动大家共同搞好一些,并同意陈杰同志意见,今后编目股由老柴直接抓。

李琳:编目股在每个检查,在协作的应负什么责任,刚才老柴说的那样,解决太狭隘,而且解决不了。

王和兆:老柴刚才说那样不合适,我还说我和老白调一下好,因我粗枝大叶,老白去中文上好,因现实性意义大,校核做到什程度,基本上方要把复本书重分了就行,总校核费时间大,人力不充足的时候是不是需要做,我认为得不偿失,而且老白做起来有困难,如正能把老白提成股长也好。

白鸿策：我现在单谈编目股的工作问题，总校核需要，但现在不是时候，现在应如何提高工作效率？老柴让我当任，我不能圣[胜]任，能力上有问题，今后：① 加强业务交流，解决分类问题。② 我们尊重人知识都充分，应跟系里的先生接近，在各系聘请顾问。③ 请先生的讲学术系统的范围，这对质量和同志们的业务知识都有所提高。

康一鹏：总校核非常需要，不过根据编目股事多人少的情况，应经常研究分类，我有很不大正确的看法，老柴没有政治挂帅，他本身重业务，他所看重的业务好的人，老柴没有重视群众，现在和已往差不多，只少一个刘二，英雄具齐备，从老柴是个人英雄，他所岐[器]重是个人英雄主义，现在图书馆个人英雄主义者很多，工作一定不好，远离了精力分散了，老柴应认识从前集团怎样不好，今后必须走群众路线。

李琳：老柴对问题的看法不同意解决，问题应首先应如何发动群众，走群众路线，一个人是不能办好的，另一方面会议怎样进行，应集中不要分散。

崔凤奇：我同意以上同志们的意见，不同意老柴的说法，一个人必须有职权，要彻底解决。

白鸿策：今天大家给我提了很多意见，对我教育很大，关于个人英雄主义我过去还没有意识到，今天大家对我有很大的帮助，我再挖一下。

我过去对犯错误后，取得教训不够，从前没有重视起来，自己首先应感恩图报，但自己逐渐忘了，再个人英雄主义，大家提出不能启发，应彻底挖掉，对我启发，另外对处同志我过去不知道怎样，只是表示谦虚，内心里骄傲是处不好同志的，我再把意见整理一下，好好地挖一下再检查。另家庭成员对党的看法，我父亲、哥哥，我随父一直在闫[阎]匪军中当爪牙，原先是连长，后来辞职回家，他又不愿，后来又到闫[阎]匪中当铁军，特〈配〉派员、指导员政治工作，做了许多危害人民的事，解放后，但到山西公学学习，交代历史时有血债，他没有到政府去交待，我也没有揭露，195□忠诚老实运动中才说了，没有写检举书，这也说明自己立场问题，不隐，直到1954，选举时让他写自传，我当时还鼓励了一下，他写了政府对他宽大了管制一年，表现不好又延长了一年，这次肃反听说他表现很好，全部谈了，情况还没有完全了解，我有时对他说我们建设情况，他表现很好，哥哥和我们不在一起不太了解。

敌匪工作团总团工作以后到人民运输队工作，胜利后，杨贞吉祁县政犯团长，以后又当太谷警察局局长，在早了调停时代点打过我们军队，一年后又到了太原政犯大队第九纵队做人事参谋。他可能有血债，但我不了解解放后特务登记,他登记了学习时逮捕了,直到1955,(判)了无期徒刑,以后又改成有期十三年,我很早住民大,父、哥把我交回,到了二联中,在过去虽有进步人士,但我阶级觉悟很差。

陈杰:比喻你父亲是有血债,你对他的看法是帮助他改造,还是同情他,你理论和实际结合到,自己如何叛变了家庭阶级立场?

康一鹏:老白对家庭是这样情形,对党的关系,对无产阶级政治应有新的认识。

馆务会议

时间:一九五八年六月二十日

郑:骄傲自大,经常以自己的优点看到人的缺点,认为柴有不切实际的理论是教条,但人家处理日常工作,并非教条。认为王和兆不动脑筋,是顾庸[雇佣]观点,可是帅走后刻蜡版很起劲,分类虽动脑子少,但有一定能力。白来后出书率不高,但人家英文好,搞展览等有才干。对自己只看优点,肯动脑筋想办法,有经验,效率和其它[他]学校差不多。

在工作上不是挖掘潜力,提高工作效率。给人说柴去北大,我已工作几年,有向别人摆老资格的情形,编目三足鼎立,自己应负一定的责任,不然不团结工作有影响。自己有对领导不能绝对服从的思想,所以在工作上,主观片面,像写卡片、扫地等,当时不冷静,礼上[尚]往来,认为你尊敬我我才能尊敬你,这种想法是责人严,责己宽。自己对薛并没看不起,只是认为不合理的调动有反感,在工作方法上有时不能绝对服从,这也不能说是不团结,对工资不满,以第三者名义为给自己说话,这是为了个人名利,不择手段。娇气、怕累、怕脏、怕热、怕冷,自幼独生子,娇生惯养,养成千金小姐,解放后受劳动陶冶,逐渐改变,但说继续努力。

柏寿:郑对匿名信认识不足,不敢正视,这能爱面子吗?骄傲自大,对薛关系你说,你不服从不合理的调动,你是主观认识还是真正不合理,又说意见不投不能服从,这也不对。

陈杰:郑与薛不是服从不服从,郑在工作态度上有问题,如:搬书展览与薛的态度,缺乏主人翁态度,查工作不足,那天叫你谈今后,是没注意到。

薛愈:郑,说绝对服从,谁能叫绝对服从,过去调动他都是带着情绪去工作,如展览说明,他不同意,搬书,我认为不是什么不合理。下乡期间,调动你,不同意。

和兆：郑说，命令不能绝对服从，不合理的调动，匿名信意见正确，就是爱面子，这还能认识到自己的错误，骄傲自大，有时甚至不说理。

迈：对郑检查同意和兆的分析。匿名信轻描谈[淡]写，感觉不到可耻，谁对你有不合理的调动，是你不服从分配，只推客观，柴叫白多负责，郑分析不同。

柏寿：郑上次说，扫五气时想参加进去，以攻为守，打击别(人)，打击谁？是否你认为扫五气队是打击你吗？

郑：往俱乐部送书我不知道，也不知需若干时？故提吃饭，态度不好，薛说他调动都合理，七楼整理书为啥不叫桂贞来。扫地组长和兆没交待清楚，老柴又是那态度，应该没冷静。扫五气，只暴露不对头的思想，不是想打击谁，匿名信限于水平没有认识到是可耻的。

鸿策：郑态度不如上次好，娇气检查较好，开会睡觉是什么思想？主片没写你说是主观，这是领导叫你作，是不服从领导，扫地之事蛮横，硬要说从他那里开始的，但又提不出例子，郑的写匿名信说内容是正确的，为了爱面子未具名，我觉得这样认识不正确，老郑在双反运动中不愿检查与揭发俄文的浪费，我觉得第一个思想是不愿揭发，第二是平时就未注意到采购得适当与不适当，对于老郑说我叫按手续单日期提出来是打击他，我不能接受，因我对于老郑说每月作多少我有怀疑。过去每月作多少都归自己，是否合适，西文与俄文老郑都说是他作的，但送书条上有老柴分的类，这是否应都归老郑呢？

柏寿：郑说扫地是老王未交代清楚，我觉得还不是这样，又说老薛那次叫搬书，说可能对老薛态度不好，态度好就是好，不好就是不好，关于写匿名信说因限于水平认识不足，我觉得有些不恰当，关于横扫五气时说老郑参加扫五气队是打击别人以攻为守，但老郑对扫五气的认识不足。

陈杰：我认为老郑今天的情况不如上次的态度，今天说的不但未有那天深透，同时有许多漏掉了。关于那天扫地本来自己无理，但反而说有理，老郑认为扫五气不是工作，不是为了帮助同志改进工作，这与他的思想体系有关，如果老郑不改变这种态度发展下去是很危险的。

崔凤奇：关于那天打扫，他、我与老郑的看法也不同，我认为老郑的劳动态度有问题，发生事情的第二天我问老郑想通没有，而老郑还说老王如何如何。关于写匿名信应提到原则上去认识。

洪康：老郑的想法与大家有距离，你的看法与别人不同，关于工作上行，但别人不是这样认识，自高自大的人就是看自己过高，今天的检查我觉得不叫检查，对自己不敢正视，工作能觉得与全国差不多，但不是那样，你说每月四百册不真实。

柴：郑维阁要检查深刻，应端正态度，大家给自己出了大字报，应闭门思过，认识到自己的严重性，如果拿个人主义检查个人主义是检查不出东西的。骄傲到蛮横不讲理，不服从领导，不服从组织纪律，名利思想发展到不择手段。未认识到写匿名信的可耻。对扫五气认为是打击，这是不正确的，应当认识到自己的错误大吃一惊，说卡片上不写购书单位，不服从纪律是主观，这是不对的，这样检查不解决问题，但大家也绝不能让你不自觉的过去。

鸿策：老郑应该再谈一下参加横扫五气打击别人的问题，你是否认为横扫五气就是打击人或者就是打击你，那天晚上不让参加横扫五气队的闹情绪为什么。

郑维阁说明：听了大家提的意见有了新的认识，由于骄傲自大，主客观也不会一致，我认为有重新认识的必要。

柴：我认为你这样还不行，思想上没有解决问题，如你写匿名信可耻吧！什么吧，带吧，就是思想上未解决问题。割尾巴就会痛，同时你的尾巴翘的有些高，必须要割。

柏寿：老郑觉得有些厌倦，上次认为老郑跳出了个人圈子了，但刚跳出又跳回来了，应深挖你思想根子，斩草要除根，否则就会复发。

薛愈：不愿当股长，早就不愿意，(19)54年后口里不说，认为自己能力差，不行，山大时还作具体工作，来师院后作具体工作少，官气十足，怕出头露面不愿向上级申报，怕犯错误，觉着当领导对个人没利，(19)54年愿当股(长)的思想，是说给爱人的想办法，其次柴是领导能帮助我，再其次是除杨滋荣外都能与我合得来。

行不行，自己说成口头话了，有时用来顶人的嘴，不行就不行，我也没说我能行，自己走了群众路线了没有，巧妇能[难]为无米之炊的文章对我很有启发。

同志关系：工作作不好自己苦恼，其实是自己造成的，桂贞初来好，慢慢变坏了，是由自己影响坏的，看人眼光不变，稍有转变看不出来，借着他来教育别人，桂贞初对我不高兴后顶嘴，是我用的方法不对，自己也没三个好的两个坏的，与王和兆相处廿来年了，平常还差不多，现在对我存戒心，是因自己抓出一点不放，因改错使老王大要脾气。

迈：薛检查无进展，没有接触思想实际，搬的原来的东西，态度很不对头，许多人都帮助了他，是否是有了老经验，历次运动都是说不来就过去了，别人说是要想资思想搞臭，他说人和思想还能分开。对领导恭而敬之，对下级比官僚厉害，因打扫给他反映意见，待理不待理。

陈杰：迈你提意见是举个例子，不要对这过程费精力，应把精力放在为什么要检查和大家有距离。

鸿策：薛检查不够好，是态度问题，准备了很长时间还是这样，在同志关系上，你认为是受人的气，可是大家认为你是统治者，主要你应检查，形成这种关系的原因何在？有时是假不行，为什么要如此？

树兰：薛这次对别人提意见有提高，但对自己检查不够认真，准备很长时间又听了六教师的检查，仍无进展，不敢接触实际，以前不愿作股长还作具体工作，分院后连具体工作都不做了，原因何在？

和兆：薛，大家给你提封建雹[把]头等很严重，你只说的方法问题，这是思想问题，你老认为你辛辛苦苦，大家把你的成绩否定了，你没有检查自己辛辛苦苦作了些什么？

李琳：薛可能没进展，他是用了不少的功[工]夫，但方法不对头，一个一个问题往透说吧！

树兰：初叫文进到阅览股作编目工作，你当时想法如何？

薛：文进当时不仅作编目，而且作出纳，是阅览股工作，以后杨滋荣提出说王是作编目工作，顶阅览人不合适，以后才与柴商量，柴说反正就是那些工作，那几个人。

陈杰：应解决薛的主要问题，或者提大家的看法，没有充分利用这几天的时间。

文进：薛喜欢叫做整理工作，不愿叫做看序编工作，不满为什么不与领导提，对下又是那样？

桂贞：薛进展不大，表面化，过去说人家围攻他，为什么围攻你？听说是你领导方法不对头，对有问题的人是这种领导法，对没问题的也是那样，就不检查自己的方法不对头。

文进：薛，先对我不好，经柴说后就好多了，原因何在？

迈：薛以个人主义检查个人主义，主要是态度问题。

戴：给薛的时间很长，检查的不好，这次是自觉革命，是要搞臭个人主义，你不自觉，大家为什么都过去了，有过关思想。

陈杰，薛检查就说说原来是怎么想？

康：薛不敢沾原始思想的边，如对赵桂贞，是否觉着他好欺侮。

郑：薛在具体问题上老是想自己对，于是暴露不了原始思想，如：下乡劳动期间，调我们工作，你是看书，应正视自己不对那一方面。

鸿策：叫薛谈谈，同志关系和这几天的想法。

薛：自己近几天来，我还很重视，没放松，自己也不愿意吃夹生饭，也很苦恼。我是个人主义，处处为自己打算，不愿当股长，怕麻烦，怕费脑筋，下了班也干，是为自己打算。

白鸿策：只说为个人打算，应说思想后。

陈杰：下班后还干是为了表现自己。

薛：自己认为阅览工作要搞好，得八个人都动起来，但自己的方法不对头，如：对桂贞，初来也很好，有时自己用命令式叫他做工作，他认为自己另眼看他。自己在会上就拿出他来批评教育大家，有时好，也不表扬他，使他认为对他看法不对，自己用把他调出去，就不与我吵了，他不好好做工作，有时早就给他数了，我去了他工作就行，走了恐怕就不作了，这是用旧方法的坏影响，阅览股工作搞不好我负主要责任。

李琳：你说上梁不正下梁歪，你应说得具体一些。

鸿策：薛老以桂贞作例子，是否觉着他好欺侮，监工监过桂贞、文进，其他人如何？

文进：薛说出纳小边办理，上面找书很费时间，不同意作编目工作，为什么不给柴提。

李琳：你觉着张学宽好，说他拧住你了，赵桂贞对你硬便说他不好，你该上梁不正下梁歪，只提桂贞别人都不歪。

迈：薛应联系思想，如吃饭，思想活动如何？

薛：桂贞说我欺软怕硬，我思想上倒没有欺侮，我对女同志有戒心，只怕过去对虞怎么，谄上骄下，严格的说是有，如对院长和工友借都不一样。

桂贞：学宽在时要人就给，学宽走后要人不给，这说明了什么？

薛：我有时问郑，他说有时用不了两个，我与陈又过去帮忙。

陈杰：过去修院子，你说这是一点半来的，讽刺别人。

馆务会议

时间：一九五八年六月二十一日

李琳：三礼拜来领导检查用的时间多，今天四人是否能进行完，领导思想落在群众后头，如：柴以前说不下去又放下了，从那天柴对白的发言没什么进步。

第二次检查：

1. 以前说过的不重复了，从大家提的意见中进一步的提思想根源，从教员转职员是主动要求的，所以把这当成终身事业，来后担任采购，对馆的方针、任务没下功夫，于是买书心中无数，盲目采购，认为师院是四院之首，不考虑经费，许馆长曾嘱咐我考虑经费，自己认为经费不够，院方就给调拨，或者申请即可，这次遇到教育意义很大，是花钱买经验，以后再犯就是犯罪，以前说买许多专业无关的书是浪费，当时闹不通，认为大学图书馆还能那样，尤其对老白挑选有抵触情绪，认为他自己就能作主什么算浪费，以后馆长和大家也没吭气，当时也敢提，怕说抵抗运动，想拿出一本叫大家说不是浪费，以后群众意见说有好书不是浪费我很高兴，以后认识到挑出来当然不一定百分之百的对，我们的浪费确实很多，副本过多，日本 70 本是浪费，当时自己是采购没多做工作是错误的，以前财务科交待我什么，什么财务制度，我认为我馆又不是财务部门，买书后给你开支票就行了。数字观念不强，我有日记账，不管合乎不合乎他的要求，说一分不错我也不敢说，去年年底有问题，订正后才解决，今年一月清理一次，退书账也没问题。

2. 作风方面：自己有骄傲自满、打击别人、抬高自己，出头露面的思想。如：这次买梅兰芳票，自己认为与各剧院有联络，中午就去，并拿回大票，出头露面。上次检查好表现，为了什么，实质上是个人英雄主义，主要受家庭影响，虽然没显著表现，但根子已根深蒂固，自己主观、片面，认为自己说下没错。

3. 今后规划：要改进方法，保证质量，要专要红，要把思想上的东西搞臭，要学习理论。

迈：李琳，检查方式不对头，应在上次检查的基础上全面检查，大家提出的问题也未说。这次找出了个人英雄主义，但没事实，只说比白、迈严重，他确实是相当严重的，不拿管工友作例子而拿戏票作例子，这是避重就轻，只说打击别人抬高自己没内容。把公家的钱不当成钱，花自己的又怎样？避而不谈，认为大字报不应首先给你发出,现在你的看法如何？李琳标榜进步,说不来时一年就入党了,申请过或培养过没有？

鸿策：老李,对反浪费展览时的抵触情绪暴露很好,但转变过程说得少,他的主导思想是资产阶级的个人英雄主义,这是一个爪[瓜]蔓,应从此把其他东(西)抖出来,但他只略略而过,说比白、迈严重。个人主义就包括名利思想,打击别人,抬高自己等,但又有命令主义、主观,甚至发展到打人,以前说这是军阀主义,这与家庭出身有关,作风简单粗暴？柏寿不同,花公家钱与个人钱不一样。

和兆：个人英雄主义发展打架斗殴,根源何在？他说是资出身,别人说是地主出身,打击别人抬高自己,举例说明挖一下。

鸿策：老李,关于财务制度说了不少,只强调我们不与财务不同,主观,应从无组织、无纪律着手。

薛：李采购,他说要算经济、政治、思想之笔帐[账],又说以后一文钱要顶两文钱,可是最近又买了一部辑染集 16 元,很贵,原有二部,应查看,只口上说不实际作不行,假如叫退,退不了给你,你又怎样？

文进：三本日历是送给学校,还是给李先生的呢？你作处理是否适当？

郑：李提出主导思想是好的,但事实提的少,同时应联系出身挖根,你把自己的钱,当成血汗,人民的钱当成糟糠。账不按制度,不会就不作是不对的。

李琳：个人英雄主义表现很严重,处处看见自己爱出头露面,当开会和闲谈,与别人意见不投时,以为自己千真万确,即明知自己不对也要抬到底,这与出身有关系,在家里或字号到处捧自己。抬高自己,开展工作,处处的依己,把公家的钱不考虑,花自己的钱则要用的少质量高美观,如：买裤子,几次买不来,《辑染集》我按新影印买的价钱都没看,望大家监督。现在买书都查看,并问柴、王。

日历是科技出版社,我认为是宣传,就主动发出,康提意见后,各股一分,我确实公私不分,如拿木板烧等,信得给。制度纪律在我身上贯彻很差,自由散漫,开会有迟到早到[倒]没什么,无组织纪律,这也与家庭出身有关,小时要干啥就干啥,大家提出还觉着没什么。在工作上不考虑别人怎样,财务上不对帐[账],年终有麻烦,差不多思想要不多,工作上也是差不多。

迈威：荣校入党,对大字(报)看法等。

李琳：肃反后,涌现出许多积极分子,领导主动培养,介绍信也过来了,自己也认为自己不错,一年即可入党,大字报认识转变过程是经过大家帮助转变的。

陈杰：老李对日历的认识不对头，是否起到宣传作用了没有？没当成财产。

鸿策：老李对打击别人抬高自己举例不恰当，管工友是否是闲事，这作抬高自己的例子，倒合适，是否有名利思想往上爬。

康：李以前提出叫树兰搞，人家要限制，他又不叫人家管了，随随便便，想管就管。

桂贞：李琳花公家乱花，自己的钱精打细算，为什么要这样应再挖，个人英雄主义底下没东西。

白鸿策第二次检查：

上次检查后大家提了一些意见使我解决问题不少，个人英雄主义和名利思想，打击别人抬高自己，然后往上爬，找自己的优点用放大镜看，觉得自己了不起，在工院当了股长还想当秘书，由于对自己过高估价就妄想，上不去，闹情绪，个人英雄主义把领导对自己的信任，作为显示自己的本事。认为比别人高，跃进时对总务股李琳骄傲不满，实际自己更是骄傲，说人家是跃退，在评粮食时，迈报30斤，对我有影响，我也报30斤，觉着桂贞、陈杰也报30斤，不是节约粮食，共产党员还不起带头节约粮食，觉着桂贞当时宣扬吃粮食多，当时也未觉着他们刺话，认为自己和迈觉悟高，然后打听别人，人家说能吃多少就多少，现30斤有些不够，是表现自己。学宽谈后，自己为了鼓足大家的干劲也说了一下，引起大家不满，其实要在别的方面卖力亦可，不应夸夸其谈。写大字报，见人家报的不少，就报了50张，柏寿提反对意见，态度生硬，觉着他蛮横，后来张数不够，质量不高。

自己骄傲自大，对编目股有影响，觉着郑你自高我还比你自高，人家有时好，帮我编书，柴教我负责，我认为郑不好领导，先共两件事，看如何？以后他不满我就不管了，何必找麻烦，这种思想影响不能团结。打击别人抬高自己，我觉着现在还没发展到这阶段，只是显示自己，认为现当股长是不行，考虑分院后是能当股长。

从小到大没有一个知心的朋友，中学时有朋友一年多就疏远了，原因未知，工作中也无朋友，与生人难混熟，生人初打招呼，以后就不理了。这次大家说我高深莫测，表面谦虚，对人笑不自然，所以没好朋友。有时，不知可否以笑知之，如对柏寿分书，过去不适当的强调成分，家庭成分及个人历史情况不好，愿和党员接近，以后人家疏远，疑惑人家因成分等不好而疏远，于是与人家也疏远，这样和党不是一条心，经常背是否应申请入党的思想包袱，现转变认识，要坚决改造自己争取入党，不能唯成分论。

郑说，我说吴和田不同，倒不是对谁服从对谁不服从，与吴也有问题。每月工作有数字，迈说张学宽招生问题，是我了解还不清楚，树兰说外文一月半，学生是一天两小时。工作是提高22%，闹[弄]错了成为12%，过去每天9册、中文27册、外18册。现：外11种16册、中11种33册。陈列卡片原未参加意见，以后不同意提出意见，与李琳吵起来了，他说我看着你也扯蛋[淡]，我也回敬一下，觉着他侮辱我。

李琳：白说有骄傲自满，找不到打击别人抬高自己的思想，但我认识不是这样，大家都是国家干部，不见得都是当了股长就有抬高自己打击别人，而老白就说没有可能当股长就不可能有抬高自己与打击别人，这在逻辑上不合，老白有力量，但未奋发出来，我觉得你有自悲[卑]，老白谈到家庭成员复杂，自己有自悲[卑]，无信心，因而和(党)不是一条心，思想上有障碍，就不能和党一心一意，听老白说写大字报单干好像有什么错似的，但我认为单干并不算错，评粮时认为自己比别人觉悟高，不是实事求是，不是说叫大家稍饿一些，而是如何调剂。上次跃进时老白把跃进叫跃退，为什么这样，老白在业务上有一套，在跃进会上说一句话是有起一定影响，你说抹杀了事实，未搞清楚，你应认识到影响的严重性。

陈杰：评粮不应从评的多少为高低，而是应实事求是。

馆务会议

时间：一九五八年七月七日

会议内容：继续整风检查

柴作梓：我是馆的专职领导干部，这对教学科学研究负有很大的责任，这是党对我的信任。

一、1. 思想领导薄弱、缩手缩脚、患得患失。一个单位工作好坏决定于思想领导如何？我济[基]于职责关系和大家就事论事多，针对性的思想工作少，认为自己历史出身不好，没威信，不好作这工作。同时认为只有老干部，及有年青有为有锻炼的干部才能领导，我对于不如我觉悟高的人来给我作思想工作，不好接受，甚至怕作思想工作。从个人出发和患得患失，于是用形而上学的唯心的观点来看问题，现在要求入党，那么入党后就盛气凌人，只教育别人，当然答案是否定的，思想工作是原则问题，是坚持什么，反对什么，牵纠[迁就]什么。如：采购制度、值班制度等，对大家创造性、积极性支持不够，经过这次要抓紧这个工作。

2. 跟着党走。我的政治方面是明确的，但不是大踏步而缩手缩脚的，有时依赖领导，事事请示。主要顾虑个人得失，怕犯错。同时看茅[矛]头，怕帽[冒]尖，不求有功但求无过。如扫五气，组织了扫五气队，口头上说叫烧领导，自己为了表现主动，写了检讨，但看其他单位没什么，就没怎么搞。差不多思想，人多好办事，几次向领导提出，对大家创造，我认为应有理论根据，其他地方如何，领导准否，我同意否，成分思想相当严重，这是怕冒人，是群众观点问题。现认识到一个干部应大胆前进，大胆不一定就犯错误，我怕犯错但偏犯了错误，当然犯错不是好事。但由于经验不足也是难免，没什么可怕，我是跟着党慢慢[地]走，党拉着群众推着走，是稳居中游，实质是落后，会后要作坚定的左派。

二、方针任务：以前对馆方针任务了解不够还情有可原，但1956年后，有明文规定，但对完成任务有何措施。当明确后，我认为图书馆任务高不可攀，我们要完成任务就得要这要那，当时还认为是从现实出发，现检查不是从现实出发，领导没批准，但没考虑大家潜力发挥了没有，认为领导重视不够，自己就没从现实出发，作出一定成绩，引起领导的重视。另一方面业务自满，认为师大北大条件好，人多，设备全，我们基础差，但还有一套经验。过去没对各系科的设置、专业性质等了解不够，许馆长说他管外，我主持内，认为那是许馆长的事，同时觉着自己能力不及，因此处处被动。理科有问题，文史也应了解吧，开会后觉着图书馆有干头了，是从个人名利出发，是冷门，自己钻一门，忽略了在工作实践中总结经验，钻古史料多。由于有以上的思想敌对，在现有基础，如何改进工作作的很差。1. 采购。是完成馆的第一步工作，对各系科教学了解与联系不够，同时有大馆思想，多买几本没什么，与采购就事论事争执多，原则性牵纠[迁就]多，如：采购小组，整整浪费一万八千余元，我应负主要责任。过去我认为自己丝毫无挥霍国家钱产的思想，(19)56年领导与学生都嫌书少，我并未多买书，可是过去在采购一本书的效用、价值，自己考虑和给采购交代不够，只管馆务、编目，对采购情况了解少，有些该买而没买，影响教学与科学研究也很严重。2. 编目。对馆藏推荐很重要，是技术工作，馆需要通家，我没敢想，同时我认为，硬自己钻一门，不愿为工作对各科了解一点，在工作上基础很差，混肴[淆]学术体系，给个号完就算了，影响出纳及返工，抓中文编目多，没建立总较核,一书编几处,编目人员不协调,自己牵纠[迁就]应付,没有大胆解决影响很大。3. 阅览是和群众接触,只注意配比人,了解情况不够,保管疏于流通,人员不协调,不安心,对薛帮助少。在工作上忙乱、乱忙,股领导、同志们、群众都有怨气。4. 积压工作,没有提出及时清理,认为各馆都有积压,过去发动同学突击,返工。因为有积压,所以影响到开展其他工作,有时把开展工作和思想领导等量齐观,忙忙乱乱,今后要有布置、安排、开展工作。

三、业务学习和培养干部:为了个人名利我没安心,愿教学往上爬,认为图书馆是事务行政工作,自己的安排是机会主义。解放初教会计,后转政治经济学〈有讲稿〉,后又学俄文,对馆业务就没列到思想日程上。(19)56 年提拔后,才较安心了,是因为党看重与提拔我,不好开口,不能再不安心,另一方面是我己[已]卅多岁了,搞其它[他]谈何容易,图书馆长,不教学也可搞学术,1956 年写了钻进去变内行,只是为了个人名利想钻出个名堂,当专家,对史料了钻的多,认为钻研业务是个人的事情,培养干部是领导的工作,我不愿好为人师,自己也没成□,有些人不安心或者学习劲头不大,认为进修就得脱产或函授,没有想到自己能当师傅,给市图书馆讲了几次也是建[鉴]于形势,写了小册子也没告诉大家,为何不抛砖引玉呢?给张毅等讲,只叫康古让,只怕叫别人,人家说好为人师,现认识到完成工作不仅要有政治也要有业务,学业务是主管部门的事情,有条件当然可出去进修,需要时自己出头教也可以。

四、群众路线:自己是自高自大,相信群众不够,个人主义相当浓厚,看问题从个人出发,片面的,和大家闲谈多,正式谈工作少,对人不是一事[视]同仁,对有些人就敢教育,如对赵桂贞,对一些不敢,对一些人就是牵纠[迁就]。我认为自己过去是从工作出发的,如:编目依靠老白,认为他较好,对他肯定的多否定的少,认为他是自卑,不在其位不谋其政,同时对他的教育也是牵纠[迁就]应付多。另一点自己气量小,经不起批评,大家帮助少,敬而远之。过去认为自己没有和大家勾[钩]心斗角,表面一套心里一套,但大家不敢出大字报,对我有戒心,脱离群众,是搞不好工作。今后要有领导风度,要批评了群众使群众高兴,大家说我是否有搞小圈子的局势没有?我感觉没有,说什么只差刘亭英、郭一茂,依靠老白我认为他在编目上能力较强。

我的思想形成家庭影响不大,家庭是富农,外祖父家是贫农,祖父是嫌贫爱富,瞧不起我舅家,舅家对我很爱,我憎恨祖父,外祖父是因生活问题而自杀,憎恨家庭不是出于阶级意识,而是要为外祖父报仇,不然以前也是革命,后来当了逃兵,孤僻,是家里孙子多,祖父看不起,自己没魄力,愿搞学术工作,自己缩手缩脚怕犯错误和魄力有关，在领导面前，唯唯诺诺，依靠领导多，依靠群众少。

馆务会议

时间：一九五八年七月八日

迈威：老柴检查把他的基本问题都检查出来了，有个人主义就不能把精力完全放到工作上。如：想教学，工作上缩手缩脚、保守等。同意他说他有形而上学的观点，看人片面，以个人好恶处同志，这样易影响团结。你说哪一个领导不愿把工作搞好？这不见得，要看其政治觉悟如何，小圈子，是接近一部分人，疏远一部分人。

陈杰：柴检查较全面，主要问题都抓住了，如对人的看法，群众路线，自高自大，不相信群（众）但对领导的意见唯唯是听，今后应注意同志们的合理化建议和创造。

迈：柴检查根源，说想给外祖父报仇，应从出身和教育环境方面检查。

康：柴说无小圈子，这种影响很坏，应警惕。

柴：大家给我提的及应警惕的都接受，关于外祖父之事，我并不是为了阶级仇恨等，而是为了出人头地。

白鸿策检查：我是有严重个人英雄主义的人，由于家庭、学校影响，让自己成了自高自大、专横独断（的人）。

自高自大：学了一些东西，觉着比别人强，看不到别人的优点，其它[他]同志有进步有创造，自己很少有进步。在工作中爱表现，同志们不满意，如在工学院，馆长忙，自己担任馆内大事，觉着了不起，独断独[专]行，工作作不好，领导与群众都不满意，自己反觉出力不讨好；来这里后，应借前[车]之鉴，但在跃进中，义气容辞，起不消极作用，对柴叫作外文编目负责，自己不愿作，与老郑研究很少，写大字报，不愿与别人合作，想表现自己。虽然警惕不要夸夸其谈，但在扑麻雀评粮都表现出来了，有名利思想往上爬，工、师分院，柴当秘书，自己也想当秘书，(19)52 年评薪未增还受了批评，本应冷静检查，反埋怨领导，消极腐化堕落，因男女关系而被开除。自己初来自卑，但名利思想，自高自大仍未根除，有时想以前如何，又□分院往上爬，对领导重用是感恩图报。

与党关系：在业务上觉着知道的多，政治理论上也知道不少，起初党重用以后疏远,自己认为是历史出身问题,其实党一贯教导自己,开除时还问了家庭问题,更引起我的疑惑,初觉着党员对自己打招呼,以后觉着不理了,认为人家知道了自己历史、家庭不愿接近了,同志们提出自己在接近人,是虚伪的,傲慢的,这当然处不好同志。现认(识)到党决不因个人家庭、历史等而不教育,只要爱社会主义党就培养。

家庭历史:认为受家庭父兄的影响,个人历史亦不好,看报谈到国家前途很高兴,到家里就愁了,镇压反革命时担心哥哥,又担心父亲被捕。(19)52 年,把父亲问题向大家交待,后写检举书,又怕父亲不是坦白自首,政府逮捕,以后父亲坦白了,自己的父子感情高于阶级觉悟。最后家里发生了囤粮,(19)56 年,我因在外,家里囤下粮,去年我知道囤白面一袋,大米五六十斤,当时我给父亲提出,他说姐姐要来,这不是盗买,自己认为我已给他说了,同时觉着小孩不够吃,这样也可解决,自己在思想实质上是帮助他存粮,粮放在我家里,父亲愿受处分,我愿向领导写检讨请求处理。

思想根源:家庭、学校、父兄影响,父兄都是自高自大,自己在旧学校同志会打击别人,自己要在思想方法上,在工作上严格防止自己打击别人,抬高自己的思想。

柴:存粮食问题谈的不透。

白鸿策:(19)56 年秋,我在外吃饭,父亲存下一部分粮,搬到这里我知道了,父亲说是给姐姐吃,同时我小孩也要吃,于是就没有当成大事,整风时,老太太揭发了。

陈杰:白揭露不够真实,过去说粮不够,就用扒□条解决,存粮推在你父亲身上,不肯定粮食粮票。

柏寿:白至今仍是表里不一,以前说是为了存粮为了补助不足,现又说为你姐姐,这是统购统销问题。

迈:白说粮不敢接触实际问题,以前检查还较好,遇见实际问题就不说了,评粮表现进步,你父亲经常给你粮食,你对家庭是同情包庇,思想上是敌我不分。

崔:白第二次检查说评粮是为了表现卅斤不够,你的目的何在?

和兆:白粮食问题为何不是在整风会上暴露,表里不一。

树兰:白说存粮不知道,1956 年秋你就吃馆子,你能不问家里,存粮干何用?小孩不够吃为何不拿出,老太太是自觉检举还是其他原因?

陈杰:白是思想意识问题,不是方法问题。

柴：白谈远的不谈近的，谈别人不谈自己，这是政治性错误，你是干部还不如老太太，当然存粮动机如何？你知道了有多少？思想如何？检查后思想如何？这是立场问题。

馆务会议

时间：一九五八年七月九日

白鸿策关于家庭存粮问题检查：

(19)56年冬，我在基督教工作，在外食住，家庭积存下粮食，当时知道有也没过问有多少，没重视。去年搬来我见有两袋，以为都是白面，问整风办公室后知有一袋大米，一袋白面，另有一二十斤大米，去年见后我让父亲处理，他说叫姐姐吃，又不出卖，自己就没坚持，从家庭利益出发，没对违法行为制止，我觉着小孩吃的多，以小孩供应标准不够吃，于是也有些同意，同时认为存粮是他负责，我已给他说了，小孩还能吃，只从个人利益出发。那天晚上老太太，唠唠叨叨，我见风头不对，就先去报告存粮之事，认为可减轻自己的罪过，本来计划给领导写一个检讨就算了，不准备向大家交待，认为作检查就有个材料。另一方面大家提了意见后有些不安，同时爱面子觉着不好看，只是认为存粮不是我，我只是保批[包庇]。自己立场不对，思想方法就不对，理论不能联系实际，在家庭敌我不分，要改造表里不一的作风，向大家作深刻检查，并向领导作书面检查。

桂贞：没听出白存粮目的。姐姐未来，小孩不够吃也未叫吃，到底为啥？什么时候吃？怎吃？

李琳：(19)55年就开始存粮，你是家庭主要成员，不能不知道，粮食问题是大是大非，去寿阳后，知什么喊不够吃，你硬推父亲存粮，真实情况谈出来，领导才好处理，不应有顾虑，老太太为什么检举？

柏寿：白只认为是父亲的事，存粮是你的。在你床下放着，你又是户主，你孩子不够也没叫吃，你姐姐什么时候来，你什么时候存，那天你父亲给你的粮票如何处理，是否又存了，要求处分过早，应端正态度。

陈杰：老太太为什么揭发应考虑，只检查是保批[包庇]，你提意见只找立脚点，这能算保批[包庇]，自己先法治人[先发制人]，是非常阴险，存粮120多斤，你姐姐能停几天，又不给孩子吃，不准备向大家交待，怕大家多提意见，处分首先要把认识谈透。

迈：谈的稍好是他先法治人[先发制人]的检举过程，存的是你的口粮不能不知道，为什么存粮，前次谈怕粮食恐慌，今天又说，姐姐吃，小孩吃，可是钥匙又在你父亲身上，怎叫小孩贴补。

文进：何时存粮，目的何在？内藏外援，评粮表现。

薛愈：推责任给父亲。

柴：存粮早给父亲说过，是为了发现以后有立足点，应检查存粮怕像(19)55年发生紧张，什么思想，对问题发生过程怎样，对老太太态度如何？你出身、父亲历史，不发生了这事情，发生在整风期间，你早有准备要求处分不解决问题，思想底色应暴露。

康：粮坏了看法如何？先法治人[先发制人]对老太太关系如何？对父亲的态度，没被揭发还有什么。

朱洪康：老白在过去谈话中表示对不好的家庭痛恨，但根据这次粮食问题，你并不对家庭痛恨，家里存粮而在外面吵着粮食不够吃，这对国家的粮食政策如何认识，前次你父亲寄来的粮票你作了什么用，你如何认识这件事，如果你不认识你家庭情况与自己的出身，规规矩矩守法，后果是不可设想的，我认为你不是检查而是应付。

王和兆：老白存粮说是为了贴补小孩，又把它锁起来，这是不符合事实的，再说为姐姐吃，这也是不对的，因各有各的存粮。如果你吃不了应不要再买了，你不吃把粮食放坏了，这是不应当的，现问题已经揭露了，主要是对问题的认识问题。

崔凤岐：说粮食为姐姐留下的也被大家驳斥了，为补贴小孩也被推翻了。老白在理论有一套，但今天对自己的问题不是这样，老白是知法犯法，国家的政策你是了解的，但对政府不相信，这是立场问题。自己在家存着粮食而在外面叫喊不够，这是还想叫国家再补贴一些呢？这是有别有用意呢？在评粮时你是积极分子，而就发生了这个问题。

郑维阁：老白对存粮食问题暴露的不够真实。存粮父亲说不在你购，你不在父亲购，不能推责任，你早就准备推御[卸]责任，存粮为了贴补，不叫小孩吃，何故？

戴：老太太为何揭发？过去不谈现在谈何故？你对老太太的看法如何？从你的检查看出对人家成问题？

白鸿策：我觉着老太太为何揭发是人家的事情。存粮为什么，姐未来，孩子未吃，整袋存，当时家庭在外住，也在外吃，父亲存了粮，我仍不知道，来后我才知道了，以为两袋都是白面，听人家说两袋后才知道了，封了不能看，坏否未知，存粮动机，父亲说给姐吃，和自己吃，不是盗卖，我考虑小孩吃，前次未提姐姐吃是觉着不成理由，不够吃未补，是觉着父亲存，不动他的。婆婆说不够吃那月，父亲又给他粮票，我考虑够吃，第二月父亲给来十斤粮票，孩子上灶现仍存着，怕把粮票给老太太怎么样？老太太揭发原因，是我听中玉爱人说老太太盗粮，父亲知道与他吵，她揭发了，当然揭发后给我找了麻烦，在道理上人家揭发是对的，她说小袋大米是我存的，原仍未估计被揭发，是怕万一发现找落脚点，自己不仅是保批[包庇]，有备荒思想，我够吃，小孩成问题，存粮姐姐能吃，小孩也能吃，我有怕今后粮食发生紧张的思想，以前只认为是保批[包庇]，或者同意都不对，我是户主，又在床下应另作检查，老太太来后才锁，也说防小偷。

馆务会议

时间：一九五八年七月十日

白鸿策：存粮问题事实上没出入，认识上有些出入，原是父亲存粮是肯定的，来后我才知道了，认为是两袋白面，半袋大米早拿来我知。对父亲劝阻后，觉着他说的有道理，同时我小孩要吃，(19)55年粮少，较紧张，存粮储荒，原认识是保批[包庇]，现觉着我没坚持反对等于存粮，我是家长，又存在我床下。我说不够吃是在三食堂廿八斤不够，卅斤后没说过，小孩是不够，父亲和老太太说过没说过我也不知，评粮卅斤不是因内储外援，我觉迈卅斤可以我一定可以，先法治人[先发制人]是想减轻存粮罪过，不准备检查认为是父亲存的，那天很乱，检查没有准备以应付，同时爱面子，怕人说，自己夸夸其谈理论不联系实际，自己思想本来不好，对自己缺点只是保批[包庇]如何叫大家看不见，站在家庭的立场上，今后要改造，父亲以前的事实在不敢肯定，来后我敢肯定。

柴：白检查以下问题有出入：1. 究竟管家否？管到什么程度？谁管？2. 白说搬前存，何时开始，你是否知有多少？来了动否？箱原来锁？何时锁？谁锁？你父亲在城里粮票用不了(省粮票)，老太太在家里的地位？

陈杰：据了解白说有些出入，不老实，认为家里问题别人不知道，就不说，应端正态度。

白鸿策：管家务，刚搬家原说不管，后来买东西老太太说帐[账]不对，老太太不管了，父亲买，有时我也主动买，以后父亲不回来，我就买米面，至小孩上灶前,菜钱父亲留给她,以后听她不(买)菜,我就买,小孩上灶后我给钱她买米面,一月给她 8 元,我计划不够再(给),当时就剩那些钱,我见过上边一袋是白面,下边一大袋不知是什么,锁是我锁在姑娘来了后,钥匙给了父亲,其原因是因油问题,原三斤多,后成了一斤多,后来她也把她的米面箱锁了,其因不知。父亲来后肯定我没存过,有时父亲给粮票买饼干,有时作废(市粮票),姑娘来时,我们添了 15 斤粮(糯米),姑娘停了十天,大家见父亲给我粮票,叫补家庭,孩子上灶,我就没买粮,怕作废我叫他换成省市票,为了买些饼干,十斤还在。小孩廿九不够,我 30 也不够,补了五六斤。原他们关系不好,我想叫他们关系搞好,我劝父亲,我对老太太也尊重,以后因姑娘来我不愿叫住,当时接姑娘孩子没吃饭,她报户口一礼拜,我报三天,其因:1. 孩子未吃饭。2. 农忙。3. 我在家里住不好。听他们说要把姑娘给我,我想要有工作的,她是家庭妇女,后来又报了五天,给她说三天,到期我说满了引起争执,以前觉着他们小孩吃的稀,她又说孩子吃的多,我觉她说话不负责,印象不好,给我打扫打水,平时关系很少,起初愿叫父亲来他未婚,婚后不好意思不叫来,他说我们吃饭能省钱,我觉着能给孩子缝补,后知他们感情不好,愿叫他们走,他工作后我见油少,擦板、盘等少了,我问他,他说锁了。存粮是(19)56 年冬,是父亲说的,来后未增加,我未买也没见他们添,大米大袋有四五十斤,小袋有 10 几斤。

迈:原说是你父亲锁的,态度不端正,是立场问题,老太太为何揭发?谁锁早就应说。

白鸿策:我锁的,打开箱子时,钥匙还在我身上,我说父亲拿走了,其实以后才给了父亲,箱子是我叫封的。在事情发生后,我想如何能与我少发生关系,不愿在大家面前交待。

李琳:1956 年冬存,你说 1955 年发生粮荒,不能不知道。

迈:对老太太看法如何?

陈杰:对问题还是遮遮盖盖,你给父亲当参谋。

馆务会议

时间:一九五八年七月十一日

白鸿策:一、存粮问题,有存粮备荒思想,见父亲存粮后,不能教育反成包批[庇]同意,共同藏粮,(19)55 年我做饭方法不善,使粮食紧张,怕以后荒年缺粮,这是对社会主义的优越性〈、〉及统购统销认识不够,存粮损人不利己。

(19)56 年秋冬我在外吃饭，家中存下粮我也知道，因有备荒思想故未问，来了后才知道一袋白面，也说了一下，但有备荒思想，父亲姐姐吃，我又想叫小孩吃，他又说是节余又不是盗粮，我就同意了，给他提意见也是怕别人知道不好，但又想家里存着他人何知，我是户主粮存在我床头，并搬数家，参与存粮违法行为，为了零吃方便存有十升省粮票，这是严重的错误，没认识到社会主义粮食逐年增加。

存粮事情被揭发，本应承认错误，但有个人主义的思想，逃避、隐瞒不敢正视，自己是户主在家起决定性作用，决不是知而不说而是参与存粮。自己为了减轻错误，隐瞒、逃避，首先是当知道老太太检举后，他要开箱子，我不给他开，说钥匙父亲拿着，其实我拿着，多次检查都不说，想蒙混过关。那天晚上觉着不对，先去给小组长报告说我家存粮，想减轻罪责。自己不愿意把事情赤裸裸的摆出来，又怕丢丑，怕别人说理论不结合实际，只想给领导写个材料就算了，迫不得已后又不能沏[彻]底坦白。父亲给的省粮票是为买副食，家里父亲不在，虽是迫不得已的管家，想推托[脱]责任说不管家。自己过去犯了错误，现又犯错误怕处分，所以蒙混欺骗。第二是怕丢丑，刚来大家对我就尊重，不仅在业务而且在其他方面，别人认为自己是不可抓摩[捉摸]的人，这是由于自己自高自大，不知道也想装知道，这说明在立场上非常模糊，对父亲的行为及他是有严重罪恶的人，自己没有教育改造，反而包批[庇]，自己学了点理论，只停留在口头上。今后必须改正立场，观点方法，向家庭不合法现象教育说服斗争，要教家庭跟我走。

对父亲不是站在人民立场上，觉着不对也不能对他的进行斗争，他对老太太是粗暴，自己不能说服，对老太太是半斤八两，自己认为她有问题，可是自己是回家干，不是说服，而是一来一往，如对小孩不好，我就对她不好。

赵桂贞：白有些地方还是尽量往圆滑说，原说冬天现又说是秋天，如何存的，冬天不可能存，一整袋应老实交待。

迈：白有过关思想，批判不老实的同时又是不老实，你父亲存粮不能没给你说，你父在外吃，那天别人见给邮来十斤粮票，你就说十斤，其他时就能没给吗？换成粮票的目的是什么？你们在馆子吃能叫节余粮食。

薛：白存粮，初说是(19)55 年，又说是(19)56 年冬，以后说 10 月，现又说秋冬，你保藏很周密又锁了，你一定知道是不对的，又用先法治人[先发制人]，现检查又是不老实。

李琳：白说话只求圆滑无破绽，存粮时向[想]托[拖]长，你在外吃就是为了存粮,你说来师院后肯定未存粮,你不要把这个门堵严了,存粮上你有哪些行动,存粮原在那里放,以后又放了哪里,要省粮票的打算,不只有十斤粮票,共有多少。

和兆:白交待讲求层次、寸分,认为自己不说别人不能知道。

白鸿策:事实是有些问题,我原说是(19)56年冬,今又说是秋冬,是我问父亲后他这样说的,(19)56年5月份,去爱国会工作,带粮票,也不知何时存,刚搬我并未注意,也没问过,现不知道,以后才搬至床头,来后未存过,老太太可以证明,来后有粮票是事实,初来无粮,父亲来后,在下乡前未给过我粮票,花在三食堂有时进城吃,过大年时父亲给粮票买了四包饼干,除四害时买过饼干,市粮票有时作废,五月份孩子上灶半月领全月粮票,有些作了废,给的十斤粮票还在,根本没有存过粮。

柴:你家存粮,是你离开工院,在街上吃馆子,存的,你一定知道,应肯定。你家里一月存上一袋,全月就不吃白面?你不是不管家务的人,你父亲在外吃馆子拿走粮票,一月不至[只]剩一二斤。

康:白,人家指出才说。

馆务会议

时间:一九五八年七月十四日

薛愈检查:

〈一、〉政治方面:解放后,历次运动吃夹生饭,自己有些进步但很慢,不愿当股长给教学工作带来损失。以为自己能力小,没本钱,工作作不好,领导、下级、群众都埋怨,自己以为不行,但没有深刻的考虑,有些顺口说不行。世界无难事,今后走群众路线,过去说不行,有些假不行,(19)55年选工会小组长说是抓大头,(19)56年又选我,我以为是与我为难,耍脾气说你们想把我闹出师院,不干股长也行,现感谢大家给我锻炼机会。

图书馆工作廿来年,理论与实际不结合,只保守旧经验,青年同志不安心,没进行教育,新同志来了只给分类法一本,认为应死记。

工作作风:几年来忙忙碌碌的事务主义,辛辛苦苦的官僚主义,阅览股工作作不好,自己认为没不合作,不相信群众,监工,严重的旧家长式作风,是从旧社会带来的,以为我当上级作同志们为我作,领导对阅览股重视,派党团员,我没有配合他们发挥作用。有时代替包办,如:搬教材,总括起来,我有雇佣思想，如对期刊室，放弃领导。和别人合不来是我的错误，对桂贞懒不满，和王因改号闹意见。有次打扫大家让我提意见，第二次我就不推辞不管，对人不一样，如对张学宽牵纠[迁就]，赵桂贞批评，(19)54年迁院对女同志有戒心，这次要把这些东西交清，学习新东西。以上我的思想是不动脑筋，懒汗[汉]思想，对人不一样，是资产阶级的个人主义思想，是旧社会带来的，在旧社会干个小图书馆工作养成单干思想。

康：旧社会作风的根是什么？

文进：团结问题轻描淡写，旧作风不具体。

迈：不行是遇到困难不想办法，对人不一样，对旧的不够痛恨。

文进：词汇用的巧，不理采[睬]，不负责解决问题。

柴：薛不够接触实际，只把大家提的意见，重复一下，肯往客观推。

桂贞：平铺直叙就事论事，请示事情很不容易。

迈威：薛检查多次没接触到实际，有过关思想。

桂贞：就事论事多。

和兆：老薛的处人问题，与露汝明争吵。

李琳：薛进展不大，就事论事，不接触实际。雇庸[佣]观点不符合，没抓出主导思想。

柴：薛进展不大，面面具[俱]到不接触思想实际，检查自己推客观，如说赵桂贞懒。

薛：我缺点是有这么些，不是过关，公式——我是分几个问题谈，不是套公式。与和兆那次是李柏寿不愿叫他改，我抓出他的小辫子与他为难。

桂贞：态度有问题，有些套公式。

迈：薛不以平等态度看人，对上有意见不敢提，对下和工友另一种态度，别人提出不同意见就觉着不服从自己，有时与人记诚[成]见，如是应检讨不是你说是什么。

鸿策：薛几年来处人关系，只注意别人不注意自己，对工友杨滋荣……汝明等，综合一下，对虞蕊莲等综合一下，对迈……等综合一下。有时以私人诚[成]见报复。

薛：自己与同志处不来，是由自己的缺点造成的，对有能力的不一样，如对李衡寿、虞蕊莲工作慢调着干。所处同志只一部分是这样，我还是不以工作出发，在工作上夹杂个人情绪是有的，我确实是就事论事。

迈：你说你从工作出发，为啥要参[掺]插个人情绪。

薛：整工作作风，是说在工作中有不良作风，不是说不为工作，对人不是以理说服而是压服。

郑：薛问题没弄清就动态度，对人是欺软怕硬，爱发号施令，有官架子。

馆务会议

时间：一九五八年七月十五日

昨晚党委组织部长刘敏在工会布置社会主义爱国公约。

1. 爱国爱党，政治思想好。
2. 劳动生产学习好。
3. 勤俭持家卫生好。
4. 教养子女好，尊敬老人好。
5. 团结互助合作好。
6. 社会主义道德品质好。
7. 提高警惕治安保卫，社会主义好。

1. 拥护党的领导，坚决走社会主义的道路，反对资本主义的道路。
2. 遵守国家一切供应制度，反对抢购盗购。

薛愈：自己处人不自然，有时没办法，脸红、瞪眼、夹杂个人情绪，高兴不高兴时对待人不一样，对待人不一样，有些能牵纠[迁就]，有时说服不了就压服，尤其是对工友，看不见别人的优点，认为自己受到人的气，其实别人受我的气，自己有时觉着说的对，别人以为以领导自居。对思想工作感觉头痛，不是不愿说和不敢说。

陈杰：薛觉着自己不行怕给人作思想工作，当有可原，如果对自己的思想改造感觉头痛，这是不对的，你过去说你受大家的气，现转了180度弯说大家受你的气。

柏寿：薛觉着思想工作弄不来，鼻子下边长着嘴，为何说不来？你对工友的为何处不来，你对一些人为何牵纠[迁就]，另一些人又为何卡，整风是关乎个人前途和命运问题。

迈：薛思想有顾虑，想过关不怕戴帽子，但不从思想上检查，老经验，遇到自己的实际问题以不了了之。

李琳：薛，越检查越不像样子，对自己的错误不敢大胆的正视，对会议产生厌气，你是股长，不整改好对工作影响很大，谈到痛处就不谈了，对别人能分析，对自己就不会分析。

戴：薛检查有退步，很不对头，以前说要变不行为能行，现又说不会说，要接触到思想实际。

鸿策：薛你分析不来情有可原，思想实际说不来就不对了，对工友的态度是否以为自己是股长，别人应当服从，对别人牵纠[迁就]与不牵纠[迁就]又怎样？以前说自己受别人的气，现说别人受自己的气，但转变过程没谈，让人不能相信。

薛：过去是认为受大家的气，现认为气是自己找的。

文进：薛大家知道你有所改进，是要你从思想里解决问题。

馆务会议

时间：一九五八年七月十六日

李琳：我们会议进行一帆风顺就继续下去了，遇有障碍就放下了。我认为思想有波动是正常现象，应当趁热打铁，老薛是觉着多次检查未谈透，大家耐心帮助对他感动的哭了，如进行别人对他的精力有分散。

迈：昨天那样安排，今天改变来不及，趁热打铁是好的，但昨天已有抵触情绪，下去大家帮助一下，再进行比较好。

陈杰：检查的人最好一二[两]次被通过，老薛不觉悟认识不到自己的缺点，只好放下。

柏寿：给老薛一些时间，进行别人比较好。

郑维阁检查：

主导思想：资产阶级个人主义骄傲自大，其来源是旧社会的影响，当时自己年纪小参加工作与他们干的一样，别人也赞扬，说我是鹤立鸡群更感高兴，对以别人依赖生活的人看不起。

在工作上稍有成绩，欣欣自喜，在工作上独断专行，如主片后填系科，不服从领导，拿自己的优点比别人的缺点，见别人进步快，不在乎，柴作梓他在北大学习了，回来进步很快，自己认为别看他地位高，业务未必能行，对白、王看不起，影响工作，在扫地上与柴争执，开会打瞌睡，想参加扫五气，以攻为守，或当不当典型。自己外文水平不高，工作不能很大进展，自高是不虚心，今后要加强外文学习，吸收别人的优点，加强团结搞好工作。

迈：郑检查不如第二次深刻，面也不广，匿名信，特权思想未提，以自高自大检查自高自大，自己的成绩到底有多大。

柏寿：郑检查事实有出入，如扫地，今天面窄也浮浅，人家说你是鹤立鸡群是讽刺还是捧场。

陈杰：郑人家说你鹤立鸡群，是什么原因？对自高自大不够痛恨，匿名信也未检查，特权思想。

和兆：郑每次运动都没暴露东西，认为不暴露就是进步，旧社会的人都有旧东西，越暴露的多越进步。郑虚情假意，说上山下乡没名字感觉害臊，是真是这样呢？群众对自己的看法比你估计的要正确，自己说自己进步那是不行的，老郑今后应时时注意自己的缺点，如果对自己连认识也不敢那就更成问题了。检查问题不是做文章，但你专注意修词[辞]是不必要的。

柴：大家认为你的认识与大家有距离，对自己认识到了不敢暴露。现在把自高自大好好检查一下。

郑维阁再次检查：在北大图书馆时与级低的那些女同志，他们还是能力强的，但我觉得他们也不比我强，而级高的人靠人事吃饭，在旧社会里，首先是一笔好字，但在女同志中有这样一笔好字的还没有。因此养成骄傲自己，还不是大家对我讽刺。在西文上会打字技术的还没有几个，那时对图书馆工作接受的多一些，也懂得多一些。自己觉得还能动脑筋对工作有所改进，因自己动脑筋，别人不动脑筋，自己就骄傲自大。但这又有什么骄傲的呢？自己的俄文还是业余学习的，没有本钱去骄傲自己呢？因有个人主义，光看见自己的优点，看不到别人的缺点。名利思想主要从骄傲自大而来的。和别人比，比不上别人时就不服气。如对老王，我写的匿名信大家说不是意见，我觉得新写了一个纸条，我觉得信就是意见，意见就是信。但写信不署名是怕大家说自己有名利思想，这种行动是可耻的。

白鸿策：郑自高自大、自捧自，去年反右说自己认识很清楚，有些不老实，从你的出身和几年来的行动，不可能是那种情况。说柴不过有些理论不见得比我强，过去是向我学习，向你学的恐怕不是主要的，有些地方有些蛮横，如扫地。

康：郑说自己字写的好点，是拿自己的优点比别人的缺点，姓常的比你写的好，和兆(19)55年干劲大，人家俄文比你强。

李琳：郑勤勤恳恳的工作，胶贴戳，别人不能否认，对自己缺点认识不足，评薪与和兆比，写匿名信认识不足，听说柴工资上，你没上，觉着在柴手下工作没前途，工作效率不高。

郑：白说自己捧自己还考虑不到，动了感情不理智，对柴瞧不起，发展到蛮不讲理，如扫地，李琳说大家为我完成400册，捏把汗，请放心。

教育方针座谈会

时间：一九五八年七月十八日

迈：教育和生产相结合，古来就是这样，产生了剥削后教育生产分家，教育与生产和政治结合是非常必要的，只专不红是不行的，如右派"专外老人"等。

康：教育与劳动结合，理论与实际相结合，我们还迷信资产阶级的图书馆，应注意。

迈：教授们体会不到他们的知识是从劳动人们得来的，误认为麦为棉花。

柏寿：教育为生产和政治服务的方针是非常必要和适时的，不然教出些名利思想□□的学生。山药蛋亩产廿万斤很静[惊]人，认为乡办大学是扫盲识字班叫大学，坐井观天。

迈：生产和文学对科学和文学家降了一半，接触实际才能产生好的东西。

朱洪康：教育结合生产与结合政治是适时的、是正确的。根据我自己的体会是对的，我上学时觉得念了很长时间大学x、y也解决不了生活问题，总觉得不对，认为生产是教育相结合合适。如果大家都念书，农村没有劳动力了，只有相结合才能普及教育。

郑：理论必须与实际相结合，才能起了一定的效果。

薛：勤工俭学，学生脑、体力劳动相结合，能培养多面手，勤工俭学省钱多办教育。

赵桂贞：教育与生产、政治相结合，非常适时和必要，以前认为学习难劳动易，其实劳动并不简单，全民办教育，可速普及高等教育。

戴：以前理论脱离实际，白蚁专家有实经验，苏联教育和劳动结合，群众路线办教育，以前认为民办、函授等大学校不够好，现认为很好。

李琳：教育与生产和政治服务，并与其结合，过去方针亦有这精神，只是执行不好，群众路线办学已开展，过去有民办大学是大学，我们是什么大学，这思想，对函授认识不足。

崔：几年来的教育工作成绩是九个指头，方针不明是一个指头，过去有些学生不知为谁服务,群众办教育。

陈杰:旧社会受教育是为了向上爬,我国几年来情况,一个时期教条的学苏联,一个时期是依靠资学者办教育不够明确,教育为政治服务,自己不认识西瓜菜。

崔:苏说小孩九岁就应劳动,我自已从小未劳动,没劳动本领。

文进:同学说劳动误学习,我认为并非这样,自初上私塾也参加劳动,知识是从那里得到基础,劳动可以提高学习效率,劳动创造了人。

鸿策:过去认为培养学生是为人民服务,没考虑到为政治服务,过去听抗大学生打柴劳动,是与生产政治相结合,解放后方针不够显著,留助教只注意学习成绩,过去学校为工农开门都想不通。群众办教育,思想保守,对亩产万斤初半信半疑。

树兰:教育是有阶级性的,是为谁服务的问题,过去认为有知识高人一头,念书比种庄稼好。新教育方针,人人是学生又是生产者,改变那种认识,农民一[一]参加就普及了教育。去年反右是政治测验,一部分右派是别有用心,大部分是大是大非认识不清,旧知识分子要严肃的改造,新的要树立,反对右倾思想,资(产阶级)旧教条无新教条。

和兆:教育为劳动和政治服务,资(产阶级)相反,培养为他服务的书呆子,资(产阶级)知识分子不如老农。土专家的技术,前途不可限量,资(产阶级)他问政治不叫人问政治,我们要解决为谁服务问题。

柴:第一步教育为政治服务,已经走过了。第二步是教育与劳动相结合。毛主席说随着经济建设的到来,不可避免的来个文化建设大高潮,技术革命为文化发展提出了问题,师范教育及中学为重点,整日、半工(半)读、业余三种方式,教育为政治服务古今中外都是这样。教育与生产相结合,马、列、毛等都已提过,苏区解放区以前也作过,现能培养多面手,劳动人民知识化、知识分子劳动化、文科也能办工厂,红旗大学也是正规大学,只是要求不同,土专家是提倡,但不能满足,有了知识就了不起。

迈:以前说十五年赶英,现二年就行。

朱洪康:旧社会的一些概(念)定义新社会不能用了,如:什么叫学习,学习质量等。

薛:新教育方针是为了适应我国社会主义建设总路线的要求,过去是说培养建设人材[才],现在是说培养有社会主义觉悟的普通劳动者。

迈:"右倾"是怕艰苦,不能忍耐,保守是右倾,不合适的正规制度应当取消。

蒋：反对无产阶级专政和党的领导，所谓社会主义都是右倾，陈独秀在国共合作时否认党的领导是右倾，王铭[明]以左的字句，使党脱离群众，以后变成右倾。中国右派分子和国际上的修正主义是一个思想体系，是反党的，铁托是新教条主义，这是我的见解，不知对否。

文进：我国教育方针，(19)53年前对，(19)55年前躺在苏联专家身上，学人家的方法是保守是右倾教条主义。

鸿策：(19)54—(19)55年学苏联立场上是对的，是方法问题是新教条主义，(19)56年后依靠资专家，是两条道路的斗争是资(产阶级教)条主义。

迈：依靠资(产阶级)专家不算资(产阶级)教条主义，因为在我们政府的领导下，是新教条主义。

李琳：据迈理论，中国是无产阶级执政产生了一批资产阶级右派，那能是无右派吗?

鸿策：那我们历年来整风是整无(产阶级)教条主义吗?

崔：能说我们解放后都无(产阶级)化了吗? 曾昭伦等都是右派。

迈：总结党领导教育有缺点，像历年来让钱保长当主考官，是要为了把教育办好犯了教条主义，是新教条主义。

桂贞：我不同意过去教育事业走的是资道路，是走社会主义道路犯了一些错误。

鸿策：这次是高教部的检查，不是党中央的检查，依靠资产阶级专家当然不是走资(本主义)道路，是受些影响，如：贯彻阶级路线。

馆务会议

时间：一九五八年七月十九日

薛：教条主义是生搬硬套马列主义的一套，生搬硬套资那套也是教条主义，钱保长等是资(产阶级)教育方法，是资(产阶级)教条主义，资(产阶级)无(产阶级)教条主义都是右倾机会主义。钱保长等是以反教条主义出现。

符：薛说以反教条主义的出现，是新教条主义，我认为资(产阶级)教条主义是旧教条主义，无(产阶级)教条主义是新教条主义。

崔：学习西洋生搬硬套是旧教条主义，王铭[明]学苏后生搬硬套是新教条主义，两条路线的斗争是过去、现在、将来还会有，因新旧东西时常有斗争。

陈杰：迈说党的领导下不可能有资(产阶级)歪风，我认为是会有的，资(产阶级)专家不按照党的方针办事，桂贞说资(产阶级)专家出发点好，不是两条道路的斗争。

桂贞：我们教育方针是有错误，不能犯了两条道路的斗争。

柴：右倾在教育工作上的表现，是迷信专，自卑感。一怕资(产阶级)专家，二怕无(产阶级)专家。右倾可以新旧教条主义出现，教条是理论不与实际联系，(19)54—(19)55 年，躺在苏专家身上是新教条主义，是方法问题，(19)55 年后依靠资(产阶级)专家，党的指示像皮球似的被碰回来，这能不是两条道路的斗争，党该管的没管，像招生，改路线，留学生等，学校党委认为自己领导不了，是右倾，现勤工俭学也有两条道路的斗争。

康：过去我认为外行就领导不了内行。后见报纸登着才改变了我过去的看法，内行多是不虚心，外行就不然，因不懂就得虚心学，因此说外行是可以领导内行，而还会领导的很好，我这种错误观点于 1955 年就消失了，外行领导内行是个规律我认为是对。

崔：精通马列主义的人就能领导内行。解放以来，每行工作都是新的，可是经过学习，掌握了马列主义那是会领导的好的。

李：有些问题理论上懂，但到事实就不是那样，思想上就模糊不清。

薛：内行就是精通一行，外行就不懂，领导是照顾全面，但照顾全面的不一定是面面都是专家，因之外行领导内行确实是个规律。

崔：外行领导内行要看什么人，例如马克思，他虽是有产阶级出身，但他了解了真理，因而他就可以领导，无产阶级革命。

李树兰：从古到今就有两种知识，一是生产知识，一是阶级斗争知识。谁要掌握了这两门知识，谁就可以领导。

王文进：外行领导内行这是肯定的。精通各项工作也是不可能的，而且古今中外这样的人也很少。

晋如祥：外行领导内行这是个规律，但政治思想必须是内行才可以领导的好。

柴：这问题也是新问题。从去年右派向党进攻这问题看的很明显，但老干部思想也因外行不能领导内行，对有些工作就放任不管了，这是不对的，主席说过外行必须领导内行，世界没有绝对的内行，如有那就是马列主义。外行领导内行与又红又专，那是有密切关系。

朱：老干部知道阶级斗争知识多，但懂科学少，可是他的方向对，就可以领导的好,一个人不可能门门通,样样专,只能专一门领导全面那也会领导好的。

柴:几年并举全民办教育,是改造旧社会培养工人阶级知识分子有力武器,大家讨论一下。

戴:以前我认为,红旗等大学算大学我们算什么,这是旧思想,是错误的,认为只有知识分子能念书,劳动人民就不能念书。

柴:我想学术今后要变,如何定,有正统观念认为只有大学毕业怎么才算专家,其实想李始美等已是科学院研究员。

馆务会议

时间:一九五八年七月二十二日,下午

迈:咱们的规章应改一下,孤本也可以借出去,突击积压可以苦战几天,期刊卡片也应列入积压内。

郑:出纳上存在着工作效率怎样提高问题,现在按分类号排比较作时间,我提的按人编号排比较省时间,还有开架出纳在怎样想办法,怎样科学想办法,读者目录如何为读者服务问题。

迈:把各系的书陈列在一起,由本馆一人管理,各系资料员协助。

王和兆:中文上〈现在〉从四月到现在没有编号,还有片儿没排上算不算积压?

薛:〈阅:〉三楼上的线装书乱杂,那一部分工作也列入突击内,总之书库问题九月到新馆可以解决问题,另外各系提出后的卡片也乱。

迈:小说那边利用号码,每人编一个号,用学号也行。

郑:实行新方法可以完全不出错,口袋问题到教师大关儿。

白:办离校手续快了解各班借书情况,差的地方不知那一〈个〉本书谁借去。

陈:我们也考虑了一下,首先是同学借了书不一定一齐还,一般情况是一本一本换[还],手续上也不见起节约时间,根据我了解恐怕比现在还费时间,来我馆后感到老是事儿干不完,先考虑一下什么东西妨碍着跃进,当前需解决的咱们有许多制度就[究]竟合理不合理,如何改变一下,如同学进书库问题。

李柏寿:书库的乱和众人进去分不开,在[再]明确一下。

康一鹏:采购上自反浪费后,还是没有按照原制度,还是一股劲挑现在,据李琳说新华书店不按照咱们的预定送,现在又有重购,提出办法按预定要,多了退,咱们不挑书,现在外文书很好,按照三联单,要挑可以,大家采购小组挑。

陈:是不是李琳先预定,死板麻烦。

白:1. 咱们新馆问题,原是按六千人现一万人,首先书库成问题。2. 咱们政治挂帅问题,一个是领导另一个同志们也不够,今后应很好的展开批评和自我批评。3. 采购小组应组织起来,采购卡片好好弄弄。4. 编目上目录卡片不全,应想办法补齐,错误问题,有工作资料不全,业务水平等发生错编重编,怎样防止错误问题,如何改的问题,建立一套制度,业务水平应怎样和系联系起来,如请顾问,听人讲解。5. 阅览上目录卡片问题,目录匣如何便于读者改变一下,新旧目录片合,开架借书的办法,应让同学办,咱们只审查,大库书完全在里头放着,可以把一部分书放在外面让同学自己找。6. 期刊方面用明见目录好,杂志登记用卡片我认为慢,表格式的快,书刊介绍和展览有帮助,现在总务股介绍新书卡片,我认为不合适,而且老陈列卡片作用不大,应实物内容同时陈列,我们的保密书等没有一套办法。

迈:发展到一万人现在应考虑下,期刊部分单独成立资料室,关于老白说的制表登记也不见得快,而且不好保存,按类编目比过去快,总之编目录需要作,两个人成问题,少人力弱。

王和兆:关于书本目录,大家认为重要,需要作怎样做也应有个办法。

老康:书本目录很容易分期出,最好新生来了后,把读者目录应放在不是出纳室内,同学可以查,还有预借办法,阅览室应有专人管理。

树兰:自独立建院以来,采购上每次订了新的,但带来了副作用,主要是没有走群众路线,没有好好讨论。如(19)56 年同学听说书不够,不了解情况,形成盲目采购,订报也是有人提出就订。以后,除馆内讨论外,让系也提出意见,一方面新华书店有些问题,另一方面我们也有问题,咱们没有检查,全国目录不能一起来始终挑,外文从上面预订工作做的好,中文方面还有从三月,以咱们提出要改预订数字,这样也形成新华书店配书不认真,编目方面要有规则,读者目录和内部目录分开,登录方面也应有规则,还有油印登录咱们也可以用,统计上不统计价钱,实物陈列应做柜子。

迈:采购,提出是不是都有目录,要有咱们不要挑书。

康:藏书章和号码机连一起,明见目录不能解决了,必须要有目录卡片,文艺出纳分色贴上很好。

郑：人力方面就[究]竟多少，应好好看一下。

柴：经过开会讨论，我们检查一下我们的工作，订出今后的计划，我们为教学服务、科学研究、宣传马列主义提供资料，过去我们做的不够，尤其是宣传马列主义和党的政策方针方面。大家提〈引〉出学习上叶[业]务，政治上无非是生活关系上好了一定能搞好，大家提出清积压，苦战几〈周夜〉昼夜很好，咱们计算一下，订出办法再怎样算清完，进书规律由总务搞，先搞什么，考虑问题先有条件下稍加努力能搞，那些现在不能搞，明确一下如何算积压。今后我有制度，保证破除迷信，解放思想敢想敢干，多快好省，本人热爱专业，政治自觉，考虑问题要从主流上去考虑，今后一定不会按书的进量增加和同学增加而增加工作人员，以我们必须多、快、好、省，如小说出纳可以无人借书，咱们可以多想办法展开争论，通过大家群众路线的办图书馆，采购上我提出个办法，我们也要搞工厂，如胶水、装订、图书馆用卡等，我们要搞出成绩，我们可以开小型的，专题的，现场等会议。

馆务会议

时间：一九五八年七月二十三日，上午

蒋：新馆书库大了也可以用滑车和铁丝串，可以减少出纳人员的忙乱，同时借的手续可以让同学办。

薛：中文系教师借诗歌戏剧等几张借书券？文科参考室陈列书，以后要按时取放，还有阅览室工具书遗失了 15 本，今后要检查，订出计划。

李琳：关于采购上建立起预订卡和新华书店预订合同，但通过进一步工作有一定成绩，但存在许多缺点。〈1.〉首先新华书店没有一套卡片，把预订卡作为主要参考，以后咱们提出建立合同，他们也愿意但在具体作的不重视，直到最近还不能按原数配书，后经过几天研究：① 咱们没有检查；② 各出版目录有时控制的紧，有时不能给咱们，这样除预订外还有一部分新书需要选书大约占 2/10—3/10，这样咱们没有预订的就是新书形成被动，主要新华书店几次机构变动，没有专人负责，新华书店配书方面工作方法存在着问题，以后咱们一方面给他们提意见，另一方面验收了书以后再付款。我们存在的问题：① 按出版时间排，这样给验收很慢，以后我们按笔划排。② 我思想上先麻烦，想找个简单方法。首先，把过去预定书检查一次，以后工作能走上正轨道路，把过去预定的复本书拿回来，有些过去预订多一些的也不退，这样可以减少新华书店的藉[借]口。

油印登录可以提高工作效率很大,尤其是外文,〈再〉过去采购上对目录抓的不够,今后预定书送交馆长审批送交新华书店。

迈:如果采用油印登录可以合并编目股。

崔:编目股可以实行流水作业法。

王和兆:排片问题过去由编目股排,今后可由阅览股排,可以熟悉工作,对帮助同学找书和排架好处很大,同时也即时,总务股公布卡片不合适,解决什么问题?在程序上说不合应考虑。

迈:总务公布卡片不好,书编好后再介绍好,读者目录卡片,不管那里排应即时。

薛:过去中文上也好,先在建立预订卡也好,为什么中文没有按制度下来,再现在采购上被动变主动,应提出来大家讨论明确,把预定目录掌握起来,再现在发现我们又重购了不必要的书。

柴:采购被动,主要是自己没有掌握了情况,预定没有起来预计的目的,一方面新华书店也有问题,我们怎样由被动转主动?

李柏寿:采购方面,主要是我们心中无数,业务不熟悉,我们必须充分掌握原则,心中有数,新华书店是带商业性的企业,不能完全听他们的话。

迈:我们不需要的书还是要退回去,关于采购制度应注意加强,使每个同志都知道,可以监督采购工作。另李琳见书就买也造成浪费的原因。如科学出版的杂志我订了,但老李又订了,是不是订重了,问题在那[哪]里?

树兰:科学出版社的杂志不定期,这次订货目录来了有海洋与湖泊,所以订了三份,是根据过去的情况,改成预定是由被动变成主动。〈1.〉来书来的晚,双反后咱们减少复本,新华书店也同意,但其中有一部分是老李挑的,这样三月份退了很多书,这样新华书店也慢慢地不按预定配,我们就挑。另外,半年来学习工作时间少,还有思想问题,老李对工作怕麻烦,从而产生了对预订卡先[嫌]麻烦的情绪,有一时期他一心想推卸,愿意挑书。目录一般都给咱们,也有漏掉了的,今后我挑,应挑我们没有预定的而很需要的。

老康:我们要主动,最要紧的是挑书,其次把采购小组建立起来。

李琳:老柴对采购深入不够,刚才谈的都存在,据新华书店说新书40%,但实际30%,关键问题预定了书后,新华书店付书问题,但新华书店不认真。

柴:新华书店原按预定很正确,但我们学(校)开支减少,我们减人家没问题,到底关键问题在哪里?

陈：我们也不能绝对不挑，有些还需挑，咱们不能完全依靠新华书店，必须自己想办法。

白：赶快把采购小组建立起来，来解决目前存在的问题。

薛：采购很重要，我们应配人调查一下，到底怎样？

符：我们预定书是选的，我发现我们挑的新书是订货目录上有，而我们没有选的，这样新书不见得我们需要。

老康：新华书店有任务观点，预定书和新书发票后有分开。

馆务会议

时间：一九五八年七月二十五日

柴：昨晚有些离，各方面尚未准备好，柴 18 种、白 9 种、薛 23 种，还未得出经验，以后再总结。

编目上今天上午讨论了目录的政治性思想性，把密件、反动书都排出去了，今后政治上反动的书不排出去，绝密、密件、政治反动、黄色毒素分别用记标明，把两部片子让阅览股排，禁书都不推荐。

书本目录只对内，利用油印加版、印廿份，每系一份，经研究后决定分别制作。

树兰提登录部子用油印，大家提出财产账、模糊〈不〉又不省工。

系编合作：送书近，查重省，省采购片，人力协作，分成中文采编、西文采编，联合办公有些乱，经费不易掌握。

康：采购，把读者介绍推荐出来，深入各系征求意见加强采访工作。

预定新华书店不能按计划供应，他借口、双反后我们不按预定数回收书，今后我们预定多少、要多少、不够就不行。

账目：昨晚薛登录西文，60 来本，树兰也是 60 来本，打口袋片 1 400 套。

李琳：总务在外文积压很多，有的还未验收，初步统计有 2 200—2 400 还未登录，昨晚 3 小时 1 人六十本，两人得 12 天一[至]15 天，这部分书过来是否没打破两礼拜突击的规划。

迈：期刊来了一堆，需要登。

桂贞：迈，应尽量挤出人来突击外文工作。

薛：阅览、期刊室，同学期规定 3 天 1 本，教师 7 天 3 本，教师借诗歌戏居普通文补一张，中文补两张。赔书：普通能购到的书及教材原价，孤本酌情处理。报纸当日借当日还。

讲师以上随时进库，助教上午，未统一装订，工具材料不足。

期刊室地方小，人员少，积压工作资料卡片，昨天迈说，期刊室应独立，工学院已独立为个人。

迈威：薛说的不实际。

馆务会议

时间：一九五八年七月三十日，下午

李柏寿：应把职工增加数字也规划出来。

鸿策：应把工友的理论学习，工作态度也定出来。

柴：只提学生劳动，教工未规划出来。

馆务会议

时间：一九五八年七月三十一日

会议内容：院规划讨论

鸿策：师范大学与师院区别何在？

郑：为了满足我省各类学校图书馆工作的需要，我院应考虑设立图书馆系。

李琳：应考虑设政治系、地理函授科。

桂贞：托儿所也应规划进去，幼儿园数字应扩大到300名。

树兰：研究生的年限问题是二年还是一年，研究生一年后开课是否有些长。

鸿策：五年后工农成份[分]占80%，显得较少。

郑：先生们有些不愿搞函授，应注意提高函授教学质量。

迈：体育只注意了提高，没注意普及，尤其教工方面。

鸿策：以前提出组织教工轮流下放，参加劳动现在就不听见了。

柴：关于教工的劳动不明确，应明确规划出来。

迈威：应成立政治业余大学。

李琳：各类夜校应有规划。

文进：大学程度的五年要达到政治科的讲师水平，文化则未提。

馆务会议

时间：一九五八年八月一日

会议内容：结合院规划，制定馆规划提案

迈：既红又专，五年内95%达到左派，3—5年精通图书馆专业务，通过业余学习、函授、进修等各种方式，60(%)—70%达到专科程度，30(%)—40%达到系水平，组织图书馆、进修班、专科或系培养干部，每年50名。五年内要达到30—50种技术改革，95%以上参加体育活动，50%达到二级劳组制，80%达到一级以上。

李琳：馆的方针不够明确，过去柴说是为科学研究和教学服务，为宣传马列主义而服务，是否应有新的内容，现民办学校缺乏人才是否负有培养人才的责任，是否应负有为社会服务的责任。

柴：我馆是为三项任务而服务，其他馆需要我馆专业书藉[籍]可以特借，不是为社会服务。

迈：图书馆是学术性的机构，应配比[备]一些有研究能力的人员。

馆务会议

时间：一九五八年八月二日

李琳：资料员在系里作用不大，应集合于图书馆，成立资料室搞资料工作。教材科实质上不管教材，应撤消[销]，合并图书馆，成立图书馆办公室。

迈：资料员应合并图书馆，仍为各系搞关于教学的有关资料，这样力量充沛易于搞好。

白：现在应讨论如何健全我馆资料工作，资料员合并问题以后专题讨论。

李琳：这是制定五年规划，现就是讨论的时机。

白：我馆资料丰富，过去搞的不太好，教务处应把(各)项任务提出规划。

迈：(19)59年内我馆应把资料工作建立起来。

树兰：图书馆应设立参考部包括报刊、图书、资料工作，系资料员恐怕一个还不够，应按我馆具体情况，规划五年远景。

下午讨论反坏运动：

迈：坏分子破坏社会主义建设，威胁人们的生活安全，扰乱社会秩序，如打破黑板、偷盗、流氓等，要揭发坏人坏事、坏思想，不团结是坏事，是否有坏人故意制造，追其原因。

薛：要打倒邪气树立正气，积极参加反坏斗争。

馆务会议

时间：一九五八年八月四日

鸿策：我过去受处分，是按坏人处理，我要检查大家监督，家里存粮是违法的事情，这次也要谈一谈。

迈：过去的事情，要看后来的表现，如果未改就得联系，家里存粮是否投机，需要讨论。

柴：白在整风检查未交待彻底，现他也觉着在反坏运动中这是一个问题，应老老实实彻底交待。

鸿策：听了报告后并未划入这次运动，上午讨论大家说属于这次运动，是我体会错了。

存粮是 1956 年我去爱国会的时候，初记就是冬天，以后考虑是六、七月份开时[始]在外吃饭，我也忘了父亲给我说过有存粮之事，我只知道家里不缺粮，来了后才知有两袋，以为都是白面，并未引起重视，是因我出身地主，家里常有存粮，同时父亲说是给姐姐吃，就再未提，小孩不够吃，不愿动存粮，怀疑老太太粮不一定不够吃，去年我见天气经常不下雨，恐怕粮食要紧张，于是认为粮食轻易不要动，老太太在外说了些啥也不知道，评粮时她说给小孩是 29 斤她 28 斤，可帮助小孩，我说小孩应 30 斤，你吃多少、顶多少，结果孩子 29，她 28，□□□爱人给我解释说他原不知老太太是盗粮，我才知道老太太盗粮，后又给父亲说了，觉着老太太不可靠。

我觉着老太太有些妖气，嫂嫂说她爱打扮，父亲因房子问题想来这里，我犯错误后父亲养活我很受感动，只好叫来，但我有些不同意，怕对小孩不好。初父亲管家，以后因学习，他住在城里，可能也因感情不和。我每月买主食副食由他给，思想上认为自己不管家，可是自己是户主，粮票、副食证都在我这里，同是父亲与老太太吵架后，她要出去工作，父亲不同意，于是我锁住户口她走不了，这次事情发生后，自己说不爱家是怕事情纠缠住自己。

来了后未存过粮食是肯定的，存过粮票，10 斤现还存。以前因出外吃饭也存些粮票，三月份我留 2 升粮票，有买饼干亦有作废，父亲说他有余粮票，我怕作废叫换成省粮票，那时我身上还有半升粮票，五月份我孩吃半月领了一月的，有富余。

迈：新的不多，存粮时间不一，你未考虑到存粮是反坏运动交待之例，是有意识的要滑过去，退一步说，作为思想问题也得交待，早谈比晚谈好，你一贯遮掩躲避，想逃避责任，你过去是按坏分子处理的，家庭出身、父亲历史，现还是这样，是一贯的，你们给老太太 11 元，对人家非常苛刻，户口锁住不叫人家找工作。

李琳：老白应当注意，过去犯过错误，对父亲敌我不分，与党不是一条心。对你父亲这样人要实行专政，你同情他是因你被开除后，他养活你，你未考虑到存粮是犯法，来馆后工作不积极。

柴：白这是原则问题，是违反政策问题，在整风中未主动，这次也一样，是态度问题，存粮是客观事实，如果态度对头可以结合谈你与党的问题，和父亲问题，工院处分是按坏分子，改造后，来这里还是如此，已经一错再错，如不老实交待就要三错四错，后果自己负责。

陈：你犯错后父亲未申斥你，你同情他，什么态度。

馆务会议

时间：一九五八年

鸿策：由于立场不对，于是在看问题的角度上也不对头，56 年搬爱国会工作亦在那里吃，家里存下余粮，我知有存，但不知有那么多，我不能监督他们反而不愿管家里，没把存粮当成一回重要事，同时自己觉得存些粮食好，即使知道不太反对，父亲搬来后知有存粮，并未详细查问，没当成一回事，我问过父亲下边那袋是什么？也记不清楚了，当时也害怕被发现了，但父亲解释后就没事了，自己腐化变质，被工院开除，稍有好转，又转为国家干部，虽对党有所感激只是感性的，父亲给姐姐吃，自己同意，这样对城乡粮食政策有所违犯，又说这是余粮，又不是投机倒把，是为了将来粮食紧张再吃，原我认为我只是窝藏保批[包庇]，经大家批判后，我认识到，我是户主，是国家干部，没有正确处理是我们共同存粮。五月份又存了十斤粮票，三月份时无粮票，虽有一斤半斤，是为买饼干，有时又作废。故愿叫父亲换成省粮票，我存起来，其因：1. 当时我有粮票；2. 张[账]面大怕换成市粮票作废。

存粮为了荒年粮食紧张时食用：1. 由于家庭出身的影响，社会影响蒋统治时缺粮，解放后自己作饭粮食不足，是因自己技术不好，解放前劳动人民存粮尚可，现在存粮是对统购统销政策认识不足。2. 对社会主义发展远景及农业合作化认识不足，违犯国家政策。

存粮被发现后，自己想逃避责任，第二天整风来检查，当时说未准备很乱，其实是觉着这是大问题，其次怕丢面子，后来大家知道了要我检查，自己想滑过去，写书面检查，1. 粮不是我存；2. 我劝阻未成。存粮被老太太检举，自己投机取巧，向领导小组去汇报，锁箱子是我锁的，我说是父亲锁的，态度不老实，由于自己不老实多次检查未能通过。家庭成份[分]与关系：出身地主，父兄有恶罪，自己虽在中学校参加同志会，很积极，但比父兄好，背成份[分]和父兄的包袱，没考虑过只要自己努力改造党是信任的，但自己只觉着对党忠实工作努力，党对自己不信任，相反党对自己很信任，由编目助理提至股长，搞运动当组长，但由于贪心不足还想当秘书，后来消极、堕落被开除，开除时学校提家庭成份[分]关系了，自己更背了家庭包袱，处分不过严，以后又作基督教干部，57 年党又叫来了这里，在家庭是站在父子关系上，父亲是血债僳僳的反动军官，自己没有分清父子与敌我关系，自己是国家干部乐观，看见父、兄就悲观，他学习说了但未给公安人员说，自己怕把他扣走，自己无勇气给公安局报告。52 年忠诚老实运动自己说了，又怕扣父亲，54 年政府叫他写自传，自己还是站在父亲关系上，觉着不说不行，还是好好说或者可宽大，55 年出工院后父亲养活，并加强了父子关系。存粮问题不能坚持，父、老太太吵架不能公张[正]劝阻，偏父亲，只给老太太买面不管菜，像大家说还不如对待老妈子，老太太对我不满意还因给其女报户口问题，给老太太八块钱我也觉着太少。

自己以前不愿管小孩，父亲对他溺爱未教好，55 年自己开始管了，但成习难改，自己打骂未能见效，来后半年想教好，但还逃学，现有好转但还有不好的地方。

与父亲敌我关系不分是严重的，容易走上反党道路。

柏寿：鸿策以现在不老实揭发过去的不老实，关于存粮我们是有材料，你不说作结论对你更不好，你对党究(竟)怎样不敢说，以人民币比金圆券，以现在与解放时围城缺粮相比，存粮票，你父前后都未给就我们看见那次给吗？你应考虑现在已不是整风，坦白从宽、抗拒从严，截至你现在说的与事实还有出入。

迈：白，嘴上一套心里一套，解放后住协和医院归功于上帝，迷信与马列主义是相对的东西，粮食究竟啥时存，你父亲存多少，你存多少，存粮票问题不止一次吧？反坏不同于整风，与父亲问题，站在同一立场上，小孩问题人家给你出过大字报，乱偷成了小流氓，你只轻描淡写。

绍斌：在整风中白不够老实，事情躲躲闪闪，以前田德允书白鸿策叫他一本保密书(科学院规划)应检查。

陈杰：白未把存粮归于反坏内容，拒你平时认识不像这样糊涂，是想滑过去，你认为工院开除太重，你不是单纯的男女关系而被开除，存粮被揭发后还先发制人，你孩子超出一般调皮行为与你和你父亲有关系。

晋如祥：白对粮食政策，不仅是怀疑而且是违犯而且是长时间的，56年就开始，存粮票，对孩子教育是父亲的责任。

迈：白经常说着工学院开除后，第二次叫来这里工作是很感激党。但听人说，他说自己是个大学生，开除无所谓，这次来后又想向上爬，认为分院后只有我能当股长，有本领就能行，无所谓党不党。

柏寿：小孩不好，白也知道，还有些纵勇[容]，你认为荒年用粮，去年不够吃都不用，你何时用。

桂贞：白态度不够老实，你也知道国家政策如何，不说没好处，你说在外觉得社会主义好，回就怎么……不说出来，何故？拿解放时围城缺粮相比备荒什么思想？

郑：白，你说你在外吃饭估计有存粮，既然知道何必说搬来后才知道呢？存粮多少你还说不知道。

朱：老白前天交代时说过去对存粮这件事没有准备说，对这件认为不在交代之列，但老白自己也早就认识到存粮是犯法的。因在老太太揭发，后面自己赶快去交代。这次是想滑过去，因而不主动去说看大家如何？如果大家不追究就算完了，应彻底坦白才能得到从轻处理，在对家庭关系上，你被开除，后父亲未有责备就更与你父亲关系密切，相反就认为党对你不好，这是可以理解，因此对你父亲就是迁就而不以斗争。关于小孩已出乎调皮的范围了。这也是你怂恿的结果。将来小孩坏了，就不能生存了。

戴：白先生每次说都是吞吞吐吐有过关思想，你不真诚的[地]说，说出来就不会合乎情理。白先生应清醒些，这次不是整风，而是阶级斗争，白先生老说没有准备，我觉得你不论如何准备，要是准备编一套假的怎样能说好呢？

蒋：农民把粮吃不了可交给政府。你在外吃饭，存下粮食是投机倒把，是盗购，你又存下了粮票，粮票政府规定吃不了往回送你不是不知道。存粮备荒,在蒋统治时可以,解放后虽然有荒年政府都不叫饿死一个人,存粮是破坏政策,存粮是谁就是谁。不能逃避责任,说什么等于我存粮,你对父亲、老太太、小孩、工作,同志的态度比较一下,就清楚了。

郑:白存粮票前后都没有,就是大家见了的那一些吗?存粮说叫你姐姐吃,什么他是什么成份[分]这是给农民叫冤。

柏寿:存粮是具体事情,是衡量你的阶级立场如何?不要以为大家不知道你就不说,其实别人是知道的。

文进:要实事求是的[地]谈,没人说你是政治问题,是从中渔利,而是说你为了自己吃,不要考虑到处分问题,你说的含糊其辞。

树兰:昨天和今天说的都有出入,56 年存粮,为了啥,你为了吃过一个夏天就会坏了,到底是为了啥,小孩不够吃也不叫吃,你从工院开除说得到应有的教训,认为父亲不指责而且养活你,受感动,那么批判处理你会感觉不好,你立场还不对头。

崔:存粮隔三个年头不能不出去,被开除后对父亲感恩,是站在什么立场上。

鸿策:总的说下来,大家对我还是极力挽救,我很感激,事实上是要自己主动的说,认识上自己认识不够,存粮:1. 是破坏了统购销政策。2. 对社会主义远景认识不足。在外吃饭(无意识)家里存粮经大家分析我认为是投机倒把,听报告后确未认识到,过去认为是违法是指错误,存粮数字确实不清楚,上边是白面,下边不知是大米还是白面,后知是大米,多少斤不知道,肯定是在并州露存的,是父亲存的,十斤省粮票拿来前我有一斤半斤,买饼干,我从三月份管家,买粮都有数字,三月份给父亲 28 升,四月份我买五升糯米面,父亲亦买五升,无存粮票,5 月份 10 斤,以后未存。来前不知存粮,存粮时间他说是我在爱国会工作时存的。

馆 务 会 议

时间:一九五八年八月十五日

会议内容:关于本馆跃进规划草案讨论

规划草案共 11 条

李琳:应该再加具体,工作上首先应出现一个新面貌。

迈:前次说成立图书馆专修科未提。

鸿策：应提三年内85%达到坚定左派。

洪康：大学水平的五年内应达到政治课讲师水平。

树兰：政治理论学习，应成立小组，加强督促检查。

柴：占办工[公]时间，业务学习每礼拜两小时，馆务会议每两周一次，集中搞外文突击到月底。

郑：大(家)轮流耽误其它[他]人的学习，应阅览股换班轮流。

桂贞：平时时间长，礼拜日不出纳都可。

馆务会议

时间：一九五八年九月五日，晚

柴：

1. 根据馆的规划制定个人规划。

2. 关于调拨浪费了的书，与领导研究，一般多买几本，都不出调，只有版本旧，像中学课本等，才调拨。

3. 关于改进工作提高效率要具体研究，出纳时间，也得制定，下礼拜开始实行，三个同学帮柏寿归书，出纳忙了下午由白鸿策郑维阁帮助，再帮调谁谁去。

李树兰：预订、登录、编目三合一。

柴：订北京的铅印卡片，共订26种，每月40多元，全年五百来元。

出纳时间：上午9点半—2点；下午3点半—7点。

馆务会议

时间：一九五八年九月十六日，晚

会议内容：关于档案资料工作讨论

柴：系三年，科二年级下乡，要批一部分书，以后具体研究，必要时人去亦可。

今晚主要讨论宋主任的报告，档案、资料利用工作，本馆公文处理工作康先生过去负责，搞的很好，咱们统计工作作的不好，财产统计、经费统计、出纳统计，不上轨道，图书资料利用不够，期刊无读者目录，还有一部分不公开发行，也不保密，但对科学研究有用处，我们未搞出供大家利用，乡土教材作的不够，定出目标作资料工具，或者其他，在国庆节向党献礼，我觉着不买小册子是错误的。

鸿策：过去馆突击工作是作了，只在脑子中记，没有什么记载，前次中文突击工作，准备工作未作好，这次也未作好。因无书面记载，不能接[受]教训。

1. 我把这次外文突击写个东西。

2. 期刊应有读者目录，古书以后也应搞。

迈威：我觉着资料工作很重要，咱们这里东西很多，未被利用，影印期刊等，期刊要搞对外目录(国庆节前)(，)同学爱借什么书，哪类书借的多都应统计，以便了解情况，系里订期刊应登记，外国大使馆新闻要搞索引，资料室很重要馆领导应考虑成立资料室。

康：其他馆的对外目录，应充分利用，以利教师，馆除借书，总务股应剪报纸作资料。

薛：图书馆资料工作作的不好，利用很差，小册子问题严重，期刊对外目录国庆节前要闹离(原文如此——编者注)，解放前的报刊应整理。

和兆：古书目录应速搞出去，(错是其次)作为国庆的献礼。

绍斌：资料卡片应速排好，以供利用。

柴：

1. 写馆、股、个人日记。

2. 统计、财务、预算、季算、决算，财产赶积压，总括分类(总务股)、出纳什么书看的人多，人次数，下礼拜开始统计。

3. 对外期刊目录、资料卡片、各大使馆公馆、各校校刊、目录的目录、新华书店目录、旧书目录、古书目录、合订加录小册子。

4. 报纸不得随便拿，书不得乱动，收登经过康先生。

馆务会议

时间：一九五八年九月十七日，晚

会议内容：讨论人民公社

迈威：看了有关人民公社的文件觉得人民公社好，人多了力量大了农业社办不到的人民公社可以办到，如工厂、修水利。另外私有制也慢慢去[取]消了，是由社会主义过渡到共产主义社会的基本方式，我国的创举，解放了劳动力，使妇女可以参加劳动、生产，进一步男女平等了。人民的觉悟也可以提高。另外我院应参加人民公社。

柏寿：人民公社的好处很多，是进一步的发展，是社会主义社会过渡到共产主义社会的过渡形式，分配方式也是由按劳取酬到按需所取，对人民的生产积极也会很快地提高，也可以大协作，由乡里统一调配，农民实行工资制，乡城距离去［取］消了，将来工农兵学商合一了，可以去［取］消了脑力劳动和体力劳动的差别。

迈：人民公社力量大，可以举办各种建设，并可以进一步实行农业机械化。

白：过去我没有想到过，现在知道了人民公社比集体农业好，□之好因为不仅是农业而是工农兵学商都有，有工厂炼钢、炼铁，农产品加工等，优越性确实很大，所有制也改变了，这些都有利于生产力的提高，对国家的发展起了很大的作用。关于我们应怎样组织没有成熟的意见。

康：我体会到人民公社办的及时，人民公社成立后，各种工业都能建立对社会主义很有利，而且工、农、兵、学、商都合一起来，我们都是勇对美帝国主义蒋介石匪帮，我们是有很大的力量打败他们的，我们的建设事业是会很快的［地］发展的，很快就可达到共产主义社会，非常欢迎人民公社。

王和兆：我感到公社是毛主席对马列主义的新的发展，我们的目标是全民所有制的共产主义社会，我国向共产主义社会多快好省的最好作法。

朱：实行人民公社也是为了实行总路线，调动一切积极因素，多、快、好、省地建立社会主义。我院走向公社也有好处，可以使部分人参加劳动，解放劳动力。

树兰：现在人民公社有许多地方，有共产主义因素。

柴：农村人民公社是参加公社，把全部粮食交出，到食堂吃饭，每天平均每人每天 18 两，主要是解放生产力和劳动，咱们可以做四十种：1. 馆务日记；2. 工作经验；3. 我馆概况；4. 馆际往来、交流；5. 财产统计；6. 出纳统计；7. 经费统计；8. 教材统计；9. 文艺小说出纳统计；10. 线装书借约的统计；11. 关于马列主义毛主席著作借［阅］的统计；12. 科学研究供应统计；13. 各考参室统计；14. 教师阅览室统计；15. 杂志报纸统计；16. 学报统计；17. 院校刊统计；18. 解放前期期刊统计；19. 大使馆赠送杂志统计；20. 规章制度的统计；21. 乡土教材的统计；22. 赠送的期刊统计；23. 善本目录；24. 目录的目录；25. 红书的统计；26. 丛书类书的目录；27. 校内各种出版的东西目录；28. 读者期刊目录；29. 遗失污损书刊的统计；30. 重大节日展览；31. 重点书目录提要；32. 群众意见；33. 工作改进合理化建议；34. 资料卡片的排列。

确定我们谁走谁不走。钢铁生产的重要性大家都知道,计划我们去 14 个留 8 名,留的是康一鹏、蒋思道、王文进、陈杰、郑维阁、李树兰、崔凤岐、赵桂贞。

迈:留女同志在某一方面我同意(,)因为劳动能力差,住的问题不方便,不同意青年力壮可以去锻炼。

陈:我是准备去的,因为我的小孩儿问题不成问题,我愿意去锻炼,把老薛留下。

李柏寿:我认为留的太多。

李琳:留人多了不需要,在加强努力工作。

迈:期刊需一人,采购一人,出纳二人,编目一人留王文进、康一鹏、陈杰、崔凤奇[岐]。

白:留下老薛、王文进、康一鹏、崔凤奇[岐]。

陈杰:同意留下老薛。

迈:值宿问题。

王和兆:我也同意留下老薛。

迈:同意留老薛。

朱:同意留老薛。

李柏寿:固然老薛出去好些但留陈杰工作不熟悉,所以我认为留下老薛好。

柴:陈、崔、康、王四人留下,还有老柴五人。留下的工作是大库出纳和小说分开。预订书不停,值班问题,主要是采购出纳。

馆务会议

时间:一九五八年九月二十日

会议内容:留下的同志开会研究工作问题

柴:咱们在留守时期,好好地干起来,每天下午出纳,大库由陈杰、赵桂贞,小说由郑维阁、崔凤奇[岐],统计档案由康一鹏、李树兰,王文进收登期刊陈列,下午出纳,上午主要校油印卡片,但陈、赵除整理卡片外有时间写期刊目录卡。

值班轮流:一、康郑;二、陈戴;三、王崔;四、柴蒋;五、康李;六、柴赵。

值星[班]从 11 时开始到 9 时,第一班从 11 时—4 时;第二班 4 时—第二天8时。

关于苏副院长报告的讨论

时间：一九五八年十月七日，下午二时

地点：图书馆

出席：(图书馆)：柴作梓、郑维阁、陈杰、崔凤奇[岐]、王文进、康一鹏、李树兰、蒋思道；(数字设备科)：王瑞群、马汉杰；(教务处)：马兆丰、靳生禾。

主席：柴作梓、靳生禾

内容：① 办学以钢为纲问题。② 如何适应半工半读的新局面。在体制上工作上乃至生活上如何改变以适应河口劳动。

马兆丰：① 从思想上明确大战钢铁——一面教学一面挖矿是经常性的。② 因为是长时期的，河口〈的〉大军的生活应步上正轨，如现在就有700人住帐篷的问题应从速解决。③ 留守的与前方如何配合，后方的工作如何支援前方。

陈杰：① 在办学"以钢为纲"的方针下，人们的想法是形形色色的，有相当数量的人是"不同意"的。一位副教授因旁人劳动去了，他说是"妻离子散"，也有人说"只劳动无教育"。② 教学与挖钢两件事确是应想出妥善办法，使之密切结合起来都正当的[地]进行。

马兆丰：① 全国初中以上的学生约亿人，都发动起来参加劳动是了不起的力量，可以为国家创造巨大财富。② 全国教育界师生参加劳动，可以尽早消减脑体力劳动间的差别。③ 可以有力的[地]克服旧意识，旧的传统观念。

康一鹏：① 我们高等学校的小职员，对树立新的教育方针——半工半读有不可忽视的地位，所以不应"不关疼痒"。② 我们图书馆可以考虑如何去河口设立"分馆"之类。

崔凤奇〈岐〉：① 挖钢是长期的，我在山上的就不能不上课了，也牵涉到与留校的进度和步调问题。② □说给上山的发棉衣，应该组织成"冬班"和"夏班"，只给冬班发。

王文进：① 需建立起一套亦学亦工的生活秩序。

蒋思道：① 政策是正确无疑，对走向三要五消灭极其有利，不要猜疑的去理解。② 抵触的人是极个别的少数的，信多数人拥护。③ 去山上劳动中，对一些课程有方便之处，应多讲这类课，回院后补不适于去山上讲的课。如讲政治课,加炼钢常识课,再讲一两门专业课。

柴作梓:① 我主张勤工俭学以“政治观点和经济观点相结合”去劳动委员会受了批判,但我仍愿再提出来研究:第一年暂不办工厂,因为没有运输工具,先与南方的电加厂定合同工,一年可赚 22 万元,只 4 万元即可购汽车两辆,明年就可办个炼铁厂,同时办炼铁厂主张到东山上办,因为去学院办,只废渣每天就是几吨无处运。② 家里各系办的厂子,像砖瓦厂、印刷厂都可以停止,后挖钢,山上上政治课及较适应环境的专业课,回校后集中上去山上不好上的课。在山下劳动六小时,上课 4 小时,因劳动强度大,最多三个月教一班。③ 一二九前是否仍保持? ④ 经今年“以钢为纲”,薄副总理说今年一斤不能少,现大战钢铁,年前为了完成任务乱一乱不[没]事。也是正常现象,现在如我们办的厂子都应当停,一起搬到山上干,既省事,又锻炼了,又大战钢铁。

陈杰:① 我院办的厂子铺的面都宽了,生产有困难,价值意义也不大,可以停工都集中到山上去炼铁,这就抓“主要的”。哪个系也可以到山上去上课,因为都有政治课及去山上上的课。② 图书馆也能运到山上去,支援去山上上课,也锻炼我们体力。③ 大战钢铁,不仅是青壮年同志的任务,老年人也能支援,比如可以干辅助工作。

马兆丰:1. 柴先生等明年来了汽车,再炼铁不是现实的想法,办要到背矿石也未尝不可。

馆务会议

时间:一九五八年十月八日

闫教务长:今后到山上去就是长期的,去三分之一,在校三分之二,如何去,怎样上课,还[需]很好的[地]安排一下,因之就需要大家多提些方案,在十月是撤不回来,从现在还有三周时间,还[需]把家里安排一下。把人民日报及山西日报有关文件抽时间学习一下。勤工俭学主要是增加共产主义的因素。咱们学校的组织机构旧的已经不适用了,因之就需要大家大胆的[地]开动脑子,提些具体意见。

马兆丰:咱们今天还是谈体会领导报(告)及我的看法,十月份在山上不能回来的可以在山上上些公共课如教育课、政治课等,回来即不再上这些课,十月以后根据新方案,可以集中抽几个系课去,在教学上以实验课少的为宜,去时教师也可去,行政单位,可以有计划的[地]去或定期的[地]去,这样即

[既]作到为教学服务，也可协助教学单位。学校组织机构，根据现在形式，可以成立劳动部，它与我们的三大处是平列的单位，多设些专职干部，对我们现在的工作较为有利。据说在山上的条件很困难，因之现在学校应当考虑七八百人如何上课，本着节约的精神，也应考虑。如桌子等。记笔证不能[及]时，还可以多供些教材的参考资料等，取暖问题也应考虑，不然就影响效果。

李树兰：到山上去半工半读条件是否许可，到农场去半工半读是可以，专叶[业]课可以回来上，我的意见两个月即可以，在河口还要学炼钢炼铁的生产知识课。

蒋思道：我认为首先要把住的问题解决，因天气渐渐冷了，防寒问题是主要的。

柴作梓：① 咱们现在最大的缺点就是不管部，应扩大院办公室人员。② 对每个干部的劳动锻炼要作出具体计划，劳委会统一安排。③ 到河口去如何去，是以系为单位，还是以班为单位。

馆务会议

时间：一九五八年十月九日

王文进：每周劳动一天，一个月劳动五天，半年劳动一个月的分散进行，不如集中劳动好，这样对学习也有利，在劳动时可以进行政治课，同时要锻炼，还要学习些炼钢的本领。

靳生和：根据这几天的讨论，最好有一个同志提出自己的意见，别人再补充，弄出一个比较成套的建议。

领导过去对教育的方向也不够明确，我们大家也同样对教育方向不明确，炼钢是经常任务，挖矿也应该是经常的，闫教务长说："半工半读，是增进共产主义因素。"这说法很对，河口挖矿应作长期安排，各行政单位也要跟上去，学生的工作、住宿，都要妥善安排，学生在那里挖矿，可以成立为师院钢铁厂，院长兼厂长，也符合上级的意见，钢铁任务是长期的，成为永久化，教学设置，劳动安排，各单位的配合，像图书馆可以设分馆，都要作经常化的安排。

过去的一、二、九计划，不一定合适，二个月劳动后，十个月不劳动，对改造思想及劳动锻炼不见的[得]合适，劳动学习经常化比较好。

康一鹏：同意老靳的意见，半工半读比较好，以钢为纲是我们当前的重要任务，应该经常化，人人都应该是半工半读，不同意劳动和学习分开的意见，半工半读合乎脑力劳动和体力劳动差别消灭的原则,办钢厂,最好,物理系等可以实习。

崔凤奇[岐]:同意以上二位同志的意见;近处看有挖矿的地区最好,交通方便。

靳生和:现在教育方针,教育和劳动结合,半工半读是个方向的问题,各方面都跃进的很快,唯思想跟不上,但不久也会跟着提高的。

蒋思道:党中央教育方针,为政治服务和劳动结合,为共产主义社会创造条件,学校办工厂,工厂办学校,但学校总还是学校,工厂还(是)工厂,目前有些乱,但在这里会取得经验,以后逐渐还[会]转好的。

同意马兆丰先生提出学校设立劳动(部)的意见,但改为劳动生产部更为合适,计划全院劳动生产事项,如办什么厂?劳动力的调配等问题。

成立工厂地点问题;应派人去勘探,建立更适宜的工厂,不仅办钢厂,还可以办农场,作到自给。

1. 河口挖矿作经常化安排,为炼钢打下基础,学习劳动都要作细致的安排,学生分三班轮流去,行政单位也配合着,但各行政单位可以互相协作。

2. 为便于教学安排,应以系科或以班级为单位去河口,时间二个月一班。

3. 劳动与教学各半为原则。

4. 各行政单位,根据实际需要派人前往。

5. 河口炼铁厂除完成上级交给的任务外,可作我院师生劳动锻炼主要地方,另外为了长期打算,可另觅〈找〉更适合的炼钢基地(离学校近些地方)。

6. 各行政单位应采取集体办公。

7. 各系教师排课应集中,不要分散以便于调动。

8. 公共课应采取大课形势[式]进行。

9. 在外上课学生每人应发小木板一块,作记笔记用。

馆务会议

时间:一九五八年十月十四日,下午

康一鹏:共产主义大学就是消灭了私有制,教授们都能把自己所知道的一切传授给下一代按各取所需完全的供给制,因此看来人民公社是由社会主义过渡到共产主义社会很好的桥梁。

靳生和:共产主义大学应包含哪些人,培养什么(样)的人,在社会分工方面负担什么责任，所有制方面，应包括农工兵学商，因为人们都有受高等教育，培养多面手，将来成立公社以后和农社等合成一个公社，应有从政权治安保卫到生产管理，[、]卫生保健等，就是社会有的部门我们都有，但我们的主要责任是教学是培养共产主义的建设者，分配问题，最理想的是供给制，是基本的生活水平是平等的。但不是绝对的平均，并且对有特殊成绩的应有奖励责任，培养中学教师。

崔凤奇[岐]：共产主义社会是很好的，人们也不像现在吃力，是各尽所能各取所需，但不是平均主义，那是[时]社会生产品很丰富：1. 我们培养出的学生都是大公无私，道德品质很高；2. 思想意识必须；3. 供给制是有差别的，不是一律一样。

王文进：共产主义大学，首先是消灭等级差别，脑力劳动与体力劳动的差别，学生在一方面学习一方面劳动，教职员是不是应有分别，到那是(时)供给制，各尽所能各取所需，学校本为解决，小儿在儿童公育，老年是在养老院，到那是[时]爱的范围也应扩大，完全走向集体的公有的思想感情，那是[时]没有什么商业、工农的区别，能干什的干什没有工农商学兵的分别。

崔凤奇[岐]：因为有帝国主义存在所以我们还须有兵存在，各种工作还须分工。

柴作梓：共产主义的大学是培养多面手包括还是教职工学生，每个人必须有高度的思想觉悟。

马兆丰：共产主义大学是培养多面手要经[进]行综合教育，而且到那是[时]要消灭脑力劳动和体力劳动的差别，将来减少重体力劳动，共产主义[大学]的特点是人们都具有高度的道德品质热爱集体，并要有高度的文化，目前的半工半读勤工俭学也是为共产主义的大学准备条件，逐步的[地]消灭脑力劳力和体力劳动的差别，共产主义大学是如何培养共产主义新人，共产主义大学的因素：1. 劳动生产；2. 全部集体化。

馆务会议

时间：一九五八年十月十六日，下午

会议内容：讨论共产主义大学应该是什么样子

生和：共产主义大学除了包括教职工学生，还有工厂、武装部门、农业社等,有次宋主任来开会说学校的四面墙应该推倒,对我有启示。

作梓：我思想认为学校总是学校,工、农、兵、学、商各人总有主要职业,我认(为)我们学校是公社的一部分,不是学校包括了其他各种工厂农社等。共产主义大学所有制问题是各尽所能各取所需,脑力劳动与体力劳动的差别也消灭了,到那是[时]专家更专在培养多面手的同时要培养专家,学校还是提教学培养很多的专家,当教师在业务上和政治上一定要求很高。

树兰：学生和工人没有区别,直到专家有区别,学校这个名字将来不会存在。

生和：目前要把我院建成共产主义大学：

1. 首先建立人民公社,根据公社的要求做一切。

2. 在学校中成立共产主义大学,由党委领导,每人参加进行政治教育。

3. 修改教学大纲、计划、学历适应共产主义大学的需要。

4. 学生的供给问题,教职员的供给制要解决。

5. 在提高觉悟的同时高举又红又专的旗帜,进行科学研究,提高教学质量。

康一鹏：同意生和的意见,除此政治课必须加强,加速思想改造,教学大纲必须注意同劳动结合问题,人民公社很快就能实行,大家的认识必须提高,明确半工半读。

马兆丰：学制、学历、教材,应修改。

馆务会议

时间：一九五八年十月二十八日,晚八时

会议内容：讨论关于破案问题(大家的认识,想办法)

生和：现在我们全民全党搞公安搞破案,是别的国家没有的,我过去调查一个材料不敢让别人看现在大家搞用大字报等这是社会大跃进以后出现的,把过去用少数人搞的(工)作放在社会上大家搞是一种革命,要谈意义结合自己的思想实际。

作梓：在破案中我们应该怎样。

陈杰：我认(为)公安工作的重要大家都能谈些,我看咱们应多谈一些这些案子应该从何着手破案。

作梓：过去我认(为)破案是公安机关的事,我听说要清理结案认为不好办,但听到全国都在搞结案这样就好办,但必须人人动手。全党搞公安,人人搞破案,一定能把结案清了。

生和:觉得重要性结合本人的思想大有可谈,相信不相信我们把公安工作让大家搞后果如何,我们必须把思想搞通,将来对我们工作的开展不可设想,我们应怎样办结合起来谈,但主要是结合自己的思想实际,在我觉得突然没有想到公安工作会让群众搞,我们的思想认识。

兆丰:发动群众很重要,我们对破案的认识,就是你对坏人坏事有没有憎恨的情感,是为了个人还是集体,有些人对坏人坏事与自己没有直接关系就不过问,充分的发动思想很重要,破案工作不是个人的事而是全民的事,有划时代的意义。

陈杰:我认(为)从会议的本身就可以看出情况,我认为先谈谈思想再结合案件,时间来不及还是谈办法怎样搞,从在□中也可以看出每个人对破案的认识。

生和:我们不划圈子,谈思想也行,自己没有丢东西自己不过问是什么样的品质,我们中国大跃进以来实际是向共产主义前进,党相信我们才让我们搞公安工作,从思想到案件本身都可以谈。

崔凤[岐]:人的思想这样落后怎能到共产主义社会,坏人可恨,党提出全民搞公安很好,不过因时间关系还是先搞案件,越快越好。

康一鹏:全民办公安非常好,大家知道了案件,每件研究想办法也许可以提出线索。

作梓:首先必须解决思想问题,党交给我们,我们必须有信心根据党、群、干一定能破案,大家都动起来事情就好办。

生和:每个人考虑一下自己工作的条件。我考虑到是否是教学人员,口气、笔迹,像谁的。

陈杰:我看是有一定社会经验从北媪里人四字可以看出可能他在旧社会有一定的地位。如果没有破案人人都有怀疑的可能,如果没有搞清楚就不能很好工作。

马汗乐:我们现在公安工作比以前好多了,但还有少数坏分子必须搞清,关于反动标语,我们先从我们组每人写一次对笔迹,技盗案件也可以。

蒋思道:时间很紧迫,我同意对笔迹。

郑维阁:我国当前的形势一天等于二十年,听了报告后,我想公安部门有一定的技术,听了大家的发言,启发了我,大家搞发挥群才[策]群力。

李树兰：公安工作大家搞，我以前认为大家没有办法搞，经过大家和李处长谈，我现在也有信心，关于反动标语可以对笔迹，偷盗案可以找线索。

王文进：关于理论上的重要性不谈，用什么方法，关于反动标语方面我也同意对笔迹，偷盗可以按时间地点、经济情况，从各方面了解，找线索。

王瑞君：全民搞破案很好，只要我们大家起来一定能把坏人清查出来。

戴立德：我是被偷表的一个，自己以前报告了公安局就等破案，自己没有主动提供线索，现在发动大家好处多，因为作了坏事的人心一定不安，大家可以把敌人孤立起来，我自己今后一定要帮助想办法。

馆务会议

时间：一九五八年十月二十九日，晚

会议内容：谈老戴表的问题，分析研究

生和：搞破案中不能和风细雨，我们不能都破，但我组中的案件，我们必须力争破，所以希望老戴好好地谈一下，我们必须大搞不能缩手缩足要大胆的[地]怀疑，但态度要冷静。

作梓：老戴丢了表在我思想上，过去也认为是公安工作的事，没有太多的过问去，希老戴把丢表的过程，和怀疑对象谈谈。

戴立德：我的表是反右后买的，9月份在北京买是为了上课买到，10月份到图书馆后，我没有带，因为工作不方便在这时中文系有个助教经常看并说很不错，到八月中旬教师都办[搬]走了我没有办[搬]，到八月十五日进城开会回来后，拿上表到图书馆值班，到16日中午我还带上表午晚起来时很晚把表放在□里，下午三时四十分我到体育馆看表，看见中文系这个助教也在那儿，到5时多我回去拿图章发现，窗户开着一个抽匣[屉]也开着点，我当时认为不对了再看我的(表)不见了，当时我认(为)不是丢了是别人借走了，我就到图书馆和老柴说了到治安保卫会报告马科长，看了一会儿就让我吃饭去，我就到俱乐部，找蔡告他我的表丢了，他说丢了你先吃饭去吧，吃完饭后我们俩就看电影，(第)二天星期天，因马科长要看表的图样，我就要进城看去，他就〈要和〉随着进城去看了表(，)我们俩就看了一场电影，吃了饭，钱都是他花的，不过在星期四他就约进城，我丢了表以后，他经常说，他是最大的先[嫌]疑犯，并对我说要捉住拿表的人一定要枪毙了，到了星期天他告我他要回家，买了票，我告他不要走(，)他说他要和马科长说要走，结果没有让他走。

自我丢了表后，他没有帮助我找线索，自中文等党支书和他谈了话，他回去主动的[地]去找我要私下研究一下，他说老魏有先[嫌]疑，因为他最近说话少了，关于蔡文叔能不能开的门是他的一个小钥匙能开我的门儿，我借过两次不过他不知道，那个钥匙能开。

还有外语系、中文系、历史系，有几个同学因为都是南方人经常到我家谈谈，中文系有个同学的钥匙能开了我的门儿，但那天他劳动不在，外语系有个同学也有一个钥匙，不过他的借给我后在母亲未走就坏了。

丢表后我自己认为老魏的可能性大，但据教师们开会认为蔡的可能性大，因为他那天一下午都在教师楼周围活动，我认为他偷表的可能性不大，一方面我认为我很了解他，经常互相借没有什么，另一种他是资本家有钱，而且他有手表，在家里还有一块值一千多元的好表。

生和：我认为蔡的可能大。

王文进：你那天是不是把表放抽匣[屉]里门儿是否关了，还有窗子问题，你没有开抽匣[屉]就认为表丢了，为什么，再老魏他工作很长，他负责打水等成份[分]很少，你的那个朋友可能大。

立德：表肯定放在抽匣[屉]里，门百分之百的[地]关了，因 2 时 10 分何钧汗看见我的门儿关着。

蒋思道：我看这个人是老手，因为具(据)说是没有留手印，老魏以前没有，我认(为)可能性不大。

(立德：)我丢表后怀疑老魏的可能性大，因为他有我的钥匙而蔡他不知道那[哪]个钥匙能开，丢表后我也借蔡的钥匙是大一点以前开过小点儿的，但是没有了。

陈杰：根据老戴谈的当中可出两个问题，开始对老魏怀疑，但现在已否定了，蔡文叔有些矛盾，他有些问题老戴也不能解释，有些地方没林两可[模棱两可]，蔡文叔当晚上就回去了，表是自己的，什么样子一定知道、清楚，但老戴丢了表让画个样子还得到城里看去，我说你的表就[究]竟丢了没有。

兆丰：那天正是教师办[搬]家，当时到底乱到什么程度，再你和蔡是一般的友谊还是深厚的友亲[情]，回忆一下和你接触的那些人知道你的情况，老魏一般很诚实(，)过去我了解没有什么不规则的地方，你问过我表后面上的字，你丢表后，表现的满不在乎。

王文进：赶[刚]才说的小钥匙是重要的一环，小钥匙就[究]竟什么是[时候]没有了。

馆务会议

时间：一九五八年十月三十日，晚

会议内容：接着搞老戴表的问题

马汗乐：我们谈几点：1. 老戴买下表不带，但回家后总要带着可见爱(原文如此——编者注)，但不带为什么。2. 为什么你回去没有看表就知是表丢了。3. 老戴的有否保要[留]。4. 丢表后表现的不在乎为什么解释一下。

生和：我们小组根据老戴丢表后，谈了以后，感到有些困难，我们大胆的谈，特别昨天李处长谈你怀疑甲也不怀疑乙怎样。

有问题：1. 第一次说蔡知道了晚上开会就回家，但二次谈说蔡早有回家的计划，究竟是什么。2. 戴知蔡有十几个矛盾解决不了，但戴不怀疑为什么，但对老魏没有什么线索，但你怀疑，你自己应该清楚，具体说蔡有钱，但我们知道偷东西的不一定是没有钱的，你现在谁也不怀疑也应怀疑下你自己，作案后治保会让你和蔡接近，发现些线索但你怎样蔡集训(原文如此——编者注)你为什么吃惊。

陈杰：自老戴丢表后，供给的线索不多就提出了二[两]个怀疑人，但老魏经过分析不可能，而蔡又是只有10%的怀疑，还是知道了蔡有许多矛盾不能解决，照这样我们很难帮助，但老戴丢表后，表现的满不(在)乎，吃吃喝喝，是不是表丢了，但老戴昨天说表是他妈妈买的，他不太喜欢丢就丢了，是不是没有丢了放错地方，现在认为已经伸张出去不说了，如果是这样也应提出来。

郑维阁：为什么到图书馆后不带表？为什么一进门就知道出了事，自己是怎样维持现场。

康一鹏：带表因为油印怕麻烦，为什么？刚丢表不怀疑老魏，后来才怀疑，但现在也不怀疑，对蔡也不太大怀疑，就[究]竟是？

作梓：老戴说对破案有信心，但怎什么根据老戴谈我们破案有困难。

生和：戴丢表后的表现有些古怪的地方，如发现蔡少了一个小钥匙，戴不怎样怀疑蔡为什么，你是不是把表丢了，要是没有丢了，你现在谈出来在作思想也是大转变，但如果坚持到底后果可知道。

戴立德：表确实丢了，我有小孩子脾气，刚丢了表也很难过，但日常[长]了也忘了，因为我买了东西舍不得带，自己也爱惜它，我丢了表后两三天才怀疑的，经过大家分析也不怀疑，为什么不怀疑蔡，我思想也认为蔡有条件，不是一点儿不怀疑，他因为蔡和我是几年的朋友。

陈杰：昨天说不喜欢今天说爱惜为什么？

马兆丰：我个人的看法，我们大家很希望解决了，但有困难，但大家怀疑的对象被你几乎否定了，问题不在客观就是主观，你报告了治保会后，你表现的比较冷淡，进门就知道出了事，但晚上又去看电影。

戴立德：表丢了后，同蔡的关系我也注意过，他的表现和平时差不多，看不出来，所以没有怀疑他，我麻痹。

生和：大家仍然怀疑戴，希你根据领导党的号召谈出来，如果丢了找线索。

馆务会议

时间：一九五八年十一月二日，上午

会议内容：讨论柏书记的报告

将有关炼铁炼钢的书提前编好送到山上以便大家参考。

馆务会议

时间：一九五八年十一月三十日，晚

会议内容：讨论帝国主义和一切反动派都是纸老虎

马兆丰：美国现在怕真正的[地]打起来，但他又要扰乱一下。

陈杰：苏院长报告的最佳的几个观点认识问题很重要，特别是我们对我们今后看参考消息很有帮助。

康一鹏：在以前我也认为日本投降是美国的原子弹打的，到51年才知道了根本不是。

馆务会议

时间：一九五八年十二月一日

柴和戴明天上山，在老薛未回来和领导商量好暂时由陈杰负责全馆。

年终结算要注意，和有年初计划，明年咱们的图书费5万元，资料费2.5万元，但尖端科学研究时所需的书必须都买，钱可以解决，还有咱们的架具费用不了可以上交，今年的图书费差5千元由教育实习费补现在已说好。咱们的桌椅问题必须急早的去排队问题,至于数目问题不大,如果要订合同的要适当的增加些。

1. 在编目上应集中搞,不要分开,中、外由老郑负责。

2. 过期的期刊、报纸由历史系的学生合订价目预先说好。

3. 值宿问题女同志不值宿,还是两位老先生多负责任。值日问题不大,我们要警惕不要麻痹。

大家要团结好,有意见可以提,但是决定了要服从工作。台灯如果市场上没有好的咱们就买了。中文书按原来登录,还是剪贴。

馆务会议

时间:一九五八年十二月二十日,下午3时半

会议内容:讨论八届六中全会公报

陈杰:我对毛主席不当下届中华人民共和国主席,起先想不通,经过这几天的考虑自己认为毛主席虽不当共和国主席可是还当党中央的主席,这样可以剩下些时间去研究马列主义和国家的政策,再考虑历代的皇帝还没有自己提出来不当。

王文进:首先是思想上很难受,不愿意毛主席不当中华人民共和国主席,但是后想既是毛主席提出又经过党中央决议一定对人民有利,不过这个问题提出后世界各个[国]很重视,我们应从内心中要有一个正确认识并要帮助别人了解意义所在,让毛主席有充分的时间去研究马列主义。

生和:我想不通:1. 毛主席深入人心,人们对主席非常亲切,日本工人给毛主席写信说,毛主席东方的太阳,我想把毛主席换了好像我国在国际上的地位低了些似的,毛主席的威信是很早以前就很高,特别他的经典著作,所以现在让毛主席腾下些时间搞些理论著作,对我们有好处,所以从此处就想通了。

李琳:现在思想想通了。

崔凤岐:有时想起来毛主席年纪大了,不当中华人民共和国主席不会影响他的威信,而且他还是党中央主席。

陈杰:希望党委作个报告,把典型思想给大家作一些整理报告一次。

馆务会议

时间:一九五八年十二月二十三日,早

薛愈：首先应把人民公社的定义谈清楚。

王文进：就学习方法把其意见应首先钻研文件，自习为主抽出一定的时间自己看文件，然后再讨论。

郑维阁：学习计划订好。

陈杰：大家准备文件。

馆务会议

时间：一九五八年十二月二十七日，上午

蒋思道：5. 为什么说人民公社是我国农村的集体所有制变为全民所（有）制的最好形式由社会主义到共产主义的最好形式，我们当前的任务是什么，以人民公社当前的任务。10. 为什么说我们是马列主义的革命阶段论者，和革命的不断论者。6. 供给制和工资制相结合是我们的创举。公社为什么只提办小学中学成人教育，为什么不提搞高等学校。

崔：人民公社的优越性，和意义。当前我们的任务。

康：公社的远景。公社和集体农庄的区别。8. 城市成立公社晚的原因。

李树兰：7. 由社会主义的集体所有制变为全民所有制为什么不是共产主义社会。3. 如何认识 1958 年的成绩。

薛愈：由社会主义到共产主义怎样过渡。

陈杰：4. 人民公社产生的前提？我们如何迎接 1959 年国家经济计划的任务。[？]

李琳：东风压倒西风，和敌人一天天的[地]烂下去我们一天天好起来？关于所有制？企业工资和供给制如何结合？

郑：城市的人民公社和农村的人民公社是否相同，为什么谈实行了人民公社破坏了旧的家长制？公社里有那[哪]些是共产主义因素？

李琳：过去说党政合一，现在又说政社合一，有什么不同。[？]

靳：6. 毛主席提不当下届主席是积极的见意[建议]？

康：9. 城乡差别、工农差别、体力劳动和脑力劳动的逐渐消灭到〈以〉国家职能逐步的缩小以至最后消灭。2. 国际形势有利于和平，和社会主义事业。

赵：我认为毛主席还是当主席好，自从大家讨论后，我的看法就有不同了，毛主席是世界革命的导师他剩下时间（多研究些马列主义）。

马汗乐：毛主席在人们中威信很高，我想如果毛主席不当主席，是会影响我们在世界的威信。

康：原先想不通，现在认为毛主席剩下时间多研究些马列主义写些东西对国际共产主义运动好处很多。

李树兰：我认为从提出到决定是积极的，因为毛主席和党中央一贯是为全党全民最大利益出发的，所以是积极的，可以多写著作指导我们〈后〉。

王瑞君：从感情不通但从理性说，毛主席不当共和国主席并不妨碍他对我们国家的领导，而且是符合党和全国人民利益的。

薛愈：毛主席不当共和国主席，多写些著作，对革命〈我们〉对全人类的贡献更大，行政工作由别(人)当是积极。

陈杰：经过那次我们想法不同了，以前一直认为毛主席还是当主席好，但是现在认为那样想看的近了些，毛主席多写作些著作，不但对我们而且对世界全世界人民的革命事业都有很大的指导作用，所以毛主席提出不当下届中华人民共和国主席是积极的。

蒋：我同意刚才大家谈的，我补充一点中国革命有许多宝贵的经验，有许多只是原则性的总结，详细的总结，还没有，我看还是只有毛主席才能总结的更好。

郑：毛主席领导我们很多年，威信很高，但经过考虑毛主席作理论工作总结中国革命经验更好些。

崔：我同意大家的意见，毛主席写些著作，不但可以指导今人还能指导后人，毛主席还是我们多保护他的健康。

靳：毛主席从遵义会议以来确定以毛主席思想为党的指导思想，是伟大的革命导师，他的著作对世界革命的影响越来越大，以前我还认为对世界人民胜利信心有所损伤，现在我认(为)不是这样。对世界人类革命事业贡献更大，这样做是积极的。

康：国际形势很显明的是西德问题(，)苏联提柏林成为自由城市，现在殖民地国家都起来了向殖民主义者进行斗争，又如台湾，美帝也表现了是纸老虎，现在确实东风压倒西风，帝国主义尽做坏事一定要失败。

薛：目前国际形势对我们很有利，我们正在大跃进而他们帝国主义及反动派都是纸老虎。

李琳：关于中华(人民)共和国在联合国地位问题，还没有给我们合法的地位，但最近美国经济方面一再要求和我们建立外交贸易关系，我们不和他来往时，我们并没有阻止我们的建设事业而是使我们发展的更快，现在帝国主义确实是纸老虎到处碰壁。

靳：日、美、法、意等很多人都承认再过几年中国将称[成]为世界上最大的工业国，我们团结的紧密而帝国主义之间矛盾很大。

李树兰：1958 年是不平凡的一年，生产增加了，粮食也增产了，机床也增加了几倍，1958 年增加太快了，是空前的，主要是由于党的领导发动了群众，和群众的干劲很大。1959 年的指标在新的任务中更要努力，人人按照国家的指标而努力。

马：1958 年是跃进年，在历史上具有辉煌的成绩，但有一部(分)人怀疑，但实际教育了他们，再人民公社我们要建立起来了，我们要完成党交给我们的任务。

薛：1958 年是大跃进的一年，而且是钢铁番[翻]了一番，有许多奇迹主要是由于党的正确领导和大家辛勤劳动，1959 年的指标已规定，大家需彭[鼓]足干劲，才能达到。

李琳：党中央提出 15(年)内赶上并超过美国，那时自己思想信心不足，接着提出钢铁番[翻]一番，全党全民搞钢铁，自己没法想当时思想还没有解放了，在文教方面也提出了劳动与学习相结合，自己也参加了炼铁生产，但才去信心不足，但经实际事实教育了自己思想开放了，所以美国有人说中国很快就能赶上美国，还有人民公社的出现。

陈杰：1958 年在商业战线上也有了很大的跃进，文教战线而有很大的跃进，最主要是经过反右斗争以后，正气上升了，人民的觉悟提高了，再经过对坏人坏事经过[的]打击，1959 年国民经济计划指标提出来了。

郑：1959(应是 1958——编者注)年成绩很大，但有缺点，全民搞钢铁，但在农业方面秋收有的地方，组织的不好，结合的不好，所以今后必须结合好才能更好的[地]完成 1959 年的指标。

康：从前说中国人口多，但从 1958 年劳动力不够，因此看中国和资本主义国家完全不同，粮食到明年，每人可以增加到 2 000 千斤或更多一点，生活一天天更好了，主要是党的正确领导。

赵桂贞：在 1958 年〈在〉大跃进的情况下，在农业和经济发展的产物，经过大跃进感觉劳力的不足，把妇女解放出来，抽出劳力来搞工作，在人民自觉情况下要求产生了人民公社。

蒋：人民公社是大跃进的产物，人民公社的成立指标着生产关系的改变。

陈桂美：主要是由于我们的经济的大跃进，并且经过整风反右斗争，为了统一调动劳动力把妇女发动出[起]来进行生产。

李琳：蒋先生刚才说，提到右派，但说所谓右派，说国家出了一股歪风，出

〈发〉了一些所谓右派,这种说法不对头。

陈杰:蒋说的不清楚,资产阶级思想和右派根本不同,蒋是政治上犯了错误的人,说话有些地方不是以自己犯了错误的面孔出现。

康:右派不是思想问题而是立场问题。

陈杰:你这样发言对你改造自己没有好处,最主要是如何从工作中劳动中改造自己,发言总是撇开自己。

马:蒋对自己的错误没有深刻的认识。

李琳:关于蒋的解释,所谓是口头语,但是平时没有说过,不关[管]有意识没有意识,但总是自己思想深处的东西,刚才的解释说不通,联系到你的态度问题。

馆 务 会 议

时间:一九五八年十二月三十日,早

靳:人民公社是社会历史上最后的社会组织单位,在社会组织中,是现时的社会主义和理想的共产主义的结合,使人民有奋斗的目标给人民很大的启发。它既适合于我国的生产水平,也适合于人民的觉悟,又有共产主义的目标,所以是由集体所有制变为全民所(有)制的最好形式,它能逐步的[地]由集体所有制变为全民所有制,公社里工农商学兵的结合给消灭城乡差别,体力劳动和脑力劳动差别、工农差别,提供了很好的条件。

康:同意老靳的意见,补充人民公社能看到共产主义社会的远景,人民对共产主义社会有了信心,对共产主义事业更热心。

李树兰:人民公社(是)使农村工业化、机械化的最好形式,而且有条件,农村工业化给加速共产主义建设起来[了]很大的作用,公社使家庭社会化使妇女也参加了劳动。

陈杰:公社实行工资制和供给制相结合分配的原则,使人们不再考虑自己的吃饭等问题,增加了共产主义因素。

崔:向共产主义社会迈进人民公社是最好的形式,生产奋斗和劳动力调配方便。

郑:公社是[使]农业社扩大与提高,逐步可以从集体所有制变成全民所有制。

康:公社是社会的基本单位,现在吃饭不要钱将来吃饭也不(要)钱而且也有养老院。

一九五九年图书馆会议记录

馆务会议记录

时间：一九五九年一月六日

柴：出纳时间，现不能满足同学要求，一定要改，计划出纳时间八小时，没有意见明天就开始。

清理积压，全面拓展，但有这些，期刊清理积压并清理外排架，老王先生调到总务上登中文，崔先生到期刊室去，绍斌到期刊室。

总务上，李树兰登外文，符巨珊亦登外文，李树兰的其他工作由李琳、康一鹏分担。

编目上，王和兆、柴作梓、蒋思道、晋如祥清理中文，外文不动。

李琳：崔到期刊室对工作和他本人都有好处，他懂分类法，细致，他一定能上任。

崔：我也年老王先生比我跑的[得]快，我脑筋迟钝。

柏寿：农村老太太还学文化，我们炼铁初不会，现在炼许多铁了。

康：崔先生素来不服老，对新形势向往，现在形势是敢想敢干，多面手。

崔：领导上分配，我到[倒]没意见，就是老，领导上再考虑。

迈：只要干，什么都可干出来，崔先生不服老，只要能扭成一块，工作是可搞好(的)。

崔：请你们不要打通思想，我到[倒]没思想问题，领导看吧！

柴：只要不从个人考虑，就做决定，天锁换报。清理积压大家要加把劲，上山的要拿出山上的干劲，在山下的要学习人家的精神，要定人定额、定质、定量，记工作日记。定法是自报公议，毛主席说老干部都好就是年老，只要大家出了汗就行，不是要求像年青人一样，王文进登录，人家登十种，你登七种、八种，我们要比先进、学先进、赶先进，要批评落后、批判落后，对消积怠工决不允许，必要时出大字报，也不要怕，只要尽力而为就行，现在提出，不值班的多作清洁工作，阅览室楼道，回头再具体研究。

咱们过去，参观、访问不够，工学院大库开放，小说无人管理，加班突击已一月多了，咱们也要打消清规戒律，参观人家期刊上有自动流墨图，我们也得敢想、敢干,发明创造,土洋并举,新馆桌椅得争取提早排队,台灯也得考虑。

白鸿策:我们积压很多是否可考虑加班。

柏寿:自宣布加班后,宣布停止后再结束,不必要每天给大家通知。

李琳:各股都有积压,各突击各的吧,我股以前决定每人每天登 100 种。

柴:白天登记白天的,晚(上)登记晚(上)的。

李琳:晚 7 时半—9 时半,礼拜六、日晚不加。

柴:说干就干,今天就开始,值日值班,该怎轮,就怎轮。

馆务会议

时间:一九五九年一月八日,晚

迈:按劳取酬是资产阶级的东西。

各尽所能各取所需,必须在丰富的物质条件下,目前实行按劳取酬是适当的,它还有一定的作用能促进生产,过早的实行各取所需使某些人会产生平均主义思想,实行半工资制可以繁荣市场。

柴:实行了供给制对懒汉怎么办?

李柏寿:供给制,省事好。

陈杰:因为从历史上和国际上没有供给制和工资制相结合的分配原则,我国是农业国长期以来人们都为吃饭发愁,但共产党领导下实行了人民公社,解决了吃饭问题,而且实行公社有了托儿所、食堂、幼儿园等,解放了劳动力,除此以外,就是增加了共产主义因素,对人们的觉悟也能提高,给实行共产主义在人们的思想意识准备了条件。

朱:按劳分配能促使人们生产的积极性,但长期下去不能增加共产主义因素,因此目前人民公社实行供给制和工资制相结合的原则,这符合于当前生产情况。

柏寿:人民公社实行供给制和工资制相结合的原则,人们不用为柴米油盐发愁,可以安心的生产,以前有些人本来很好的劳动可是家庭负重很重,所以也发愁,这样又有工资可以(买)些零用东西,所以这样的分配原则很方便。

柴:为什么我们什么都学习苏联,但在这个分配原则上是个创举,我想原因有:1. 苏联的生产力高,而我们低,按这样一个人养活好几人不能。2. 苏联生活差别大,而我们共产主义积极因素大,还有我认为公共食堂和供给制不一定必须放在一起,将来到了共产主义社会不一定大家都吃集体食堂。

张：到共产主义社会还是公共食堂好，比个体的好的[得]多。

陈：到了共产主义社会，每天工作六小时或四小时，其他时间可以文化娱乐，我想那时候不一定提倡个体食堂，将来食堂一定办的很好。

迈：集体食堂有优越性可以节省人力，花样多，公共食堂可以培养人们的集体观念，把小圈子打破了。

张：根据到了共产主义社会主要还是解放劳动力，将来食堂改善了一定能满足要求比自己做好多。

馆务会议

时间：一九五九年一月十日，下午

柴：山上同志未细致学习过，礼拜四未能热烈讨论，今天学习了两小时，大家可以根据题目说，也可以随便说，个人的体会感性认识等。

康：共产主义必须生产大力发展，人民公社可让农业电气化、机械化，只有发展到相当水平才能到共产主义。

迈：人民公社还不能算共产主义，因为共产主义，必须有丰富的物质、高度文化水平、道德品质，五消失，现城乡有差别，脑体力相结合刚开始，如炼铁，工农有差别，到那时工作时间要缩短，现我们还加班、加点，要有高度的机械化、电气化，把人民公社当成共产主义是把共产主义庸俗化，可以说人民公社是走向共产主义的好形式。

鸿策：共产主义的分配原则是各尽所能各取所需，那就要物质大大丰富，由国家统一管理，但现在我们人民公社是集体所有制，分配制是工资与供给制相结合，只是刚有共产主义的萌芽，今后要逐渐增加供给制部分，缩小工资制部分，向各取所(需)发展。

郑：在人民公社由集体所有制发展到全民所有制，为什么还不算共产主义，是因共产主义要物质丰富、教育高度发展、高度觉悟，国家政权逐渐消失，城乡差别消失等。

和兆：五八年人民公社在全国大力兴起，是我国向共产主义跃进了一步，有不少的人错误的[地]认为吃大锅饭，人民公社就是共产主义，原始社会就有公社这个名词，现有人民公社就以为进入了共产主义，根据文件我体会人民公社是社会主义，我们是革命不断论和革命阶段论，人民公社是有共产主义的萌芽，供给制部分，可以统一调动劳力。

陈杰：学习了人民公社的决议，把公社从思想上想像化了、绿化、植树、发展教育，把通向共产主义的道路指的[得]更明确了，对自己今后工作、学习、[，]提出前进的方向。

柴：决定历史时期的根据是生产力与生产关系，我们现在不是共产主义的生产方式，即未机械化、电汽[气]化。

我有个疑问，即公社是社会的基层单位，是政社合一的基层单位，又有县联社，那么县联社与公社、县人民委员会是什么关系。[？]

肖瑞生：县联社，联字要不要都可以，县社和人民委(员)会合一，县人委会从政领导，县联社是集体所有制，可以领导公社经济，可以平衡各社的经济，调拨人力和物力。

从八大开始是说一化三改向社会主义过渡，现三改已成，就进入了社会主义，现是社会主义建设总路线，等十五年社会主义建成时就向共产主义过渡，即属于共产主义，当然三必要五消失不一定完全实现。

李琳：说现在是社会主义社会还值得考虑，你说五三年宣布一化三改，现三改已完成但一化未成，53 年提的是 15 年，现又提 15 年。

肖：新民主(主)义革命未建成的提法，只能说胜利，从我们无产阶级专政，按劳分配都是社会主义性质的，即是社会主义。

馆务会议

时间：一九五九年一月十五日，晚

陈杰：乡村以前是农业社是集体所有制分配方法，城市阶层复杂，所有制不同，情况复杂有待摩[摸]索经验，迟于农村是适当的。

王和兆：农村人民公社，是农民的实际需要，由党组织起来的，如修水库等，毛主席一提倡蜂拥全国，城市大都是全民所有制，仅有少数的眷属、资本家等。我认(为)城市成立人民公社仅是眷属问题，因为我们已是全民所有制了，挣工资，成立公社的必要性不大。

柴：王提出城市成立公社的必要性不大，大家想想城市成立了公社是什么样，有无必要性。

薛：我们是丁村公社，主要是眷属问题。

李琳：我们现在下班，各归各家卖油、卖菜，公社后劳力组织起来了，老人敬老院，小孩幼儿园，打钟吃饭，人们的往来关系与前不同了，人们的衣食住行根据个人特长由公社安排，现在农村吃饭不要钱，我想马上衣服就可不要钱了。

城市情况复杂，现在人们正在摩[摸]索经验，公社后就要成立专门福利机构，我们是丁村人民，政社合一，老田亲也说公社好，吃饭不要钱，不管米不管面，想吃多少管多少，大人、幼儿各有各灶。

柏寿：城市与农村的所有制不同，农村单纯搞农业易成立公社，很需要出农、工、商、学、兵，城市就有工、农、商、学、兵。

李琳：我院劳动潜力很大，物理系已有塑料成品，应大搞工厂，人动起来公社就快办起来了，公社的十大好处家家都有贴的。

柴：人民公社是两种所有制过渡的好办法，是消灭那九种差别的好办法，成立公社必须踢破师院的四堵墙。我们是丁村公社，经费是各自的，院长可能是社长或副社长，现在一家一个烟囱供暖气，统一后省钱。

李柏寿：我院即可成立人民公社、工、农、兵、学、商皆可。

李琳：并不是我有远见，刚来不懂，买的太多了，反浪费反了一下是应该的，现在大跃进都利用上了，今后卖[买]书不要多，要广，要补过去之不足，今天老柴叫我不买关于国际的书。

柏寿：李琳说过去的书都用上了，不算浪费，今后分账，应该知道我们是师院，没课本不能上课，同学会报[抱]怨你。

张学宽：李琳又拉到反浪费上了，这说明他以前就没认清反浪费的意义，现在翻案了。

柴：大家应该谈一谈，把自己的认识暴露出来，不对的大家辩论就提高了。

馆务会议

时间：一九五九年一月十六日，晚

柴：今晚说说为什么说人民公社是消灭那三种差别的最好道路。

鸿策：人民公社是政社合一，是工、农、商、学、兵合一的组织，他[它]不同于农业社，能办农、工厂，使农村变成城市，农村逐渐机械化、电汽[气]化、科学化，是向共产主义过渡的最好形式。

康：人民公社互为一体，工、农、兵、学、商，齐头并举、互相尊重，城乡差别逐渐缩小，我最兴奋的是国家对内机能缩小，人民的共产主义觉悟提高了。有人怀疑公社是否好？有人以为供给制与工资制相结合工资少，我当时就批判了，因为我们吃饭不付钱，工资由低到高，有人说用不着储蓄，有钱就花，这是不对的，有人说公社就是共产主义，说是超过了苏联，这是不对的，我们是半殖民半封建转社会主义，苏联是资本主义转社会主义。

迈：人民公社是过渡到共产主义的最好形式，因为：一、它大，能办各种企业；二、广，生产纳入国家计划。政社合一。有人有钱能兴建大型工程，促进农业早日机械化，建筑、电影院、剧院、合作社，与城(市)就差不能[多]一样了，亦工亦农亦学，工农差别、脑体差别就随之消失了，公社办学普及教育。城乡差别(，)城里有〈，〉百货商店、电灯、汽车等，农村合作社少。

柏寿：乡村生活水平比城市低，生产条件低，农民欺□土圪垯、工人厂坊机器轰隆、职员坐办公室，[、]教师吃粉笔末，现有白蚁专家等，农村文化低。公社大，人多，能办中技、红专大学等，文化逐渐提高，消灭脑体差别，开拖拉机亦工亦农。

戴：要消灭城乡差别，首先成立公社，农村一部分劳力抽出办工厂，消灭工农差别，公社办红专大学，消灭脑体差别，农村亦有电灯。

符：城乡差别是生产方式的差别，城市用机器生产，农村手工劳动，生产价值有差别，人民公社能够发展生产力，解放妇女的劳动力，工农并举，亦需要文化，公社是五为[位]一体的化合物。

琳：差别的形成是传流下来的，农村农民为地主劳动，城市工人为资本家劳(动)，我们革命成功，打破封建制度，土地还家，互助组合作社，城市亦合作社合并，公社是消灭差别的好形式，谁说原始共产社会是公有，我们是复原了，我认为不对。

乡村电器化、机械化，合作社与城市一样。我们下乡上山炼铁，教授们接触实际。公社后，知识分子根据专长发挥才能接触实际。

柴：城乡差别是生产与生活，有差别不合适，通过人民公社，乡村大办工厂、搞水利、建发电厂，城市消费者要变生产者，公社、食堂、生活集体化，现我们与农村粮食配济的差不多，过去知识分子少，十五年大家普及了都有了文化，脑体劳动自然消失，公社现在三校三日一户二室。

晋：城乡差别是生产与生活，看的明显，有人说是生产关系的差别，我体会的不大深刻。公社可修水库，向电气化机械化迈进，城乡生产工业不同，公社后乡村大搞文化生活基本建设，亦工亦农，知识分子劳动化，劳动人民知识化，公社可大办学校。我考虑学校等旧社，工资如何分配。

馆 务 会 议

时间：一九五九年一月二十二日，晚

柴：参考题目：一、社会主义与共产主义的区别。

1. 建成社会主义的标准是什么？我国是否建成了社会主义？共产主义与社会主义的区别是什么？首先讨论丁村人民公社陈同志的报告，然后经结合参考题目，或者自己提出问题进行讨论。

鸿策：那天陈同志只提到家属而未涉及到咱们工作人员如何。

陈杰：咱们是大学，在经费等方面公社马上不能解决，只是在行政上受社领导。

桂贞：咱学校不属公社管，只是校址在他[它]地盘之内。

郑：按需分配，衣服不是清一色。

薛：公社食堂省钱，五元，花样多，小改善，大会餐，幼儿园三餐两点。

柏寿：陈同志报告的很清楚细致，使人想像〈的〉看到了公社，公社对生产资料，[、]生活资料处理妥当，如缝纫机，人家吃的好。

柴：大家清楚了公社是社会的基层单位，政社合一，人家讲生产与生活很细致、实际，社员生活要提高赶上国营矿厂，生产发展生活才能提高。

树兰：陈同志说，公社刚成立不久优越性体现的不明显，但我听了觉得优越性很明显，如统一仓库、统一财贸管理等，苦战三月提高工资。

康：听了报告对公社的信心大了，城市公社种菜，解决吃菜问题，价位又高，他们十月成立，各项工作开展很快，食堂、托儿所等。

桂贞：轻工业直接影响人民生(活)，商品生产又繁荣经济。

柴：商品生产——即非自给而供应市场为商品。

琳：城宁夏、包头很多，我看不是料缺，而是运输和劳力缺，这是市场商品缺的原因，可能是炼钢铁影响了其他生产，运输工具只运钢铁。家属有人说：没水果，枣儿是出口了。中国五亿农民组织起来了，他们搞手工业、副业数量是很了不起，卖面包很紧张，像笤帚等，农村稍支援一下城里，春节即可解决市面紧张局势，农村每家都有暖壶，过去东西多，购买的少，只有地主老财能买。公社发展商品生产，周转效率快，加速社会主义建设。

陈杰：市面紧张和大闹钢铁分不开，只是暂时现象，原料缺不是国家没有，而是运输问题，出口一吨花生米，即可换一吨钢，少吃一些东西，对国家建设有益。

柴：去年我国先决定产钢530万吨，八月北戴河会议后才决定翻一翻[番]，四个月翻了一翻[番]。农村需要机器必须经过商品交换，提高社员工资必须加强商品生产，同时能提高人民生活。

馆务会议

时间：一九五九年一月二十三日，晚

李琳：党中央提出干部每年至少参加一月的体力劳动，中央领导干部也修了十三岭水库，对全国影响很大，对知识分子思想改造的意义是深远的，我们的教育方针是教育与政治劳动相结合，最初我认为从小学到大学，年纪越大影响学习越利害，又怕影响小孩身体，但自开展勤工俭学以来，同学们的身体健康了，学习质量亦提高了，自大战钢铁以来，宋教务长说，这次比往年提高思想工作显著的[得]多，对工人、农民的思想提高也起了很大作用，农民说过去大学生是长袍子，现在大学生都参加劳动，我们还有什么克服不了的困难，这样全民思想都提高了，不但完成了1 070而且带动了一切，各个战线上都掀起了大跃进的局面，59年钢铁产量预计1 850，只要挖掘潜力任务一定能超额完成。

我国开展个啥运动，各国就跟着学，越南等国，干部亦参加了体力劳动。现在我们的工作多了，但不觉累，尽量考虑开展工作，这就体现了参加体力劳动的大收获。

康：旧知识分子，肩不能担、手不能提，是半殖民地半封建社会〈的〉过来的，他们轻视劳动，资产阶级的法权观念，党提出干部参加劳动，他们通过劳动，思想觉悟提高了，体质增强了。我未上山炼铁，感觉很遗憾，孩子给我写信，对我鼓舞很大。

薛：去年下放了干部，对农村起了很大作用，让中小学参加生产安心了，知识分子的旧架子亦放下来了，参加了体力劳动影响不了工作和学习，通过煅[锻]炼，要坚决改正拖拉作风。

和兆：教工、学生参加劳动是否影响工作学习，从表面上看耽误了一些，可是通过劳动，思想提高了，体质增强了，培养了吃苦耐劳，[、]艰苦朴素的作风。我们炼的铁，还没有我们消耗的物资的价大，这就是为了炼钢炼人，肯定不仅误不了而且促进了工作和学习，通过勤工俭学，同学们制造了许多东西，并搞尖端科学。

晋：陆丁[定]一说，新旧教育方针有本质的差别；教育和劳动生产相结合，培养出来的人，是全面发展的。过去读书是死啃教条，通过生产劳动克服了教条主义，大同矿院制出汽车，我体会到党的教育方针，是全面的一套，事实上也取得了很大胜利。

戴：知识分子看不起劳动，通过了劳动锻炼，热爱了劳动，知道铁是怎样来的，过去瞧不起农民，大跃进中他们出现了许多奇迹，过去自己嫌工资少、工作多，过去只学理论不懂实践。

鸿策：过去认为上山积压了工作，从数目上看是积压了，可是从思想上、立场上提高了，对问题认识清楚了，这次我认识共产主义的劳动态度，改变了人与人的关系，解放前看不起劳动，解放后只空洞的[地]喊劳动好，通过了劳动才热爱了劳动，这是改造知识分子的途径。

郑：知识分子重脑力轻体力劳动，党的教育方针是教育与劳动相结合，可以丰富知识，热爱劳动。

柴：这个问题是消灭脑体劳动的好办法，改造知识分子是通过理论学习、业务实践、社会实践，老干部也得参加劳动，这是培养群众路线，这次整社许多部长都下放作社员，否则易犯官僚主义、主观主义。千条计万条计，群众路线第一计，咱院有位负责干部在会上说，我们的工资一日几元，而体力劳动的价值只1元多。

李琳：这几天发言虽然较好了，但不普遍，过去有些人发错了言受到批判，这次就不说了，不太好。

馆务会议

时间：一九五九年一月二十四日，下午

缺席：学宽、李琳

出席：20人

柴：昨天有人提出发言不普遍，并有人提出要联系实际，请大家注意。

迈：干部劳动咱们早已开始了，这是我国的创举，资本主义国家作不到，我国从前是劳心者治人，劳力者治于人。干部参加了劳动能了解实际情况，避免犯主观主义，对自己提高思想也有帮助。

树兰：自己去年下乡，帮助农民打坷垯，这仅是种粮工序的千分之一，了解了粮食来之不易，后来背土豆等，能培养人们踏踏实实的作风，初参加劳动有些害怕,上汾河修堤不敢抬,劳动必须有坚持性,学先进赶先进,刘少奇同志说:人生下来要吃饭穿衣就得参加劳动,自己少作别人就得多作,我们的工作亦是如此。

蒋:劳动创造世界,这是马克斯[思]主义的真理,现在的干部多数是知识分子,工农出身很少,国家干部是人民的勤务员,不了解人民的情况就服务不好,只有了解人民情况才能领导好,干部大都是坐办公室久了易脱离实际,犯这种和那种错误。

我是在政治上犯了严重错误的人,自己就没劳动过,没有劳动人民的思想、立场,成了反党反社会主义的罪人,因我年老领导照顾未上山炼铁,我要老老实实地工作,希大家监督。

陈杰:传达八届六中全会的精神。苏院长说八届六中全会主要有两项:1. 人民公社问题;2. 59 年国民经济计划。我们是不断革命论者又是阶段革命论者,总的是要实现共产主义,但各阶段有其主要任务,人民生产出来的东西,能由国家统一调动即为全民所有制,如安钢。

鸿策:我也听了一千八百万吨钢觉得指标低,听了这次报告后觉得这个指标也是积极的,去年四个月赶了五百多万吨,市面上引起了紧张,一直下去也不好。

柴:山西今年生产指标 1 600 斤。

柏寿:调动一切积极因素,化消极为积极因素,人民公社,土高炉,群众路线,和平方式改造资本家。

鸿策:我以为高级社后就是集体农庄,但毛主席说人民公社好,政社合一,艾森豪威尔说中国全民皆兵是对世界的威胁。

桂贞:教育同劳动相结合,勤工俭学亦是马列主义的发展,全民办工业,技术改良。

迈:毛主席的论人民民主专政,敌我界线的划分,对资利用和斗争相结合,咱们是半殖民半封建社会,建立社会主义无借鉴,苏联是社会主义革命,对资改造是给各殖民地国家作了个范例。两条腿走路,群众路线,中国作的突出,破除迷信,过去以为专家万能,现在敢于胡搞就是科学研究,能者为师。过去有个时候,教科书教学方法生搬硬套都是苏联的。

和兆:中国的党时时在发展马列主义,马克思是资本主义的马列主义,斯大林是廿世纪前期的马克思,毛主席是后半世纪的马克思,毛主席辞主席职务,发展马列主义,万隆会议后,毛说要多作世界领导工作,斯大林死后就数毛主席的马列主义水平高,他对于战胜帝国主义起很大作用。

迈:你说起作用数我们,那么就是说苏联不是我们的老大哥,人家搞建设很好,还不是根据马列主义,赫鲁晓夫给艾写信,吓坏了他,我们当然有成绩。

陈:我们中国给马列主义的宝库增加了一些东西,我们是学习了苏联的经验,结合我国的国情发展马列主义。

和兆:并不是说我们革命顺利胜利冲昏头脑,易使大家这样体会。我说我们是半殖民半封建社会,是与帝国主义斗争的时代,殖民地国家以毛主席为廿世纪的马克思。

鸿策:我们走一步,各殖民及半殖民地国家都跟着学,如越南、朝鲜等。

康:各殖民半殖民国家人民很希望早日赶走帝国主义,他们学习我们,中国首先批判修正主义。

柴:我们中国的胜利,在世界上说是件大事情,和毛主席和党分不开,苏联、中国,老大、老二。苏联各首长一提就是中国如何创造性发展了马列主义,中国处理所有制问题上不一样,根据中国一穷二白,人民勤劳勇敢,伏[优]先发展重工业,土洋并举,建设总路线的三个并举,就是很大的发展。人民公社,工农兵学商,解决了社会主义和共产主义的社会基层单位。干部参加劳动,范围亦这样作了。毛主席说共产党要有个头头,社会主义国家要有个头头就是苏联。党的八次代表大会,民主党派都参加了,日本说毛主席是亚洲之父,毛主席辞主席之职,从事理论研究,对各民族主义国家都有指导作用。

馆务会议

时间:一九五九年一月二十六日,下午

会议内容:关于教学整改讨论笔记,讨论苏副院长的报告

李柏寿:教改是行动问题,而不是平时学习,应该结合我馆情况,特别是经过整风有些人还是庇庇[疲疲]塌塌,某些制度不够合适,这些人这次应改一下,我馆应有个教改计划。

张学宽:柏寿一部分提的过早,把大家思(想)集中起来,这是很重要的。

迈:讨论报告结合本馆情况,咱们有些规章制度,多次整改也未进展。

柴:大家看如何进行,思想应该行动起来。

和兆:讨论报告,统一思想,才能多、快、好、省,看有补充的没有。

琳:首先应当讨论苏院长的报告,如十大问题,大家是否认识一致,大战

钢铁,有人认为是有很大政治意义,有人则不然。

杰:在理论上有不统一的认识要辩论,讨论 58 年的工作,制订 59 年的工作计划,很可能涉及到具体人,也应提一下,对本人和大家都是一次教育,经过几次运动某些人进步不大。

柏寿:鉴于以前抓的不紧,经过整风改进不大,如老薛,大战钢铁后,不行还是不行。本馆的出纳,采购无完整制度,有些书不知何时买的,有些不合适。

琳:看和领导的认识是否相同,回顾院及馆的工作,制定 59 年的规划。

学宽:我认为有必要回顾一下,比如联系到反五气有什么优缺点,亦行,需要大家动一动脑筋,第二部分有些名词意义以前不够了解,应该了解新的教学任务,以后才能适应形式[势],咱们应当配合领导布置,依次进行。

桂贞:应该讨论报告,第二步再结合馆实际。

康:先让大家思想动起来是很重要的,否则不能适应新的情况。

薛:先按布置讨论,再结合本馆。

柴:一个是先领会苏院长报告的精神,再研究如何检查,一个是结合报告和馆实际一块谈,我认为前一个较好,或者能结合就结合,不能结合就不结合,摸索经验。

崔:我同意柴的意见。

薛:苏总结 58 年工作五大项,把重大事件都提到了,1. 学会讨论了教育方针。2. 各项政治运动。师生劳动同吃同住,克服了过去的不协调。科学研究成了自发性的,形成了群众性的,我院面貌起来[了]根本变化,社会化。

琳:党委委托苏报告,把 58 年工作作了科学的全面的分析,贯穿了实事求是的精神,通过我们对教育方针 58 年的实施,证明它是正确的,59 年更是了不起的一年,我们肯定成绩,明确缺点。

鸿策:苏报告后我们对 58 年的工作都回顾起来了,他对许多问题都明确的[地]说出来了,在这次教改中要让工作作好,让大家得到教育。

琳:过去劳动多了,自己认为功课耽误了,听了报告后,才知是排课问题,劳动是门课程,少上课程人炼好了,功课明年多排几节少劳动就行了。

文进:苏报告,面面具[俱]到,回顾 58 年工作、59 年布置,都是从实际出发,用辨[辩]证的方法,重要次要分的清楚,劳动误了课可补,劳动是一门课程。

和兆:58 年是大跃进的一年,我院比较混乱是打破旧秩序,过去三脱离,必须扭转局势,作到几结合。我们现在是培养大学师资、高中骨干教师,我馆工作方向是否也应有改变，设备情况、采购，今后应如何作。

康：功上的少了，我知道党委是错不了，可是说不出来，听了后知道是排课问题，大战钢铁我院现了五□上将，四百多个模范，收获很大，以前我对什么是劳动不明确，听了后知道生产是劳动，我馆干部上山误了工作可补。

迈威：58 年是全国大跃进，也是我院大跃进，全国工农大跃进，教育两腿走路，大战钢铁，我院大战钢铁，学习教育方针，那就是为无阶政治服务，与劳动结合，大家思想很安定，敢想敢干，科研收获大，提出了政治挂帅，我思想从那时明确了，如何走向红，上山不愿下山，完成任务的思想坚强，虽误了些功课，但思想上的收获是比较大的，政治思想提高是德育。

戴：58 年是不平凡的一年，双反让大家的思想都提高了，回顾 58 年就能把 59 年的工作作好。

蒋：教育是要培养社会主义的德才兼备的人材，从去年党提出教育为政治服务和劳动结合后，才知道如何培养人材，今天报告对教育是很大的，上山炼铁、双反、体育等。

郑：苏总结了院 58 年的情况，是我院转折的一年，五大成绩，明确了总路线和教育方针的精神实质，双反、上山下乡、树立四个观点、初步进行了教改、批判〈资〉个人主义，大力开展了科研工作。我馆整风后出现了大跃进，但作的不够，应开门办馆。

桂贞：苏报告条理化，大战钢铁，展开科研，同学制作了新产品，通过红专大辩论，同学学习目的明确了。

杰：我同意苏的看法，我们通过运动理论联系实际。我院运动，开始轰轰烈烈，结尾仓促，整风总结大家未写，我馆个别人未动与此有关。科研领导对职员发动不够。苏说整改不彻底我看与领导有关。

柴：58 年是我院空前转变的一年，我以前认为师范学院不吃行，经费等，觉得不如工院，58 年从舆论、领导评价、修路、体育、大战钢铁，我们得到许多红旗。我院有科研所，培养目标提高了，这证(明)我们有了成绩。我馆应注意党、师、生结合，学习、生产、实际相结合，领导对馆具体指示不够，我们的规程制度，工作作用，都应研究，学生亦备课，党支书借书数量问题，阅览室、教师阅览等问题，厚今薄古，借古书的人少了，是否就对。

馆务会议

时间：一九五九年一月二十七日，早

柴：领导决定咱们上午教改，下午办公。

琳：学校培养目标转变，组织机构变动，就需要把我们馆的规章制度改进一下，以适应教学与科研工作，工学院几个女同志要以工作成绩向三八献礼，采购、编目、出纳、电话借书，我馆出纳不能满足同学要求，根据58年工作制定59年规划。

树兰：苏用辩证法，给我们讲解了十大关系，概括了58年五大成绩，我院走向社会化，关于厚古薄今不只是看的古书少了就算厚今薄古了。培养目标改变，馆要加强科研配合，搜集情报、索引、专利、文摘情报供应他们。

迈：总结了58年的成绩，看到了缺点，虽然成绩亦有缺点，改的不够彻底，应到工院等学(院)参观，以促教改，我们行动迟缓，过去自满，现可能落后了，规章制度要考虑便利师生，不要怕湿、怕烂等。

柏寿：工院改变很大，新书进门(第)一天与读者见面，送书上门，电话借书，我们应参观一下，前几位同志说的接触实际少，领导铺一个纲。

鸿策：明确去年的成绩缺点，制定[订]新计划，工院女同志要做巧姑娘。

杰：应结合苏报告，总结我们的工作，我们58年到底作了那[哪]些工作。政治挂帅了没有？贯彻教育方针如何，应具体摆出成绩，哪些规章制度需要改，我多次提出去工院参观，领导考虑。

迈：过去运动先紧后松，明天我们就去工院参观，后天结合教改领导提出来一个纲较好。

康：我们是老一套，应去工院等校参观，阅览出纳与同学要求远，小说开了架，还书麻烦，围人多，究竟如何，应简化手续用登录号排，省时间，同学备课，期刊卡片应排，我们作索引，便利读者。

符巨珊：听了苏副院长的报告后使我明白了许多东西，如我过去认为只有坐在课堂听讲才是学习。对于厚今薄古的问题也使我明确了许多。我同意陈杰说的检查政治挂帅，其次贯彻党的方针政策。例如党的新教育方针之后我们作了些什么工作。再就从馆的规章制度问题来检查，服务范围如代私人卖书。阅览上应有重点配合科学研究，工作质量的问题，如工作人员经常和读者吵架，使同学满意而来满(意)而去，加强宣传教育。

柴：如果对苏报告无意见了，看如何检查，从两项着手，还是领导抛纲，我们图书馆革什么命，大胆的肯定、大胆的否定、重点是什么，用什么方式，开始检查不够好。

和兆：同意领导抛纲。

柴：肯定我们的成绩、明确我们的缺点，为什么？同时可说教改的方式方法，如何进行好，那些工作未作好，是分工问题、协作问题，个人进步不大。

柏寿：我们通过双反，检查了浪费现象，扭转了采购方向，扫五气后，觉悟提高，工作起劲，特别大战钢铁后，大家活跃，干劲冲天，八小时出纳，无整理时间，编目处理迅速，三日见面一通清底，经过双反采购制度未健全，有些书采购不够合适，经过整风某些同志进步不大，有情绪。有些同志理论不结合实际。说经过大战钢铁，钢铁思想双丰收，但自己的干劲怎样？阅览上八小时不能满足同学要求，应设法改进，薛股长说心有余而力不足，不行，领导有问题影响工作。

鸿策：根据教学、科研、生产三结合我们有何措施？通过双反检查了浪费，有成绩，现在李琳说，以前买的书多，科研后冷门都成热门了，这种看(法)有问题，领导未及时抓。双反时领导对保守有检查，但以后吸收外边先进经验不够。有些人口上说劳动好，遇到实际问题，说老，有困难。桂贞改进不大，值日未检查，值宿门开着，未换报纸，阅报室门未开，学宽应负主要责任，桂贞强调理由不对，崔先生对调工作强调困难。

和兆：采购如何购好书，编目及时编出，阅览很好的借阅，每天有闭馆、工间操。去年有出纳改进，今年八小时出纳，采编合作印片很好，不知怎样停了，应研究恢复。阅览上应尽量照顾同学借阅，集体军训难免，工间操应留值班。按登录号排快，期刊应及时，以供科研工作开展，与科研单位主动联系，分类法脱离实际，刘国均的分类法受到批判，应改进，联系兄弟院校。

迈：我馆有成绩，炼铁的干劲大，家里担负起全面工作，还作了索引，通过运动大家干劲大，下山后未休息要加晚班突击。过去的缺点，领导只满足加班加点，注意改进工作方法与技术强调不够，工作效率差是因学习业务差，领导未提倡，咱们是否可以用机器，重视提合理化建议。采购应了解情况购好书，快编，出纳上：1. 从时间上满足读者；2. 从制度上解决；3. 注意服务态度。如何让群众满意，学宽给同学带帽子，吸取其他单位经验不够，应组织参观访问，应注意政治挂帅，继续前进。

薛：阅览上配合教学、科研、教改不够，去年只知道，教学改革重要，教学大纲、参考书借了不少，12 月提出向党献礼，工作有统计，上山期间让同学进书库，出纳由 5 点半—7 点半—8 时，工间操有值班的，应到兄弟院校看一看。

杰：我来馆一年，我们有成绩，大家劳动比以前好了，采购注意了，但无制度保证，总务登录清了底，编目上效率高了，不够大刀阔斧，干劲不足，策说印的张数太低。阅览上、出纳跃进到八小时，军训、理论学习占时间，应向群众解释，我们政治挂帅不够，某些人未行动起来，大家有责，薛股长注意不够，领导注意不够，胆小是何因？这样非法行为蔓延下去，别无法干涉。

馆如何为群众服务，领导是否考虑了，薛说他不明确，只满足八小时甚至十二时，关键问题在于改进工作方法，有些人干劲不大，随大流，无负责心。

康：馆最大的缺点是不协作，另一个就是议而不决，也不说明理由，如采购小组，采购不了解科研情况，如何能满足，业务学习亦是议而未决，固然上了山，技术改革很重要。

琳：据院其他单位说：图（书）馆上山、下乡、修汾河干劲了不起。出纳同志应推荐同学需要的类似书。大家把下山以来的个人工作成绩谈一谈，个别人不够应检查，大家帮助，馆长现在有改变，愿管人管思想了，规章制度重新修正。工作量以前有了解，每天每人登多少、编多少，组织机构三股一室，期刊和阅览分开也好，采编合是否需要，总务股应改为采购组，单位应有个负责人。

戴：经过整改馆改进不大，不是大刀阔斧，工院来了个老干部改进很大，咱们领导有保守，吸去[取]外边少，自己想办法少，思想没解放，老一套。

宽：去年订出跃进规划，出纳时间改变了，政治挂帅不够，业务学习未开展，墨守成规，阅览股领导有拖拉作风问题不能及时解决。上山回来后，同学把书弄烂了，叫同学写检讨书，他们未通过班会，是否合适，有些制（度）应改变，借书要不要借书证。

馆务会议

时间：一九五九年一月二十八日，早

和兆：当时在山上，有人说课堂搬在山上，半天劳动，半天学习，这是否是把劳动和学习本末倒置了。

迈：大家都说是换班，说长期是为了大家能安心生产。

策：当时是两月一换班，一年上两次山，大家说即是长住下去也愿意。

薛：当时有些人说把课搬上去，像教育系无人替换，我以为上山是劳动不应学习。

柏寿：是和兆认为当时劳动多了。

柴：当时是说轮班在山上需要开课，可能有些人误会为不换班了。

朱洪康：共产党的教育方针确实好，过去学校的风气使人看了难受，如教师之间互相看不起、学生也看不起劳动，但由于新教育方针下达后大家大办公广[厂]，在这种场合才能培养劳动感情，谁劳动的好谁光荣。而过去的教授不能劳动就不光荣，经过劳动建立了劳动感情克服了互看不起的现象。不管你理论多高不结合实践是不行的，是不管用的。只有理论与实践相结合才能成为一个真正的知识份[分]子。

去年我校在这方面收获不少。因为劳动并未降低教学质量。

崔：资产阶级教育仁者治人，劳力者治于人，我们要知识分子劳动化、工农分子知识化。参加大炼钢铁，收获很大，如中文系学生收集民歌，创作诗歌等，从生活中提炼出来。

学宽：教改只提出培养教师、招收研究生等，就没提出职工提高问题，职工不提高如何能配合上新形势。科研工作亦未提职工，如何搞。炊事员有些发明创造，领导应帮助总结经验著书立说，高教工作改进方案中未见职工二字。

柴：大办学校，可是我院职工业余学校未上课，培养干部不够，函授部也未在本院组织辅导课。党委对工会领导不够，工会没做什么工作。外语班人不够就不开课，是清规戒律。

策：对行政工作如何贯穿政策，不见有什么措施。师生展开科研较好，职工无什么措施。工厂里领导当学徒，行政人员下车间，我们行政人员就没到系科进行联系和学习，如采购是否了解各系专业，只是根据臆想和猜测。

迈：咱们馆里对培养干部注意不够，如何保证时间和督促不够，如郑两种函授需 30 小(时)，是否督促过。

柏寿：学校把图书馆划为一般行政机构不对，与庶务科、膳食科等不同，应培养从事科研工作，提高业务，馆内对培养干部不够，有些青年不愿在馆内工作，可是馆领导培养如何，领导对干部日常关怀培养不够，让大家就钻进取[去]才行。

崔：函授部应给我们面授。

郑：其他院校，馆内请有关务师上课，有的干部论[轮]流上课，或者能者为师自办自学。

薛：学校对乡土教材结合不够，图书馆应注意收集，农民□、工人运动等。要抓科学情报、期刊杂志，□应注意，有些教师对报刊索引卡片很感兴趣，对科研工作大有帮助。

迈：期刊室应搞目录索引，以利研究，架子少，中文系办砖厂也合适，能结合专业当然尽量结合。

柴：学校办工厂，国家不出资金，当时我认为，学校与工厂订合同，同学轮班赚钱，积累资金后再办工厂，我认为师院搞不出名堂，但物理系，搞出尖端科学，化学系烧出耐火砖后，思想有转变。我认为学校应办几个像样的工厂，尽量结合专业，让生产纳入国家计划，经常生产，农场由生物系经管，像现在各系一块试验田不合适，现在的工厂歇业不好。

馆务会议

时间：一九五九年一月二十九日，早

柴：今天着重讨论十大关系问题。

薛：既要照顾现在也要照顾将来，这个原则适合于采购，应着重现在，我们对各系科专业了解不够。

柏寿：以前认为教改是师生的事，又不知革什么命，现在知道是革资产阶级的命。劳动专指生产性的体力劳动。解决了我认为劳动平均分配不分体力的错误思想。大战钢铁意义很大，同学热爱专业了，教师思想提高了，学习与实践相结合好，薛说照顾将来与现在，联系到采购，这又易让乱购。

迈：不应乱购，除非是将来一定需要才可适当的[地]购一些，劳动是体力与生产性的劳动。

琳：理论与实践，实事求是和形式主义日常又碰到，各系课是各自的专业，可是还要上公共科、政治科要担负全校同学的教育，是有困难的，是形式主义，应让任课教师也负责任。教材科不作其工作，应改为油印室，我馆统计厚今薄古看古书的人少了，是形式主义。

杰：政治科只担任讲课，咱院亦有班主任。教材科还管各系教材，改为刻报室是不对的。厚今薄古，认为只减少古的分量少了，就薄古了。过去认为劳动多了，内心为耽误功课而耽[担]心。

桂贞：认为今后教材是学生编那老师无作用了。过去认为教学质量只是课本问题，不注意实践。大战钢铁误课，是排课问题。生产劳动是农工厂有产品才算。李琳说只政治科教师加强教育，而各课教师都负责。买书要有目的。

薛：我认为照顾目前与将来联系采购是对的，结合教学大纲购书，照顾远景数量要扩大，决不是盲目的买。

迈：今天能争论是好的，前两天歌功颂德，今天能大胆抱[暴]露自己的糊涂认识，我认为政治科不是形式主义，附属到各系不合适，教材科是没尽到他的责任，改为刻报科亦是形式主义，有些同志走极端不辩证。

柴：采购照顾现在与将来，不能单从流通考虑。厚古薄今批判后借阅人数少。

柏寿：教师工发一个灶，职员一个灶。

柴：苏说不要怕反面东西，讲反面东西的实质是什么，我们购下反面书该如何出借，就看是否合乎教育方针，如果学生觉悟高，学生水平也高，他们进行研究就出借，因人而待。书库不能全面开架，反动书、金瓶梅，吕莹不是胡风分子他的书可出借。

杰：有同学要借胡适文存，我要他让党委批准他说是清规戒律，买反面书价钱贵不如买红书。

迈：不管谁说过，反面东西不宜多读易中毒，要看具体情况对待，作批判的应借给。

柏寿：反动书借出要经过党委批准，或发特许借书证，金瓶梅等年老者现可出借。

迈：金瓶梅旧社会亦不公开，对青年有影响。

学宽：金瓶梅不宜让教师（随意借），因为有的借给同学了，借这些书应有规章。

薛：来借书有制度，反动书不出借，有些不准借的书先生开了条子我们就准借，是否对，政治上不健康的书作对内目录，但不作读者目录。由采到编目都应注意。

和兆：反面东西出纳上是否卡的紧，买下就为用，卡的过紧不合适，过去的制度是否合适，过去说通过系主任，指导教师，现又说通过党委，要订[定]切合实际的制度。

琳：书有公开发行和内部发行，内部发行有绝密、秘密、反动的、唯心的等，应分别情况具体对待，看我们过去的制度是否合适，有些隐藏有的反动书看是否有价值，馆际可借的也不够。

和兆：迈说反面书有用而贵不宜买，我认为很需要即可买。

杰：过去买古书肯与老教师研究，我看应与新、旧教师都联系，看如何，北京来的那破线书可能是冷货不宜买。

康：同学陈杰的意见，年轻人肯批判，是接受新东西，图书资金来之不易，应购最需要的，照顾长远不合适。

杰：买书不应死照规定，购三本五本，重点需要的可以多买。

柴：勤俭办馆是很重要的。

馆务会议

时间：一九五九年一月三十日，早

柴：讨论苏报告暂作结束，总结58年工作，制订59年工作计划：1. 政治思想方面：a. 政治挂帅否？全体人员，拔白旗插红旗如何？b. 阶级路线贯彻如何？c. 服务态度、工作作风、团结互动、同志关系；d. 政治学习是否遵守制度。[?]2. 贯彻教育方针问题；3. 大破大立技术革新如何？4. 财政保管开支如何？方法：群众路线大家研究总结、订计划，最后几人整理当成书材料，涉及到某些人插进去。

迈：咱们没有业务学习制度，当然因上山可是上山前没有行动。

柏寿：58年大跃进我馆成绩很大，在各政治运动都走在前面，双反教育了一些人，上山搞钢铁大家苦干实干，在家里的同志夜以继日工作。

我们的缺点，有些同志主人翁思想未树立起来，开坐(谈)会，工作上不能令人满意，拖拉，调动工作有意见，通过大战钢铁还有自卑感，不像话，另一些人还做不到当一天和尚打一天钟，有些理论脱离实际，说劳动好，不好好劳动，山下的年轻人，不如上山的老年人，应拔掉白旗。馆、股领导抓思想不够，不了解同志思想情况，即使了解也不进行教育，这是政治错误，政治学随大流，业务学习未开展。

树兰：总结工作、制订[定]规划、应分成几项，如：工作、工作态度、质量、作风。两个三结合如何？今后如何？政治、文化、业务学习如何？制度如何、如何修订、总结过程中，从优缺点上，可看出政治挂帅。

和兆：58年大跃进，觉悟提高了，不计较个人工作易开展，工作积压多，学习业务差，应抓业务学习，过去对图书馆通讯不多看，应人手一册，有关图书馆书籍应放一个方便地方以利大家学习。

郑：应分股说，看出现了什么大跃进，有什么缺点，然后总结全馆。

迈：既然是检查工作制订(计)划应集中一些，分为几个问题依次进行，政治挂帅、[,]即政治运动、批评、领导、同志，那[哪]些挂了帅那[哪]些未挂，一针见血，说不行可能是老薛，别人对他帮助如何，桂贞懒，别人帮助如何，业务学习谈一谈，主、客观原因，是领导还是大家的问题？工作如何、协作如何、政治业务互相帮助如何？技术改革如何？贯彻方针如何，从采购开始。

杰：整风后确实有新气象，整风前阅览股扭不成一股劲，有些同志不好好干，我本想□动他，但碰钉子后懈气了，桂贞干劲不大，我开会叫他不去，看杂技后打扫除他不去，劳动肯叫他，他不高兴，生活上与我疏远，我反映给股领导，老薛也很差，不抓思想，我有时与老薛感情冲突，是我幼稚，也许自己在工作上作的不好，不能让他们心服口服。

柏寿：老迈、李琳，又拍桌子又瞪眼，关键问题何在。迈说不一针见血，是政治不挂帅，我以为是方式问题。

琳：这次是教改，应肯定、否定，当中涉及到人叫他作检查。

柴：政治挂帅，某些人很好，有些人不好。

杰：李琳说应肯定成绩，是否怕说成一团糟，我认为说这些问题能解决问题，有些干劲不够。

策：通过双反大家了解了馆的任务，注意购书问题，采购有时不够明确，领导注意不够，协作精神提高了，运动积压的工作大家都突击了，上山炼铁，劳动方面我馆无工友，大家清扫、提水、送公事、义务劳动好。

戴：通过整改有些人改进不大，我们开展批评、表扬不够，政治学习不够，应定时测验，抓起来，业务学习抓的不够，图书馆要水平高，学校任务亦加大，应注意。

晋：我馆在政治运动中积极，大家干劲大了，协作精神好了，58 年的大跃进，深感急需改造，但注意也不够。

朱：政治挂帅是很要紧的，我们的领导上抓思想的很不够，因而有些同志工作不好，关系上有问题。其他同志也应在山上那样服从领导，老薛不应老背那不行的包袱，咱们的政治学习很差，应很好的[地]组织，业务学习应大力开展。不一定非请名教授讲课。在工作上展开批评与自我批评不够。特别对表现不好的应立即招[召]开一定会议展开批评，这是失职现象。

馆 务 会 议

时间：一九五九年一月三十一日，早

柴：工院基本情况，有 18 人、二位馆长，编制分阅览、采编各 8 人、采总二人、编六人、中三、俄二、西一，加任馆长。阅览 8 人、期刊三人、出纳五人。

经费去年 11 万元，今年图书费 7 万，资料 1 万多，去年进书两万多，去年苦战 58 年任务已完。

买书外文预订、目录给各单位，然后平衡，书背后不盖章，统一调配，外文复本三本。

期刊各系顶多三十来种、报纸不给各系订，给同学按班订，报纸全国各地都有，要报纸只留一份合订本，其他作废纸卖，无装订工、无工友，每天出纳 12 小时，除出纳 8 小时外，全馆大轮流每天三人、大库二人、期刊一人。业务学习，每周四小时、二时外文、二时图书馆业务。采编：订法如前、[，](外)〈、〉中文就靠采购挑选，书到凭发单验收。出纳：大库开架，俄、西、小说开架无人管理。

陈：整改后人家政治都挂了帅，无细致分工，协作好。

和兆：敢想敢干，干劲大，协作好。

琳：采编三人，验收、财务一人，把单据编成号。外文预订、中文照旧、值班出纳。取消袋片、分户管理、充分利用登录号。

张学宽：人家前提考虑便利读者，注意提高同学的共产主义觉悟，人家赔书按原价。

迈：开架是个局势，问题可能发生，相信同学，就能搞好，值班轮流出纳，取消口袋片可考虑。

柏寿：人家敢，我们怕，大轮流出纳闲[嫌]累，协作好，编目需要去编目，阅览需要去阅览。

柴：结合工学院情况检查咱们的工作，他们是破除了框框，我们过去也想过新方法，但还是这样被动，大家检查重点思想，思想统一后，一定能赶上去。一个单位工作好坏关键在于政治挂帅，固然是在于整风后，大家觉悟提高，尤其与蔡馆长分不开。大家说我们思想工作薄弱，是事实，在领导未派政治干部我要负起责任来，王处长能把〈由〉群众需要的东西要写来，党给群众的东西给群众，我很差或者有些人愿意要像我这样的领导人，认为我不能把他怎的，不高兴了顶几句，这当然是个别的，这对咱们是不好的，大家今后要监督领导帮助领导，加强责任性，我们过去注意保管多，便利群众注意少。我过去解决具体问题多，注意解决思想问题少，今后要把党的方针贯彻下去，解决不了大家辩论。今后要照顾管理，便利群众出发，无言可发说明了政治没挂帅。

琳：柴是有大跃进，大家一定能跟上去，确实关键问题在于领导是是就是是非就非，给大家撑腰，工院工作有开展，咱们也要思想解放。柴过去有不求有功，但求无过的思想，不能坚持原则，有等待思想，如我不愿成立采购小组，就没成立，领导思想至今还未完全克服。

期刊无价目，我认为需要，迈不同一[意]，柴亦是等待。阅览时间过去考虑，同志们有问题，领导又怎考虑。赏罚不明，批评表扬差。学习、理论与业务注意不够，自己注意不够，参观工院大家思想动了，今后多注意。

康：大家思想不解放，不敢动手干，领导重视搞书目。

杰：柴有提高可喜，咱们馆有什么群众决定干是好的，可是群众觉悟不到领导就等待，不组织辩论，领导有决定权利，对一些不起劲的干部认为没办法。图书馆是技术工作，老干部带动大家不够，应培养新干部。

迈：过去跃进不够，领导不能解放思想，考虑保管多，也不是大家都保守，有人赞称[成]，有人不赞称[成]，看见有弊病就放弃了。小册子处理方法：一方[放]在参考室；二、少买入库，介绍同学买，过去是非不明，采购小组未成立，李琳不检查反而倒打一把[耙]，关于我那个问题，可提出辩论，就说无财产〈财〉，减价了还要我登记。

策：工作改进踢破旧范围，我过去就不敢，西文预编，我因无出版处，就不敢预编。出纳考虑有些不行。

戴：领导是关键问题，工院能发动群众，协作好。过去我认为刚来，出纳不熟悉，现在认识到要学多面手，过去建议领导不够大胆支持。

迈：过去分院还说咱们人力条件好，我们应提出超工院解决他们未解决的问题。

树兰：解放思想我们也想过，就是不敢干，开库出纳过去咱们提出并研究了，柴不说可否，未作，预编过去也作了。因弊而止，人家学习咱们，咱们有些迟钝。

馆务会议

时间：一九五九年二月一日，早

柴：结合我馆工作，看那些资方向、资路线、资思想方法。采购上，重、漏、复本多、不及时。编目上，俄、西、中各一摊。阅览上，姜太公调鱼。各股人员分别为专题小组，讨论改进方案。今天先提问题，二三日专题，完不了加班，四五号全馆，六号交卷。

策：出纳上事情较多，把编目上调去二人，让出纳人员有整理方案的时间。

康：分股讨论应让其他人参加。

琳：分股是办法，集体讨论也好，像开库出纳，有些什么弊病，无人管理也插进去，采编组织如何改。

迈：开库出纳问题较大，应上午全馆讨论阅览上的出纳及规章，下午搞他们的。

和兆：采编是否合一，业务上有联系一切讨论较好。

杰：开库出纳，同意就同意，不同意就不同意，发表真实意见。

柴：咱们是三脱离，采、编、阅互不了解，编分三摊，各自为政。

迈：同意开架。

郑：工院工作有先进的地方，在全国来说全部开架还是新问题，资图书馆注意版本，社会主义国家图书馆注意流通量，古藉[籍]书开架要多考虑。有毒素的书要抽出来，同意采编合一。送书上门要与工会配合，眷属里边设立图书站。同学里边亦可设立图书站。统计全年流通册次，配合运动举办展览，请专人作报告。举行时事测验，加强馆际协作，互发借书证。

迈：除线装书不开架，反面书不开架，文学批判可参考，但要放开尺度，中外文开架，期刊不开架，主要报纸多订几份放出去叫他看。采编合一，协作较好，组织技术改革小组。

郑：工具书很分散，成立一个大参考室，把系里的工具书提回来，师生参考，工具书可不编目，登录后放出去，小册子可不编目，另行陈列。

柏寿：开架出纳，便利读者，出纳人员省嘴省腿，同学摸清了家底。开学后在新馆阅览室开架，一个文艺公共出纳室，一个文科文艺室，史、地、理科开一个室，二楼书成立大参考室，师生进去。复本杂志，可借两三天。

文进：线装书不宜开架，对科研供[贡]献不大，同学看不懂，纸质脆，借阅尺度放宽，可借出馆外。

柴：不要说资即苏图书馆也未开架，苏说图书员是宣传战士，推荐图书，辅导读者，我国53年开架受到批判，是客观主义的，文化部、科学院不提倡。大家思想上已成局势，是否先进还不一定，全部开架我想不通，文史参考室开架丢书一年比一年多，小说开架如何，新华书馆不让进去。咱们开架可以，部分的，小说无问题，自然科学、马列主义开架、线书金瓶梅二拍，观点有问题的不开，目录要否，可帮助读者系统的[地]读书。

开门办馆，吸收群众意见便利读者，勤俭办馆，在财产保管不受影响的原则下便利读者，像工院采编我以为不合适，我们采编合一，合暑[署]办公。

薛：开架有利，工院全部开放问题不大。我们善本书、线书、反动书的考虑,新号书亦有线装的,线书亦应考虑部数多,流通大的开放,小说开架便利群众,书啃破,诗歌、戏剧借期有问题,以前是一月开架是两周,文科先生借话剧无借书证。成立专业出纳室,解决先生出纳问题。理科书可开架出纳在假期找个阅览室。目录还需要。

郑:实行复本开架,单本陈列大库,目录指导读者便利,如果开架后不紊乱时,再简化目录。

琳:开架便于群众,群众办馆,自办借还手续,出纳人员整理监督,无人出纳不好,应批判,对国家财产有损。手续上极力简化,取消袋片,只打登录号,藏书账,便于保管流通,赔赏[尝]制度加倍。机构应多一些,采购的、编目□应全,采、编、阅览、期刊。馆长、秘书、资料员等。目录要应成立专业,开架后找不见书是否藏有,得靠目录。预编外文走上规[轨]道,中文能争取到就预编,可是现在目录供不上。

康:同意部分开架,密件、善书、特藏不开,线书有条件即开,文史先生即必须参考的同学可发进库证。馆内应政治与业务并列,政治学习与检查,业务学习采编阅览,采应听取编、阅的意见,采编合并。

桂贞:开架坏处乱、肯[易]破、差错多,开架优点多,密、善、特藏,不开,开架后每一种留一本,放在文史参考室供同学参考,加强管理,按类别开架,理、文各开室,二楼书不开,古书不开,可进去参考,不准借出,目录有推荐作用。

康:有突出突击任务全馆出马。

和兆:同意开架,分别对待,每种留一本以供参考。分文史、理科,开架,文科在大库一层开教。李琳提出的取消袋片不合适,同意采编合一,预编需要协作。

策:不开架,便于保管,不利读者。开架便利读者,损书较多,文、理分别专室开架,防止拥擁、紊乱,另外设公共室、文艺、政治等自办手续,不宜全部开架,线书不开,但先生及科研同学都可进去,独本书放在参考室。同意采编合一,全部人员统一考虑工作,分户后可废除袋片,留借书证,目录不宜取消,应改进,标题目录。

柴:大家同意部分开架,采编合一,保留目录,明天上午全体人员研究阅览,下午采编出纳必要人员参加考虑是否清点书库,系科提书。

馆务会议

时间:一九五九年二月二日,早

柴：今天上午全体讨论阅览问题，开架如何开，无人出纳，还是开库出纳，能否代借，系科图书集中还是分散。

学宽：文艺书、外文，可无人借阅，把卡片抽掉，登录要登在分户账上，过期太长，通知班会，咱们作辅导宣传工作，可以代借，这样同学爱护借书证了，如果丢了书同学们看他看过没有，没看过就不让他赔书。

晋：各班建立图书代表制度，各班分开易于检查，集体性的批评表扬，侵占一个阅览室放期刊，小说出纳处改为文艺出纳室，理科参（考阅览）室出纳理科书，搞文学参考和目录索引，腾出一些人力来搞。

薛：减少阅览室，期刊移出，搞个理科出纳室，小说无人出纳，新楼设六个出纳，文、理出纳室各一，参考（阅览）室各一，小说出纳室一无人出纳，期刊室一个，旧书库陈列古书须不公开出借书，不需要一个人。过去说几个人包干，别人不干我干，我不能说不干。

迈：文史参考（阅览）出纳文史，理科出纳理科书各一人，同学自办手续，小说一人，无人管理，其余人在大库，可轮回看看。新楼：西俄各一室，文、理各一室，有问题书放在大库。

薛：期刊、小说各占一室楼下，理科参室不要了，放理书开库出纳。

策：三、二楼书搬来阅览室，三层开库出纳，理科参室取消，放架书，小说无人出纳，参考书有人出纳。

和兆：文史占期刊室，理科占文史室，期刊占〈在〉阅览室，小说不动，公共书大库，期刊三人，大库一人，文理各二人。

树兰：期刊室占在阅览室，理科占总务室，文科占小说室，既[即]阅览室放公共的，公共小说放公共室，总务移过来，取消教参考，教参室在大库开辟一些地方，我们负责还、借同学自办，按登录号排书片。

郑：大库一层放外文，二三层特藏不开架有一人，中日文移至文参室，资料参考室，文艺库在阅览室，教参室不要，改为采购室，咨询辅导占一人。

柴：试办开架，资料室占小说地方，有复本的、参考价值大的拿出来开放多出借，单本的在馆阅读，日开十二小时，必须时借出第二天还，小说搬至总务，总务搬来教参室取消，文参室放一般肯借阅的，文理不分，外文不开架，另设文参室楼上，咱们挑选，理科室取消，读者自借，咱们还。出纳时间上午 8 时—晚 9 时，吃饭各占一小时。资料室一人，教科室一人，值班的。各系资料室到新楼集中于馆。可以代借书，代还。

学宽：柴资料室意见我同意，应分设理科室。自借不自还不好。

寿：文参室理科开架，文参室移到图、阅报室，同学自办手续。

符：资料室如柴意见，理科开架，小说开架，报刊资料室占〈在〉阅览室，文艺占总务室，史□大库下层开架，二三楼有人出纳，资料室二人，二三楼二人，理科二人，小说一人，史□下层一人。

石：同意柴的意见，大库开架太乱，同学嫌小说乱，期刊同学撕掉他爱好的书页，小说开架，常借的书开架，同学自借，自归还，开架应实验，班内设图书干事，馆内写借书常识大力宣传，增设预借，外文不开。

馆务会议记录

柴：内容有二：1. 有些什么工作，如何作；2. 通过他们几个人的鉴定。

我们工作有改进，科技一人，小说一人也行，大库亦是，资料室卡片排完，采购也上规[轨]道，中文编目没问题，新书目录受同学欢迎，就是分类有问题，劳动的同志也不错。这个是[时]期我抓的采购多，因为洪康刚搞这工作，同时今年钱多要把钱花好，计划经费中、外文各半，现中文书较少，第三季度就多了，外文目录也很多，物理系买的很多，外文一般的系馆，各一本，贵的只买一本，以 30 元为限，但不那么机械。

编目：3.13—4.21 号，共编 1 421 种、4 143 册。

工作人员：郑、王、符鉴定后又有省，我作的少。

共作六周，每周 240 种，每天 40 种，专搞中文。原计划每月八百种，二千多册，根据这种情况，今年不会有积压，印了新书通报。

外文问题很严重，戴 3 月份就没来，外语系每周来几个人，只帮二小时，我上山后，有急需之书，郑编一下，打字机、吸尘器、阅读，由马汉杰去京、津买。

洪康：一月份报 128，二月四百元，三月报壹万元，四个月壹万五千多元，约计贰万元，资料 3 千多元，一月 447、1 425 册，二月为 23 种，589 种。中文 1 599种，4 729 册，649 万多元。西文共 836 种，861 册。俄文共 596 种，692 册。中、西、俄共 3 031 种，6 212 册。

薛：每天一千贰百人，科 220 人，大 150 人、集 150 人期刊、文艺，教育所借了百多种，同学为学下乡借书多，自借代借有些问题要分户帐[账]是有些方便，小说一人，科技一人，大库三人。同学增加借书数量，增加借数是为了解决集体借书。把图书下放到班里去，由学习委员管理，从五月起实施，下学期再考虑每人发五张，总之满足同学们借书数量。另外还有些问题，阅览室，仅有 320 座位，同学提意见无法解决。下洪赵的同学把借的书带回换一下。图书装订问题。平装天锁装,精装设法解决。

陈杰：我与蒋刚去不熟悉,迈、崔搞日常工作,我们搞内部：1. 58 年 11 月 12 日,59 年的□□都□了,共 240 来本。2. 报刊排架整理。3. 去年油印积压进行登记,共 76 包 1 400 多册。整理了系科交来的杂志。59 年的资料卡片排了,共一万八千多张。每天出纳人次七八十个。天锁下山后订报 240 来份,合订期刊 794 册。补书 520 册左右。至 5 月底搞下列工作：1. 订阅工作;2. 检查整理报刊,以便补充。

晋：留校考查以来能低头认罪表现较好,工作中踏实劳动踏实苦干,但思想表现沉闷、思想改造与劳动结合不够。

石：留校考查以来能低头认罪,能揭露右派继续反动行为,工作正常劳动,吃苦精神不够,有自由主义作风,对人有意见会上不说背后乱说。

符：留校考查以来能低头认罪,工作劳动正常,但争取改造精神不够,对原则问题有明知不对少说为佳。

树兰：受处分后有悔改表现工作正常,但架子未放下,争取大家监督帮助不够,劳动表现不够。

蒋：受处分有悔改表现,工作劳动表现一般,但对错误言(论)未能从本质上认识,争取改造不够。

教学改革讨论记录

时间：一九五九年二月二日,上午

迈：工院相信群众,开架后,同学认真负责,对干部也爱护了,咱们怕这怕那,思想不解放,咱们应尝试,同学自借一干子插到底,出了问题再改变方式,期室搬主楼上不行放不下,同意把有复本的杂志开架,独本另陈列,馆内看,期刊室应增加人搞资料。

王和兆：开架出纳,让同学挑书。

宽：小说以前不太乱,现在较乱,同学自借后可抽出人整理作宣传工作。开架出纳,读者自借,群众办馆。

琳：借阅期限放宽,尤其先生,要写确实可行的制度,本数不加限制,师生职工一律,赔赏[尝]制度,那[哪]些可赔那[哪]些不可赔,不宜罚款。

杰：同意,同学借咱们还,不同意大库开架,部分开架。期刊室增大领导处理不宜讨论。小说同学自借后,可减少人,同意大轮班出纳 12 小时。赔赏

[尝]一律不加倍不同意,丢了书不赔不应该。增加借书还,取消集体借书制度。

寿:自借自还,有问题自己解决,借书数量放宽,赔书由总务股办理。

戴:改革彻底同学自办,数量放宽,限期师3月同学1月半。

蒋:改进工作要明确目的,学校培养目标提高,成立资料室,大库借书很方便,开架有时不方便,可设置像参考室放样本不借出,以推荐学生去大库借。

郑:期限不宜加长而宜缩短,种数上增加。

康:文、理科各在一个地方,文艺在一个地方,大阅览室开架,资料由群众办不宜加人,淋[琳]提不加限制是不对。

郑:24小时开馆,12小时出纳,几处出纳,用几人。

柴:大家准备不够,明天由阅览室下来,大家再研究,下午采编开会,柏寿、陈杰参加,薛主持,采编合分的利弊,如何合,采购原则,计划,手续。

教学改革讨论记录

时间:一九五九年二月二日,下午二时

采编应否合一的议案

白:采编合一后采编对查重比较方便同时在购买目标上证明可给后来编目创造便利条件。

李:采编合一后就工作来说的好处比如油印登录,人员集中,查重工作省为一次,集括登录。

康:采编合一可省许多手续把发票馆码加上油印登录库,19 m×20 m,拿运书条当登录库比较完整的多了。

李:就三脱离来说采编不合一前较为〈为〉严重,登录后的书运到编目股何时运库,不能及时满足需要,再就培养多面手来说合一后可提供方便的条件。

柏:采编合一后先验收,在编目过程中还有稽核的工作。

琳:过去因为存在有互不相信,比如书编出后送库搬来搬去要花费时间,这是不合共产主义大协作的精神的。总务股名词起的不好,应该改为采购股,至于采购与编目应否合一,各有各的好处,不合比合一这要好,阅览是阅览,期刊是期刊。

柏:李琳同志的意见与大家正相反,他说图书馆应分成四个部门,所谓采购是动的,要影响编目,其实起影响还是李琳自己。

兆：我也赞成采编合一，因为合一后人员调配机动，登录可以在编目过程中做，节省了登录的时间，至于李琳提到要增强采购股、期刊室等是与勤俭办校与勤俭办馆的精神不合的。

道：采编合一后可解决有读者来找急要的书是否买到往往由编目股到总务或由总务到编目股，来往费时费事，给工作造成了不方便，同时合一后对培养多面手也有好处。

晋：对于考虑采编合一的问题应该从有利于工作来着想，因为合起来以后有些工序可以省掉合在一起比较集中人员机动些，可以腾出来搞些其他的工作，首先可以提高工作效率促成一个更大的协作。

愈：关于查重有不同的看法（，）对于这个问题应该弄明白以后作为今后做工作的注意。

德：我也赞成合起来，同意大家的意见。关于采购的原则问题。

康：采购问题查重复为要，以往查重很少，尤以外更为没有做到。

陈：购书应该按经费部出计划，这样花得[的]时候心中有数。

康：购书应该有计划，什么书急促需要，什么书流超量很低，尤以外文书值价又大很可能占去经费的大数。

柏：采购本来有制度但没有严格执行，计划性也很必要，要有计划地花钱。

愈：买书必须先查重，就是查因为有积压也还要买到重本的书，因此必要查而且要细致的[地]查。

柏：主管采购的李琳同志最好细小些胆小些。

琳：因为我院今后培养任务今后加大采购的质量，图书的需要更高了，以往的情况固然不能满足今后的需要，但是为能够满足今后的要求，只靠一个采购员是不能做好（的），群众办馆应该也要贯彻到采购工作中去。采购与出纳应该挂钩以掌握读者的需要。按采购小组的制度切实执行及应如何发挥小组的作用。外文购书的经费比例数字应该规定计划按数字执行。

柴：采购今后靠群众的方向是对的，采购同志先做到馆内的三结合，馆外要靠系及同学联系群众购书意见□。该买得[的]必须买到，不该买的坚决不买，系里的提书问题决定及章制到后本书的问题，目前需要及将来的需要问题重点地请顾问，主要地还要靠系里的先生们。

馆务会议

时间：一九五九年二月三日，早

柴：今天插进一项工作。

1. 院务委员会的简章，全院组织机构，执政范围划分。班主任工作要提出意见，系主任助理，权利下放。明天就得汇报。阅览问题还未解决薛还有苦处，采购未谈出个样子，期刊谈的少，大家多考虑，阅览薛，采编淋，期刊迈写出个东西来，咱们在[再]研究。

杰：阅览领导与被领导间有意见，如老薛有苦处，这次解决不了，下去开股务会议请外股人参加设法解决。反右后提出党委领导下的院委会，是怕党政脱节。

寿：处级亦应组织处委会，吸收科长组成。

琳：机构变动加强了党的领导，院委会领导系委会，教务处职权没了，在行政部门体现不了党的领导，简章内未提及到。

和兆：处长是院委会组成人员之一，直接领导下属各行政单位，用不着处委会。

学宽：院委会主任应由党委书记担任，减少汇报。

迈：今后教务长如何对系里领导。

策：加强党对系的领导，过去教务长领导各系有些太繁重，故变动领导系统。

康：给学生卖课本，应由教材科卖。

策：交流教材和课本脱节现象，应由教材科管理。

锁：应成□体部，保健科与膳食科合并。

和兆：今后任务加重，图书馆应该独立，配比党员干部，设立治安系组处，加强治安管理。

迈：在成立保安科附管登案管理工作。

寿：应成立劳务处。

琳：教材科就分油印和打字，还有个办公室，有几坐椅子干部许竹亭、吴金铎、赵君英、郭□川，油印室有三个油印员还雇两个临时工，油印员没工作了，领导应考虑工作量，师生用的教材课本都应由教材科管。

薛：教育学习的教材也应由教材科办理。

寿：教材科与印刷所合并。

馆务会议

会议内容：讨论馆内工作

柴：采编合一，今后为合采，如何编。

迈：不用登录部，用纸条分批订册。

和兆：能预编就预编，书来片就过来了，入库时间短，用大油印机印，把书袋号也印上，省了登录手续，这些人可给书印打登录号，加强编目力量。出纳应分户出纳，书戳亦印。

康：预编无目录不能实现，还应用登录簿子，用油印过去预约袋及片，未用上，又花费编目手续。

寿：登录簿子不能废除，不宜用小条作登录簿，小条易丢，取消手续单。

和：同意取消手续单，过去怕丢，现在觉悟提高了，书又没积压，易于清理，用较大的小条作登录簿。

策：还需要登录，小条在编目上抽掉，送库无须条子，小条可钉在大本子上，易于保管。

馆务会议

时间：一九五九年二月四日

参加人数：总务股编目股全体人员

主席：柴副馆长

会议内容：关于采编工作合并的问题讨论

王和兆：不分中外文那[哪]里有积压火力集中在那[哪]里，作到采编人力的及时调配，登录与编目合一，现编与预编并举，简化采编手续，印书标，省去书装片上的 KT 馆，省去手续单，油印登录，采购查重代替编目查重。增强卡片目标，阅览三套卡片仍得存，配合运动作索引，作丛书目录。新书书目一方面公布众所周知，一方面另有关系科备查待借，作到新书入库师生通知。

李琳：采编的具体手续，新书到馆由非经手人员进行验收，在分类工作上可以不分文别按书类分，如甲管科技图书中外文的分类，乙分中外的文史分款，这样可以提高工作效率，登录我赞成油印小纸登录，我特别同意老王说的大协作，我认为取掉书袋及书袋片可以完全适当[合]我馆的出纳情况，这样可以大大的[地]提高编目效率，今后的采购不但要掌握图书费的开支，还得要掌握经费，另外我觉得康先生干的那一套，收发工作可以归各有关人员。

李树兰：分类统计可以用总括登录的办法解决，采购分工，可以配备两个人，一个作主要的，一个作辅助的，分类也是这样的。

李琳：关于分类统计要订[定]出这样的制度即月终不欠要把本月工作完[全]部上交。

柴作梓：我不同意用小条油印代替登录，我仍主张用手登录，但簿上只写上书名及价格。

李树兰：登录原是很重要的东西，若为了简化取消了，其中的许多项目在时间长了的时候是不好的，手抄不如油印，康先生说的大版油印登录对于预订为不能，我同意登录取消手抄，对统计没有问题。

王和兆：手抄简化后不方便，还是实行个别油印，这是这次的技术改革主要之一，油印我造[赞]成个别油印，统计没有问题。

蒋思道：手抄慢，简化也不合适，图书馆必须有一个非常牢固及质量的图书财产东西，登录原是图书的全貌，如果油印能使它坚牢质量也可以，但我不主张用现在的手续条的纸作登录簿，格式稍多大一些，纸要牢。

郑维阔：油印登录究竟可以不可以，有些学校采用这个办法，小本保管比较困难，查找时也不便利，但不能因此不加以改进，大本比小本好些，但印刷时不如小张时便利，这是工作方法问题，我们应〈是〉决定是用大本或小本，在目前的条件下作为财产账保存时纸张要好的，现在来看实行油印时不好，油印过程在中文好但外文复本少，制版不经济，可以作出决议单新种油印，旧种册数少的簿子登录，分类统计种数可以用阅分类片进行，册数可以在登录簿子统计。

分类我同意某甲掌握那几类的中外文图书的分类，这样可以统一中外文同类书的分类，缺点是忽而中文忽而外文工作不方便，若今后我们加强了团结也可以不计较，分类人并取发等级，到馆别人也可以，油印目录时标签也可以印，有困难那是工作方法的问题，一定要把新书通报搞出来。

新书到馆验收后一次登录好，取消送书条怕弄乱了在工作中造成困难，读者月终应由出纳上排，这对出纳者指导该书有好处。

预编现在还不实行，因为我们现在还积压了许多书，等把书清理出来后且分点试用，有些书名只览书名不能进行分类。

晋如祥：我赞成油印登录，它比手抄快这是大优点，也可能遇到缺点在实践的过程中发现及改进，采编合并后，编目方面仍维持现状，客观上来的是中西俄文书，而且同时都来，这就形成了中西俄各搞各，如某种来的特多时应互相的[地]支援，加强协作还得分工。实行麻雀战集中突击不好，我同意把新书目录陈列，我认为最后打登录号可以即便实行总校核，预编还不需要，优点少时间上也不见得经济。

对图书编目的决议：

1. 图书仍实行新书到馆后再进行(编)目不实行预编。

2. 图书登录采用小片油印的。

王和兆：对于采编的分工：

验收、查重、排片一个工序、分款一个工序、刻板一个工序、油印一个工序、贴一个工序、打登录□盖章送库、统计排条。

对图书编抹[目]分工原则决议：

1. 一人来负责采购手续。

2. 中俄西文书另再各指定一个人，□□各文种采购工作。

3. 中俄西文图书的分款按文种来人进行，各文种图书目录制版各由来人负责。

4. 印、贴不分文种合并为一个工序。

5. 统计、打登录号、上馆。

上述办到中文登满千，外文登满百时，开始实行。

馆务会议

时间：一九五九年二月五日

柴：采编合一，首先采购小组研究经费，馆藏需要，再据系里的意见来决定，中、文、俄各一人帮助采购查重，并提出意见，采购每月经费有个数，原查重者验收，分类，刻板各有主管，印贴联合，取消登录簿子到整数才开始，不实行预编，K、T 号取消。

薛：小说诗歌戏剧，自借自还，限期两周，每日出纳 8 小时，增加文艺理论书，把大库藏的一本亦送去，一人管理监督辅导，分户立账。理科开架占总务股，自借自还，借期一月。期刊室开放 12 小时，四小时由值班人员负责。取消文、理参考室，教师阅览室，资料室三人，文、理室各设一人，文艺室教职工增借书券一张，中文系教师增加三张。设图书干事，可代借还书，教师用本子借书，同学增加一张借书证。

寿：理科书开架自借自还试典[点]，文艺书开架我们借还，以后再看形势。借书证每人五张一次发给，教工借书发本，自登记。

杰：取消集体借书，增加借书还。

寿：赔书手续移至总务股，各开架室设扩音器，增强宣传。

宽：有人说大库一层开架，取消出纳室，教师用借书券。

珍：学生发五张借书券，教师用本子，中文系教师借阅文艺书不限。

迈：期刊采购方法：根据目录和通知，馆里订一般性的，系订专业的。开辟资料参考室，二分之一的地方陈设孤本，有复本的放一套，各学校的刊物，新闻周报、快报、报纸，人民、光明、山西，各放一套，按分类排列，只准在室内阅览，不准带书进去，每日整理一次。期刊室的报刊可出借。薛让孤本书放进参考室我不同意。期刊阅览室多放杂志加强管理。

杰：学生借期刊 3 天，一册为限，教师借三册借期一周，孤本的要搞标记。

柴：我们采编对阅览的意见，总务上理科开架自借自还，文史室小说开架，咱们办手续，个人意见文艺理论书不放进去，教师用本子 20 册，语文系教师借小说不限，教师 20 册，职员 10 册，工友五[5]册，研究生 10 册，教师主要参考书一学期，一般书二月，职工两月，分户排，出纳 12 小时，大库 8 小时，理科 12 小时，期刊资料室有复本的重点的[地]放进去，书不放，放工具书。孤的在库内(期刊)，办手续在馆内看，十分必要借出去。现期刊放在楼上阅览室，开放时间 12 小时，文科参考室保留有必要的孤本书放进取[去]，期刊室要有一整套规章，经费拨去自己搞，严密账目手续，赔书手续归总务，赔偿价格由出纳决定。

珍：赔书应确定赔书原则。

兆：值班在期刊室出纳，不了解是否是孤本。出纳室应要书签，以利排架。现期期刊和旧的放在一室，以免丢失和混乱。文史教在一室开放配比[备]二人。

宽：自借不自还不易控(制)借小说的册数，易于发生问题，应将小说单独陈列室，自借不自换[还]，把诗歌、戏剧放在大库一律开架出纳。

寿：自借不自还不如自借自还，大库不宜开架。

宽：赔书由采购出纳互相配合。

柴：手续由采购办理，收钱，加倍采购决定。

杰：采购知道书价，容易决定赔款问题。

馆务会议

时间：一九五九年二月六日，上午八时

会议内容：图书业务学习讨论

白：学习的内容图书报刊上有关理论及方针性的材料，柴与郑讲一些东西，有关各馆业务性的东西，时期每星期二次，每次两小时，以占办公时间为主。

迈：有可能每礼拜最好占半天，内容从理(论)上结合到业务上，由老柴担任一些讲授具体到业务时为了培养多面手可亲自去实验，必要时到外埠参加学习或市内兄弟单位。

崔：我校对版本字与目录学有研究的人可给我们讲讲。

鹏：关于外面动态的收集有多人负责搜集定期传达一下。

郑：应有系统地进行学习，比如基础知识方面武汗[汉]大学有这方面材料，在学习时间内进行讨论，一方面有关系问题请本院先生来讲每人的红专规划，要定的[得]具体确实可行。

晋：结合上业务学习，集体可搞些创作相辅进行也可提高业务，如文献参考资料索引，在培养上到院刊上多反映些图书馆的东西。

白：为了解系里的情况与系里挂起钩来，如某系的重点东西，又如科技方面的新发明，请有关系科的先生讲讲是有辅于业务学习的。

琳：明确学习的重要性形成制度化。

馆务会议

会议内容：教改规划讨论

杰：除整编 1 500 册外，总务上登录了 7 千多册。

迈：出纳 12 小时是科技室，期刊室应说明。

兆：史地不开架是美中不足。

蒋：师院文理并重，甚至文重于理，科技 12 小时不太好，应文理都改为 10 小时，总结上的可能应改为一定能提高。

琳：问题分析不够全面、深刻，双反时大字报说图书馆是死水一团，我感觉不是这样，领导上对批评表扬作的不够赏罚不明。为了加强阅览股工作，配比[备]党团员干部，陈杰那天说扭不成一块，是什么原因？总结反映不够清楚。过去领导说未依靠党团员，现在依靠了党团员，可是忽视了群众，在领导思想发展上不够正常。柴是非党同志，现在大小事情都通过党团员，是否以为事情好坏，都通过了你们，行政事情应通过行政领导及群众。柴的政治挂帅搞的不够明朗，赵桂贞落后，领导和同志们帮助不够，要求领导派一个党员专职馆长。

薛：点名提出很必要，阅览很重要工作很差，我既无权无能应点我的名。

道：文、理 12 小时分日开放。

进：报纸必要时准出借，我看需要不大，不然他们会大量出借。

迈：总结是提大的，不可能把所有的东西都提上去，我们还是一团死水，值得考虑。

兆：机构二组、一室，是否室直接属馆领导，应明确。

杰：李琳说总结不全面是好的，咱们馆有些同志有得过且过的表现，提名批评了，你说帮助不够，如我对桂贞进行帮助，他光打小算盘，阅览股的问题是领导作风和少数同志不起劲，这问题得解决。每天出纳 12 小时，礼拜日，换报等应明确。

宽：采购应帮助阅览出纳，互相帮助了解情况。馆长说阅览上重要，可是没亲自参加实际工作，深入领导，今后应改进，以取得思想统一。技术改革提的不明确，总结说阅览股重要，配比[备]党团员是否原来就当这样考虑，采编就不需要党团员吗？

策：编目上协作不够是事实，可是也互相援助，用三军无统帅不够恰当。

寿：李琳发言有些攻击性的，说馆长大小事都通过党团员那么馆长就是傀儡，你认为阅览有问题错误全怪党团员。

杰：李琳说研究问题不叫老薛，这影响不好。

柴：学宽说我没出纳是事实，我顾了这顾不了那是事实，我可不是高高在上，请考虑。

馆务会议

时间：一九五九年二月二十三日

会议内容：讨论干部下放参加体力劳动

柴：去年大战钢铁我们都表现的[得]很好，我到[倒]是没有经过风吹雨打的，青年知识分子应当要求参加体力劳动，应当实事求是，具体提出。

李：我觉得按照规定条件我符合条件，虽然过去参加过劳动，但没有级[基]层工作经验，我愿到延安。

康：我是居住在城市，没有参加过体力劳动，可参加轻的劳动，尽快地到工作岗位上去。

白：我是旧知识分子，特别是解放后屡次犯错误，又没有参加过体力劳动,应当第一批去,到那[哪]里都可。

王:我今年43岁,下去劳动没问题,修水库没问题,第一批去,到那[哪]里都可以。

崔:我今年53岁,到学校任何地方劳动都可以,有炎症,避过冬天。

蒋:我今年46岁,可以到农村一年。

郑:从小生长在城市,旧知识分子,特别需要体力劳动,这是一个很好的机会,从各方面来讲,至少下去一年劳动,到任何地方都可以。

王文进:到任何地方都可以,暖和一些的地方,一月。

李琳:我觉得应当多谈一些,1958年的大跃进,是由于干部下放,群众反映八路军来了,对群(众)鼓舞很大,58年下放是到林区、农村、厂矿,只有与群众同吃同住同劳动,才能改造我们的思想,深远意义是为过渡到共产主义打基础,几百万人参加体力劳动,影响了几亿人,我无病、体强,最好到工厂,到农村我也不反对,那[哪]一年都可以。

赵:从小上学,没有参加过体力劳动,所以进步很慢,很需要参加体力劳动,明年。

晋:虽然参加过两次体力劳动,但还不够,我要求到最艰苦的地方去。

李:我要求一年体力劳动。

石绍斌:我是在政治上犯了严重错误的人,要求最艰苦的地方去劳动,时间越长越好。

符:很好的干部都需要很好地劳动,尤其我这样一个反动透顶的人,更应当劳动,我要求参加(的)是长期体力劳动。

蒋:我是犯了错误的人,没有级[基]层工作经验,我愿意服从分配到任何地方去。

柴:干部下放这是马列主义武库里的新的财宝,朝鲜、越南,[、]民主德国都先后实行了,是1958年大跃进的重要因素。我也是旧知识分子,并没有级[基]层工作经验,体力劳动就是苦,响应了党的号召,参加体力劳动确痛快了,不参加体力劳动,就不得知道工农劳动群众之苦,就没有劳动人民的感情。城市生活比乡村确实要好一些,看下了农村,就会体会深刻的,劳动对身体有好处,学校劳动不如到乡下,结合我自己,应当下放劳动,今年事情多,明年可以去,到地方上去。

柴作梓、张学宽、朱洪康、郑维阁、陈杰、迈威、李琳、赵桂贞、戴立德、李柏寿、白鸿策。

蒋：我觉得白鸿策可以去，编目股少，一个人也能行，反正大家都要轮流劳动不可。

王：结合赵处长的报告，白鸿策可以去不可以去？应考虑政治、体力。

康：我觉得采编上很需要，去后工作〈后〉会受影响，我初步考虑李柏寿去合适。

柴：柏寿自小就劳动，先考虑没有参加过劳动的。

蒋：柏寿自小参加劳动，学宽可以考虑，再考虑编目股是否可让白鸿策离开，或者能提出其它[他]人更好。

白：在我考虑我觉得我去好一些，身体不算特别好的，但作一般劳动总能行，我向大家保证一定不给干部丢人，工作有积压，还不少，我去后，工作还会正常地作下去，当然会有些影响的，根据我的思想意见，应当提早下去改造，愈早越好。

李：大家谈我过去参加过劳动，放在后边再去，另外我考虑采编应把工作和政策结合起来谈。

李琳：关于工作我们不能不考虑，我同意柏寿的说法，会后分类初步研究两个人，李、白走了，工作还会正常进行。

柴：这次主要是培养干部，提高干部，改造干部，教育干部。

王：既然我们确定去一个，我同意白鸿策的意见。

柴：李、白提出他们去，这种态度是好的，没有长期的[地]参加过体力劳动，我个人认为第一批好，至于工作那[哪]一个去都会受影响的，就靠咱们发挥创造性。

一个月的我提个意见看大家如何。

4 月崔、王、戴；5 月郑；6 月张；7 月朱；8 月迈、李；10 月柴、康；11 月王、蒋；12 月柏寿；60 年张、王、迈；61 年柴、柏；62 年李琳、桂、陈；63 年郑、朱。

馆务会议记录

时间：一九五九年三月一日

柴：机构编制：分为采编，[、]阅览，[、]资料室。

采购小组：人员三—五，大家提议，馆长决定。

采购重点：1. 教学和科研重点参考书；2. 有关本院专业尖端科学书籍；3. 乡土文件。

少购缓购不购，古线书，[、]影印板考虑流通方便就购一部。

古典小说馆藏,二部以上者今年不购。

与专业无关者如:财务,美术,音乐,工程,军事,医药等。

新诗歌少买,外文诗非名著不买。

中学课本少买,文艺通俗读物不买,科技通读物少买。展览图片不购。

资(疑有误——编者注)版书只买一本,有影印本即不买。

除英、法、苏、日、德各文其他外文不购。

今年经费5万元,中、外文各2万5千。

图书统一使用,各系填写采购单只作采购参考。

书背后盖各系图章由我们统一调拨。

业务学习,每周占半天时间,学习图书馆工作,理论,各种知识,分为两天。

图书馆委员会,党一人,教五人,学生二人,馆二人。教师五人即是我馆顾问。

主张少开架,自借不自还,保持登录簿子。馆内定期反映情况院刊有专栏。

1. 加强统计,购书分别统计,出纳人次,定人定量。

议定清理积压计划,利用外力。

资料室陈杰担任,采编由柴兼,洪康代理副组长。阅览薛愈。

资料室:陈、迈、蒋、崔。

采编:琳、兆、阁、鹏、朱、符、兰、策、文进、绍斌半天。

阅览:蒋、宽、寿、贞、晋、绍斌半天。

2. 加强采购小组,严格经费开支。

3. 简化编目手续图书五日与群众见面。

4. 加强资工作,卡片及时排到。

馆藏善本书目,新书目录,明清集子。科技资料,革命史料。

5. 扩大馆际借书,互通有无。

6. 建立业务学习制度,礼拜二、四上午8—10时。

7. 加强定人定时定质定量,自报公议。

8. 加强统计报表工作,经费,出纳。

9. 开展爱护图书运动,开学即开始。

10. 准备新馆设备及迁移工作。

薛愈:歌本还要多卖,流通很快,乡土志要购,对现存本〈杂〉杂[志]要收集在一块。

李琳：绍斌在两地方工作不好，应酌情分配在一个部门，晋如祥在编目上熟悉，不宜调动。

现在人事调动，应分组讨论。

迈威：资料室需要强壮的，石绍斌熟悉，蒋先生体力差。

柴作梓：教师借书二册，职员十册，工友五本。

采购小组由〈：〉柴、薛、淋、寿、杰组成。业务学习小组由〈：〉柴、杰、淋（组成）。

本学期开，图书馆学的基本东西，文史基础知识。

采编组分工会议

时间：一九五九年三月二日

李琳：担任采购，会计，事务。

李树兰：发中外文及打口袋片。

康一鹏：文书、档案、□□、验收。

王和兆：分类每天五十—六十种（包括查重）。

分类一个人每天 75 种（包括查重）。

制版一个人。印一个人。写号、贴号一个人。排片一个人。

郑维阁—装俄文版，印中外文。

白鸿策—制中西版，写号。

符巨珊—排片，改错，统计，送书。

王和兆—分中外文。

王文进—贴号。

戴立德—帮俄文分类。

石绍斌—机动。

馆 务 会 议

时间：一九五九年三月三日，晚

会议内容：关于下放劳动问题讨论

柴：干部下放劳动五年必须轮完，即 59—63 年，今年必须去五分之一，即两个人，参加一个月劳动的，三月份必须去八分之一，即二个人。

兆：我是60年，把我提前一年。

杰：没长期参加过劳(动)的都要下放一年，别提过去很少参加劳动的，和出身有问题的。

寿：不宜顺延，根据政策，我考虑李琳下去较好。

策：我出身地主，在城市住多年了，劳动少宜下去，另一个李琳较合适。

薛：为了照顾工作，今年采购任务较少李琳宜下去。

兆：大家提李琳我同意，再提一个郑维阁，没参加炼铁，出身城市，从未劳动宜下去。

迈：如果不影响工作，我同意李琳去，郑维阁可明年下去。

进：老戴年轻知识分子，出身城市宜下去。

杰：老戴有课，李琳下去可以，老郑应排在前边。

康：按老郑的进步情况宜下去，因函授应缓。

珍：李琳宜下去。

琳：大家提我下去，我没意见，我担任采购考虑到工作没自报，其实也可离开。

郑：早下去劳动好，关节炎不必考虑，函授下去可休学一年。

薛：老李下去好。

大家公议李琳先下去，60年桂贞、维阁、戴；61年迈、兆；62年柴、宽；63年朱、陈。

一个月劳动：3月文进、崔；4月郑、寿；5月康、学宽；6月洪康、薛；7月迈、柴；8月戴、和兆。

馆务会议

时间：一九五九年三月六日，早

会议内容：关于破除政治案件讨论

迈：这是个大政治案件，不是一个人搞的，是有组织的，不然他(既)了解山西，又了解贵州、浙江等地方，写八千字之长文章需要时间，只查出腾[誊]写的人就有办法，肯定是太原市搞的，知识分子不多又有许多进步的，也不太难查，我住的临[邻]近厕所有画的国民党旗，希特勒旗，门上画的八一军旗及苏联旗，这也是政治案件。

马主任：上边盖的大公章。

陈杰：肯定不是一个人搞，看那[哪]些人肯来往。

策：上边的字迹真，云字下撇往上挑，可能是一次写的，公章肥皂是临时的，看谁会刻，为啥给三个报寄。

学宽：查笔是一方面，另外要查文字的口气，再查看过去对蒋介石怎不满意，平常说话的口气，他了解贵州等地应查经历，7 号发信看谁进城去了，考虑某人，再看等周围联系，从文学上可以看出他是学文还是学史的。

柴：肯定是太原发的，给外地发，而不给《山西日报》发，怕当时发现马上查对，发信于春节前夕，这就说明我们越愉快他们越毒剌[辣]，他只能用文字诽谤我们，武力不行，一个人的可能性比较大，也许是有别的人。至于太原市工学院这不能肯定是否是工学院，字迹不假，全党校公安大家搞公安，大家动脑筋，大家可以怀疑，自己也可以让大家怀疑，怀疑过去情况，现在情况，语气，措词，不会文言写不成，既写成也不通。

迈：我认为不是一个人搞的，是有个反动政治组织，查的面不会太宽，太原市有多少知识分子，又会文言，大家都怀疑很对，从馆从院，从文化、思想考虑。

薛：字体，一撇往下偏，发信时间，大家怀疑。

琳：破案范围确定太原，民盟是代表知识分子的组织，反右是民盟头了[子]犯了错误，上边举的两个例子是我们报刊上的，他歪曲了，还是他从书信往来得知，还是自己去过。

兆：肯定是太原人，可能是一个人写的，文件里对笔记[迹]一致，人多了另[易]发现，从一个人着想，可能是年(纪)大的，对文言有研究的，笔迹，对南方了解的，邮电局寄发处谁值班，看是男是女。

康：虽是懂古文，但不大通，不是年纪太大的，不然(笔)力没那么足，可能是搞教育的人，是搞文学的，当从小范围对笔迹然后扩大。

进：文言用的有些不大通，字有些软，字迹比较解决问题，或者去过贵州，有联系，从往来考察，同时寄三份，邮局有负责人，应追查。

蒋：文章长，字迹不装，文字半通半不通，只有解放后没呼吸过一些新鲜空气的人才能写出这文章。从笔迹从思想，八千字很长。

柴：大家分岐[歧]不大，下一步如何搞，大家怀疑，是不是本单位都得作交待。提线索。

马主任：单人和组织都有可能，过去给省委去了一封信，公布后，又去了一封，说谢谢你们把前信与大家见面了，以后打交道的问题多哩。是别人要检举是自己要自首，自首是小问题。谁领导这个事情，大家都行动起来。

馆务会议

时间：一九五九年三月十八日

会议内容：整风总结及干部鉴定

柴：为了照顾同学借书，上午整风，另外党委指示，先让下放劳动的问题要提意见，19号前检查完，今天上午学文件向党委提意见，晚上李琳检查，李昨晚提出要回家一趟，明天晚上去写检查，后天上午后两个钟头王先生检查，晚上崔先生检查，21号晚上不检查，不计划分组，看大家各有什么意见。

迈威：向院党委提意见时间太长，因为咱们了解的少，检查的人又多。

柴：咱们还缩补了时间，看宋馆长，看情况吧，如大家没有了意见，初步安排就是这样。

读1958年干部鉴定工作计划，七[八]届四中全会文件。

迈威：不了解领导上的具体情况，不好提，正如大□大办说，即使有5%的正确性都应当接受，夸大了不易接受，缩小了对同志没有好处，有的同志别人提意见他马上一解释，表示不愿接受，自己认为不对，小组认为对，应当填在鉴定表内。

柴：鉴定就是在这一历史时期的总结，自己不能正确地认识自己，同志们的帮助就明确了，鉴定思想就紧张了，有的毫不在乎，这次鉴定不是基础论定，无所为就是最大的缺点，不重视是要不得的，态度应当摆正，同志提意见都是以爱护自己出发，不接受，展开争论，最后不行，自己保证，提出来比不提出来好，要快，就得首先准备好，简单扼要，整风是件好事情，大家应该严肃认真。

陈：写检查不要受表的限制，好几年了没有鉴定，这次应很好地检查，缺点多了，应改变自己的作风，优点多应发挥，被批评的人应当虚心接受别人的意见。

柴：对党委有什么意见应大胆提出来，不提就是责任心不强，党委和我们是政治关系。

王和兆：经过1958年的全民炼钢，全民整风，鉴定是很必要的，院领导深入下层少，甚至我没有看到过，有的当炊事员，亲身参加下层在外边很盛行，在我们这里没有，如我们图书馆经常图书编不出来，领导应来看一看，帮助解决问题，那[哪]里人多，那[哪]里人少，应互相调动，领导应对实际情况有所了解，不然就不能很好地解决自己，好几位领导应分工，具体负责。

迈：学校的教学问题，抓教学，也应抓行政，了解各个单位〈的〉以什么为主，工作效率慢，还是不团结，这样作有好处。

李柏寿：鉴定是照照镜子，看看自己怎么样，给别人提意见，应抱着于人为善的态度，互相不要顶牛。党委作事有些托[拖]拉，图书馆要求派一位党员领导干部，至现在一直派不来，膳食科、业务科都派了。

迈：我觉得领导上对图书馆不够重视，图书搞不好，就搞不好科学研究，可能对图书馆的作用认识不清，科里都能派，自己就不行，催一催领导，赶快派一个领导干部，并说明图书馆的重要性，当一抓教学，二图书馆，三是业务科、膳食科。

王和兆：这个意见很好，我完全同意，我觉得领导上就没有抓过，现在馆长是兼职，经常不到馆里来，要充实教学内容，必须重视图书馆，事实上过去，抓了庶务科、基建科、膳食科，现在应当抓图书馆了，对图书馆管的不够紧，究竟现在问题在什么地方，应深入了解一下。

朱：普遍性的政治活动不及时，如积极打麻雀，普[经]过这次鉴定重要在于自己能正确地认识自己，害怕给自己历史上填[添]一条不好的意见，这是不对的。

晋：好好检查自己，虚心接受同志们的意见，特别是自己是人民的罪人。领导确实应该抓图书馆工作，这里很重要，人力配备上好象[像]少一些，培养干部，进修，适当掌握。

蒋：这次鉴定是个好事。领导对文字改革不重视，校牌方面的繁体字。

柴作梓：大家没意见了，应回忆当时精神，党委抓是当抓生活抓作风怎么样，正确估计每个同志的优点和缺点，鉴定一念就知道是谁，不认真，冷了场，就不好了，说到要作到，不提意见，就是不认真，不负责任(的)态度，政治责任心不强，作不到这一点就展开批评。

干部正式鉴定右派不参加，右派鉴定干部参加。

鉴定会议

时间：一九五九年三月十七日，晚

柴：今天下午咱们这个支部开了个会，小组长由大家选两个今晚李琳谈，自己检查写出草稿大家提意见然后写成材料。

李琳：时间仓促未准备好，谈的比较零乱。

在反右时候自己有糊涂思想，对一些问题认识有错，双反运动对自己帮助很大，自己原任教员，担任采购后对自己要求不严，别人提意见还不高兴，从双反运动统计浪费一万多元，给国家造成浪费，大家帮助后对自己教育很大，后来处理问题谨慎多了，不清楚问先生。大战钢铁初就准备从劳动中改造自己，不论干啥，在煤窑上很警[惊]险，自己思想也有斗争，最后把工作做好了，深刻体会到了走群众践[路]线，遇事和群众商量，煤炭就能采的多。方针界线认识不够明确，如买书不够注意。主观性强，急躁，与同志关系不够好。这次上山要通过劳动改造自己，与劳动人民同吃同住同劳动，改造旧作风。1. 作好移交工作，让接替人不感困难；2. 山上工作困难较多，自己是本馆第一个上山的，要打响第一炮，服从党委领导，老老实实工作。今年没有准备下放，大家提出来没争先报名，决定后作了思想准备。

柏寿：首先自己要准备好，老李热情，工作上有魄力有办法，会采煤取柱子。责任心不强，经常为卖主说话，脾气不好，爱吵，山上与大队部干部吵，与老乡吵。

康：琳优点：上山后肯钻研，有办法，吵的少了。现在肯动心眼要手腕，个人英雄主义要出人头地，给卖主吹虚[嘘]。

道：检讨不够深刻，连主要毛病都没有说出来。1. 工作积极热情，热心公益，卖票，但想出人头地，爱管嫌事，如管工友等。责任心不强，大手大脚，有好转，但还不够，应继续改进。思想方法有问题爱走极端。对别(人)提意见勇敢胆大，但对自己批评很差，性情暴燥[躁]，吵过不记仇，爱面子知错不认错。

寿：李琳图书馆整改中不够积极，净提困难。

薛：李琳积极热情有办法。主观大家不让买艺术书他不接受。对双反问题想翻案，想不通。

和兆：老李胆大是优点，但心粗易出漏[娄]子。

迈：老李爱多买书，为什么？花公家钱不心痛。

陈：老李思想方法不稳定，忽左忽右，在教改中不够积极，责任心太差，花钱大手大脚。

王文进：老李对采购损害很大，骑车拉书很好，省钱，固执己见不应购的硬购。

策：双反后有改进，但很差，这次挑的书没查重，重购很大。坚持己见让别人服从自己，采购分工想干这不想干那，协作不够，如阅览股倒架子他每次都不去。

宽：老李对工作热情肯干，精心，责任心差，对国家财产不负责，买书不全。

珍：主观坚持己见，责任心不强，乱买书，双反后有转变但现在又有些不好了。

崔：细心不够，修汾河乱撞。

郑：胆大敢干，有些蛮干，主观，爱指挥人，团结不普遍，协作不好。

柴：敢想，敢说，敢干有办法，上山管煤窑有办法，有魄力。最大的缺点，政策思想不明确，干部政策，办馆问题，要依他的干，勤俭建国不够，群众关系差，要服从领导。

陈：应服从领导不应指手划[画]脚。

馆务会议

时间：一九五九年三月十九日

柴：（布置爱国卫生运动）

去年储蓄得了两杆红旗，今年22（万）—25万，平均每人两个月的工资，70%定期，但有人怕露富，麻烦，成立了储蓄促进委员会，评积极分子。

现在正式开咱们的会，向院党委提意见。

康：去年院党委叫大家订储蓄计划，到年终评比、检查，不能按计划执行。

李柏寿：职工业余教余，提了好多次了，也没有人管，这也是领导不重视的关系。

郑维阁：业务学习，函授，函授不重视，一学期只发了几张讲义，咱们话多走在后边，理论学习很多时间不学习，不重视图书馆，不派党员领导干部，杨院长来到图书馆的几次，也没有提出意见，今后应多和群众见面，群众关系差。

王文进：领导使用干部多，培养少，教育少，业务学习范围窄，多设多种课程，领导干部了解干部思想情况少，要了解群众，必须深入群众。

迈：统计，炼钢，都是在前面，杨书记亲自出马作用很大，好的方面今后更应加强。

文化夜校不办，有些运动多走在后边。布置而不检查。

外语大学，上课那四个小时，学费两块多分，过去不要分，现在为何要分，固而中级班仅有四人报名，我觉得学分不合适。应当办各种业余学校，抽调教师讲课。

崔：党委为什么不给图书馆党员领导干部。

薛：培养干部，馆内有条件的青年干部可派出进修。半年多书库一次没有打扫过，数学系负责，但不打扫，看不重视，就没有办法打扫。

本月领工资，函授部许主任取 120 元，打了电话，领了 60 元就行了，李海□是协办员，也不负责。

迈：储蓄，领导上抓的紧一点好一些。

许主任的储蓄事情应当给他提出来，这样对群众影响不好。

陈：很多工作我们得了红旗，□□□出现前紧后松。薄弱的部门不注意，只听汇报。不注意幼儿园，五点钟要吃饭，三点钟还没有炭。有些没有户口的人就不计划回去，领导上也不检查。

白：工会工作作的不够好，原因是党委没有很好抓，时事不注意学习。

李树兰：□是够，就是检查差一些，督促不够，党委可作试验田，党、教师、学生三结合，作为是试验，行政上也是这样，函授也无增加支援。

赵：不注重职工业余学校，别的学校条件不够，还要办，而咱们学校条件够为何不办。

朱：流动户口，户籍室也不注意，抓的很松，领导发现这种现象应及时纠正。

领导不重视业余学习，老干部应及时培养，外文要的老干部中文还认识的不多，何况学外文。

不重视图书馆，是招待所，没有地方分配，就分配到这个地方，不能说谁入行了，就分配到图书馆。

柴：工学院都成立老干部特别班。

戴：外语学习，领导上也重视，光作报告也不行，不实际行动不行。学校很乱，咱们学校好多门，谁都可以进来，门警不够严格，校徽不起作用。

李柏寿：坏人逮不住，好人添麻烦，不应这样，应改进解决。

白：□□那个门白画[天]都开，应当闩住。

柴：首先应当肯定成绩，绝对领导权肯定了。有些走在工学院后边了，有些走不[在]前边。开会时间多，深入民间少，有时到办公室也找不到。

没有党校。

上下之间还有些不通气的现象，例如当前党委研究搞些什么，大家不明确，可象[像]山西政报形式出这样东西，靠院刊也不行，工学院已有了。

学校规划怎样，咱们不了解。

培养干部及各具体措施。

理论学习不如 54 年。

这次下放作的不够满意，太仓促。

对图书馆重视不够。

领导和群众关系不够密切，领导不认识干部。

白：高级干部应有计划的[地]到各个单位了解一解[下]。树木应注意保护。

迈：卫生工作应经常搞，不应突击。家属应当组织好，搞好卫生工作，形成制度。

馆务会议

时间：一九五九年三月二十日

王文进鉴定：56 年 9 月来到本院，以前任教员，在馆内工作生疏，效率不高，经过整风有进步，在大战钢铁中自己独立坚持期刊室工作，自己有自由主义的残余〈的〉思想，表现在接受任务时不痛快，尤其是这次劳动，就考虑个人小孩问题，思想落后，接受工作不大胆，形成自卑感，自己不能拿出无产阶级的思想为人民大众的利益服务，不能与同志并肩前进。

今后措施：1. 加强马列主义学习，克服个人主义资产阶级思想，坚决听从党的教育，在劳动中改造自己。

柴：五七年整风未参加。

柏寿：在工作年迈体弱多病，在工作中表现一般还好，在工作中不大胆，对同志提意见不直爽，看问题有偏[片]面性，如说鸿策下放劳动怕耽误工作，在劳动前按[安]排小孩子不能说是个人主义。

迈：在工作中一般能尽个人能力，小孩子有病坚持工作是好的，用脑子不够，在期刊室工作嫌费力，在编目上又想多跑跑，挑拣工作。思想意识不健康，因人制宜，怕别人批评自己，如说我有个人英雄主义就怂恿我，爱卖弄自己，引用古文，爱面子，不懂装懂，虚荣心。

王和兆：来采编后现在较安心了，不挑肥拣瘦，工作上考虑困难多，今后工作应踏实些，今后应提高一步。

薛愈：王文进检查的内容来说不够系统，且有内容方面不充实。王文进有些优点当然肯定。修汾河劳动好。缺点：对人不真诚，有时自己提出对自己照顾也不好。

郑维阁：在缺点方面：对别人有意见会上不说会后乱说，事实未提出来，某如我听〈说〉过王说：某某，某某的庇护。

崔凤奇：对同志不诚恳。

康一鹏：不虚心，强调困难。

赵桂贞：对工作不看情况就说难。

迈：自夸特别厉害，不要背后乱说，今后相信党。

白鸿策：负责，认真，缺点就是看问题不能从阶级观点出发。

陈杰：旧职员作风比较严重，个人主义比较严重。

朱洪康：对个人问题考虑很周到。

柴作梓：今天的检查不够系统，过早的[地]安排小孩不能算个人主义，优点今天低下头来干这点是好。缺点不能真诚相见。

馆务会议

时间：一九五九年三月二十日，晚

崔凤岐鉴定：来了后尚未鉴定过，通过反右、双反等运动后有了些进步，自己很麻痹认为天下太平，可是〈在〉还有写反动标语、小偷等，于是认识到过去想法太天真了，对马列主义认识提高了，但遇到个人问题时个人主义就出现了，像这次调我到期刊室，我认为王先生老我也是老人脑子糊涂，怕耽误工作，我又有关节炎，考虑个人问题，思想狭隘，生活直线与同志团结不够好，在家里吵了架后思想不痛苦，想给同志们说又不好意思，自己胸怀隘小，学习抓的不够紧，接收意见不虚心。家庭出身中农，从小就是保守落后小气，在食堂里要努力工作，给图书馆争光。

寿：崔先生没把自己在58年大跃进过程中的优点谈出来，如：修汾河时干劲很大，在调工作时提困难，别人给他打通思想时，他说别给我打通思想，我不是思想问题。

迈：崔工作认真、细心，因年老，记忆力差，急燥[躁]，今后工作应注意主动，出纳不忙时应作些其他工作，思想不够开展，思想过敏肯猜疑考虑个人多。如：评粮食时嫌少，回来还要牢骚，领导招[召]开个小会时，不叫他就不高兴，以后应开朗些。

康：崔先生劳动不甘落后，下乡报名积极。好面子，有骄气，爱辩驳。

郑：崔工作踏实，不知就问，工作效率差。心胸狭小，爱面子，发现别人工作有错时，还不愿说。

和兆：崔说出了主要问题，心胸狭小，自私，疾[嫉]妒，但没说出今后的方面，爱传闲话。

杰：年老不甘落后，背土豆二十来里一天跑两次。作活细心、耐心，有时不够老练，熟悉架子不够，心胸狭小。

迈：崔工作认真，太机械。

薛：崔心胸狭小。

文进：崔检查不够好，心胸狭小，爱传闲话。

杰：崔初不愿过去，后来工作还很主动，想办法。

桂贞：崔细心认真，有始有终。爱面子，调工作时不愿过去，说是为了工作，不愿说为了个人，别人提意见爱解释。

学宽：思想不够开展。

柴：检查较乱，准备不够充分。工作认真细心，踏实，思想狭隘，政治不开扩。

馆务会议

时间：一九五九年三月二十一日

白鸿策鉴定：自 57 年整风以来通过这些运动，自己也有所进步，但也暴露了立场不稳，在家庭问题上甚至丧失立场，父亲是反革命分子对他不分敌我，帮助他在家庭存粮，犯了粮食政策。

在思想(认)识上存在个人主义，表现自己，骄傲，对人不真实，由于这些使自己思想工作等提高受到损失，同志关系不好，自己对本位工作能够积极负责，对馆内其他工作也能建议与帮(助)，但动脑筋不够。大战钢铁劳动还可以，但为劳动而劳动，注意思想改造不够，父兄是闫匪干部，自己犯了很多错误。今后要加强理论学习，树立共产主义思想，在劳动中要有意识的[地]改造自己，勤勤恳恳让自己成为一个又红又专的工人阶级的知识分子。

柴：整风结合鉴定你应写个系统材料，工院犯错误后来到我院重新作了干部，有何认识，对整风的认识，反坏斗争，及后来的思想情况，对这次处理认(识)如何，今后如何？

迈：检查不够深刻，主要问题应解决立场问题。出身于地主家庭，父兄是人民的敌人,对你的影响很大,可是你还不能迫切的[地]要求进步,在工院犯错误是资产阶级的品质,你是否叛变了本阶级,只提阶级觉悟不高,是不够明确的,对你父亲关系是何问题,粮食问题暴露后,你撒了多少慌[谎]。是品质问题,嘴上说的好,是里表不一。你工作能力等方面都很好,只要解决了立场问题就是个好干部,对处分问题认识如何,表明态度。

和兆:白受处分是一次教训,前次在工院受了处(分),我很惋惜,后来来到本校又成了同志,但这次又受到了处分,看来你看问题很尖锐,但对自己却不然,存粮被揭发后,不老实交待,经过这教育能够改造好,是大家的希望。

郑:白反五气后,工作态度有扭转,协作较好,最大的缺点,就理论不能联系实际。

文进:白工作细致,认真,积极,在挖蛹不怕葬,劳动积极,最大的希望是应叛变立场,在劳动考查中好好改造。

寿:白在劳动,除四害敢干,但暴露了不踏实。资产阶级立场很严重,改变了立场,才能少犯错误。工院犯错误,来后又存粮。

薛:昨天公布处分后自己的认识如何应表明态度,你优点不少,应改变立场。

柴:工院受处分是个阶段,现在受处分又是一个阶段,上次受到教育如何,为什么来本院后还隐瞒历史和违法存粮,为什么有这么大的胆子,是个什么问题,这是立场问题是与党的关系问题,这次又是你的一个起点,看你如何改造自己,不应像过去为劳动而劳动,要注意思想意识,改造立场。

策:大家的意见很对,原来我听了郭处长的报告后要简单材料,我写的较笼统,应当系统的[地]写一下。

馆务会议

时间:一九五九年三月二十三日

陈杰鉴定:自去年一月调到图书馆,就不愿改行,愿作原来政治工作,认为自己文化低,不宜作高等学校工作,在阅览上想法不够。通过整风,跃进形势的鼓舞,逐渐认识了,不安心工作的害处,树立安心工作的思想,在大战钢铁人少时,完成日常工作,对同学借书清理了一下,进行了苦战向元旦献礼,这也是自己思想主动了。

优点:1. 工作积极认真负责,能完成工作。2. 对劳动认识正确,能够积极劳动。3. 生活艰苦朴素,能够开展批评。

缺点:1. 缺乏魄力。2. 学习抓的不紧。3. 个性较强、急燥。

今后方向:1. 加强理论及〈的〉文化学习。2. 钻研业务向同志学习。3. 积极参加劳动。

康:陈杰政治空气起来了,能够批评,能够团结群众,让人易接近,我有问题愿与他谈。有时性情急燥,不能说服,言词、脸色不好。

寿:陈杰宣传鼓动差。

薛:陈杰能够团结群众,工作较主动,开展批评起了一定作用,个性强,出纳与同学争吵。

进:杰,联系群众好,关怀同志,我孩得病借锅急燥,不等同志说完。

迈:注意说他的优缺点,主要性情急燥,夫妻之间吵架影响不好。

兆:缺点急燥与同学吵。

柴:活跃馆的政治空气,魄力不够,由此帮领导亦成问题,谦虚不宜过分。

兆:我还以为魄力够,双反能发动群众给领导提意见。

宽:态度不够好,去年□会上与迈吵,魄力不够。

杰:我确实是魄力不够,帮助领导不够,我考虑到自己没资本。

康:领导方式好,自发性的,今后对应馆的政治学习思想工作有个计划。

郑:帮助别人政治进步不够。

杰:急燥[躁],吵,影响不好。

李柏寿鉴定:58 年大跃进,自己也有收获。

政治方面:通过双反、扫五气、大战钢铁,使自己提高了思想,树立了共产主义人生观,深刻的[地]认识到要做党的驯服工具。

思想方面:1. 树立起群众观点,过去认为自己行,别人不行;2. 树立了正确的劳动态度,明确了劳动为什么,能够苦干实干;3. 学会了辩证的[地]全面看问题的方法;4. 学习了八大文件,纸老虎,对国际问题时事有了正确认识。

工作方面:过去发挥主动性差。

优(点):基本完成任务,听党的话,能开展批评。

缺(点):自我批评不够,态度生硬,修养差,说话不够注意。

今后:1. 努力学习理论,时事,作好笔记;2. 努力钻研业务,学习别人优点。

迈:劳动积极,过去关心群众不够,去年有改进,由粗心,变细心,能看出问题,不要拿自己衡量一切人,说话不注意,考虑应周密。

康：由山上回来和以前不一样了，开玩笑应看时间，有成绩应更虚心。

策：进步很快立场坚定：1. 态度不好；2. 对一般同志政治进步帮助不够，尤其对落后的不够，桂贞、学宽；3. 满不在乎。

进：文化进步快，劳动积极，关心同志，说话粗暴。

兆：性情急燥，上山初粮不够吃有情绪。

桂：劳动突出，骄傲情绪，态度不好。

薛：记忆力好，性情暴燥[躁]，对我帮助不够，看小说多，应强加政治、业务学习。

郑：聪明有天才，口头文学，对妇女以旧眼光看，自满看不起不如自己的人，帮助别人进步不够。

杰：说话不注意欠考虑，骄傲自满，应虚心向别人学习，与薛关系。（原文如此——编者注）

朱：与同志的关系，[、]劳动，[、]政治运动等方面都进步很快。不要拿自己来衡量别人。

戴：政治进步很快，文化学习迫切，开玩笑应注意地点，态度应改。

柴：58 年有显著提高，响应党的号召，政治运动在最前列，下乡劳动受到大队表扬，汾河劳模。大战钢铁，河口区先进钢铁战士，应写上。态度生硬，作风简单，庸俗，现改较好了。主观，有时不承认客观。

寿：大家提的很对，保证克服缺点，骄傲我没考虑到，值得警惕。

康一鹏检查：

思想作风，工作成绩一点没有，作风有收获，主观愿意忠于党，响应号召。50 年准备报名参军，同志们对我鼓舞很大，校刊表扬，我认识了党。52 年写入党申请书，学习文件，能够认清政策，立场坚定，不给本室贴大字报，魏树勋、冯玉林，参课时拉我后腿。

58 年我劳动观点不够强，上山、下乡、修汾河、大战钢铁都愿争取去，没去是终身遗憾。储蓄都买了公债，有一千多元，这次公布后，我 68 年才能还完，初不高兴，后认清了。

我自高自大见人不理，有改进。不好用脑筋，墨守成规，现想了新办法。气魄不大，态度生硬。以上缺点是因生于封建家庭。

今后学习马列主义经典著作，多看业务书籍，改进工作，努力劳动，以八项标准要求自己，争取加入光荣的行列。

策：对工作认真负责积极，是我们的榜样，采编分工能勇接收任务，对同志私事亦尽心，值班写条，不嫌麻烦。

寿：不依老卖老，在运动和工作中都是争先恐后、任劳任怨，关心同志，工作耐心负责，有些急燥[躁]，唯命是从。

迈：思想比较进步，表现在各项运动中，工作积极踏实。同志之间不能真诚的[地]打成一片，过于客气，思想不见面。

杰：工作积极肯干，劳动好，不叫苦，思想上有干劲，对人过于客气，多给同志交谈解决糊涂思想。

兆：不负[服]老，对人过于客气，虚伪。

宽：他说自高自大我感觉不到，关心同志，过于客气假里假气。

馆务会议

时间：一九五九年三月二十三日，晚

李柏寿：看问题应全面些，大家认为老白应开除劳教，而他确[却]坚持工作离不开，今后应阶级关[观]点来认识。

柴：尤其不接受照顾突出，劳动和青年人一样，另外忠于党，工作认真负责，考勤制度做到的好，值得年青人学习，不能和同志们打成一片。

陈杰：今后不要客气就行了。

王文进：康先生勤勤恳恳令人钦佩，思想应开阔一点。

赵：各方面表现都很好，积极肯干，对人太客气。

郑：与年青人说话没有分别，了[平]时说话不够自然，出□事后没有听清(听)。

康：大家提出来的缺点我全愿意接受，上山替大家办事是几个人。

柴作梓鉴定：

1958年是大跃进的一年，我和要求进步的同志一样，由于受资的意识严重，缺点还严重的存在着，今年来，大事[是]大非明确，立场、观点明确，认为要个单位工作要作好，在于政治挂帅，就是不敢干，但有自卑感，井岗[冈]山且没有自己一滴血，业务还行，政治上不行，自己历史上又有污点，把依靠上级变成依赖，左请示，右请示，左顾右盼，随大流，思想上存在着不求有功，但求无过，给工作带来了很多损失。工作改进不大，墨守旧[成]规，个别同志工作态度不正常，就事论事，迁就，有时苦恼、难受，认为是威信问题，自己不行，别人给自己提意见，不能很好接受，认为也是威信问题，很少考虑领导干部应具有什么风度，什么责任,只有强加思想领导,除非领导上派坚强的领导干部不可,患得患失。

从去年受到教育,有所提高,特别是上山,看到红旗连面,优点很多,政治挂帅,工作方法,党要给群众的,通过他就所给了群众,只要自己的水平符合了党的政策〈的〉要求就能作思想工作。

政治自卑感作为警惕是可以,现在已把思想工作放在日程上了,当然,大胆还不行,这是思想觉悟水平问题。

日常工作中能以普通劳动者出现,参加劳动,感情上也能接受,很自然,很愉快地参加,只能量力而为。

培养干部,同学除政治热情而外,还没有技术,单枪匹马,只顾自己,不管大家,业务上有自满情绪,不虚心学习先进经验,向领导上要干部,不培养,从去年才批判了这种思想,开始有所扭转,学习先进经验,工作效率有所提高,有计划地培养干部初步建立,有个安排。

现在怕困难、麻烦、坚持不下来,怕大家兴趣怎么样,不过大家热烈有要[要求],我应警惕,否则,恐怕出问题,我要下这个决心。

工作负责认真,生活作风能打成一片,学习还要努力,能虚心向进步者学习。

缺乏思想纪律,思想狭隘,批评与自我批评不够。

加强学习,尤极[其]是理论,有计划地培养干部,深入群众,活跃馆内□□空气。

康:业务太原市第一,思想扭转很快。胆子放的不大。

李柏寿:他说的符合实际情况,馆内工作有所改变。

大跃进中,缩手缩脚的,思想工作不能采取灵活的办法,没有鼓动落后同志,大闹钢铁表示不□□,抓思想,抓学习少,了解每一个人的情况。

对老白也有些不够的地方,过去是同学,历史情况大部分知道,来到这里很信任,好像有一定的才干,这是丧失警惕。

迈:总的来讲,这二年来进步很大,比较关心同志,自卑感非常害人,当然不大胆,深[生]怕犯错误,对李琳放纵不管,李琳常不参加开会,从个人考虑过多,不要背历史包袱,只要觉悟提高了,大胆地干就行。

我也觉得对待老白有问题,重要的非常利害,重才不重德,忽略了德,反右一直叫老白作记录,宣布叫老白念记录。

王和兆:能力有,魄力差,胆子不够大,发动群(众)左顾右盼,书本上没有的,没有请示过领导的,不敢大胆地干,怕犯错误。只要真正为了工作,犯错误也不要紧，要紧的是要把工作贯彻到工作中去，气量狭小，有提高，态度有时候人下不了台，不容易使人接近。

郑：思想领导不强，心眼小，深入群众不够，事务主义，制度订的合式不合式，人力调配的[得]怎么样，培养干部缺乏计划性，听别人意见不够虚心，表现主观以自己的思想代替别人的思想。

朱：这二年确实进行很快，以前不敢给同志们讲，旧意识，不求有功，但求无过，首先应考虑党的事业，应有坚定的信心。

陈：经过整风，进步确实很快，教改时群众提了意见，能接受，对白鸿策的问题认识一下，了解白，向领导汇报的少，整风时，老郑和老白之间有矛盾，从老郑反映出，白以为自己以前在工学院任过出纳股长，老柴重用老白，甚至于有偏听偏信的现象，这实在危险。

现在中心思想是不求有功，但求无过，这是消极的。历史上有些污点，只要能很好认识。

王和兆：老柴重才不重德，外表看来很精干的人认为有出息，踏实肯干的认为没本事，以前就认为儿子打架不吃亏才有出息，现在不说了，对老白的问题应认清，认不清就容易上档[当]。

李柏寿：我传达老戴的意见，与群众打成一片差，工作上不大胆，不敢大胆创新，有人提出，也不支持。

王文进：服从党的领导，接受党的教育，老柴很注意，因而执行政策很正确，提抓重用青年同志，依靠党团，工作抓的很紧，思想抓的很少。

薛愈：在过去阅览股确实人少，配备人数马上要数字，别人都不干了，只有我干，我有怨气就在这里。

赵：能和大家共同劳动。有时主观，人家向白提意见，他不同意。不注意创新。

李柏寿：对白确实有些庇护。

朱洪康：老认为自己是留用人员，这是不对的。到老白确实应该认识，对人应有正确的认识。

迈：污点已经成了污点，这是事实，主要是改。历史事实看现在，社会关系看本人，老柴也是这样讲，可是对自己就不能正确认识了，高岗也曾有功劳。

陈：历史是社会问题，自己也应负责，只要彻底交待就行了，对政治问题特别小心。整风后还深入，比过去强了。

柴：政治自卑感还不是那么重，只觉自己不行，不和别人要求入党就飘飘然，那个民主党派都要求我参加，我都拒绝。

我的同学有当地委书记的，鼓励我，但总觉得自己不行，政治上自卑感只作为警惕自己。

老白问题，我没有正确地体会了领导的意图，过程就不说了，重用，我也不敢，只体会变消极因素为积极因素。

陈：当然，不是给人家作报告，帮助馆内人员就行了，看见有时很为难的。

柴：有时就要□，解决不了，也不汇报，自己就定了。

李柏寿：这也不对，环节干部就要起桥梁作用，该怎么样就怎么样，随时随地了解每个人的思想情况。

迈：拍桌的事情，我认为考虑没有主见，有时听李琳的话，我不同意，对李琳也有意见，我很生气，向李琳拍桌。

朱洪康鉴定：

在大跃进中自己有所提高。

扫五气，检查了暮气和保守思想，教育了自己，工作上要大胆。

通过劳动改造了自己，大战钢铁是中外古今未有的事，劳动锻炼初步有所成就，树立了劳动观点，群众观点。

工作是不够安心，没有树立专业思想，不是学不懂而是不学，当然有机会深造是好的，学习政治理论较差，政治修养差，和同学、同志吵，工作踏实，一般能完成任务，劳动积极。

政治上进步，争取入党，定期检查自己，作好采购工作。

迈：我同意洪康的检查，一贯检查不是生气勃勃，现在较好，但还不够，自己觉得不趁[称]心，就脸红脖子粗和别人吵。

李柏寿：工作踏实，在山上思想明确，能克服一切困难，取得大队部先进钢铁战士。

斗争性较弱，但遇到自己的利益就与人吵，别人征求他的意见他就问你应当怎么样办。

薛愈：工作踏实，稀里糊涂没神气，58 年有转变，批评跟自我批评不够。

康：58 年前不安心，58 年就很踏实，尤其是钢铁战士模范，这是很大的进步，少年老成。

王和兆：叫干什么就干什么，处同志很不错，客气不算严重。

王文进：态度文雅，很能帮助同志，工作上埋头苦干，不安心，计划考学校。

陈杰：工作上能和人和[合]得来，斗争不强，批评和自我批评不够，劳动方面是强，政治理论要加强学习。

郑：劳动好，工作态度踏实，不关心馆内工作，学习不努力，工作不安心，自己全没有起到带头作用，团结群众不普遍。

赵：工作踏实，劳动突出，工作上不大胆，老是缩手缩脚，不直爽。

柴：工作上踏踏实实，对人也是踏踏实实，专业思想不巩固，住店的客人，考学校应服从领导。

朱：大家说的，今后改正。

张学宽检查：在58年的运动中考验与磨练[炼]了自己，一月去寿阳劳动不坏，与老乡同学关系好，但只是平铺直叙，叫干啥就干啥，双反，扫五气，愿意轰轰烈烈地干，自己写了大字报，帮助同志差，后来觉得没经验，信心不够。对大战钢铁认识不够，有病就觉不行，向困难低头，考虑爱人在这里，没粮票，想请假回家，正在高产周，未批准，影响不好，后来觉察到了，就极力改正，但还不够。

在工作上只能完成任务，没有提高业务水平，不安心，要求考学校，想搞啥就搞啥，看书面广。思想上能认清大事[是]大非，五六年前不明确，反右后立场观点清楚了，政治进步慢。

今后克服以上缺点，大踏步向红专并进，培养对图书馆、党的爱好。

迈：长处能钻研，想办法，面太宽。去年上山向困难低头，通讯员没有作好工作，劳动不起劲。后来有转变，不够很好，申请福利补助，考虑个人多。

寿：反五气等运动表现好，看问题尖锐，能想办法，脾气很厉害，出纳与同学吵，联系群众差。

迈：对同学态度不好。

杰：考虑集体与个人利益时个人利益占□风，如上山、福利费。

康：能钻研创造，未被采用恢心，扫五气时负责任。

郑：政治运动表现好，工作上不够踏实，想考学校，福利等同意以上意见。

薛：工作不细致，对福利有意见，应考虑个人与集体利益。

柴：能钻研，有创造，听桂贞说我不支持你，看那[哪]些不到请提出来。个人与集体利益应警惕。年青看问题简单。

学宽：大家提的很对，处理个人与集体利益有问题今后力求改正。发明创造自己有时厌烦，知道图书馆没经费，我感觉我不粗心。

馆 务 会 议

时间：一九五九年三月二十四日，晚

通过李琳鉴定：去年

赵桂贞鉴定：来校几年来思想有所提高但不够，通过58年各项运动，有所进步。

自己是青年要求入团，没有向组织靠拢，在运动中没想到代[带]头，认为自己不行，现在对工作较安心能完成任务，业务学习差，工作主动性不够。对劳动有明确认识，下乡拾粪不嫌脏，要求自己不严格，认为自己没劳动过。扫五气大家给我贴大字报，同学提意见，现吵的[得]慢了，自己进步很慢，今后要急起直追，1. 今后加强理论时事学习，提高觉悟；2. 加强业务学习；3. 严格要求自己鼓起干劲；4. 征求大家的意见。

寿：自己明知道不合党的要求，为啥不要求进步，既然劳动观点明确，为何不好好劳动，通过去年各项运动改进很少。每次检查都说别人觉着你不行，只要你努力，别人还能看不见，今天同学要还书，你在外边聊闲话。

迈：有进步很不快，家庭出身爱逸恶劳，小聪明。

寿：工院图书馆女同志能扭成一股劲，咱院巧姑娘下厨房没你们。

康：聪明，工作又快，进步很慢，学习不怎么样。

薛：进步慢，懒。

杰：政治思想不开展，不要求进步，缺点[少]一个干部应有的责任感，怕干的工作多了。

通过李琳鉴定：

迈：对鉴定不够认真，走向极端不左就右。

寿：今后方向不明确。

柴：对鉴定认识不够，应肯定成绩。

给桂贞提意见：

柴：应解决工作态度问题，懒、慢、娇，整风后改进不大，帮助你时不是顶回来，就是哭。家庭环境影响，同志帮助你不够，没碰过钉子。

兆：主要问题是懒，是否认为家庭有办法，干不干都可以。

馆务会议

时间：一九五九年三月二十五日，上午

郑：聪明能干，但没有用到正确的地方，认识不够，学习不努力，工作从现状看，皮皮草草的。

陈：每遇到运动，很平常就不一样了，表现的[得]比平常好一些，过去就不了，好像对运动有了经验，这犯傻，不能展开批评，很少提出意见。

李柏寿：下放劳动排队，也不发言，不表示态度。

薛愈：上山值班，表现不正常，有时好，有时坏。

朱：检查不一定好，对劳动认识并不明确，工作不负责，不爱护公共财物。

陈：工作上不帮助同志。

李柏寿：年青人谁也觉得头疼，写黑板报不写，人家说图书馆派来一个监工的。

王和兆：应很好回忆一下扫五气大家给你提的意见。

迈：思想、劳动同时并进，争取劳动锻炼。

朱：对别人意见不理，不知道难过。

陈：集体名誉应当爱护。

柴：懒，普遍感觉，经常的，右派也提，大家给你提意见是爱护你。

郑：干劲不大，认为图书馆工作没有啥。

赵：大家提的意见，对我帮助很大，今后一定要改，出现一个新的局面，和北大的借书手续确实不知道，黑板字确实没有写过。

迈威鉴定：

我觉得谈这是有好处，我准备从鸣放时开始。

大鸣大放时，对肃反有情绪，因而说了一些丧失立场的话，在反右中逐步地认识了，因而积极地参加了反右斗争，反右对我提高最大，根据自己本来的阶级情况，应当对党忠诚，涉及〈到〉自己的利益的时候就不行了，对级[基]层党、党员就不行了，反右是思想的转折点，双反、五反是积极的，有劳动习惯，对劳动认识不足，在劳动过程中，才认识了，修汾河、下乡、大闹钢铁，思想认识了，劲火就大一些，走群众路线，协作，阶级友爱，都有体会，有所增长，屡次被连部宣布为积极分子，作为红旗连战士，深[生]怕给红旗连丢脸。

主动要求党考验自己，申请派艰难的工作。

总之，在58年思想有所提高。

优点：工作努力、踏实，想办法改进工作，对劳动认识较正较积极，听从党的领导学习时事。

缺点：工作上墨守成规，改进不大，放弃了政治、理论业务和文化的学习，性情急躁，沉不住气，修养差，在我来说是突出的，因而和同志们争吵，影响了团结，看问题主观，理论脱离实际，责己宽、责人严，坚持己见，不虚心，不能和同志们打成一片，主要对同志不关心，形成了脱离群众，尤其是思想作风方面严重，主观不虚心。

努力方向：积极争取党对自己的帮助，主动和同志们多接近，争取同志们帮助，坚定工人阶级立场，早日加入党，作一个共产主义战士，努力学习。

李柏寿：基本上同意他的，初期解放觉得自己很受委屈，经过大闹钢铁再不喊叫了，工作安心，不服老，努力很好，敢干、敢想，又□放□□，平时生活很活跃，有时瞎胡闹，放空炮，大家有意见并不是有成见，指手画脚。

王和兆：工作、劳动肯干，责己宽、责人严，接受意见不虚心，初来夸夸其谈，现在提高了，好指手画脚，使人看见刺眼。

康：干劲很大，工作踏实，态度也较好了，但业务钻研不够，还有夸夸其谈的现象。

王文进：大胆、精干，个人英雄主义，有时分析问题不够全面。

蒋：领导在了就好，不在了就不好，使人看见刺眼，靠近领导是对的，过了就不好了。

郑：工作踏实努力，想办法，接受意见不虚心，夸夸其谈。

桂：理论脱离实际，说工学院好，自己工作不愿改进。

学宽：工作踏实，爱护国家财产，自以为自己很好。

薛：业务不熟，有进步日报，他说没有。

柴：进步很快，54年来时，学校党政领导看不起，现在好的多了，劳动好，大战钢铁、修汾河，爱教训人，工作积极踏实，钻研业务不够，墨守成规，学习上有华而不实。

杰：个人英雄主义，坐的工作[的]作的多，了解家底不够，不敢飘飘然然应警惕。

迈：大家谈的正是我的毛病。

给王文进提意见。

寿：劳动好，有宣扬。

杰：不完全代[带]病工作，不是自动加班。

迈：应实事求是，修汾河提水，背土豆要牢骚。

柴：劳动观点不能说够。

王文进：我两次小便痛，后一次带病工作。

戴立德检查：

政治思想方面：去年经过双反，扫五气，大战钢铁等一系列的运动，有所进步，自己以前只专不红，要求进步不迫切，向组织考进[靠近]不够，对调动工作有情绪，工作不够积极，只能完成任务，不想办法，劳动方面自己体力差，我对劳动有认识，劳动完了就休，这种认识不对。

优点：能完成党交给的任务，给系里代课。

缺点：要求进步差，不能开展批评与自我批评，不能想办法改进工作。

今后方向：加强理论学习，定期向党组织谈自己的思想，向红迈进。

宽：工作踏实，进步慢，是人生观问题，劳动不够积极。

寿：工作上表现沉闷，开会发言少，劳动较差。

康：工作负责，少年老成。

郑：能够踏实工作，劳动不错，批评不够，工作不完全熟悉，有粗枝大叶现象。

兆：工作上和同志关系上不错，工农感情差，劳动不冲刺。

薛：他说不能与坏人坏事作斗争。

迈：缺点冲刺精神，批评差，应注意劳动锻炼。

寿：和大家生活不在一起。

康：行动有少爷派头，骄傲味。

杰：工作在这里，思想不在这里，表丢了寻找不认真。

柴：只专不红，图书馆工作不安心。

馆务会议

时间：一九五九年三月二十六日，早

王和兆检查：

思想收获：1. 能为群众做件好事是自己最愉快的；2. 能响应党的号召是最光荣的，我要求上山坚决，是为了休息脑筋，政治意义不明确，经过大家的影响和领导教育,认识逐渐明确了,钢铁用处很大;3. 我们越胜利敌我斗争越尖锐。

工作方面:过去粗枝大叶,现在书卡片不够,不送库减少错误,自己水平差,分类有时不够正确。工作呆板,慢。

优点能□受,不偷懒,请假迟到没。

团结不够亲热。

今后计划:努力学习理论,响应党的号召参加实际锻炼,改造自己,注意业务学习。开始学习中国文学史。关心事时[时事]学习。

社会关系:舅父管制三年,内弟被逮捕,管制七年,舅五十多岁,阳曲中学毕业,在小校[学]当教员,给日伪当过小教,闫[阎]伪县府工作过,当过军需(在太原)。内弟三十来岁,高小毕业,受过日寇警官学校训,当过介休警察向训官,54 年来过我家一次,他说他交待过他的事情,打死过我们一个干部。

寿:通过大战钢铁有很大提高,不负[服]老,能够坚持苦干,认识有些不明确为了出出汗,空闲时间修坡,工作上耐心,看问题不够明确。

迈:有啥说啥,敢于暴露思想,关心政治不够臭[嗅]觉不良。

杰:大战钢铁各各方面有所提高,整风时大家提了意见,改的很快,编目错儿少了,干劲大了,提意见较好了,有时看问题偏[片]面。

桂:工作上保守,有些粗枝大叶。

策:这次采编给三分工表现很好,工作不够细心。

郑:有进步,分工后不能认真执行,主观性强。

薛:山上劳动很积极,回来后精神饱满,工作好了编目有错,注意不够。

柴:去年整风他悲观厌世,上山回来后变了,原认为病与思想无关,现在啥都能干了,怎么能说死受,有些扩大。

寿:社会关系在于事前检举事后如实写材料。

康:以前肯吵,现在好了,应注意新鲜事物。

兆:大家说我政治不敏感是事实,加强提高觉悟,工作上主观需解放,下山后精神好了是对的,是有思想问题。

郑维阁检查:

解放后想进步不甘落后,看业务书多,有重业务轻政治现象,58 年大跃进对我有所鼓动,扫五气同志们提了我的意见,我有所改,修汾河,炼钢背土豆,学习函授知道知识不足,三八献了礼。业务上主观、团结不普遍。

优点:肯开动脑筋〈钻〉,大胆肯提意见,群众关系有改进。

缺点：我是旧知识分子，58年大跃进鼓励想在工作上有所改进，但有个人主义改进不大，双反大家向我提了意见，克服矫[骄]气，教育展览，三八献礼，提高油印技术，与同志关系，领导关系改善了，对同志帮助不够，学习抓的[得]不紧，理论。

1. 学习理时事，提高觉悟。
2. 加强业务学习学好函授与馆内学习。
3. 参加政治运动。
4. 积极参加劳动。
5. 加强同志团结。

迈：58年进步，但有些不实事求是，说鸣放目瞪口呆，不符事实，把自己作用扩大了，作目录、献礼等，矫[骄]气不一定完全克服了。

宽：工作上想办法找窍门，过去工作慢，现快了，双反时嫌不叫他，认识差，经常喊要求进步，自己不主动。

兆：流水作业，能够担当分配任务，联印很快效率提高，但中文上印不出去，应该是供不上，问题何在？是否你考虑到俄文怎样，与柴的矛盾不应该，主观，自满，有成就洋洋得意。

迈：非岗位工作的献礼，应在业余时间。

寿：工作上细心，开动脑筋想办法，应结合虚心听取别人的意见，要求进步应主动，对劳动不是争先恐后。

杰：文字上下功[工]夫多，思想接触不够，工作上开动脑筋想办法，你嫌我们帮助不够，今后应努力，多反映情况。工作改进有成绩，对别人提意见不考虑，有时不认识客观，考虑问题不全面，修汾河、背土豆，未扫清娇气，你说扫清，估计过高，下放锻炼不是争先恐后，开展批评好，要求自己应严格。

迈：拉字眼，背土豆、修汾河□时还能解决思想问题。

朱：工作还好，想些办法，自己要求进步是好的，总是要求别人帮助是不可能的，主要的还是靠自己的实际行动，及革命人生观的树立。看问题片面，自己主观和客观认识应接近于一致，对工作的改进会更大。

康：贴钱想办法，联印，不保守，别人不敢提意见，不虚心，元旦献礼作的不够。

桂：肯想办法，业务学习抓的紧，主观，不虚心接受意见，别人不易帮助。

薛：重业务轻政治，应有正确认识，元旦献礼不够积极，态度对柴不好。

策：几年来进步很大，文化、工作等，想办法多，轻政治重业务，看问题与对人表现狭隘，有改进。娇气克服提的过高，反右对自己估计过高。骄气克服究竟如何。

杰：相处同志，工作上，应使同志佩服，有些同志对你敬而远之。

兆：检查注意词藻，联系实际差，不能大胆暴露。

迈：检查是照镜子，要符合自己，有重新检查的必要。

柴：58 年在某些方面有所提高，搞展览、统计等，加夜班，开动脑筋，我记得以前一人刻一人印不过来，郑工作还迈力。修汾河、炼钢、背土豆基本上克服了骄气和娇气。恐怕别人不会认为是你，骄气和娇气严重存在。

郑：元旦献礼不是国庆，我不是说柴没权利给我提意见，而是说没权限制我给别人提意见，劳动情况大家提的对。

陈：元旦献礼干劲不大。

馆务会议

时间：一九五九年三月二十六日，晚

薛愈检查：

在六月整风，大家给我提了意见，有所提高，上山愉快接受任务并能完成，十一月调我管伙食，多变花样，让钢铁战士吃好，注意灶上的治安保卫工作，12 月返馆，大量供应科研资料，参加元旦献礼两昼夜工作，58 年各方面都有提高。但还很不够。

优点：工作负责老老实实肯干，遵守纪律。

缺点：政治不开展，怕作思想工作，政策思想不明确，工作能力差，事务主义，说话不讲究，团结不好，努力学习政治，学习时事，函授讲义，业务理论，每天学习，加强计划性开动脑筋，克服不行的口头话，学会走群众践[路]线，依靠党团员。

迈：有进步，上山炼钢不够好，脚上有鸡眼，不敢背煤，批评与自我批评不够，接受意见不虚心，〈给〉肯给他提意见的人提意见，气量狭小，政治不够开展。

寿：工作中能干，熟悉业务，上山劳动基本好，管伙食负责，有鸡眼叫收秋不愿去，说不行就是不行，别人不干的自己干，分工不明，阶级观点不明确，说右派推动了工作。

柴：缺乏提出58年，改进了那[哪]些，有那[哪]些不够。

杰：整风后工作有改进，工作上肯干，提高的不快，对人有报复现象，有怨气，上对领导，下对同志，与李柏寿的关系应搞好。

寿：考虑别人意见差，分工不行另分工。

桂：有进步，老说不行，整风后没给我谈过，喊叫分工不明确。

宽：政治上进步不感兴趣，不很好的学习，有混碗饭吃的思想或者不是，态度不好。

康：计划不强，积肥[经常]下班后还不叫走。

宽：什么工作没人做就是我的，这种说法不正确，应摆明事实，另行分工。

兆：向别人学习应有信心，现在分科出纳，易于领导，有什么怨气。

郑：工作有改进，勤勤恳恳，坐下工作，缺乏计划性，分工不够恰当，忙忙碌碌，学习上不够，元旦苦战贴签慢。

杰：是否应分清。

迈：应从整风的基础上检查，每次都吃加[夹]生饭，对自己认识不够，关心同志不够。

寿：旧意识浓厚，好像给他作工作，不愿让开会。

柴：主要解决领导与群众的关系。优点：踏踏实实，任劳任怨，不能领导大家一起干，学会走群众路线，重大问题自己要有个底子，怨气要有领导风度。

杰：的确准备了，是不够好，对人没有领导风度。

寿：与同志很难相处。

馆务会议

时间：一九五九年三月二十七日

继续给薛提意见

薛：柏寿说收秋30里叫我去，不愿去，想不起来。托[拖]拉现象注意起来了，寒假中注意处理积压工作，片排了，问题书易查。59年新问题另放一处，我帮助处理各处的问题书，乱插手插嘴，主办人不好开展工作，陈杰要上治保会说我不让去，想不起来，应警惕，对别人请假不满，同志关系应注意。

兆：主要是别人在工作上建议，你不接受固执己见，别人不提你又不高兴。

宽：分工不合适应检查自己，随意调人，按照主观意见办事。集体借书又转移到科技出纳室,不好办。

陈:叫管教材我提出意见,他经常说别人不管,都是他的事,该管的不管,不该管的要管。

柴:对人态度简单。

寿:不要不信任同志。

通过白鸿策检查:

寿:对父亲被捕,认识如何,是应该还是冤枉。

兆:过去想骑在人头上,打击别人提高自己,来了本院后初缩手缩脚,后来变得逞狂,想当股长。

迈:把过去没说的说了,还可以,缺点应写不老实,应当深刻体会党对你的宽大处理,注意骄傲自满拾[抬]头。

郑:存粮原说为防兵荒马乱,现说防天旱欠收究竟何为,有些重要缺点来提出。

宽:反动立场站的[得]稳,解放多年没揭发父兄罪恶,不老实肯说慌[谎],应向领导交待历史,重材不重德。

康:劳动好,应叛变立场,改变骄傲自大。

杰:交待问题,直至今天才说了一些过去没说的事情。

薛:在一年内实现自己诺言。

柴:比过去材料较完整说明有提高,对父亲被捕有何认识,犯错后一系列狡猾行为,胆子太大,是阶级的本能,体会党对自己的教育。

策:大家对我的阶级爱。

馆务会议

时间:一九五九年三月二十八日

通过鉴定:

柴:今天通过鉴定,今天争取闹完。

陈杰:通过。

李柏寿:通过。

朱洪康:通过。

张学宽:杰提应将敢于向坏人坏事作斗争改为向不良现象作斗争。策:应加钻研业务好,动脑筋想办法。

赵桂贞：本人不承认有怠工现象，可保留个人意见。

迈：不能说对劳动有比较深刻的认识，应改为初步政治要求进步不迫切。杰：应认识到消极怠工〈作〉的严重性。

迈威：郑：应努力学习。寿：应加指手划[画]脚，夸夸其谈。

戴立德：通过。

王和兆：通过。

郑维阁：寿：应注意上下级关心。迈：骄气和娇气应注意克服。

薛愈：寿：应加与同志要真诚相见，不宜互相猜疑。迈：认识问题从个人出发，态度不好，计划性差。杰：不能说真心话。宽：山上群众反映不好。

白鸿策：通过。

柴作梓：兆：骄傲有克服，应警惕改正。寿：今后抓群众生活没提。迈：有时没有主见，某些方面坚持己见。

馆务会议

时间：一九五九年三月三十日

李树兰鉴定：

自犯错误后，初次检查自己，58 年是总路线深入人心的一年，右派分子的我也有进步。

一、思想改造：戴帽后，顾虑党是否能够像以前一样教育我，后来党委庞书记，□、陈等，都帮助我，但在工作和思想上有错误想法，如不让值日难过，不愿听说孤立右派等话，不敢与人多来往，怕影响他人，后来有所提高，宋主任说不要认为犯错，就不敢提意见，有意见来找我谈，犯错后怕给家里人说了影响母亲情绪，宋主任指示自己要好好学习文件，有篇文章，个人历史是自己写的，自己涂白了自己的历史。在几年来，自己怪人多，责备自己少，自己也认识了改造人不容易，大家开导自己，陈杰说，遇事多考虑和过去比，和别人比，修汾(河)稍好一些，自己也未感到，靳先生到我家给我说我劳动好，自己感到党的亲切，李琳、康先生也帮助我，不让上军事操靳先生还来向我解释，很感动，自己还未主动的[地]积极的[地]改造自己，没有争取本单位领导和同志们的帮助。犯错后立志要求进步，如干部下放劳动，自己害怕是否能够坚持下去，通过下乡，修汾河顾虑打消，体会到劳动人民的生活。在大炼钢铁号召后很高兴，但说背行李爬山一百多里路，有些怕，领导不让去，未争取，背土豆后，知道能行路,今后要别人能作自己就作。

在工作上缩手缩脚,带来损害,如双反答复大字报,没人让我作我就不敢作,问宋后就作了。教育右派会上苏院长说多作,大胆作,上山后担任图书、报刊、采购,报刊期限短,各系送来未申查,有错误是对工作不负责,白天不行,晚上可作,或者请领导帮助,工作上不虚心,与康工作接触,要按自己的主观作,不能叫怎作就怎作,党和大家都帮助我,要改变立场,希望大家多加帮助。

1. 真诚听党的话,争取同志和领导帮助。

2. 学习理论,每天读报。

3. 积极参加政治运动。

4. 工作上要大胆学先进。

5. 积极劳动,锻炼自己。

6. 继续作周记。

杰:他是犯了错的人,工作上可提,应着重提立场,观点改造如何。

宽:检查有很多不够的地方,对反动思想不能深刻检查,只是从客观检查,从上而下与领导谈话,低不下架子,不愿与馆内同志多谈话,怕暴露自己,扫地也不积极。

迈:与领导谈的多,也应与老柴及其他同志谈谈,低不下架子,过去领袖欲很大。未犯错前工作上说的多,作的少,犯错后,比较踏实,但很不够,订期刊不小心款给多了,杂志未来,今后应低下架子,少说多作。

迈:检查理论多,实际少,应与同志多接近,订期刊闹错,是否故意搞错,消极抗拒,对李琳有意见背后乱说。

兆:转变不大,不能痛恨过去,关住门改错。

杰:给领导谈的多,不与馆内接近,爱面子,关门改,下决心不大,劳动一般尚可,有次捣煤有情绪。

朱:只有正视自己的错误才能踏踏实实的改造,今天谈的检查真实情况谈的[得]不多。只和领导谈,对大家的意见不征求,对自己改造是不全面的。

桂:对错误不够正视,怕说右派,要求和大家一样,如值班应与馆内同志多谈,解决问题。

晋:接触领导多,应依靠群众改造自己。

杰:工作不是踏踏实实负责,有粗枝大叶现象,有些期刊不该订的被收发室检查出来了,接受意见不虚心。

迈:59 年杂志,不该定[订]的订了,《护理》4 份,《城市建设》,《水运》,过去退了，今年又订了。

柴：犯错后愿改造有所成就，但很不够，没有放下架子，犯了政治错误应低头认错，不能与同志接近，工作上劳动上不能积极主动，有错误是过于大胆，没低架子，不请示。思想实际暴露少，劳动不够是没决心，康先生与李琳不能说是党的帮助，党没对你放弃教育，你对党如何。

符：工作上不能大胆工作，与馆领导关系不好，对自己身份认识不清，为值班，工作有错不细心。

蒋：帽子，是自己会犯错误，群众才给戴上，要自己努力，才能摘掉。

李树兰：大家是对我诚心帮助，我考虑对争取大家帮助不够，今后要向领导与同志多接进(近)。

蒋思道检查：

反右后认识到自己反党的严重性，要争取党的教育改造自己。

一、立场思想工作方面：解放后，经过革命大学学习担任政治课，由于出身，在旧社会教法律，未得改造口头上马列主义，内心是反动立场，鸣放时对党的领导权、群众路线发言攻击，由同志和党帮助得到宽大处理，通过寿阳劳动认识到劳动人民的思想感情与自己不同，需要改造。从修汾河看到党的威信和群众干劲，集体力量是伟大的。两类矛盾和人民民主专政问题，我过去以旧法观点看，现在认识到敌我矛盾要专政，内部矛盾要民主。政治挂帅，能解决为谁工作〈，〉和学习问题，三搞出钢，卫星上天都是党的领导，使我认到理论上懂得群众路线不一定会运用群众路线，应下放到下层学习经验，过去教党史死肯教条，应下放劳动，在政治教研室，当资料员不按(时)上下班，爱到才[迟到]。

现在还存在什么问题。

1. 在改造过程中，自动的[地]找同志谈不够，不敢多谈话，不敢大胆暴露自己，今后要克服，争取同志的帮助。

2. 主动性不够，有自卑感，不争取多作些工作，只按指示办了，老老实实地工作，一旦个人利益与集体利益发生冲突时，就考虑个人利益了，刻腊[蜡]版不愿刻平装，精装，态度很不好，暴露了反动实质。

3. 很少提出改进意见，没有站到主人翁的立场上。

今后努力方向：兴无灭资，及时向党汇报，争取很短时间摘掉帽，重新作人，接受同志们的批评，严格遵守劳动纪律，注意政治学习和业务学习。

柴：首先看态度对头不对头。

李柏寿：好象[像]讲政治课，少说话不对，应该说就说，为摘帽子而改造，改造目标不对。

迈：这样态度不老实，谈大道理谁也[都]知道，工作中自己好的，但过于小心，费脑子不够。

陈：前两天他就问我应从哪几方面检查，怎么样检查。今天的检查作为学习心得还是可以的，大部分讲理论，错误也谈的不深刻，检查很笑话。给赵桂贞要脾气，说"我就不愿和你说话"。不愿背土豆，认为自己背不了。

赵：有时还认识不了自己的错误，说所谓右派同志们指出，还不接受，不积极劳动。

兆：暴露问题才能批判自己，改造自己，不愿暴露是不对的。

柴：今天检查不好让人提出意见，作为馆学习心得倒好，态度不对头，没有检查自己实际。说没有政治斗争经验，你要什么经验。说所谓右派是露了马脚，那能算是敢于暴露，说些问题事[是]非不明。

杰：时间仓促，今天不够好，大家要爱惜时间，老老实实谈。

蒋：大家说空洞，是事实，我是将我过去所攻击的东西谈了一下，民主、专政，群众路线等，偏于理论。

馆务会议

时间：一九五九年三月三十日，晚

会议内容：座谈西藏叛乱

柴：过去有个教师说西藏是中国的第二个东北，美国人的压迫侵略不亚于东北，西藏有班禅、达赖、黄教，是佛教的一部分，红教是旧教，明朝永乐年间有人提倡黄教，穿黄衣，有两个徒弟，一个叫班禅，一个叫达赖，前藏日喀则，后藏拉萨，二人始终闹不到一起，另人出家叫喇嘛，班禅再生，达赖再生，班禅亲中国，达赖一去亲英，前藏无权，后藏有权，达赖权很大，解放后还合不到一块，和解后才合作了，达赖是副委员长，班禅是委员，社会军队都没有改革，西藏副司令员是中将，军费太大。

藏民认为达赖是活佛，非常迷信，咱们一再忍让，达赖比班禅反动，上层分子更反动，他们迷信太深，政策不行，根据他们的觉悟慢慢来改革，22 日已歼灭。

他们以为汗[汉]人可欺，依靠帝国主义，印度、尼泊尔，锡金，在印度还有一定势力，经过这几年党的正确的政策的实行，国际舆论对我们有利。

迈：以前西藏问题很少，现在来的[得]很突然，是劫持达赖喇嘛。

尼赫鲁已声明不干涉西藏，但也会引起波折，如果真正干涉那他们就是侵略。

这次叛乱也好，暴露了他们的反动面目，这一下就要来一个彻底改革，坏事里边有好事。

李柏寿：礼拜六晚上才听到广播，惊奇，痛恨，给我们上了一堂政治教育课，美国将大力支持，帝国主义和反动势力总是不愿死心的，我们应以实际行动彻底消灭叛军。

王和兆：党中央英明领导，正确对待少数民族，一直等待他们觉悟，仁至义尽。

康：前天晚上听见很突然，虽然叛乱分子煽动，但煽不起来，一百多万人有两万人叛乱，起不了什么作用。

解放军的力量是伟大的，很快就平了叛乱分子，这实在是我们应当钦佩的。如让我宣传，我很愿意去。

朱：这是突然的事情，也是不突然的事情，反动势力很大，这次暴露起来，可一网打尽。

蒋：少数民族六千万多，占全国面积60%。

薛：礼拜六听了广播。

馆务会议

时间：一九五九年三月三十一日

晋如祥检查：

我是反党反人民的右派分子，通过了反右整风，修水库等提高了一步。主要收获，悲观情绪有所克服看到了改造的前途，初犯错误后对反党反人民的性质认识不清，感到害怕，当时说我愿接受处分，不同意班内同学们的分析，后来看报纸邓小平、陆定一都对右派分子作了分析，同时别校也搞的[得]很凶，认识了这是本质问题，我假如在他地也定是右派，因我是有主见的并非跟着人跑，58年逐渐想通了。

接受处分后是听天由命的态度，没希望活下去就算了，后来跃进形式[势]鼓舞，稍有转变，急于改造摘掉帽子，看到了刘少奇说右派是反动派代理人，党得那是侥幸,准备长期改造。晋南回来后看到右派毕业同[学]都分配出去了,想着戴帽出去也好,上山炼铁后,觉着劳动与积极分差的远,看到五中同学给老师提意见写大字报,自己觉得当教员也不行,于是较为安心。对改造认识不足,认为只是劳动、工作,好好干就行了,没有注意到争取领导党团同志的帮助,初疑大家看不起,觉着没谈的,对一些问题不敢表明态度,又不愿说模棱两可的话。去年 200 来天劳动,能够吃苦,有时身体有问题坚持下去,单纯为了摘帽子,在工作上贪多求快,质量差,初有干快点的为表现的思想,后有转变。工作不够大胆,初到阅览害怕同学知道自己身份,不好坚持制度,后来大多数同学都听话。今后要依靠党团组织同志们的帮助,改正粗枝大叶的作风,积极响应党的号召勇于接受任务,愿意积极参加劳动,加强政治理论学习。

康:比较能把思想斗争过程说出来好,带病坚持工作,应争取主动改造少考虑长期短期,劳动好,委手委委[畏首畏尾],思想要开扩[阔]。

寿:暴露情况较真实,从抵触到想通。和同志们有戒心,劳动肯干,主观能动性差,考虑改造多,遇事不敢拿主意,今后听党的话,敞开思想。

宽:检查较合实际,工作上缺乏主人翁思想,考虑摘帽子多。

杰:工作上肯干,思想上沉重,多暴露与党团组织交谈,粗枝大叶,注意群众影响,定期检查。

郑:沉默,不和群众多交谈,工作踏实、粗心。

朱:从今天检查我听出老晋戴帽子时思想上有抵触,想不通认为自己是劳动人民出身,且经过党多年的培养,我觉得虽然如此亦应有正确的认识才会很好的[地]改造自己。

柴:今天的暴露是比较真实的,现在不够的一点就是劳动工作,思想不能三结合,实质就是缺乏主人公的思想。踏踏实实的[地]干,但不等于不提出自己的意见,党的政策,处理与教育相结合,关键就在于不能三结合,因之提高及改造不快,今后特别注意。

薛:较真实,山上带病工作,阅览上不敢拿主意。

符:有时对人不够诚恳,有时把别人的优点估计低,个人估计高,肯猜疑别人,委委[唯唯]诺诺怕负责任。

桂:老实肯干,为表现而表现,认识错误的严重性。

石:基本符合愿意改造,为表现而表现,重量而不重质,解决问题重形式而不重实际,有自高现象,应解决思想问题,对我们采取主动疏远。

杰:三结合差,思想实质挖的不够。

寿：绍斌说的是事实的话，应当引起足够注意。

晋：刚来和我不好，符接近田任，晋南水库，石对小队长殷勤，山上石、符不大好。回来后石、符好了，我与他们生活不在一起，石在山上穿棉裤，下山穿单裤。

石绍斌检查：

受反动立场和思想的支配，向党进行进攻，经过反右群众说理斗争，戴帽后留校察看处理，58年我回校没很大成绩，我全年有210多天劳动，知道劳动能创造财富，改造思想。现在认为肃反是正确的，成绩是重要的，看到党团员是党的利益得[的]捍卫者，劳动积极，人民民主专政是正确的，绝对自由是没有的，看了红书认清了革命烈士的英勇斗争，犯了错误愿改造，党是欢迎的，我急于改造，58年暑假后，树立长期改造思想，但又忽略了主动性，在劳动还较积(极)，愿改造，吃苦性不够，主人翁思想未树立，掌握思想不够，加强理论学习，争取同志帮助。

寿：有些背条文，未彻底暴露，山上不够踏实，会上很少发言。

薛：大道理谈的多，暴露不够。

康：大道理谈的多，暴露不够。聪明留露于外应警惕，学习应真正消化。

寿：崖儿讲影响不好。

宽：实际少，互相猜忌不团结。

晋：一年来愿改造，工作细致，多和大家接进[近]。对人有两面性，对迈有意见不提，对崔不满意不提，有时情绪不好认为过累。说郑爱说话，技术不交[教]他，对薛分配有情绪，过去在他班里特别厉害，对田任采取策略行动，对自己要求不严格，往家里带饭、零食，不能吃苦，劳动装蒜，理论学习不够注意。

杰：检查不够结合实际，有不在乎劲头，生活不够坚[艰]苦，往回带饭不好，什么思想支配不能吃苦。

宽：团结关系，不稳定，忽冷忽热，认识与行动不一致。

寿：淮河请小队长客，山上肯猜测。

桂：思想实际少，生活散漫，不能吃苦。

郑：思想转变过程少，劳动不能吃苦，初来馆工作踏实，修水库后差。

符：以前对石不满意，淮河不满他的表现，对人恨。山上表现较好我改变了对他的印象。说的和作的不结合，背后说人，应引起注意，自傲现象，小聪明。

柴：大道理多，思想暴露少，改造立场，思想作风。剥削阶级出身，大城市，两面性，不老实，立场问题，处处应警惕，愿意改造自己，有所提高。

石：大家提的意见很好，改了六次。

符巨珊检查：

留校考查一年多，党团帮助，大跃进鼓舞让自己有了进步。在反右会上拒绝承认错误，在压力下才被接受，自己不承认是反党，仇恨班内同学，第二次大鸣大放时，和第一次截然不同，自己也冷静了，认识了那是向党进攻，思想又产生了，认为自己原意不是向党进攻，是好心坏效果，当时报纸也对右派的动机和效果进行了批判，也批判了梁院东〈的〉说农民苦的问题，自己才逐渐认识到自己是反动立场，又说是无意识的。其实无意识，便表现了反动立场根深蹄[蒂]固，有时想到在毕业前右派教师说我成绩留助教，想到这些感到苦恼，觉得不该来这上学，意志消沉。下寿阳后，看到农民开展大辩论，大家过黄河四百斤，回来后认识到只有走社会主义道路才有前途，当时鉴定会上党团员对我有很多帮助，消沉意志一扭转就急于求长，上淮河时想利用这次机会，摘掉帽子，动机不纯，看到党的八届二中全会对右派分子分析后冷了半截，觉得改造遥遥无期，后来听到文四右派同学也分配了工作，自己又转了念头，觉得可以分配工作，没认识到改造思想是艰巨的工作，回来听宋主任说要研究我们的问题，又促[助]长了我的思想。后来认识到没让出去也好，同学给教师贴大字报很尖锐，不如改好再出去。在山上炼铁，认识到为了摘掉帽是可耻的，大家劳动很好为了社会主义，我考虑到应转变立场，为了共产主义，在57年，认识到只自己是有罪的，58年三次下乡，参加二百多天劳动，及政治运动，使自己有了收获。寿阳是我第一次与劳动人民接触，农民非常纯朴，品质优良，受到了阶级教育，他们对敌人非常仇恨，经过双反扫五气，淮河劳动，大战钢铁，对自己的罪恶认识清了，对党的英明，社会主义的优越性认识深刻了。初犯错时认为同学是疾[嫉]妒我，后来认识到他们是立场坚定，以前认为劳动下贱，他是没办法，不得已，后来才认识到劳动创造财富能改造人。在淮河劳动觉得自己是个浓[脓]包，看到同志们的集体主义精神和忘我的劳动精神，对以前那种认为人不为己天洙[诛]地灭的思想是错误的，掉丢[丢掉]一些个人主义，为摘掉帽子的思想认清了，明确了改造目标，不讨厌劳动人民了，为社会主义劳动的思想树立了。(原文如此——编者注)

缺点：1. 思想改造要求不严，争取党及同志帮助不够，没给组织汇报。2. 在工作中知道埋头干，没有注意联系思想。3. 吃苦耐劳精神差。4. 喜欢开玩笑，批评与自我批评差，正经事情说的[得]少顾虑多。5. 思想不开展。

6. 骄傲自满情绪还未改掉。

今后方向：成绩是党和同志帮助的结果，缺点是因出身立场和自己努力不够。

1. 听从党的指示和同志们的帮助。

2. 继续加强时事和政治学习并作出笔记。

3. 每两月向党作一次书面汇报，有时间的还作口头汇报。

4. 经常和同志们谈心，以便取得帮助。

5. 写心得体会（劳动学习时事政治）。

随时反省，发现自己的缺点。

柴：你们都检查过了，主要解决立场问题，你们都着重说通过运动有所改造，注意平时改造不够。

寿：去寿阳表现忽冷忽热，有少爷派头，对人不提意见，知道情况不说，表现不严肃。

迈：认识谈的比较详细，看出个人主义非常严重，嬉皮笑脸，无所谓，架子大，神气十足，上山后有改变，怕暴露思想，劳动基本不坏，但还差。

康：在总务股肯干，有架子，少爷派头，说对党有认识可是悲观厌世。

兆：工作上大战钢铁基本不错，从检查中看出个人主义严重，犯错误和个人主义分不开。

康：右派不是完全个人主义，是立场问题。

晋：检查符合情况，个人主义严重，工作劳动个人打算多，架子，派头，有些问题应继续认识，有时感到委屈，对我班反右领导人不痛快，对馆内某些人不在眼下，有些问题知道不说，世故。

石：以前情绪不好，劳动后好了，骄傲自大，有意见不提不直爽，生活要求不严格，我与他谈晋（应为接近——编者注）。

郑：只注意劳动改造，没注意到日常生活中的改造，趾高气扬，肯和馆内犯错的人接进[近]，上山后有改变，猜疑非常狭隘，别人给领导反映情况不能算是说坏话。

杰：犯错误对班内同学看不起，是有个人情绪。

树：工作上比较努力，不好接近，是否抵触情绪，世故，对老李买书看出问题不说。

寿：有时爱表现自己，对他照顾他说不信任他。

晋：世故，对石有意见说害怕，才给馆长说，做作，初犯错时倾向右派，与朱险龙、刘秉文、田德允、田任中接近,现有改变,淮河回来与蒋、树兰接近。

迈:你说寿阳一村只有一两家富农无地主,是否认为无社会基础才接近人民。

柴:由抵触悲观、颓废明确改进是这样的,认为别人忌妒他,对田德允逞狂置之不理。后来明确是自觉还是不得已的成分大。山上表现基本不错,世故,就难老实。互相说他人坏话是品质问题。

符:世故,与倾向右派。

我与朱险龙肯请教,戴帽后还恋恋不舍,自反右没到过他家,思想逐渐划清。刘秉文未划为右派我与他接近,认为他有才华,戴帽后未与他接近说话。我与田德允、任中,接近有何根据,我是明哲保身,不愿管其他事情,对晋不满就不接近。我对田接近有何事实请说明,我与任吃过一次狗肉,看了一下他作的电影剧本,过去爱赠[憎]不明,对堕落的阶级,恋恋不舍。我说乡下地主分子奄奄一息,我只有靠近人民走社会主义道路。世故圆滑下山后我不承认,我是有明哲保身,怕给人提意见,大家对我有印象我应深刻认识,晋说我们班上的几个领导干部惹不起,我已检查,说班内有些同学对我忌妒,把小事说成大事,人前交待过,明确我是反动的后对他们态度有转变。

晋:对班内同学,不是有转变。

通过康先生:

寿:不能说劳动观点不强,没参加下乡等劳动,而是大家的照顾。

杰:应说认识问题不全面,说阶级警惕性不高,太厉害。

柴:买公债就是十年还清,认识为何?

馆务会议

时间:一九五九年四月七日,晚

蒋思道二次检查:反右后自己低头认罪,愿在群众监督下进行改造。

初划为右派思想不通,认为不想推翻党,只要我不说反党之话就行了,在政治组作资料工作,不负责任,在家看理论书,有种幻想认为或者党还会让我教书,寿阳劳动我去了,自己犯了错误应去,但怕吃苦,在太平乡鉴定还说我好,自己认为我能经起考验,或者可能摘掉帽子。从文件看到要整顿政治教师队伍,自己是右派不可能担任,此后才严肃的[地]考虑问题,自己为什么要说反动言论,出身不好,想走资道路,这种影响很恶劣,不仅作不了政治教师,连干部资格都不够，给家里人带来丑恶的影响，害怕处分，害怕再犯错误，右派是人民的敌人，得规矩否则取缔，处分后，党很照顾我，挽救自己，要好好工作报答党。来图书馆时，周书记作了指示，要多责备自己，在一年来学得了一些技术，效率不高，和同志们接触少，不能暴露思想，怕犯错误，听到了关地山事件发生后，说有个嫌疑分子是右派，进行反坏运动，破案等时自己考虑别人如何看待自己，在资料里，把外边不能借的书借出去了，自己着急，怕自己错误，没有和大家一道改进工作，争取领导与党团帮助不够。

今后：1. 定期向领导、党团汇报思想。2. 要大胆暴露思想，争取大家的帮助。3. 严守纪律，作好工作。4. 注意政治与业务学习。

康：很胆怯，害怕再犯错，这不正常，不是言论问题而是立场问题，只考虑怕，不考虑如何改造。

寿：比上次较好，你说一时失足千古恨，这不是一时失足而是阶级问题，小心翼翼，怕犯错误。

迈：对犯错，无正确认识，这样无法进行改造，出身不好，旧教授是为反动阶级服务，应当对比过去和〈在〉现在的人民生活如何？要老老实实的[地]改正错误，不应有过多的顾虑。

贞：对犯错无正确认识，处分前的思想暴露多，处分后的思想暴露少，不承(认)错误，如会上说“所谓右派”等话，还争辩，你说小心翼翼，其实不然。

寿：你说〈在〉抬不起头，要从思想上真正抬不起头努力改正自己。

薛：他说口头上说了反党之话，内心无反党之意，认识不够，说害怕，检查不对头。

柴：今天暴露了一些问题，对错误认识不足，说是言语之过，无意反党。想当政治教员，不能真正低头认罪，怕说话，怕暴露，但还说了许多反动话，主要是立场问题。

杰：谈了一些内心活动，但大帽子下边开小差，馆内表现不虚心，说“所谓右派”，还不承认，以后在会上就不发言了，同志关系很差，工作上有了错，不敢承认，是否想真正的改造自己，努力方向还应考虑，很差。

迈：工作上对小问题特别注意，不必要，立场不变是不行的。

郑：对自己的罪行无正确认识，把立场问题看成一时失足，在劳动纪律上不够强，扫地打水，想作就作，不想作就不作，注意改造不够。

兆：对罪行认识不明确，如何改造自己认识不够，处理后的内心话未说。

柴：处分以后思想不能没有波动，要改错，有哪些措施，有些地方小心，有些则(否)内心活动如何?

康：认识错误不够,多次露马脚,不是抬不起头,有些地方很厉害。

晋：工作积极性不够,肯出去,愿作主要工作,不愿刻腊[蜡]版,处分后谈的少。

杰：劳动表现不好。

石：对“所谓右派”也未检查,前次检查说我是资知分子应当明确资产阶级知识分子与右派是不同的。

蒋：大家给我启发,自己挖的不够,今后要进一步的[地]改造立场。

李处长：经过一年多的改造是有些悔改,但不够,对罪行不服气,表现在工作上消极,有些话不真实,偶尔错误的认识是不正确的,根本问题是立场问题,不要悲观只要决心改是有前途的,要接受群众监督,要真正的认识错误。

图书馆的领导与大家要作改造右派的工作,不要歧视他,但要划清界线。

馆务会议

时间：一九五九年四月八日

会议内容：通过右派鉴定

晋如祥：

柴：工作思想劳动结合不够好,已提出。

迈：同意检查,主动解决思想问题不够。

寿：应加上他们三人的团结关系,如何改善。

石绍斌：

迈：基本上实在,会上不说下边说应注意,不老实,劳动不够冲刺。

柴：今天检查基本符合实况,但犯错根源未找出来,自己年轻未干过反动工作,为什么能有反动言论。

杰：对你爱人的错误应有认识,里表不一。

李树兰：

迈：过程拉的太多,犯错根源未谈,接触领导,低不下架子,不愿与群众接触。

薛：争取馆内同志帮助不够,工作上不够大胆。

杰：作为总结不成功,现象多,对姚的影响只露头,就不说了。

柴：不是鉴定的话很难看出李树兰积极的[地]要求改造,和有些领导接近主要是人家接近你，反之即不大接近，表现了自己有委曲的现象，臭面子放不下，犯错根源是什么，认识后才能真正主动改造的。

杰：对个人问题，和党的领导应分清，有委屈表现。

兆：争取同志帮助不够，和柴中间有隔阂，觉着委曲[屈]。

康：不与馆领导接近，劳动认识不清，根源未找出来。

李树兰：害怕别人不愿与自己接近，在旧社会学习工作十几年，没有考虑到自己。

兆：应争取，党团员，群众，尤其是馆领导的帮助。

杰：你不是水平问题。

李树兰：我说的水平问题是指觉悟问题，挖不出主要问题，气量狭小，对改造决心不够，没有与老柴接近争取帮助，今后向大家暴露思想。

符巨珊：

寿：比那天好，不能说立场不明，是还未改变。

迈：今天好，谈出不能发展自由思想，是事实。

康：符合实况。

柴：对田、任行动，说不好情形，实质是猖狂反党，你不揭发，是啥行为，啥立场，总结思想，应一月次不宜两月。

符巨珊：对大家帮助无意见，今天只是初步认识以后要继续主动暴露，以求改造。

馆务会议

时间：一九五九年四月三十日，晚

会议内容：讨论史吉言关于西藏问题报告

康：西藏叛乱是由于西藏反动分子挣扎和帝国主义支持，平定叛乱，西藏人民走向康庄大道，印度不顾五项原则，想捞一把。

树兰：对于印度问题，采取斗争与团结的方针，印度和西藏的关系不是因宗教原因，而是政治问题。

和兆：原认为我国与印是友谊关(系)不会怎样，现在显然达赖是不可能回来了，达赖是教主，如果是真正进步就不会被劫走，班禅立场坚定。

迈：叛乱发生非偶然，上层反动分子与帝勾结，印度企图想通过谈叛[判]，使西藏独立，属于印度。叛乱分子以为人民拥护他，解放军软弱，蒋美帮助,其实不然,平定叛乱西藏新生,显露了印度的态度,对印团结又斗争,我认为达赖当然应争取回来,不宜与印谈判。

晋:我认为过去对西藏过于牵纠[迁就],现在认识到党的政策稳,对他仁至义尽,过去考虑中印关系,现了解到应团结斗争。

柴:与印关系是是非非和力量问题,印认为我国力量大会侵略他,不了解我国外交政策,西藏叛乱是坏事亦是好事,对活佛的认识有扭转。

迈威:达赖是较进步的。

制订计划会议

时间:一九五九年五月十三日

薛:教材移到教材科去,科研部的负责应作馆的顾问,阅览上有许多问题书,要补充登记清理一下,需半年时间。

树兰:采购中文图书可能漏掉,编目积压在馆宜调整人力,简化手续,外文取消贴还书日期,请系内负责人讲课程内容。

康:全馆出去清理中文编目,分类宜简化。

迈:分别轻重缓急,现在图书急通。

陈杰:戴立德不来外文积压,应提出来。

迈:积压多,是人少还是效率不高,应搞清楚。

桂贞:科技出纳半天。

柴:蒋先生调过来,全体每周顶多突出两次,与系里如何全面联系,文科由蒋,理科由朱,学生由陈。还是一个专人联系,搞个黑板报,工作介绍,答复意见,成立编辑组。陈杰、学宽、和兆。

树兰:馆领导联系合适,订[定]期参加他们会议,或由咱们召集会议,了解情况。

柴作梓:统计表报,个人作,财产,出纳,考勤,工作细则。

馆务会议

时间:一九五九年五月十四日

柴:昨天教务会议,我提出今后参加教学会议,出版[板]报,统计表报,执政范围,院里通知由康负责,个人离校由阅览。

和兆：排片应由阅览排，促进熟悉业务。

柴：配书套登录，交流讲义转教材科。

树兰：配书套由验收。

馆务会议

时间：一九五九年五月十四日，晚

柴：1. 发动中文系十五个同学搞积压，七一搞完。2. 十月一日作出图书目录。3. 出板报，由陈杰、王和兆、张学宽主办。4. 统计表报，出纳数字、采购、编目数字、工作时数。

晋：阅览上五月底前登记问题书，六月写下学年补发的借书证。

薛：借书规则需要修改。

柴：各单位搞一下：1. 成员范围；2. 工作细则。

馆务会议

时间：一九五九年五月十八日

柴：工作计划要点：

1. 加强改治学习，提觉悟，搞好团结，改进工作，遵守学习纪律完成学习任务，自学有笔记，发言有提纲，每天学习报纸半小时，了解天下大事，半月一次馆务会议。柴、学宽。

2. 建立业务学习制度，学习内容：a. 各系科专业设制[置]及内容；b. 图书馆业务工作；c. 文史基本知识。方法：请人讲授、讨论。柴、陈主办。

3. 加强采购工作：争取不重不漏不错不迟，制定[订]计划，定期到各系科了解情况，密切各书店联系，定期召开采购小组会议。朱洪康主办。

4. 突击编目 6 000 册。全馆调动中文系同学帮，写线装书目录，排资料卡片。（以编书为主）

5. 表报制度、经费开支、旧书、报刊、出纳工作等每月一次。

6. 加强宣传出板报，半月一次，主办陈杰、张学宽。图书介绍。

7. 试办图书下放，班级建立小图书馆，薛。

8. 七一前赶编书 6 000 册，十一编印馆旧古书目录，（薛）。馆旧报刊目录，（陈）。元日，山西人馆旧目录，（薛）。原子能馆旧目录，（陈）。

右派分子鉴定会议

时间：一九五九年六月五日

晋如祥：受处分后由于立场不对，觉着委屈，有抵触情绪，悲观厌喜，认为自己发表言论有根据，说农民苦我家隔壁就是实例，自己敢说话，就成了右派，觉着不来师院或者成不了右派，苏以□(党支书)把我的材料写的[得]很怕，留校后还不服气，第二次鸣放有教育，我的朋友也成了右派，(隔)壁邻居亦收[受]了批判，这证明不在这亦成右派是立场不对。学习首长对右派分子的分析，合作社化觉着不对头，是否中国学斯大林，57 年底思想有了转变，58 年的跃进形势有启发，学了周恩来的指示后，知道右派需要劳动，当时让去汾河修水库，遇有困难就想若不当右派也不会来，为了不当右派还得好好劳动，存有急于摘帽子的情绪。大战钢铁，急燥[躁]情绪有转变，想好好长期劳动，但不如其他人，认识到思想领先的重要性，有人体差，劳动亦好，看到了党的伟大，自己向党进攻的谬论完全破产，回来在阅览上出，胆怯人熟，准备好好干，四月鉴定后大家给我作了评价，觉得大家很客观，自己有成绩就能看到，指出了主人翁思想不够，三结不够，后来在实际工作有转变，但还不够与党与大家有距离。

迈：检查基本符合实际，想保留一片土地个人主义严重，戴帽后有抵触情绪，劳动迈[卖]力不结合思想，山上劳动亦如此。

和兆：愿意改造，工作迈[卖]力，为改造而改造，想当教员，以馆作为挑[跳]板，现在工作态度有转变。

郭处长：不纠查犯错根源，只说他的改造表现，无产阶级立场如何？工作情感如何？

薛：基本符合实际，四月份在阅览上工作有转变，主动了，劳动能吃苦，不细心，不团结。迈：改造比较好，提水经常，沉闷有转变。

崔：工作踏实。

康：劳动比较好，一贯的，如贴大字报、打扫等，鉴定有转变，愉快了。

靳生和：真正感到右派是丑的，愿意改造，心情不够舒畅，对罪恶性质认识不够，走富农路线。

符：工作劳动踏实，表现较好，认为自己成为右派是别人造成的，说赵寿康让他说的，如果他揭发赵亦是右派，刚处分后不安心，说如果再处分让选择，他愿到农业社,我和他说石绍斌的情况,他说他不说。

靳:要求摘帽子,对罪恶认识不够,认为劳动是受制,说从斯大林受批判后才认识到罪恶不大符合实际。

陈:表现较好,思想认识差。

柴:一年来工作学习劳动表现不错,就是三结合不够,主人翁思想不够,诚心悔罪不够,没认识到忘本。

郭处长:对自己要有正确的估价。

馆务会议

时间:一九五九年六月六日

柴:今天是石绍斌检查,检查完后大家发表意见。

石绍斌:57 年 8 月戴帽处分后,思想抵触,不服气,认为班里与我过不去,我想不来师院或者成不了右派,不愿活着,但没勇气死,人家说死了也是死右派,同时认为我爱人不应是右派,暑假回家后老师、同学劝我接受改造,我不愿留校考查,别的地方也不给工作,只好返校,无路费学校补助。9 月 26 日来图书馆工作,领导劝我要好好改造,原怕别人歧视,事实却非如此,后来第二次鸣放,又开了社会主义思想教育,对我教育很大,深思学校寄路费是为了改造自己。田、任加重除[处]分对我有教育,感到党温暖,路是自己走的,去寿阳后开始了劳动,削弱了轻视劳动思想,晋南修淮学习文件,感到右派是人民的敌人,认识劳动能改造自己,当时想着是否返校能解除处分,分配工作吗?上山炼铁经过党的教育认识到,炼铁炼人,思想改造长期的,有时就放松了。

右派是个人所作所为得到的。八岁时就在旧军官家庭生活,个人主义,并不是师院与我过不去,工作中怕苦,想吃好的,四月检查后有改进,对社会主义的优越有些认识,四阶段,1. 初戴帽子不服气,至回京返校;2. 反映田的猖狂行为,这在立场上有变化,对待党团员、工人农民感情有变化,觉着为末[没]落阶级当奴仆是不应的。个人主义思想相当严重,工作中重质轻量,非投机取巧。自己愿改造,表现一般,[。]

迈:检查基本同意,日渐进步,刚来态度好,能反映出田的情况,劳动基本不坏,但不够,明哲保身,开会发言少,工作不错,主动。

康:工作踏实,劳动肯干,小聪明。

和兆：工作主动想办法，打扫提水主动，小聪明。

文进：积极负责，学校寄路费无感觉，以后思想转变不明确，对同志们看待不同。

薛：工作表现较好，吃苦耐劳不吃，表里不一。

靳生和：检查基本真实，能够分析出来，工作主动，你说认识不足，是否认为原来是脑子一热就说出来了，有委屈。

陈：检查较前好，工作好，吃苦不够，待人不一。

崔：工作细心。

柴：工作好，表里不一。

石：大家说的正确。

馆务会议

时间：一九五九年六月七日

会议内容：关于符巨珊的鉴定

1. 思想方面：在反右斗争时自己根本没有认识到自己有罪，就认为自己言论不是向党进攻，因此埋怨党与同学。在对梁□东的批判时才有所认识自己的罪行。认为别人鸣放是帮党整风，而自己则是拆党的台。于是才解决了我以前认为同学和我过不去才把我弄成右派的想法。在认识自己有罪后就不是很好改造而是对一切就不感兴趣，当一天和尚撞一天钟。在下寿阳劳动回来，看到农村中资产阶级已死亡。而就决心改造，参加一切劳动改造都是为了摘帽子。由于我是出身[生]于地主反动阶级，因此自己思想反动才犯了罪。

2. 工作方面：没有把工作和思想改造联系起来，积极主动差。

3. 劳动方面：去年在大炼钢铁才认识到劳动对改造思想的重要性与意义。劳动目的不明确，主动性差，吃苦耐劳性差。

4. 学习方面：能每天一小时读报，抓紧时间看红旗但有教条主义的学习方法。

5. 从不认罪到认罪，在工作、思想、劳动各方面都有进步，但还存在着许多缺点，自己对自己估价，属于一般情况。

大家提意见：

康一鹏：他所检查的基本上符合他的情况，工作很踏实、细心，如把开会听报先记起来，缺点是爱面子。我同意一般。

王和兆：劳动能吃苦能坚持，（在山上炼钢）工作努力、细心、清洁卫生也很好。我对他的估价是属于好的方面。缺点工作效率低。

迈：初来架子大，在山上劳动比较好，不突击，愉快，有些不在乎，工作努力，基本上属于好的方面。

晋：检查符合实际，工作认真，劳动较前好。有架子，鉴定前较严重，愿意内部解决不愿暴露，肯包[抱]诚[成]见，初犯错接近田、任，对班内同学不满。

朱洪康：劳动工作基本上是好的。最大缺点，明哲保身，从思想解决问题不够。不敢大胆暴露自己是不好的。

薛愈：工作劳动都较好，缺点爱面子有架子。比起石绍斌和晋如祥来，在工作方面不如积极主动。在学习方面发言不够。他说他是小资产阶级个人主义不恰当。

王文进：工作积极肯干，按受任务也认真。缺点自高自大，有自负情况。属于好的方向。

陈杰：工作比较积极，在学习上也注意了，过去不注意政治学习，这都是进步的方面，在家里劳动没有晋如祥和石绍斌积极。缺点是有些架子，对资产阶级的面子很不愿丢掉，不易接近。这对你改造也有妨碍。不愿自己把问题暴露出来，这样就不好。因不能在真空里改造。我认为列为好的方面是差的远。我认为属一般。

白天锁：工作劳动积极，缺点不易便[与]人接近，我认为属一般。

柴作梓：今天我认为检查得较好。态度老实。上山之前态度不对头，上山之后进步较快，在山上劳动正常，缺点大家公认架子放不下来。这就是自己问题关键所在。属于较好。

迈威：基本属于较好，不如他们两个。

陈杰：不能揭发别人，不愿暴露自己。

馆务会议

时间：一九五九年六月八日

李树兰检查：初戴右帽没背什么包袱，只怕党不教育自己，但时间不久就解决了，如果主任等和自己谈话，以后遇到实际工作感觉苦闷，产生抵触情绪，如不让值班。在大会上听到右派如何，头就大了，不敢和人往来，压力很大，以后怀疑我就犯了这么大的错,仅在下边说了几句话,有些不服气,我在宋主任面前将我的言论叙述了一遍,叫他分析,他说右派向党进攻时你站的什么立场,你说那些话是为了什么,这我才清醒了,我同情□三污蔑肃,马雪荷骂领导,假如都像我这样如何能打击下去右派。认罪后感到后悔,解放后党教育我,救了我的家,怪姚奠中肃反有问题我才对党有反感,恨不该来馆工作,与馆领导有诚[成]见,加重罪恶,去寿阳参加了斗争会,对自己立场有启发,农民爱憎分明,回来后党又宽大处理又是一次教育。招[召]开右派分子会议党教育要我们好好改造。我认识到右派不仅要认罪而且要挺起腰干进行改造,学习文件后知道自己历史是个人写的,经过前几次大运动与自己关系不大,未暴自己丑态,自己也放松改造,遇到实际问题原形毕露了。由于臭架子放不下,以前很少向馆内同志暴自己,只接近领导,上次鉴定后自己地注意了这些。

在工作上,去年自己能主动按[安]排工作,元旦献礼等,中文预订期刊作的不够负责,重量不重质。

知道体力劳动对思想改造关系很大,愿意参加,一般还努力,但自己觉着不能伸值时,就没有勇气,如大炼钢铁参加体力劳动锻炼人们踏实作风,思想改造,学习理论较多,它能鼓舞人们,指导改造,但时间抓得不够紧。

一年来对自己错误根源有认识,对右派由不敢正视到敢于正视,除根右派还要努力改造推动自己改造,自己问题自己负责不能推托客观,对劳动改造思想有了进一步的体会。

想办法加速改造自己不够,争取大家帮助不够,书面汇[报]未作,工作、学习联系自己不够,理论学习抓的[得]不紧,资产阶级臭面子未彻底粉碎。

初戴帽不以为然。

第二段:接触实际有抵触,怪别人,走向改造。

第三段:认识错误后比较主动,能分析,但关门改造,上次鉴定后有改变,认识除党和群众对自己帮助监督外,别无他路,自己属于一般中较差的。

文进:检查细致、透彻、实际,工作认真、勤肯[恳],像献礼等能自动提出加班,去年自动订购期刊。

迈:基本符合实际,除分后,只找宋主任、郭处长等,忽略群众,架子未放下,工作比犯错踏实了但不够迈[卖]力,定期刊出错,不在乎,劳动不够吃苦耐劳,属于一般,还有缺点。

康:检查较真实,工作上想了一些办法,劳动不够主动,属于一般差。

薛:改造在上层路线,关门改造。

和兆：检查有所提高，过去暴露没勇气，登录及时，不细心，上山劳动未能争取，一般劳动不差，属于一般好些。

朱洪康：今天谈的符合情况，在过去对错误认识不够深刻，从主动争取改造错，在工作上一般可以。但不够突出。同意属于一般。

陈杰：这次检查比上次有进步。在改造上走了不少弯路，根据表现划为一般比较合适。

郭处长：改造的不快。有进步。有些缺点应找找根源。年龄大，旧社会的根源。应痛恨旧社会，而这次检查对过去检查的少。李树兰很聪明，为什么犯错误，这就是思想意识，接近领导忽略群众，也是思想意识与放不下架子。思想里还有侥幸心理。对自己错误认罪没有死了心。抓住这些缺点今后补起来。

柴作梓：我同意大家意见，架子放不下来对改造自己有妨碍，属于一般。

馆务会议

时间：一九五九年六月九日

蒋思道检查：57年8、9月份戴了帽子后，决心改造。

第一段57年9月—58年4月。第二段58年4月—59年4月。第三段59年4月至今。

从戴帽后内心接受，没有抵触，我在肃反后有抵触情绪，以后认清了，对右派的错误认识不足，只注意理论改造忽视联系实(际)，自己学习马列主义，不联系实际，认为只要今后不胡说就是了，政治资料上班迟到，却想能让教政治课，修汾河，下寿阳，领导照顾我坚决要去，与农民同吃同住，憎恨右派面目，回来后党委出了处理右派的方案，在教研讨论我才认识的不能让我教政治课，学文件后，知道我是代表反动的资产阶级向党进攻，自己很丑恶，党对我宽大处理我无抵触情绪，劳动一般。

处理对被处理者必然是痛苦的，教授职务彻消[撤销]，工资降低，右派分子是敌对阶级，来馆工作郭处长对我说要认真工作服从领导，在馆工作谨慎小心，我在会上说过，人与人之间要互相尊重，人都有自尊心，另一次我说所谓右派，都受到大家批判，于是又害怕了，沉默寡言，不与同志交谈，得到大家帮助，我与和兆、桂贞、文进、树兰闹过不和，陈杰分配背土豆不乐意，爱人得病后看报少，4月份□作了两次检查还没作好，李处长作了指示，大家对我改造是当头一捧[棒],帮助很大,馆让我做舍[啥]就做,学习报纸不如以前。

4 月 22 日小组意见是我的一面镜子,详细的考虑到自己认为不错,客观效果不好,搬家后伤风,未作好汇报,我想到戴右派帽子进棺材是多么可怕的事,要努力改造,重新作人。

自己评价,我是一般里边的不好的。

迈:检查比过去较好,谈的思想实际少,你又说一次"所谓右派",但没作认识,工作基本积极,叫作啥作啥,有雇佣观点,想办法少,缩手缩脚怕犯错误,这种思想非常突出,前天要加班就是为了稳定也是好的,我同意他自己的评价。

康:上山时,汇报公议换报,比他们四位接受都好,是否真实,评价一般不足。

柴:改造首先应认识错误,反右是政治运动,不是学术争论,既然你认识了错误,在政治课资料室不受职,未认识到错误的严重性,幻想政治科教师。

陈:比上次有些进步,不肯暴露思想,叫你背土豆你说你老了,这能叫热爱劳动,工作上虚伪。

和兆:提高不快,主观努力不够,年纪大,旧习浓厚,表现一般。

崔:检查不真实,有教授味道,暴露思想不够。

薛:暴露不够,暗中改造不行,沉默寡言,劳动一般,评价一般里边差的。

文进:自愿换报,涵养差。

朱洪康:在工作上一般还可以。在思想上说的不真实。以为今后不胡说了就算认罪了。证明你对你自己的罪认识不够。如果一个人要〈 〉把改造自己,只有真诚说出自己思想。

赵桂贞:对自己错误认识不足,他总认为自己是胡说八道,应从本质上认识自己。认识错误不虚心,如和同志们闹意见。

柴作梓:蒋先生对自己错误罪行认识不足,因而悔罪表现就不够。工作上无主人翁的观点,也有消极等待不主动的情况。没有主人翁思想,想改造好是不可能的。积极与主人翁才能改造好自己,在劳动上有倚老卖老的现象。对同志们不严肃,说了不应说的话。如你漂亮、裸体画等。应下决心悔罪,才能改造好自己。应属于一般不够好的类型。

陈:在出纳上与同学态度不好,作些工作只怕人不知道。

崔:虚伪,爱表现。

蒋:对错误认识不足,今后要痛下功[工]夫,暴露自己。

群众会议

时间：一九五九年六月十日

柴：这几天给右派鉴定了，我们依据政策复查一下，提意见有些缺点，过于和缓，只从现实表现考虑多，从本质上考虑差，我们要再复习一下政策。第一类：承认错误各方面改造好。第二类：一般承认错误接受改造但无显著成就。第三类：坚持错误，继续放毒，或者有违法乱纪现象。

薛：给他们鉴定提的工作多，忽略思想方面。

迈：有些人提“右派”为同志，他也提我们为同志，这应该给他提出来。

和兆：注意表面多，内心考虑少。

陈杰：不承认错误，说偶而[尔]发言受到批判。

康：说他过去学法律，讲教条惯了，以为作掩护。

崔：实际思想未暴露。

康：他说他以后不胡说了，未认错。

迈：我认为他虽是教授在日常生活中他并不怎样，认识问题很差，对他看不透。晋给符提意说，符说上班、下班。

柴：对他们工作表现考虑过多。

文进：去年上山炼铁的，人少了，他反动本质气焰萌芽，报纸排的乱，和人吵架，说他是三类吧，他不像田德允那样猖狂。

桂贞：只说他不胡说了，但说所谓右派分子，受批判后还坚持是说口头语，与同志吵架。

和兆：虚伪，里表不一，作点工作就宣传，工作打盹，肯内[坑累]人，内心未必虚心，列入三类。

迈：应放第二类，指出放毒，近于三类。

馆务会议

时间：一九五九年六月十日，晚

柴：大家给他们几个提些意见，看归哪类好，帮助小组作好结论，犯错的也可提意见。

晋如祥较好：迈、文进、和兆、薛、康、崔等。同意

石绍斌较好：迈、文进、和兆、薛、康、崔等。同意

符巨珊一般：迈，符只是上班下班，没共产主义思想基础。和兆：田德允猖狂不反映。陈杰：刚来表现不好，爱面子。康、薛、桂贞、朱、崔、柴。同意

李树兰一般里较差：迈，有架子，忽略群众。康：同意一般，有架子，特别注意联系群众。薛：同意一般差，注意劳动改造，接近群众。和兆：走了一年多弯路，思想不与群众见面，同意一般差。陈：挖错根源，联系群众，同意一般差。桂贞：应把自己放在群众中，放下架子改造自己，同意。文进：同意陈杰的意见。

迈：蒋思道上次检查没有思想内容，身居教授，理论高，向党进攻有抵[的]放矢，恶毒，从检查中看不到低头认罪，说他过去是胡说。对他评价，首先应注意思想，再结合工作表现，劳动拒绝，作资料员不遵守时间，作工作给人看，会上说所谓右派分子。人与人都应尊重，否认阶级性，说些下流话，应放第三类。

康：蒋检查内容空洞，不认罪，资料室纪律不好，消极怠工，表面恭顺，但有时流露教授架子，说自己是胡说八道，表面要加班，但叫背土豆不去，说下流话，符合第三类。

和兆：对错误不认识，总点工作好也是假的，何况工作不好，虚伪，放在三类。

桂贞：不承认错误，资料室怠工，说所谓右派……等，宜放三类。

柴：思想实质，他反党言行是有历史根源，理论基础，他说他鸣放是胡说八道，巫[污]蔑反右运动，会上说所谓右派。不遵守工作纪律，在馆工作消极等待，劳动上依[倚]老卖老，不背土豆，说下流话。不争取群众监督，不汇报，检查不老实，你说党对你宽大，可是没有什么悔改，应属三类。

崔：说他是胡说八道，检查不真实。

文进：思想上不承认错误，宣扬成绩，党宽大处理工资高，不悔罪，放三类。

陈杰：不承认错误，资料室表现不好，虚伪，宣扬成绩，放毒，应放在三类。

郭处长：蒋从工作上看还像一回事，思想改造表现很差，理论学习讨论。

馆务会议

时间：一九五九年六月十三日，下午

会议内容：理论学习讨论

迈：多谋善断，不论领导与群众，遇事都应多商量，谋而即断，断也要通过群众，作为以后的行动，这样可以加速社会主义的建设，克服（命）令主义、主观主义，自己思想不符多谋善断非多谋而武断，通过磨练[炼]，碰钉子，主观努力是会改进。

康：吕布不谋而断，袁绍优柔寡断皆失败，曹操多谋善断得胜，自己以前多为前者，坚持己见，今后改之。

迈：优柔寡断为害不浅，现在一天等于二十年。

树兰：作事首先是（方）向问题，其次是方法问题，多谋善断是好工作方法，听多数人的意见，不忽略少数意见，和群众同级、上级、多谋、发扬民主，善断到火后[候]，照顾到集体与个人利益，党群利益，克服左、右倾。自己是右派，改造亦要多谋善断通过群众。

薛：遇事与群众商量，每个人地位不同，各有己见，发现矛盾，求其真理，兼听则明，偏听则暗，当机立断，自己优柔寡断，今后要多谋善断。

柴：多谋—即考虑，多考虑不断为拖拉，不考虑为蛮干、武断，优柔寡断，危害工作，威心[信]扫地。批评与自我批评，整风等都为多谋，一般问题试一试，大问题请示领导。书本上无，不行之有效，我则不听，非多谋了，不谋非善断了，善断非主观，坚持己见与主观不同。

蒋：多谋善断是群众路线和集体领导相结合的一种辩证方法，是中国革命实践验证了的有效方法，作为国家干部应贯彻这个它，自己犯了政治错误，也要通过这个方法来改造，一年来走此路，无汇报，不暴露关门改造。

和兆：多谋善断是马列主义工作方法，领导尤其重要，不能谋而不断，我不多动脑筋。

迈：要正确体会精神，根据地点、条件等。

陈：多谋和善断要结合，自己遇事急燥[躁]，听多数人的意见，有时不见得正确。

晋：多谋即三思，善断挑最好的方法，我过去少动脑筋武断，谋愿从自己愿意的方面谋，难发现自己的缺点，自己认为立场反动，想不出好办法，今后要多想，不对了受大家批判也好，今后要拿出更大干劲。

文进：多谋即独立思考与群众意见相结合，多谋是善断的前因，善断是多谋的后果。多谋是独立思考、群众商量二者相结合。

符钜珊：听了大家的讨论对我也有所启发，进一步明确谨慎小心应当是为人民的利益，而不能从自己出发，怕犯错误。对多谋善断不仅是方法问题，而更主要是观点与世界观问题。近二年来改造不好的原因是暴露思想不够。这也是立场问题。今后要多开动脑筋。

崔：多谋善断是方向与方法问题，自己想的少，叫做啥就作啥。

柴：现在要讨论储蓄问题，自报公议，根据工资生活水平、负担等情况而定。

馆务会议

时间：一九五九年六月十九日

陈杰传达：院党委17日召开总支会议，郭处长传达了增产节约问题，说真心话，对市场紧张形势看法如何？有钱要储蓄用不着的东西不要买，防止抢购。三个月不发办公费，节约水电等，学校领导及党团主要作好宣传工作，起模范作用，个人也要注意节约，揭发抢购现象。

行政会议传达：柴作梓。

一、节约公用事业经费。二、清理仓库；三、个人储蓄。

三个月不发公杂费，三种不停，会议、电讯、旅差费，一般设备费压缩25%，清理财产，布置纸张，制定节约计划。7—9月每人平均储蓄一月工资，不用的东西就不买。

柴：大家对58年大跃进，及所见、闻、感谈一谈。

迈：58年大跃进，钢铁翻一翻，粮食增长都是史前未有，世界各国对我们估价很大，由于中国的跃进也推翻了马尔萨斯的人口论，使外国对我们的看法起了变化。去年虽付出了一定的代价，炼钢铁但意义很大，去年从各方面找到了建设社会主义的经验。我对供应的看法，是造成原因很多。1. 由于去年炼钢有些轻工业，失调。2. 对人民公社有些人认识不足，农民思想上起了变化。3. 由于购买力的增加，人民的生活水平提高了。4. 由于思想的心理作用造成的，是由于过去旧时代遗留下的旧思想的驱使，现在政府采取一些办法是正确的，人人的思想动起〈们〉来，都有了正确的认识，供应问题会很解决。

康：58年大跃进在钢、粮方面辉煌的成果是世界上所没有的，我们的敌人美国也不得不承认我国的成就，工业方面也有很大的发展，我个人在思想(上,)没有想到会有抢购，因为我想以后东西一天比一天会更好，更便宜，现在人民的生活提高了，现在党的□□措施很好，使大家在思想都有了明确的认识，我并把我到期的230元也再存成定期以表示的态度。

馆务会议

时间：一九五九年六月二十日

和兆：58 年以钢为纲大跃进，生活资料的生产有些被挤掉，另外人民的生活日益提高，有些人抢购囤积，运输不能及时调拨等，故形成市场紧张，自己没有多站过队，并不是自己认识正确，有钱存着行，积累资金。

文进：现象上看，商品较少，学生升学、入工厂消费大了，大战钢铁，生活资料生产少了，有人争购。

柴：去年山西丰收每人平均一千五，我们为能吃白面、大米等，咱们丰收南方不支援我们大米了，故得吃粗粮。粮食紧张是为了过光景，物资紧张是上山以后才出现，我们再生产也多了，各行业齐头并进，因领导站队有些人本来不卖也卖了，有毛料无布匹，大城市比小城市紧张，可能是购买力关系，过去买火柴一二盒现在站队就买一包。

迈：我以为没什么，一年不发布票也受不着冷，没点心可以，没粮食不行。

崔：去年是大跃进了，粮产千斤，炼钢，有票只怕过期买不到了。

柴：我们换机器，有些东西要出口，我国烟卷世界有么，咱们没见过。

馆务会议

时间：一九五九年六月二十三日

柴：同学帮助我们作了 259 天，[的]各种统计。把五月份统计向大家报告一下，把经费统计也向大家报告一下。各单位的工作安排与节约的计划。节约订出具体的节约计划，每个人在工作中有什么困难，改进等。

王和兆：报告同学帮助突击积压情况。共作 259 个工作日，已经完成 2 958种（中、西、俄文）排了线装书目录卡片。计 64 张。尚未完成的工作。原来准备到 6 月底完成，因同学提前去和配合的不好而未完成。原来估计错误，原来估计（中、西、俄）均二千册，现在未完成的工作：俄文 400 册、西文未动近两千册。另外，出纳那里的书名、著者片共有 10 000 张未批。经验教训。接受了上次的教训，因此这次开始时就注意了。但仍有错误，如书与片张冠李戴。现已发现的有 30 多种，发现的已经改过来了，但还有未发现的。两条经验，以后再发动同学时一定要一个人负责指导、检查。再者搞突击工作时越简便越好。

柴：大家很努力，但效率不高，平均每天每人 5 种 18 册。不是不努力，而是工作生、不熟练。出了 8 000 多册书，花了 360 多元。

朱洪康：5 月份，购进中文 511 种、2 041 册，俄文 301 种，374 册，西文 373 种 446 册，合计：1 185 种、2 861 册，共花 2 万 6 千多元。到目前为止。还有两万 6 千多元。因后半年出书多花钱应节约。每月花三千五百元左右才行。

柴：统计不是为统计而统计，统计也应有公差。大致不差，不应为了更精确而费时太多。

和兆：统计要可靠，省事。

薛：出纳摊子大，每单位一礼拜统计一次是否可以。

晋：同意一礼拜统计一两次，取其平均约数，编目与出纳不能统一，编目上改错后再送，以免重归。

柴：每礼拜出纳只统计一两次。

迈：期刊出纳，只统计一两次，统计索书单，以还代出，我们那里有人事问题，我、陈杰、崔先生互相争执。

崔：我身体有病，他们一吵我心跳。

赵：出、纳都得有，不能以纳代出。

和兆：应以还书片代统计。

陈杰：资料室以借书牌统计，还以还书单统计，登记应以每次种册统计。

崔：每次应统计种册，有时多、时少。

柴：节约计划，该用好的用坏，少出次品，利用废品。新馆不可能让我们占，除现在这地方还得多少房子。大家要注意团结。

陈：应发挥工会组织作用，有问题在会上说，互相解决。

理论学习记录

时间：一九五九年六月二十七日，下午

迈：由于立场不同观点不同，对大跃进就有不同认识，说大跃进不好的，是过去生活好的，骑在人头上的人，或者是有意的歪曲形势，旧社会钢产量最高为 40 多万吨，过去只有机器修配厂，现制机器达到世界水平。过去把祖国矿产的开采权让给外国，进口为消耗品，如果说这句的人看了报，那是睁开眼睛说瞎话，没看报是思想落后，有意歪曲现势。旧社会好多百姓糠菜半年粮，旱涝死亡很多,去年粮食平均每个人一千多斤,可吃二年,提倡节约是我们建国方针,江西今年洪水史前未有,但未淹死一个人。

蒋思道:58年大跃进是国际形势与全国人民的要求,决非几个人的意愿,去年苏提出15年赶美,我国提出15年赶英,才奔着这个目标掀起了大跃进,成绩是不可否认的,从现象上看,市场紧张,买不到,是感到不便,但实际上需要量大了,在医院看病的人也多了,这并不是病人多了,而是生活提高了。

何效周:大跃进的成绩是主要的,市场紧张是人民生活水平提高了。

康:人民生活提高了,农民下饭馆,家里有暖壶,生产量很高,工业的确受东南亚欢迎。

柴:58年钢粮大跃进,他对大跃进不满是因市场紧张,生活上较差了。

迈:优先发展重工业,适当的照顾人民生活水平,这是长远利益与眼前利益的问题,当然某些生产方面有些失调是事实,有些人们思想紧张,抢购物资。

晋:半年回家一次,每次都有变化,我们从前吃糠,现在小孩不知糠能吃,在以前吃顿玉茭面是好的,现在吃到白面了,觉得玉面不好了,现在穿皮鞋、料子衣的多了,以前坑上只有席,没被子,现在有被子单子了,接触到要求往往不想过去。必须承认不平衡,改变不平衡。

柴:陈毅说:有些(人)把社会主义看的完整无缺,有些人在革命时候忠心耿耿为了社会主义,但到了社会主义来反对社会主义,生产高了生活就〈的〉高了,58年应高于57年的生活水平。57年因灾其他省供给大米,去年我省丰产,扣粮多,运输不便,只得如此,物资紧张,去年是以钢为纲,其他方面就得让路,如不□农作物等人少,有些东西就是少些。社会主义经济是计划经济物资不会过剩,人民购买力提高了,再生产扩大,市场失调,是大跃进的副产品。

陈:有些东西是想像问题,有些是本质问题,细致考虑一翻就想通了。

图务会议

时间:一九五九年七月七日

柴:开会内容:1. 节约计划。2. 资料室工作问题。3. 馆会问题。

节约计划:a. 经费问题,图书资料费都精减了三个月的,如何能够;b. 用纸、卡片、装订、公文用纸、新书简报;c. 文具用品;d. 财产保管;e. 废品处理问题;f. 个人节约。

朱洪康:图书费有五万多元,而到现在已花了一半,现在应压缩着买书,否则就会到下半年有好书无钱买,还有 2 万 6 千元,每月花三千五到四千元,资料费本来是两万五千元,除节约还有一万八千七百五十元,资料费现还有七千元。

柴:明年中文期刊,只订一季的,计洋 1 600,外文报刊,全年得 1 万元,苏联杂志 3 千元。资料费不减,包括卡片等。

卡片用纸:利用废片,对外三套用旧片子,内部西套用新的。

文书用纸,用废纸。

文具节约。

财务保管,发动同学包书皮,严格赔赏[偿]制度、防晒、□、蛀。

废物利用:除自己利用的,定期送清单交财务科。

馆务会议

时间:一九五九年七月八日

继续昨天的会议

柴:资料室是否让上自习,不让上如何办?开放时间是否往后移,是否让同学进库,应采取一致。

和兆:减少桌子,人少了就好办。

薛:图书馆根本不让上自习,专供参考之用,利用一个阅览室,作为出纳室。

陈:资料室取消两个桌子。

迈:把东阅览作为小说出纳室,理科占现小说室,现理科室作为期刊室易管理。

蒋:应当给学生以方便。

柴:在外边争取一间房子,理科室作为期刊阅览室,科技放在阅报室,大库放不下,在各系开展小图书馆,开馆时间 7:30,一律不让同学进库,新备杂志不外借,孤本报纸收回来。

馆务会议

时间:一九五九年七月十八日

会议内容:总结下学期工作

王和兆:过去买外文书经费占一半以上,中文书很少,应扭转。不应因为经费少,耽误了要紧的大部头书,外文报刊不宜,因利用率低而不购,我馆保管重于流通的思想是有的,不过逐渐在克服。

迈:外文书压缩多卖[买]中文书,外文书系里提出买一本到[倒]可以,外文报刊是新闻过期失去作用,像人道报法文懂的人很少。外文报刊不仅种数多,而且份数多,有些全校只订一份也可。保管与使用问题,那天同学把一张新晚报剪了,就不放出去了,这不合适。

晋:外文书出纳率低,宜少买,多买中文。图书下放,集体借书账目不清,数量少的好书借给一班其他同学就不能借了。

树兰:采购计划是否适合现况,有些外刊订三份,是56年向科学进军时订的,份数减少亦可。中文书并未因外文书减少,有些红书复本放宽可以。半年来外文书是否有不合适的,如有提出来,外文书一般是系里提出来的,以前系里订一本,馆亦订一本,今后全校一本即可。图书下放不可以,同学主要是学习。

柴:全校一份的报刊,不宜外放。善本、古书、过期报刊,我们思想上应保管重于流通这是为了长远利益。

馆务会议

时间:一九五九年八月八日

柴:理论学习决定学哲学,假期自学,毛主席的矛盾论和实践论须作笔记,便于检查。

假期工作半天,干部上午上班,工友下午上班,值班者7:3(0)—10点,值宿者到第2天。

晚上资料室闭门,楼上东西阅览室关门。资料室撤几张桌子,书库挤一挤。

总结工作中突出的经验和教训:1. 几年来图书采购计划较差,今年较好;2. 开架出纳有何优缺点;3. 编目上联印,资料室开设情况。

迈:图书开架应发现优缺点,作为方行,采购计划方早就有,不突出。

树兰:开架出纳可总结,是否要人不要人。

薛愈:资料费计划是差,原二万后来加了五千还不够。

陈杰:迈思想上认为只管订报刊,不管经费是错误的。

柴:借书证遗失后如,发现借书仍得他负责。

薛：有些同学故意把书片抽掉，向我们要借书证，有些同学用医疗证借书。

评定粮食会议

时间：一九五九年八月十八日

柴：大家提出，李柏寿 45 斤，郑维阁 29 斤，张学宽 38 斤，李树兰 28.5（斤），朱洪康 35 斤，杨正清 32 斤。

馆 务 会 议

时间：一九五九年十月二十四日

迈威：我学习了文件，有些收获，但提不出来问题。大跃进、总路线、人民公社理论方面知道了，至于坏处很有。大战钢铁，炼人炼铁双丰收，总路线体会的不深刻，这是个理论问题，两条腿走路了解一些，更具体的就不知道了，当然一天比一天认识的深刻了，当前有些人看不起小洋群，没有去年的小土群，就没有今年的小洋群，就是提不出来问题。学习的不透，我计划再看看文件，提些问题，就是看文件提不出来问题，党委提出来不是一般的文件，领导认为重要，自己也认为重要，可是没有很好地学习不够重视，李部长报告后，我回去想了想，为什么我们提不出来问题，我们应当检查一下，看是否努力，我不敢说别人，但自己是不够重视的。

李增瑜：在学校里很少学习，到这里才开始学习，学习人民公社，大跃进好一些，因为刚从农村来，实际经验多一些，我是一个青年，一定要学好文件，不懂的问问老先生。我刚从学校出来，工作经验没有，向老先生学习，加班作好工作，积极要求参加劳动。

康一鹏：群英会就是大跃进的产物，今年比去年增加 10(%)—20%，竟然旱涝的地方也能丰产。

思想解放□，主动□□□，决心无敌□。

文件还要好好看，找找问题，完成今年工作。

李柏寿：打消顾虑，大胆暴露，文件学的不深不透，未学习连数字也搞不清，学习了以后搞清了，不管敌人如何诬蔑我们，我们的成绩是很大的，总路线照亮着我们，大跃进、人民公社是总路线的产物，敌人越攻击的凶，越说明我们作的正确，听党的话，学习文件，大胆暴露自己的糊涂思想。

谢鹰：前一些人说大战钢铁能战多少，自己认识不了，学习文件后，工作努力不够，虽然比以前好一些，党号召我们作积极的促进派，我一定学好文件，大胆暴露自己的思想，批判了才全明确。

迈威：上次读了歌颂人民公社，我有些认识，只要人有干劲就可把不能作的事情作了，过去河南人三年两头逃慌[荒]，报纸上那能有今天这里改进，明天那里改造。

民 18 年河南遭旱灾，我逃到宁南，那时没人管，象[像]今年广东省遭了大灾，要是旧社会，那[哪]能管你，现在有了人民公社，确增产了粮食，发挥主观能动性，就能创造奇迹，只要咱们齐心协力，工作就能搞好。

过去咱们是农业国，可是又要从美国运粮食，蒋介石与各国订双边协定，出卖内河权利。

十年来中国有了不同的面貌，用任何形容词来形容，都不会过分，无代价的帮助朝、越，还帮助一些资本主义建设，不是十年来的伟大成就，那就是不会这样。

多快好省是一个完整的东西，不能分开来看。

总路线、大跃进、人民公社文件法宝是长期性的，鼓动干劲才能跃进，学好了文件不会迷失方向。

黄甡荣：这次学习意义重大，十年来的伟大成就是古今中外未有的，缺点是暂时的，局部的，已克服或者在克服，而敌人确设法污蔑，人民公社优点是很多，不论从理论上讲或实际上讲，右倾机会主义者只看缺点不看优点，要从思想上和他们划清界限，他们尽量夸大缺点，缩小优点，要进一步学好文件，掌握武器与右倾机会主义作斗争。

张生娴：不懂也不问别人，别人读文件，自己听一听，安心工作，刚来不安心，一去睡不着，学好文件，作好工作。

王文进：这次学习，自己认为学习的不深不透，敌人进攻我们是很平常的，瞄准我们的法宝进攻，他们进攻我们什么，那就我作对了，缺点是次要的，他们只抓芝(麻)，不抓东[冬]瓜，这可看出敌人内心很卑鄙，他们所谓缺点，正是我们的优点，只能看一点，不能看一般。

迈威：他们并不是看不出一般，敌人是能看到的，他们有意来污蔑，加以否认，加以歪曲，挑拨离间。

王文进：我们两个说的是一致的，他们攻击我们革命理论最基本的。

白天锁：光知道大跃进、人民公社好，不知好在什么地方，这就证明自己没有学好，我现在保证，今后一定要学好，掌握好武器向右派作斗争。

朱洪康：工作干劲不够足，学好了文件，工作也要加劲干。

薛愈：下周完成古籍线装书目录，进一步学好文件，提问题，作好思想检查，右倾思想肯定有，下次作好思想检查。

蒋春枝：不清楚公社的组织情况，十天拾了一斗豆子，去年忙于炼钢，庄稼收的很粗糙。

符钜珊：学习了文件明确了市场供应问题，大跃进、人民公社，刚一开始没有认识了决议的伟大意义，认为反右倾与自己无关，因而看文件不深不透，工作干劲还不够大，除在会上与大家共同讨论外，下周写一份学习小结，工作上出现新的气象。

赵桂贞：未看文件之前，不了解58年的生产情况，看后清楚了，这次学习非常重要。

学宽：看了文件后，数字降下来了，觉得奇怪想不通，后来认识到数学降了也是跃进，五年计划三年完成，是完成主要指标，以后还得跃进，不是没干的了，我们数字降后敌人会进攻的，但无反击措施，工作忙了急燥[躁]，闲了乱跑，是右倾。

符钜珊：控制数字了什么意思，第二个五年计划为什么56年制定，国家计划是如何制定的。

迈威：重大的事情不能一下子就办好，需要几年制定好。

馆务会议

时间：一九五九年十月二十九日

李柏寿：党号召我们说老实话，去年刚开始不知什么叫大战钢铁，大战钢铁成绩很大，回来有人说赔了几万，县委看见了，赶快叫停了，通过大战钢铁才知铁是怎么样来的，刚开始开矿开下许多石头，后来就少了，学会开机器，与劳动人民建立了感情，乡村赌博根绝了，成立了托儿所，妇女解放了。公社前，修水库□□了，告状，现在成了一个公社，如动工修水库，也不争吵了，自勤工俭学后，同学们感到提平[高]与光荣了。

谢鹰：炼钢铁是一举两得的事情，不能说得多失少，失的是知识分子的架子，有何不可，大战钢铁中有很多同志火线入了党，以前工厂打扫不干净，后打扫干净了，个别工人劳动不好，经过大战钢铁，团结了，知识分子的架子，千金小姐弱不禁风的情形没有了，右倾机会主义是革命内部资产阶级反映，不同于右倾，右倾机会主义分子不是两面性的，他们是反动的，反对群众运动，站在群众运动后边，《红旗》杂志说右派机会主义有两面性，我认为不是，是否和红旗资产阶级的两种是一样的。（原文如此——编者注）

李柏寿：我刚才说丢掉的，是丢掉的〈是〉知识分子的臭架子。

迈威：学的很多了，谈的[得]很多了，也没有一个经常的东西，现在来拉清地谈一些，反右倾鼓干劲，每个人有每个人的情况，刚才两位都说了大战钢铁我不必谈了。

大跃进，具体是从去年大战钢铁开始，开始学习了一些东西，那时说西山是师院的一部分，有些有家的都愿在家里，当时针对这些情况作了动员，讲清了道路，一个是国际意义，台湾还没有解放，国家来说，支援社会主义建设，教育为无产阶级服务，教育与劳动生产相结合，之前，化学系提出扫楼道，有很多学生反对，实行不通，看见脏一点就掩身而过，扫除都依靠工友，当时学习讨论有些提高，但还有一些逃兵，还是共产[党]员，劲头有十足的，九足的，八足的，95%好。具体来说，我的思想提高了，一般劳动情绪高，互相关照，协作耕种好，不是那种情况了，阶级感情好，回来时就没有那样子，运煤不怕黑，炼出来了，炼人重于炼铁，的确是这样，我的干劲比较足，有的评了模范，自己平心而论，还不惭愧，出到自己的力量了，有了没有参加，理论上也会领会的，经过大跃进炼出了成千上万的人，这些人就是建设我们社会主义的骨干，我觉得我对大跃进没有一点问题，100%，没有就是没有，实事求是。

人民公社没有大跃进体会的深，只能从理论方面谈，我没有一点怀疑，从道理上到[倒]应当说好，小的集体没有大的集体好，可以说人民公社是思想改造的大学，集体主义思想各自成面，赌[堵]塞了农村走资本主义道路，经济力量充分，可以购制[置]拖拉机等，可以发展生产，开工厂，制造农具。农民的思想，过去一般保守落后，可解决一些过去不能解决的问题，我们没有理由来怀疑大跃进，人民公社，没有你硬要说，这也是不和[合]事实的，人民公社是农民自觉提出的，毛主席同意的，如果没有总路线，也不能说不出现人民公社。

总路线本身就提出两条腿走路，有了总路线才能提出很多两条腿走路，这都是总路线的胜利，我百分之百赞称[成]，没有任何怀疑。

从日常工作检查起来，干劲不够足，说他个手不闲么，也可以，两个月半没有摸，效率不高，还觉着很忙，检查起来，用脑子不够，有些工作应当很科学的，而不科学,因而工作效率提不高,真正说起来就是右倾思想,当然说成是右倾机会主义分子,因为自己没有说其他什么,工作不是生龙活虎的,只觉得没有偷懒,学习的文件,思想有些提高,看见别人有喊改造,自己也经过想,但没有千方百计地想,今后应向这方面努力,工作有条不紊。

康一鹏:不能千方百计地想办法大胆创新。

薛愈:由于大战钢铁,可以加班解决问题。

张生娴:去年提教育为无产阶级服务,每天可赚分五六角,以后归学校,学校就出现好多反动标语,乱的[得]很,很多学生要退学,我当时也想退学,我妈也同意,我爸知道后才损了我一顿,经过整风,才较安定了,下乡扫盲,我也去了,到了村里,有些人哭的不行,要回去,经过动员才安定下,以后不愿回去了,申请不回去,回校后办工厂,不会刨洋芋。由此,知识分子必须改造,认为大钢铁耽误了农业生产,人民公社成立了,丰产了,看法倒了,炼铁没有出铁,向六中学习,又炼,没有成,才知道钢铁来之不易,当时光知道炼钢铁重要。

八中全会出来后,看了一遍,认为没有什么,听了李处长的报告后,才认识到这次运动的重要性。

工作作得不好,有右倾思想,想考学校,工作需要就不考了。

李增俞:当时认为80%人民公社办不好,人多口杂,你要办这,他要办那,回家看见公社,有这个股,那个股的,外表印象很好,墙刷的[得]白白的,栽了很多树,公社优越性很多,好调动劳动力,有幼儿园幸福园,队里都有电话,有线广播,理发馆,理发员也不耽误生产,随时拧带上,各种工厂、木材厂、铁工厂、石灰厂,规模很大,繁殖厂,村里环境不好,现在有很多梯田,以前担心吃,现在有专人进行,公社有电影队、剧团,轮回演出,买货有供销店,不要跑路。

但现在还有些坏分子说坏话,我们充当起来保卫,驳斥。

张生娴:当时就认识不了人民公社,不要员,老年人谁供养了,供给制可不拿分了,一天等于二十年,有些人要求下灶。

李增俞:摊子大办不好,说"那么多菜喂猪呀"。

朱洪康:去年刚听见人民公社不知是什么东西,自己老认为大了不好搞,食堂费的粮多了,一步一步来就好了,去年粮食支配的不够好,今年提出精细收割,及时纠正了劳动,必须付出一定代价。

符钜珊:总路线、大跃进、人民公社都学习过了,由于自己没有学习好,认识是比较模糊的,大兴水利认为不知什么时候能修好,经过汾河修水库才体会到,大战钢铁前认为土办法不怎么好,后才理解了。

因怯上山很担心知识分子能炼铁,刚搞的铁,看不起,后来铁水流出来了,才看得起,摊子大了,才看得起大战钢铁,大钢完全依靠小炉铁,没有群众土法炼铁,自己不会搞那么多的。

这次八中全会公布后,看见了去年土法是产了5千多万吨钢,我以前是不会想到的,自己过去学习,未想到为无产阶级政治服务,只考虑当编辑,过去培养学生大多数是废品,53年我班有六十人,毕(业)时只有一二十人是好的,六七个犯错误的,认为念书就是教室图书馆。

通过这一年来,我才认识了教育方针,54年组织学生劳动为了赚分,劳动一次,不能吃一口就不行,现在大不同了,不论男女踏实朴素了,红了,专了,当时认为学生没有研究能力,北大同学等出的文学史非常好,深度深了,广了,我们是比不上的,这就是教育方针的结果。

工作上有自满情绪,改造计划也不合乎实际。

馆务会议

时间:一九五九年十月三十一日

黄生荣:人民公社和自己的关系不密切,不甚了解,实行城市人民公社,吃饭不要钱,实行供给制,结合自己的利益,很愿意这样可减轻个人负担,以后城市不成立了,自己的想法也就不存在了。

大战钢铁,认识了重要意义,有人说铁比银子还贵重,自己不批判,还说就是不容易。

认为一面劳动一面学习会影响学习,以后一些事实教育了自己,思想问题解决了。

赵桂贞:去年一个时期认为人民公社就是共产主义,什也不要钱。

教育方针提出后,我认为早就提出来了,为啥还这样提,害怕劳动多了,会影响学习,虽然学的少,但能用上,学习了以后才较明确了。

王文进:解放后我得到党的教育,刚解放后大多与党员接触,思想收货[获]很大,58年以来,感觉教育方针很正确,这是亲身体会劳动无限光荣,怀疑上山炼钢是否会影响上课,后听同学说不耽误,思想问题解决了。

下乡劳动当炊事员,身体□起来了,在这样轻微的劳动中就得到了很大的成绩,体会到党的政策的正确,教育方针的正确。

炼钢炼铁,也炼了人,政治思想,身体有很大效用。

我的一个女婿是老党员,在北大作研究工作,他认为劳动对自己非常好。

张学宽:去年大战钢铁,初说一个月很痛快,后说二、三个月,由于有家庭问题等,自己认识不太清楚,考虑个人问题多,知识分子大学生参加劳动克服高傲情绪,回家后老乡们说大战钢铁苦,有些人偷跑了,经分析是农民的自私性,尤其有些人行为不够正派,偷偷摸摸,另外有些劳动好的选为模范。我回家后食堂散了,说吃的粮多,农民自己家里吃注意节约,在食堂不够注意。北马村公社仿照城市建筑广场,合作社等。原在中学劳动多,自己就觉得不大好,去年提出新教育方针,自己就有顾虑,认为劳动多耽误功课,但自己爱物理,不会操作锅托机只有理论结合实际才有用。

迈威:我没有听明白学宽谈了些什么,如大战钢铁要谈就谈明确,有时谈的[得]不深不透。

李柏寿:刚开始就不太明确大战钢铁,以后一步一步才能明确经过辩论,学习才逐步地明确了,经过辩论,学习才逐步地明确了。

食堂好是好,可为啥垮了,刚开始经验不足。

馆务会议

时间:一九五九年十一月五日

迈威:会开的长了,就是开的不好,是不是有顾虑,向党交心么,应当把自己的心交出来么。从今天起,我有啥说啥,思想可提高一步,干劲大不大,自己说不说,别人也能看出来,我首先说咱们馆里,一般说是好的,大战钢铁,加班很好,和人家比较差的多,提出合理化建议很少,没有把群众发动起来,增加劳动强度根本不行,提高工作效率是根本办法,这方面干劲很差,严格来说这也是右派,这样说没有错误。

出纳速度提高不多,态度不够好,我也是个典型,有人来了,吵得不可开交。

我那边工作比较杂碎,每天一查[直]在作,没有想更多的办法,全国性的杂志好订,个别单位的就没有很好的订,没有很好的重视,这不符合八中全会会议资料要求。

人民公社刚开始成立,和自己关系不密切,当时不关心,漠不关心就是右倾,只是学了些正面文件,所以在这个问题上考虑不出什么来,反右派,比较注意党的利益了,思想上有些提高,首先靠近党,服从党的利益,要求进步,也要申请过入党，有时没信心，觉得自己过去历史上有些污点，灰心丧气，过去要求入党动机也不够纯，总觉得入党光荣，从个人利益出发，这样是错误的，从入了党高人一等，吃的开考虑是错误的，没有改造好，入了党对党对自己都是损失，抱着错误思想入党是投机分子，自己要求入党的思想不正确的，我今后一定要改变这种态度，希望大家督促我，我觉得有些同志也有右倾情况，还是自己说吧。

薛愈：打钟上班下班图书馆是个典型，2 月间图书馆很活跃，出纳方面都能想些办法，表面愿意开架出纳，实际上内心重于保护，现在还很右倾，考虑问题很少，对别人提出的意见认为科技单纯可试验，而不具体管。

迈威：过去咱们只是说出五关斩六将，出麦城就不成了，王文进先是说自己有右倾，而不具体说出，认为别人给自己提意见是打击他，这是错误的，自己的工作就可作完，还要别人帮忙，开了门一拉，不知人跑那[哪]儿去了，同学自己进去找杂志。

学宽上次谈的，自己领导学习，什么也了解，谈的不彻底，应当批判，平常的工作也应当谈一谈，接人要事也应当谈一谈。

柏寿：学习好长时间了，刚开始学习不够重视，觉得指工业干部，与自己没有多大关系，工作得过且过，通过这次运动，一定要作好工作，有时觉得是别人在影响自己。

我同意老迈提的意见，有的人自开始到现在就不多发言，生气，不郑重其事。

康一鹏：我墨守成规，用老眼光看自己，动脑筋想办法很少，不敢坚持，提出来无人支持，就放弃了，认为自己年岁大了，啥也不行了，现在劲头不如以前了，不力争上游，干争下游了。

柏寿：作一个皮领一些布，这样花不着，作书套的工当事八啷眺，不应卡的那么紧。

谢鹰：工作中认为自己刻的不好，刚开始很小心，有时字写的[得]很随便，要求不严格，不主动的要求加班。没有重视学习八中全会文件。

陈杰：文件刚公布，自己没有认真地学习，我姑姑家过去都很好，他[她]家大多不拥护人民公社，感觉不如以前生活好，我叫我父亲不要和他[她]多接触。

市场紧张，我怀疑为什么大跃进了东西少了。

在阅览工作上不多动脑筋，到期刊上又胆怯，只是试试看去工作，也没有很好团结同志去工作,工作上怕碰钉子。

张生娴:刚到档案室装袋子觉得不难,原来来的时候就计划,不当管理员,人事处一宣布,当时就要哭了,熟悉了也没有什么,就是害怕,有时过期也不等了,只怕外边人给自己提意见,今后要熟悉工作,认识外文。

蒋春枝:认为自己文化低,害怕工作作不好,只想依靠别人,人多了就着急了,没有鼓足干劲,更说不上改进工作。

白天锁:文件刚一公布,认为知道有那么一回事就算了,没有很好学,连[联]系自己的工作,和八中全会的精神差的[得]远,工作老是那么个死劲,总认为一个人干不成个什么事,和教材科合了,或者再派一个人,纸买不到,没有材料,没有搞的,这是这么一会事,我也不会分析,我现在这么考虑搞精装,看行不行。

王文进:从五八[58]年大跃进以来,每个同志都有不同程度的提高,当时我跟迈先生在一块工作,迈负主要工作,我想我是一个没有工作能力的人,单独一个人担任工作。

领导照顾我到科技出纳,刚开始借书人多,馆领导自动派人帮助我,在58年大跃进的基础上掀起走大跃进,我坚持作,有一份力出份力,各有各的能力。

我有自卑感,不敢向人提意见,看见期刊室放的不科学,我不敢提意见,后来只向蒋股长说了一下,今后我要克服。

朱洪康:了解馆内不够,有时购重了,露了,今后应要了解各系的情况,工作中对人态度不够好,工作水平差,不多和别人商量。

赵桂贞:以前为学习考虑前途,后来好一些了,但工作上还作不好,不主动,别人说怎么样就怎么样,今后要鼓足干劲,把工作作好。

符钜珊:刚开始认为反右倾鼓干劲只是照照镜子,看看自己的思想是否生了锈,市场问题刚开始我认识不清楚,为什么全面大跃进市场反而缺货呢,给过这一阶级学习,基本上认识清楚了,大战钢铁也认识的清楚了,工作中主动性很差,现在较前强了,思想改造应该踏踏实实,这实际上摸着了决心,主观能动性,思想改造是能够改进的,缺乏思想改造的信心,因而就没有干劲,目前主要是思想改造,学好八中全会文件,实现自己的诺言。

黄甡[生]荣:来馆时间短,对馆里也提不出什么意见,在党校我也在图书室工作,我负责政治理论的出纳工作,因自己工作一贯踏实,领导及同志都不愿让我走,在工作上也是积极主动,我到党校图书室工作是由生到熟,自己的缺点,对创造性的意见提的不多,不大胆政治上上进心不强,自己没有什么创造发明，入党后也不会起积极代[带]头作用，再自己认为入党不入党都是积极工作。经过这次学习自己从政治及学习上严格要求自己更好地工作。请同志多给我提些意见。

李增俞：文化低，外文不知道，很苦恼，我想把我分配出力的地方我也愿意，这不象[像]个青年人，应向困难低头，坚决服从党的领导，党的分配就是我的爱好。

学宽：反右倾鼓干劲，自己当个副小组长，一直依靠老柴，因之自己领导这次政治运动，很胆小，但又无办法只好依靠大家，希大家督促自己把这次运动搞好。我在工作上未到学校前很害怕，认为大学了不起但到学校后又不觉得怎样，曾一度想上大学，从去年以后自己就不主动想办法了，因过去碰过钉子，自己有右倾情绪是很大的，在工作上和同学发态度，自己是以人不犯我，我不犯人，人要犯我，我必犯人的态度去对待同学。对馆领导分配些工作也不愿接受。如写黑板报。经过这次学习把右倾反掉，积极的工作，在工作上出现个新的面貌。

薛愈：板报确实应该搞起来。

馆务会议

时间：一九五九年十一月七日

张生娴：听地理有人说车子坏了是产品降低了。

迈威：认为我们学院没人可以进行科学研究完全是旧的认识。联系自己，感到工作困难能力低，有时怕困难，麻烦的工作不愿费脑筋，认为太单纯，前天李坤瑜说图书馆是知识的汪洋大海处处困难，认为自己不行，我认为还很行，应当鼓足干劲。

薛愈：只能说个别的不行。

符钜珊：这种人看不起自己也看不起别人，其实，去年以来学生作的很多，如北京大学文学史、达尔文、爱迪生，他们迷信权威，崇拜权威，是专家路线，否定大跃进党在文化路线上的成就，这是资产阶级践[路]线，对抗党的政策和群众运动，我以前说为什么学校一些人可作为自己的导师，如姚奠中、朱阴险，有些人没有著作，不行，崇拜别人，看不起自己，不如自己的，瞧不起，王强来了也〈往〉看一看，只不过和自己的臭味相同。

谢鹰：去年我认为党规定的大跃进，不是群众要求的，经过学习后我才认为人民这样,自发性的,在58年跃进的基础上帮助了人民公社。

过去我认(为)发明制造是有学问的人才能做出来,没有文化是不行的,冯德英是个排长却能写苦菜花、迎春花。没有信心决心,认为领导不支持,虚荣爱面子。

迈威:谢鹰谈的这是很对,异想天开那当然不行了,只要对,领导上绝对会支持的,咱们要发明就以咱们为主,会上发言,有的积极发言,有的不发言,工作上遇到困难积极克服。

陈杰:反右后,人民的政治觉悟都提高了。并不单纯的都是旧的看法。

康一鹏:人民的需要和政策相结合。

赵桂贞:说没有可以研究是闭看[着]眼睛说话,去年化学系,物理系制造了好多东西。

李柏寿:可能他们认搞火箭导弹是科学研究,大战钢铁虽然耽误了些课,但实践知识得的多。

王文进:苏副院长说的胡搞指的是不要拘泥于专家,要敢想敢干敢说,破除迷信,敢发明创造。

黄生荣:人民公社河北先开张,党是按照从群众中来到群众去的原则来办事的,没有群众运动就不能大搞钢铁。

曾世伟:教育方针非常好,由于劳动,锻炼了身体,实际经验多了,促进了前进的信心,一位教授儿子不满大战钢铁在厕所里写了好多反动标语,逮捕法办了,对我们教育很大。

馆务会议

时间:一九五九年十一月十三日

柴:咱们按[安]排一下工作,现在全馆已有廿五人(里外),咱们要作出一些学术性的东西。咱们现存二万元,花不了交上去是无能,花不好是浪费。另外也要抓紧作家俱[具]工作。

我们搞科研是为工作服务,如山西人著作目录,即便不成熟亦很有用。古书目录59年要搞出来,期刊目录及59年文艺资料索引。

下一步要搞:1. 工具书利用提要(晋);2. 图书馆工作(柴);3. 文学基础知识;4. 古典文学阅读指导。

要搞剪报工作,充实资料室。

装订、架具要置齐全，大家抽出一定时间参加工作。

统计报表要坚持搞下去。

总结开架利弊经验。

如何能增加出纳时间，安徽师院 12 小时，新气象。业务学习因时间关系暂停。

馆报继续办下去。

花钱办法：1. 多抓新书；2. 出版新期购社邮购；3. 古书目录。

期刊：补配缺期刊及字报。

花好经费由李树兰负责。

购置家俱[具]为□薛有病由柏寿负责。

科研工作：

59 年：1. 古籍书目，符、薛；2. 期刊目录；3. 学宽的，马恩列斯毛著作索引；4. 晋如祥，工具书利用。

60 年：1. 柴，图书馆业务；2. 文学分类基本知识，(资料室)；3. 古典文学介绍；4. 剪报(资料室)，选题：文、史、自然科学。

人民四份，山西、光明、大公、文汇、中国青年各二份。

增加出纳时间，个人不增。

资：大库、文艺，二人轮流：上午 7—11、8—12；下午 1—5、2—6。

孤本者一不论几份，馆内只[至]少存一份，以备参考。

催还书刊：登门拜访。

装订布匹，预算。

馆报由张学宽负责。

工友工作安排，由康负责。

坚持统计表报。

书亭建立赏罚制度。

馆 务 会 议

时间：一九五九年十一月二十一日

柴作梓：学习文件，提高认识，过去谈过，但又不深不透，发言不够热烈，互相启发，谈所见所闻所感。

蒋春枝：以前对公社的三级所有制不够清楚，经公社党书记报告后，还不太清楚。

康一鹏：昨天山西日报说甘居中游就是右倾，这次群英会，现场取宝献礼，回来又传达，号召大家鼓足干劲，力争上游，老师傅支援干部。

李树兰：人民公社在报上登载出来，自己认为对，拥护，但为什么就不知道了，认为农村比城市进步了，又为什么成立人民公社，为什么不叫农业社，听报告后，才了解这是个发展过程，人民的要求，人民公社的组织，现〈不〉还不太明确。

以前还体会不到总路线有什么万岁，最近才感到，如果没有总路线，不会出现大跃进的。

王文进：报告以前是知道人民公社好，但不知道为什么，说不出所以为来，经过报告才清楚了，用人民公社这种形式来教育农民。

王和兆：人民公社不但是最好的形式，而且到了共产主义也是最好形式，各地搞发展，再不管柴米油盐了，可整体调动劳动，真正解放妇女，实际只觉得和农业社没有多大分别，人民公社一方面没有经济实权，看现局积累下还要交公社，空架子，解决不了什么问题，经过报告才清楚了，发展前途是无限量的。

迈威：咱们群英会的传达报告，我也有所体会。

工作能不能跃进，听党的话很重要，汽车制造厂制造东风牌小轿与技术困难很多，周围 4 千万，就怕大会战。

李柏寿：公社好不好与咱馆关系。

谢鹰：供给资区粮食，每天节约二三月粮食也不会饿肚子。

迈威：人口增长不会增长 35％，这不是粮食紧张的原因，主要为存粮，□牲畜、猪、鸭等，另外还出口换来机器，总之还是为了全国人民的幸福生活。

节省后够吃不够吃，就看怎样吃，不够吃，喝菜汤。每天多吃□少吃□没问题。

柴作梓：是从大跃进中浑[混]过来的，认识不深不透，教育方针明确了，教育和生产劳动相结合，工学院还可以，师范学院，尤其是文科怎么样结合，要勤工俭学必须劳动观点与经济观点结合。

馆 务 会 议

时间：一九五九年十一月二十四日

柴馆长：咱们今天安排今年和明年的工作，图书馆为教学和科研服务，怎么样便利供应，主要是馆务，便利条也包括设备，图书资料索引差一些，搜集科研项目，教学需要，便于自己也便利于别人，把困难留给自己，便利配合别人。

一、购买图书，专业性与地方性相结合，如何能不重不漏。

二、编目上如何简化手续。

三、供应应有重点，先教师后学生。

四、资料室应各符其实，书目索引，剪报。

技术政策应看的全面些，条件论不应有，要千方百计，尽个人力量边作边改。

李柏寿：最好各部门说各部门的改造意见，然后大家补充。

陈杰：先说重要的，特别是采购和编目。

迈威：及时购到书，不重不漏，及时与读者见面，紧要的先编，次要的后编。

柴：新华书店目录经下发，各学校到哪里订，书装片自己写书名，登录图书后，口袋片，片书号，书标贴，不送书条，分别送科技、大库，点册数。

馆务会议

时间：一九五九年十一月三十日

柴：这一阶段还是暴露思想，咱们学习的还不够，工作学习两不误，工作思想双丰收，根据现在情况还不热烈，多问几个为什么，深入学习讨论，今天就讨论人民公社，不要顾虑，说说讨论。

迈：今天说的，以前不清楚的，清楚了，清楚的更清楚了，敬老院，幼儿园按需分配。

王和兆：提取达到30%基本上达到全民所有制。

李柏寿：我原来不知怎么起来的，原来有个互助组，后来有个农业社，去年又有个公社，也不知搞早啦，搞错了，吹起来的，敲锣打鼓起来的，我已[以]为到一定时期就要出一个东西，人家已精辟的[地]分析，咱就那么个看法，始终没有个明确的认识，如果与自己利益紧密的，就要打听问问。

迈：我也是这样，与自己利益不密切的，就不管不问，同时和咱们生活不一样，学习了文件才知道的，因此就无法说搞早了，搞糟了。

王文进：我也是，开始就没有想到，由不自觉到自觉，当时怎么样产生的，不了解，陈先生这个报告帮助很大。

康一鹏：这个报告启发很大，公社是集体所有制，现储蓄不是全民所有制。

迈：全民所有制和储蓄联系不起来，生活资料在任何时候都是自己的。可能有些农村有些平均主义。

柴：农村是什么道路，我不清楚，以为非是集体农庄不可，李明达就是集体农庄主席，高级社就是集体农庄，人民公社就是共产主义、供给制。省委贴出大字报拥护，这不是共产主义是什么。

工厂去[取]消记[计]件工资制，去[取]消稿费，只从所有制了解，南书记老丈人说每月供 4 元，吃穿除外，养老院不是敬老院。

供应粮食想的很美满，从没有想到现在供应紧张，山西去年平均 1 000 斤粮。

教务系统有人吃几个菜，小儿集中，儿不见老子，老子不见儿，我算了算不吃亏。

自留地，家畜，赚工分，和公社没有什么分别，山东来的大白菜，一斤四分钱，石家庄的红薯，这必须要由国家统一核算，现在已改是不是又成了高级社，这不了解公社还是集体所有制。

李柏寿：一下赔了 11 万元，他说不好，刑[心]想申请了车子，结婚费从哪儿来。

晋如祥：公社的产生，性质思想上朦朦胧胧，觉得生产发展，共产主义马上就到了，是共产主义性质的，走到哪里(都)有饭吃，有衣穿，打乱分配平均分配，形成平均主义。

陈杰：去年八、九月份，组织人民公社时我认为在农村可以，但在城市就不易，由于生长在城市对人民公社不关心，对自己关系不大的，自己也提不出来什么？现在回忆到对人民公社不关心也是很严重的，80%是农民，我们吃穿全靠农民，而自己不关心这是值得敲起警钟的。如在过去大家讨论人民公社与高级社的区别时自己也弄不清。

蒋思道：高级社大跃进的结果就是人民公社，认为不是共产主义，是要生产大发展不可，达到各取所需，今天听了报告才清楚了。

谢英：共产主义全民所有制和社会主义全民所有制有何不同?

李树兰：由于工资制用的是货币容易实行全民所有制，基本劳动日作不够怎么样供给，超过工资怎么样算。

馆务会议

时间：一九五九年十二月三日

柴作梓：口袋片到底白不白。经费开支，节约25%，教学设备科研咱们拨3万元。木器家具原来校产科搞。□州不给发票，柏寿可去一下。

书亭50元以上；奖励10%；换毫千分之一，不同意。

总的开支：2 255、2 076.64；1 238、1 067.07；3 093、3 071；缺22本12.28元。

50元以上20%；换毫5%。

献礼项目。

办明年科研项目。

资料室不能让同学进库，孤本不能借。

期刊阅览室能如何不乱。

节约用电。

搞好清洁卫生工作。

多作书目索引。

馆务会议

时间：一九五九年十二月七日，下午

王文进：右倾和右派不是时间问题，怕是本质问题，右倾还有爱国主义热情，模模糊糊的社会主义思想，有两面性。

陈杰：过去看问题不是连贯地看，而是孤立地看，不用阶级观点分析，学习这个报告，暴露自己的思想，和大家一块儿学习好，不敢大胆暴露思想，今后也会暴露出来的。

王和兆：我先谈右派和右倾的分别，这也是当前形势的主要问题之一，我当初也糊涂的很，只以为有程度的分别，重一点，今天才知道有本质的分别，右倾是内部矛盾，右派是外部矛盾，思想有所提高，匈事件是要颠复[覆]人民政府，是面对面生死的斗争，反右是敌对的斗争，右倾虽然反人民，但也反帝，□□胡：愿意在社会主义，由于这个关系我们把它列为人民内部关系。

右倾是当前最危险的敌人，为什么要这样提，听了这个报告，我才清楚了，反帝反封建,社会主义改造,反右……民主革命和我们一致,不愿走社会主义,拉社会主义后腿,一般来说是人民内部问题,内部矛盾处理不恰当,就可能化为敌我矛盾,我自认为右倾可和右派同样处理一下,加强自己的思想改造,辨别右倾的嘴脸,团结—批评—团结。

康一鹏:以为一个运动接着一个运动,就没有认为是阶级斗争,斗争要到底,右倾是有纲领的,一般的是内部矛盾,年龄大了,受资产阶级影响也大,53年划清了,并不等于没有资产阶级思想。

蒋思道:他说社会主义革命就意味着要消灭阶级。

自己堕落成为右派那就是资产阶级的世界观占着主导地位,自己在改造过程当中,如果无产阶级世界现在自己脑中有一份的话那就会驱除资产世界观一份,自己要下决心不断的作斗争。

柏寿:过渡时期阶级斗争,自己认为反右以后也就没有什么了,对过渡时期的阶级斗争长期性,复杂性认识不清。如果不警惕,就会不自觉的[地]走到那条道路上去。自己对右派及右倾机会主义分子认为差不多。现在反掉右倾机会主义是大事[是]大非问题,因之必须好好学习,武装自己。

树兰:经过今天的报告了解了建国以来的阶级斗争情况,为什么资产阶级来挑起这几次的斗争呢,因为他们是不甘心死亡的,同时也了解到改造的迫切性及重要性,自己认为反右以后恐怕不会有道路上的分歧,在阶级未消灭之前阶级斗争总会有的。立场及思想的改造对自己那就更重要。

谢鹰:现在阶级斗争是曲折的复杂的,资产阶级对快灭亡的时候就会更不甘心死亡的。

右倾机会主义是党的同路人,和他们的利益矛盾时就起来反对党的领导,自己如何对待阶级斗争因为他是曲折复杂的,所以就要提高警惕,那种认为社会主义建成就成乐园的想法是错误的。

晋如祥:因自己是人民的罪人只有好好的[地]改造自己才有前途。自己认为右倾机会主义分子带右字总不好感到惊奇。随着革命的发展阶级斗争就更深入了。对右派及右倾机会主义分子不一样,我认为这两种人来源不同自己愿在的右倾当中,回忆自己如何堕落成右派的来加强改造自己。

蒋春枝:右倾机会主义是资产阶级党内的反映,阶级斗争表现在各方面,自己程度低,今后应很好的[地]学习。

谢英:资产阶级和无产阶级世界不同的,资产阶级革命家口号自由、平等、博爱,为什么现在不适用。

馆务会议

时间：一九五九年十二月十六日，晚

田德允：今天这个会主要就是破案，大家来破，三个臭皮匠顶一个诸葛亮，每个同志要考虑到它的严重性，要想在什么时间搞的，正是我们大搞破案的时候搞的，至现在发现了16条，一条一个样，内容非常恶毒，涉及的面很宽。我们的警惕性是不高，看了这个问题有怎么样的感觉，今天主要搞这个破案，看字体，纸是报张纸，还找不见这个纸，是师范学院的人每个人都是被怀疑的对象，假如在场的有人搞这个事情，赶快谈，坦白从宽，抗拒从严，应该相信党的政策，不是自己搞的，能发现是谁写的，能提个线索也算，回忆一下时间，个人把每个人的时间排一下，找证明人，三楼，三楼，主楼后边，东楼，看字体、时间、纸、设备科、图书馆、教材科有报章纸。

今天咱们的会就是破案，这个案破不下去就不下去，性质相当严重，一方面怎么想办法把案破了，我们图书馆还是有办法的，这个字还是很真确的，同学经常到我们这里借书，需要我们认真细心检查，是可以搞出来的，今后应特别注意，字体的特点，提高警惕，结合我们的工作特点，我馆是有条件的，回忆一下发生事件时间地点，把自己从昨天下午到今天下午都干了什么，看看自己的笔记本都是应该的，全民大搞破案，千方百计地搞，否则就是右倾。

7点住人民医院，此后7:50左右回到校，一块下班，7:50到医院，今天7:50到校，大会堂碰见两个同志1070队长，中午在办公室，两点钟到主楼开会。

陈杰：昨天我值班，只是下班吃饭，7:20到这里值班，9:50走的，回到家睡觉，欠5分7点到这里，来了再没有出去，欠1刻九点和张生娴回来9:15，回家喂奶，1点来到这里，一直没有动，证明人有李坤瑜、晋如祥。

张生娴：5:30回家，买了碗汤面，挑借了我个碗，我回去看还□□，6点多交了团费，回去上课，回来睡觉，6点多上操，洗脸看书，8点上班，12点和谢鹰回来吃饭，上午和陈杰取杂志。

田德允：出主意，想办法，谈有关的人。

陈杰：我再继续说两句，我认为作案者一定是我们这里人，也许是过路人，可能与咱们针锋相对，我们图书馆有报章纸。

康一鹏：我昨天一直没有出去，工作□□□，11点才睡觉，6点起床，七点到这里，布置好到业务科，办好了汽车，中午回家吃饭，中午一点钟来，借自行车,用完送回幼儿园,到家喝了两碗水,又回到馆,最后大家对对笔迹,就可发现线索。

李柏寿:今天我看了后,我认为这个家伙是在宁[拧]到底的,常有挑拨性的活动,一会是请假,借口其他事情搞得同学们中间那个没有参加集体活动,中间开会明天晚上就搞出来了,这太过于乐观,6 点下班,上食堂一直在家,张生娴到家坐了回,纸是原来揉的, 还是咱们揉的。

蒋思道:6 点下班,到家吃饭,到资料室还有些事情,7:40 到这里登记过期杂志单,和陈杰一同回,七点起,八点上班,12 点下班,吃饭两点上班,去工会经操场,见了女的买梨,他说不卖,又回来,是怎么样情况发现的,这是个不很简单的人,可能不是一个人搞的,或者与外边有联系,恶毒的猖狂的。

朱洪康:记时间是必要的,各科成立个检查会,收集□本看。6 点回去吃饭,想到暖汽[气]炉烧好,见有好水,就打了一壶,7 点起来,八点进城,5 点回来,看标语。

谢鹰:我看了后非常愤怒,我很有信心,只要发动群众,我大胆怀疑,一定是有一定历史问题的人写的,这是女同志的笔迹,是女同志用的卫生纸,分批组织起来,昨天不到 2 点看小孩,回来到学校六点半,现在可写到[道]纸条交给田科长。

田德允:那些人是单独行动的可谈一谈,一般情况就不谈了。

黄生荣:这个性质是严重的,我认为是一些反动家庭,镇压下,对党不满,或者是有一定组织,早起送我姐姐,到建筑公司,八点回来,程科长叫小汽车送,送回九点来上班,下午去合作社买肥皂,有一个双辨[辫]子女人得出,一个烫头发说老王跑哪儿去了,原来在库房里,是否在整理纸张。

王和兆:这个情况很严重,胆大、恶毒,带有煽动性的,也说明我们麻痹大意,只发现了传单,而没有抓住,旧案子没有破了,新案子又来了,究竟是什么纸,10 点正是同学们上课的时候,那些人没有上课,请假,这样范围就小了,就好追查了,就好对正字迹。前半天叫中医看病,不在[再]回来,又去又不在,四点符钜珊说回来了,我又去,12 点回家买面,说是去人民医院抓药,3 点半回来,郭建民同学说今天学习下班了,回来到柳巷买了一双棉鞋。

王文进:昨天上班领工资,下午领工资到附中二女儿在初中 25 班,就给四女儿八块钱,交伙食费粮票,四点前回来,下班到灶上吃了饭,我认为有历史根源,要注意这一点,笔迹是客观的,唯物的,这个人笔性[形]巧,是妇女写的,可能本校和外校联系搞的。

符钜珊：我看了后非常气愤，这是非常严重的，刻骨地仇恨党，必须破，投案自首有光明前途，这个笔尖非常光滑，墨好淡，记时间也是非常重要的，特别是散发时间，今天早〈起〉起的迟，肚子疼，饿了到小饭所吃，管理员办公室取粮票，到合作社。

田德允：我看算了，时间到了，一个抓案，是学校的还是学校外的，是男的还是女的，纸张是报章纸，一般纸卫生纸，方法收笔记本，记时间，开会是说怎么办，要这样下去，12 点也完不了，领导来布置以前，至明天上班前每人写个材料，是校内的，还是校外的，男的女的，根据是什么，写的特点是左边高右低，句号是三角，有种可能是两个人写的，记时间过程，证明人，总而言之，得多方面考虑，有的人会写好多种字体，反复地想，这个问题关系很大，上班交怀疑线索，多提些办法，多供给些材料，信心应当足一些，一定可以搞出来，有党的领导有群众。

刘应文：□□会应与临近机关联系。

蒋春枝：应当等，对特征。

张生娴：应考查一下客人，看有没有问题。

李树兰：昨天上午到进城书店去，走到打钟的地方，打钟的说 11 点了，11 钟 10 分到书店去，祁明可作证，到商店买了东西，回来吃饭。

馆务会议

时间：一九五九年十二月十七日

田德允：治保全照了象[相]，11 张象[相]，看一看笔迹，纸质可以看，方言土语，那个地方好这样说，吃不够是哪些地方好这样说，或者是嫁祸于人，特别要慎重来考虑这些问题。

人多应分一下，发言比较普遍，谈不好谈，可揭发检举，方言、口语，如果是咱们在坐的话，应坦白出来，不要想 57 年的案件还没有破，那时的背景和现在不同，不要存在有任何迷信思想，非要搞出来不可，不要以为与自己无关，党要依靠群众。

柴作梓：不要净从外分析，考虑我们这一滩滩[摊摊]是谁，路线上应怎么破，分析检举、揭发，越快越好，纸质、笔迹、语气、路线。

李柏寿：根据路线是学校的，过路人少。

康一鹏：以为是校外搞的。

李树兰：为啥不给教师宿舍楼放，因为当时教师楼人多。

王和兆：我看见一个人搞的，白天成份大。

薛愈：强盗两个字是一样的，一定是一个人，人多了好破，白天可能性很大。

李柏寿：我觉得是早晨六点钟这个当儿，天黑人又乱，东楼东口进去，西口出来。

晋如祥：从字迹上看是一个人，可能是早上至第一节课的时间，一人写出这样的不易发觉。

蒋春枝：我同意以上同志的意见，可澄清一下请假的人。

陈杰：我以为是第一节课的时间，6点放下，八点钟人还看不见。

柴：可能是一个写的一个人发的，早起从主楼和大家一同出来，这样从时间挤不出来，或是教职工第一节课时，或是害人的。

张生娴：我认为是六点钟搞的，不可能是八点钟搞的。

赵桂兰：我以为是八点钟可能大。

蒋春枝：如何发现的，家属也应查一下。

符钜珊：教职工楼放在台阶上，还是[核实]下。

王文进：应派人问问发现的人，他也怕人看见，不论是黑夜，不论是清早。

柴作梓：咱们也在包装纸上写。

馆务会议

时间：一九五九年十二月十七日

朱洪康：我看校内人多，校外的也会校内人认，可能是好几个人作案的。

刘应文：为何教师楼没有，是不是弄的和他们没有关系。

谢鹰：可能和朱康亦有关系。

王文进：可能与旧案有关，可能是黑夜，白天怕他不敢，可能有外援，笔迹不一定是本校的。

李柏寿：我们应注意一下那些人慌慌张张，心神不安。

刘应文：是否利用去□□□向我们进攻，另(一)方面是否太原市有反革命组织。

王和兆：我看不是一个人干。

李柏寿：根据经验可能还是本校人，还是附近人。

薛愈：99%是本院的，夜里、早晨、白天都有可能。

李树兰：校外人写的，校内人发的，结合起来搞的。

康一鹏：对粮食很不满，一定受了什么刺激，反动到极点了。

晋如祥：可能是早上、夜深时间，后一个时间可能性更大，内容广泛，学识较广的人，了解学校情况，应从思想□□上□对。

柴作梓：科学分析，大胆怀疑，直接向支部领导汇报，用心、想办法破案。

我认为院内的成分大，为啥不到教师楼，我肯定是晚上，黎明以前的，单独是肯定的，一定有组织的。

蒋春枝：最后害怕了一起放在教工楼。

张生娴：肯定是审判大会后，肯定与朱康亦等有连[联]系，一个人放的，白天不可能，从主楼开始搞，肯定是校内的。

符钜珊：可能在外边写好了，不定期回来发散，完了就回家了。

蒋思道：肯定是有组织的，大规模的还是第一次，可能与外边有联系，在外边有可能写，不会在学校写。

晋如祥：可能他觉得破案啦，现在再搞一下。

李柏寿：考查五类分子及其子弟，过去历史有问题，现在又表现怎么样。

谢鹰：是否以前自觉，现在又复辟的，过去毕业现在又来了。

馆务会议

时间：一九五九年十二月十七日，晚

田德允：咱们应当明确一些东西，捉[作]案的条件、政治、平时表现、时间，这些条件都够了，再考虑某些人。

李柏寿：这不是一般性的问题，是仇对分子，阶级仇恨很利[厉]害，表现非常老练，污蔑党的领袖和政策，不外乎五类分子及其子女，地、富、反、坏、右，可能历史上就是反革命分子，大伙应该注意，看看他的行动，麻雀飞过来都有影响呢。

陈杰：我认为有充分时间作这件事，不然他就不能写那么多字，经过礼拜天准备好的，具有一定社会经验的人搞的，不是年轻人。

王和兆：内容很恶毒，或者亲戚朋友很恨党，情节是很严重的，受过处分的人。

黄生蓉：从解放到现在不满意，不是一时间，一贯的，老早思想上就是这个东西,历史反革命,检查单独一个人工作的地方,包茶的纸。

李树兰:我是一个右派分子,我有不□要求大家怀疑我,星期六没有去,星期日也没有去,星期一听报告和张碧霞一起去,昨天 11 点到书店去。

晋如祥:我也感觉应该从五类分子审查,我看了反传单后心里很气愤,社会日益发展,只要很好改造,也会享受到的,六点到图书馆,礼拜日来工具书概论,6.7 千字,晚上搞年鉴,领导上要什么,我一定老老实实讲清楚。

符钜珊:我们 53 年到这里还没有见过这样的大规模的案件,出现这样事,心情总是不乐快,但事情已发生,作案的人是校内人,不是死心踏[塌]地的反革命,绝不会作这样的事的,怀疑我是正确的,应该的,我一定要经得起考验,积极投入这场斗争,6 点前工作,晚上在家里,早起到图书馆,到外边钉鞋,自己补衣服,星期一上课,二接班。

蒋思道:这件事情,我是很愤慨的,社会主义建设就意味着阶级的死亡,问题的性质很严重,在人民内部还有地富反坏右,右派分子是人民的敌人。天气太寒冷回家了,晚上不到那里去,家务事很多,不管怎么样,应当从我们查起,我接受考验。

田德允:人民内部问题还包括地富反坏右,人民政权巩固了,不要大惊小怪,这是什么问题。

王和兆:52 年谈过自己的历史。

薛愈:我也是反革命,党对我……,同志们对我有想法,我一定谈。

前天下午 4 点进城了,给闺女到人民医院治病,我骑车,她乘公共汽车,有值班大夫看病,看完到城里找爱人,回家 7 点吃饭,不到九点就睡觉了,次日 7 时 20 分起床。

李柏寿:蒋先生说人民内部还有地富反坏右,这个问题应分清,看问题太模糊了。

陈杰:自昨天以来蒋先生表现不正常。

朱洪康:自昨天开会净打瞌睡,发言的是谈自己,只害怕把自己算上了。

谢鹰:不满意这样的破案应再谈一谈。

李柏寿:蒋先生否认阶级斗争。

蒋思道:我的意思是有人传标语起不了什么作用,我心不乱,今天回家喝了点酒,不是阶级斗争,列宁说社会主义建设就意味着消灭阶级,我是说人民内部有,不是说什么,现在正在大搞破案的时候,自己对人民有利的,大家花这么多时间搞,人民内部绝大部分是好的,我是右派分子,我愿大家批评教育。

柴作梓：刚才蒋说我们人民民主政权巩固了，不用大惊小怪，这怎么说，我们让反革命分子规规矩矩，不许乱说乱动，换到蒋先生不能不说，意见当然只查我们就对啦，假如乱说乱动，这是什么情绪，只有让群众搞，不仅要洗清自己，而且要检举别人，你刚才说话是什么情绪，你当然不能说你的是对的。

张生娴：从破案以来，昨天拿去王军标语叫他看，他也不看，说没有破了案。

康一鹏：现在为何要喝酒，为什么。

黄生蓉：蒋先生的情绪是不够正常的，不是来检查自己，而是来说自己□□。

李坤瑜：对张生娴说了些什么话，再说一遍。

陈杰：那天在主楼开了会，当时提了图书馆，资料室没有关，蒋说已经向领导作检讨了。

刘应文：蒋先生谈的不直爽，没有老老实实把自己谈出来。

薛愈：蒋先生精神[态度]不正确，喝上酒干什么。

田德允：自昨天到现在改变很大，收到可靠的线索，提高了认识，提高了阶级觉悟，但还有些不敢大胆暴露，不敢大胆检举，一是要从政治思想基础上批，二是有刻骨仇恨的煽动对党不满情绪，三要有一定的时间、地点，看最近几天来的行动表现，甄别每个人的情况，不要冤枉一个好人，这与每个人都有关系，蒋思道应当很好考虑考虑，你为什么要喝酒、精神为何那样紧张，可说你的立场到现在还原封未动，也说明你对这次运动的态度，你抱着什么态度，你的过去是什么。

馆务会议

时间：一九五九年十二月十九日

柴作梓：为了节省时间，咱们把院刊六项工作看一看，院务会议开了一个下午，三个报告，闫教务长的报告，田□□的报告，张总务长的报告。闫，正常的，跃进的，健康的，科研也好些，培养教师。张，依靠群众，依靠大协作，明年建设任务很大。

我们馆的成绩是主要的，但还有问题，同学借书借不到，不能保证教师借书。

以教学为中心，一切为教学。

明年肉食不供应,自给自足,上级给了咱们 400 亩地,加上农场 600 亩,明年农场养鱼。

□书记是山西省中苏友好农场第一个书记。

明年劳动安排,一般在农扬。一年的:晋如祥、李树兰。一月的:陈杰、赵桂贞参加校内劳动,康一鹏、王文进、崔风岐不劳动,第一批张学宽、符巨珊,第二批。

书序管理办法,正式批准了。财务开支,这两天要抓紧。

讨论问题:资料室晚班和值班矛盾,期刊室和中文参考室很乱,出纳则不行,哪些方便,哪些不方便。节约用电。

薛愈:三处还没有统一,我认为熟了那一类都行,我看登录要快,最好按年级、班次排列(还时需要问),便于统计,办手续,口袋片照旧,五位应当为大的,打号问题不大,那儿都可以。

柴作梓:登录号打到哪里都行,各处任用。

王和兆:登录号方便,谁都可以插手,登录号打坏了必须插手。

采编组会议记录

时间:一九六零年一月八日

会议内容:主要是总结、检查过去工作,和计划今后工作。

目前工作仍有积压,原因是多方面的,但究竟为什么?还没有彻底澄清,一般情况,每月购书大约三千册,中外文书不过一千种,按图书的进量,不大,今后如何将工作及时完成,要订出计划和具体措施。

采购部分:根据目前情况肯定工作人员三人,分工:一人作采购并登西俄文书,一人担任会计统计并登中文书,一人担任图书验收,总务(事务、文书及其他工作)为工作,登录书每日平均 70 种,另外加强采购工作(采购和各系的联系),和各项统计工作尤其人事统计。

编目部分:(每月进书估计 3 000 册,1 000 种计算)

① 指标:分类、刻版、印每日各 64 种,(共 45 个工作日)。贴书标、口袋每日平均 400 册,(8 个工作日)。挑片(一个月按 3 500 份计算),每日平均 500 张分类片。每日平均 250 张书名片,(共需要 12 个工作日)。送书每月 4 次,每次一天,共 4 个工作日。

② 分工:分类:送书(包括改错)一人。刻版、印、贴二人。排片一人(多

余8个工作日)用12个工作日。符巨珊负责分类送书。谢英负责刻、贴工作。李曾尉负责印、贴工作。鲁威负责排片。建立工作日登记卡片制度,全馆由康一鹏负责,采购编目分别专人统计。

馆务会议

时间:一九六零年一月十二日

会议内容:主要是破案,新旧都要破,今天9时半(10至15分)在东南角厕所发现反动标语“我们打倒共党”黑铅笔写,我们离的[得]很近一定有信心破,大家分析,是校内的还是校外的,趁旧案没破在放假期再捣乱一下,又恶毒又猖狂,要查时间,在这个时间内谁去过,见谁去过(9:15分以前至昨天),怎样破,如何着手,大家应重视这个问题,尽最大的责任想得办法多一些,先着手新案,注意看笔迹像谁写得[的]。

李坤瑜:今天去过那个厕所。

薛:七点多去过昨天上、下午都去过,昨天一下碰上三个学生是四点来钟,他们谈考试。

符:这个我昨天上、下午都去,工间操以后去过一次,今天下午工间操后去过,看见打扫厕所的老汉。

鲁:昨天上午去,今天上午去,8点半,看见汽车房门上放着行李,等汽车的一个学生不认识,很年青。

柴:想一下在这个时间内找过自己查时间查笔迹。

李:根据口气很恶毒,怀疑和前十六条反动传单有关,查笔迹,昨上午去时见修汽车的,今天没碰见别人。

鲁:昨天晚上可能性大,破案办法挤时间作用大,非常狡猾男的写到女厕所中,最后挤时间根据平时表现,看谁有反常现象,可能帮助破案。

蒋:查谁带着铅笔,铅心很硬,写的很黑。

王文进:我没去过厕所,破案对证笔迹,查平时笔记本,我校墙无四门大开,是否是外人,建议和外面机关挂钩,和公安人员连[联]系内外一齐查。

贾:从未去过厕所,和旧案结合起来考虑,查笔迹、笔记,挤时间,查铅笔、神态变化方面,充分发动群众可以搞清楚。

康:我这几天带着铅笔,因画表格。那边情况复杂,小吃部人乱。

薛:下午去厕所碰上黄先生在三角道,碰上学生时是头节课又不是下午,对笔记,带铅笔谁带着。

符:破案办法:查笔迹、铅笔、挤时间,过去一直去这两天突然不去,应注意站在门口写的,在晚上或早上作的,人看不见。

柴:开始挤时间,我没去过昨早到今天那里没去,到教务处,又到人事处,上班在这,回去到家,昨上和孩子在一块学习至9时半。没铅笔。

蒋:昨四时起床,8时上班一直在这上班,昨下午到张玉家看姑爷,今天8时和张生娴到收发取杂志。晚上没去那里,到今天一直上班,没用过铅笔。

康:昨天作统计表,至7点晚来这里找数字,弄到夜里11点,晚12时又起来跑肚,今天早7时就来了,蒋先生问为什么这么早,精神完全放于统计数字,铅笔带着画表。

晋:昨早滑冰,上午在阅览,第三节去小便,在办公楼,下午来看报,至10时回宿舍,今天打字。

薛:昨天早10时许到厕所见三个同学说考的题,上午研究馆务会议内容,晚上到郝树和家至昨晚9时,今早到人民医院至12时,下午上班。近一年不用铅笔。

李:上午在这儿上班,工间操去过一次,中午到食品公司买挂面,昨给小孩看病,上午碰上老郑在汽车房,下午没出去,今天没去。到地理系办公楼一次。

王:昨7时到食堂吃饭,8时上班,下班后,到肉类加工厂买挂面碰上陈杰,下班后去合作社买东西,吃饭后至9点,今早上班,十时来去厕所到膳食科一趟,其余没去那里。

符:六时起床,体操,7点多(20左右),拿上稿子到小饭厅喝稀饭,工间操去厕所一趟,中午写总结,下午上班,晚写总结,今天8时上班早没吃饭,工间操上厕所遇到小李,有三枝铅笔和1622嘿没换的。

陈:上班后工间操给小孩吃奶不肯上这面厕所,工间操时李保力找我,10:25到人事处,到欠10分12点,下午在主楼开会,回去没去那里,今天到崔先生家一次,10点多以后。

白:七时起床,吃药,昨到庶务科一趟,中午作饭,2—6上班,晚饭后睡觉,今天又到庶务科找浆糊[餬]。木匠画用的铅笔。

李坤瑜:6时起看书,清洁后7时多吃饭,跑一圈,8时上班,不上这个厕所,替张学宽值班出纳,今天和昨天同,工间操到办公楼厕所上。

鲁:昨6时起开始锻炼,7时回来,昨到化学系厕所,中午有两个同学找,物 1、地 1，晚上出纳，今日 8 时上班那也没去。

柴：大家都写出书面材料，要证明人。

馆务会议

时间：一九六零年一月十三日

会议内容：1. 馆务会议；2. 破案。

先安排 60 年工作与总的要求，我们馆的工作在 1959 年成绩是主要的，是团结的，协作的，无本位，编制人多，实际工作的不多，但可满足供应图书、开架借书等，但存在了缺点是忙乱，从采购到资料都是，要树立个好的特点，我们学校是最大的高等大学，有基础，藏书量最多，远景规划至 62 年 7 千人是个综合性的大学，因而必须树立一个可采的特点，现在我们的特点是遵守时间纪律，严守岗位，要在业务上政治上树立特点要有计划，要科学化、条理化、档案化，目的要求明确了以后方法多样，简化不等于减少，而是合并的，要执行五有：① 指标；② 措施；③ 检查；④ 评比；⑤ 总结。采编开过两次会。采购：根据一年 3 万 6 千册书，每月 3 千册，1 000 种分工采购兼登外文 780 种，会计兼登中文七、八十种，总务一人，三人可以完成。编目：编的每天 64 种刻版 64 种印 64 种，贴书签每时平均 50 册，排片分类片每天 500，书各片每天 300，要作统计(工作时间工作量)要作人事统计，每人要统计，学习，劳动除外，实际工作时间计算。编目上少个人，在保证质量的基础上能完成 3 千册的任务。现在试验月终总结。

阅览上如何给读者创造方便条件，大家考虑，加强图书爱护，改变服务态度，要耐心解释，建立开架出纳的清点，加强馆际互借。

资料订出一套管理资料办法，要重点的补齐期刊，旧期刊整理编目上架，作出那些索引，宁少些要好些，要实做。

陈：58 年卡片来排出积压，如不赶出，以后成问题。

薛：提出的五有是针对过去，过去五有作的[得]不够，措施方法，各方面都应这样做，制订 60 年计划很必要，要树立特点，各兄弟学院来参观所提意见与介绍经验应进行统计记载。我们真是或什优点可取的。

晋：采编可定量是老问题，58 年同学还邦[帮]过 6 千多册，59 年积压的造成的原因，以前无说能完成。阅览乱的原因，分工不明，检查不够，考虑别人意见少，大库前一人，系科提书一人，薛先生减少，一些排片，给系科先生送书上门。应加强资料索引工作,在科学研究发展时期应适当加人,展望未来资料工作很重要。

张生娴:定工作指标,必须加强检查,出纳上必须要有明确分工。资料白管装订报刊等。张管中文期刊收登整理,在楼上陈列报务上架,还等工作,要建立日记出借数等,要当日事当日毕,采购订购补记,排片,陈管,蒋整理日杂志,编索引等,我保证在一年内熟悉了外文杂志。以便出借。一月底把旧杂志搞清。

薛:在五一节前搞一个索引。

春枝:在借250,还250的情况下,能当天弄清(整架排片),在放假开学时人多,每天要清点一次,修理破书可是一个工作。

薛:分工:科技王先生包干,小说上一个忙时还有人帮〈,〉(小说250种)。

作好五清:① 当天的片要归清(科技250片),科技每年有2个月一个人不够。② 第二天把书归清(应让同学自己归)要求作工作衣。③ 对归不了的书及时清,以不同色补片,登记后。④ 桌上清(特别是大库)。

馆际借书对兄弟学院图书目录要看,借到的书要送上门。破书除发动同学作好补书外,应让白天锁装订。

集体借书:有片不集体借,无片者借(应请老张)。

分工:大库、书库1,出纳1,我的一摊,共三个人。

柴:书库四个人,小说二个半人,有一个可以机动,有问题及时清,都要有要求有指标,我们提倡多面手,服从分配,如挑选是抗拒,李柏寿不在张学宽可去。资料按四个人分。

破案会议

时间:一九六零年一月十三日,10点10分

柴:□□□□□□。

马:反动传单直至现在还没有出现,昨9时多在西南厕发现反动标语看来反动分子还很嚣张,放假前恐怕是坏分子搞鬼时期,小偷小盗发生不少,案破不了春节过不好,另外为何追查,前为洗清自己揭发了些材料,但发展不平衡,形式上动,思想上动的不够,几种情况:1. 历史上犯过错误;2. 不关心。把追查当成额外负担,没认识这是一场阶级斗争,都有义务参加斗争,决不能观望,要热爱教学,搞好教学,破案和工作是一致的,这是整体。

洗自己为什(么)要洗，为了搞清问题洗自己办法是笨，至少能解决缩小怀疑面的问题，可以用洗的不清，一面洗一面□，使人弄不清，在这个时间内谁去过厕所，见过什么，对洗的目的和态度要明确，另外要检举揭发，要大胆揭发，提供线索。

另外要求〈要〉提高警惕在放假前弄清，是否高，是否能结束，在图书馆呢还弄清不在这儿，把坏分子弄出来，我们可以得到教育，才能安全。注意追查不限于本馆，全校各系，各兄弟院校，犯过错误的人更应动，这是让组织上考验的机会，争取立功，摘掉帽子，和过去旧同事同学来追查。不要让漏掉。

柴：要先自己献对策，现在没洗清自己，没洗好还不能打保证。动的不够，春节前搞两个结果，1. 查出来；2. 查清楚。不是怎样洗，怎样献到如何着手。

蒋：反动传单发生后，右派分子召开过会，有责任投入战斗，已注意了借资料写条子的差别，贡献一点力量。

康：建议一个单位选出一个人组成一个小组专门研究案情提供迅速破案。

陈：发生在男厕所内在我自己看是男的，是过路的，还是校内的，90%是校内，要和前反动传单，和宣判大会联系起来看，和我们针锋相对，个别人有不满情绪写的，赶春节破案应该，这样精力集中我馆和厕所是近邻应洗清自己。

李树兰：这次反动标语和上次的反动传单，校内可能性大，应该快破，一方面清洗自己，一方面检举，具体意见，清洗个人应按人过铅笔写的，大家注意听，如有矛盾及时间。

晋：同意马主任报告，我犯过错误对宽大处理很受感动，我对此反动破坏的是非常痛恨，应从五类分子查，春节前洗清自己，自己动得不够，愿接受考查，抱老实态度，争取回到人民内部来。这是各人自扫门前雪的态度，是错误的，今后保证洗清自己接受审查，要积极的提供线索办法，帮助破案。

符：上次反动传单是针对破案来搞鬼这次又在学生考试期来进行破坏，可能有连[联]系，春节前搞清是应该的，否则在春节期来大搞破坏，首先洗自己缩小怀疑面，检举揭发提供线索，我是应该受考查的，当领导上对自己有怀疑时一定老实说清楚，在看破笔迹方言，晋南说力量，要立功赎罪，让领导上考验自己，认真负责的要重新研究追查。

另外应进行全面审查清洗，先由犯过错误者开始严格审查。

薛：图书馆有没有反革命要弄清是必要的，方法缩小范围应着重男的方面追查,去过的和不去的可去可不去的都不一样,应从5类人进行审查,自己历史上有很大污点,愿接受领导考验,发生事情后内心害怕,师范学院真乱,怕事,因自己历史有污点现在转变由怕变恨,积极投入运动中,和坏分子作无情斗争。

马:主要是动的问题,有利条件很多,公安厅,(坐陈,)兄弟学院结合的很紧,大家有决心警惕性可提高,有信心在春节前搞清。男的女的不是绝对的,5类对象可不是绝对的,没谈的应快谈。作了也不怕还有坦白从宽的道路,揭发可要弄清,要为人民负责,实事求是,不要无中生有,关系好的可有帮助投案自首。洗的时候一定要具体,洗清,去厕所时回忆一下见过谁。交待朋友时要说明姓什叫甚,干甚什么时来,什么时去过要具体。检举可以写,可以谈,具名不具名均可,找庞书记亦可以。要求大家动起来,要紧张起来。

选举跃进标兵会议

时间:一九六零年一月十三日,晚

1959年跃进奖金评选政治意义和评批的等节。

1. 不等[得]少20%;2. 不等[得]超20%;得奖的面积是80%—90%。

谢:我们提出最好的和最不好的进行评比这样才容易正确的[地]找出好的和次一些的。

蒋:康先生年老工作热心负责。

张生娴:黄先生,工作踏实热心。

薛:朱鸿康、李柏寿,在馆里劳动方面很好,工作热心合乎条件。

谢:我们选出一等的,按标准来评选出来,并说出标兵的事实才好,否则比较空虚。

王:柏寿,在劳动中积极,政治上是团员。

李柏寿:陈杰在工作中思想上很热情,在政治上看问题很全面,在劳动中很积极,特别是搬书架在劳动中领导上,不让她参加劳动,但她也不管,继续参加劳动。

鸿康在工作干起来很好,可评为二等,缺点就是看问题不全。

张:黄先生在劳动中踏实,如孩子病还继续参加劳动。陈杰先生在工作中能放弃自己的一些私事情作自己的工作,对同志的帮助上很耐心,能积极地劳动,如打扫清洁,康先生年老而对工作很热情。白天锁工作中很踏实。

康：我同意陈杰对同志能耐心的帮助，工作钻研在看一些问题很全面。李柏寿，工作钻研学习努力，如他自己现在的文化水平，劳动是很好的。

晋：陈杰来在（图）书馆，表现很好，在某些问题上看的很全面，能贯彻党的方针，看问题很尖端。在工作中很好来了没有几天能对工作做的[得]很好，在同学间也有反映说很好，在一些休息时间能主动的办理自己的工作，每次来馆很早，所以陈在政治方面，工作成绩方面都可以。李柏寿在工作中积极在帮助别人很好，在劳动中是模范，（汾河水库，）在工作上能全面的照顾别人，特别是能主动帮助别人，在工作中能服从领导，在政治上是团员，他能够给别人提出帮助的批评意见。康先生，工作认真负责对馆的值日更负责。

谢：柏寿，听党的话，专心业务，以前得到教师的表扬，在劳动中付出了不少的成绩，流出许多的汗，可评为第一等。康先生工作责任心很强，看国家财产很重要，可评一等。我不同（意）鸿康第二等如开会有时打瞌睡。

王：陈杰在馆里边首先是政治挂帅，能放弃自己的利益，作自己的工作，对困难不低头，不顾一切积极工作，对同志帮助很诚恳。在工作成绩上是很合乎评比等节，在[再]每次能参加劳动。康先生能踏实地工作。

树兰：突出地明鲜地体会出陈杰党的政治觉悟高，群众关系很好，对每个同志能热心地帮助，对工作热心不怕困难，能很快地掌握阅览室的工作，在编目和资料也如此，总之能保专工作，说明政治挂帅可评第一等。柏寿，政治挂帅，在小组发言当中看问题尖端，在每次劳动中很好，曾取得模范，政治性很强。康先生，年老工作态度一致，工作和青年人一样有些地方比青年人还强所以我同意康先生。

陈：康先生在工作中很突出，特别是他年老对馆里的工作很关心。如对馆里的关门问题责任心很强。黄先生来了后有几天工作做的[得]很好。能接受工作，热心工作。

树兰：黄先生能马上接受工作，工作踏实负责热心。

薛：陈对图书馆的工作起着推动作用。康先生干劲足，虽然年龄大和青年干活一样。蒋春枝对工作踏实，不松干劲在许多事实都可以说明可评为等节。

生娴：连[联]系五大万岁，58 年和〈19〉59 年，在各方面都提出来，在态度上和生活方面，这次评比是为了更好地作好 60 年的工作。

黄：我在工作中不常[长]不同意自己，陈在政治立场上强，主人翁的态度表现特别明鲜，对工作认真负责，在帮助和团结都好可评一等，康年龄大工作热心能负责他也够评比条件。

柏寿：我自己不够，比陈杰差，态度粗糙自己不行我说蒋春枝工作踏实，什么地方需要能服从听党的话。我不同意白天锁，发言少，工作不稳定闹走，可是最近在馆里很好标兵差一些。

蒋：我不同意自己，在会上发言少没有政治挂帅，看一个同志的好坏要全面些。

图书在版编目(CIP)数据

中国当代民间史料集刊. 2/ 华东师范大学中国当代史研究中心编. —上海：东方出版中心，2011.10(2025.3 重印)
ISBN 978-7-5473-0283-5

Ⅰ.①中… Ⅱ.①华… Ⅲ.①中国-现代史-史料
Ⅳ.①K270.6

中国版本图书馆 CIP 数据核字(2010)第 247874 号

中国当代民间史料集刊. 2

出版发行：东方出版中心
地　　址：上海市仙霞路 345 号
电　　话：021-62417400
邮政编码：200336
经　　销：全国新华书店
印　　刷：上海万卷印刷股份有限公司
开　　本：710×1020 毫米 1/16
字　　数：480 千
印　　张：29
插　　页：2
版　　次：2011 年 10 月第 1 版 2025 年 3 月第 2 次印刷
ISBN 978-7-5473-0283-5
定　　价：88.00 元